公關政治學

當代媒體與政治操作的理論、實踐與批判

中國時報總主筆 倪炎元 著

〈專文推薦〉

公關與政治、理論與實務

劉必榮

　　公關真的是一門很有意思，也很深奧的學問。每一次看到政治人物出現在電視或報紙上，不管是陳水扁也好，賓拉登也好，歐巴馬也好，我都會想：這真的是這些人的本來面目嗎？媒體是真實地在傳達訊息嗎？還是只是被利用？如果我是政治人物，我又會如何運用媒體，去呈現一個我希望出現在大眾面前的面貌？

　　觀察候選人拚命拉票的時候，我也會一邊看電視一邊半開玩笑地想：這個候選人的太太，該怎麼包裝？後來常常很沮喪地發現，如果我是公關公司，要包裝這樣一個賢內助來和老公一起拉票，而且是加分的，還真可能「無解」，呵呵。只是不知當事人可曾想過同樣的問題？還是他們根本不認為公關重要？幾個問題　路想下來，就越發覺得政治公關有趣。

　　2008 年美國民主黨總統初選，選戰打得火熱的時候，希拉蕊陣營在電視上播出一則廣告：深夜三點，一個小孩正在熟睡。忽然電話響了。廣告上說，這時候你希望誰來接這個電話？它的意思是，三更半夜，白宮的電話響了，表示國際上有危機發生，這時你希望是一個外交完全沒經驗的歐巴馬來接電話，還是嫻於外交，且和各國領袖相識，隨時可以領導國家處理危機的希拉蕊來接這個電話？很多人看了廣告一想，對喔，最好是希拉蕊。結果這個廣告為她賺到不少選票。這就是成功的政治公關操作。

　　可是美國媒體據此去訪問了許多前白宮幕僚，兩黨的都有，很多人都表示，很多時候他們並不會在深夜把總統搖醒，而就算搖醒，重要的決策也都不是總統在三更半夜做出來的。古巴飛彈危機就是一個最好的例子。

　　當時的國家安全顧問邦迪（McGeorge Bundy）就回憶說，當中情局拍到蘇聯在古巴部署飛彈的照片後，他決定不要在半夜把甘迺迪總統搖醒，告訴他這個消息。因為甘迺迪當天晚上才剛從紐約飛回白宮，他認為讓總統睡一個好覺，才能在天亮後有精神處理危機。結果甘迺迪是花了一個禮拜，跟幕僚及內閣官員反覆沙盤推演後才決定了美國的因應政策。也就是說，三更半夜誰接電話，根本跟重要決策無關！希拉蕊競選廣告所傳達的，只是似是而非的訊息而已！

　　不過也有前白宮幕僚表示，雖然半夜搖醒總統，根本做不了什麼決策或改變不了什麼事實，但是為了總統的形象，還是會把他搖醒。因為老百姓如果第二天天亮後發現，發生了這麼大的事件，而總統居然還呼呼大睡，「一覺到天光」，他們會怎麼想？所以搖醒總統，不是為了決策，而是為了形象。這又是我們這裡討論的公關。

　　小布希總統也有一次被搖醒。當時他在巴黎訪問，就寢時知道雷根總統過世，於是決定起床後，就雷根的逝世發表一個講話。可是白宮幕僚在華府看媒體報導雷根去世的消息，越看越覺得等總統起床後才發表講話，可能太晚了，好像小布希不關心雷根一樣，於是決定半夜把小布希搖醒。小布希起來後，想想有道理，在巴黎時間的午夜，對雷根總統的逝世發表了講話，顯示共和黨心心相連。這也是一個漂亮的公關操作。

　　柯林頓總統當年也是政治公關的高手。一次白宮邀請一些媒體專訪

柯林頓，但獨漏一個大媒體。結果這個媒體知道後大為生氣，白宮趕緊解釋係幕僚聯繫失誤，為了補償起見，特別給這個媒體一個獨家專訪。該媒體當然高興，訪問後也用了很大的篇幅登出，以向別的媒體示威，他們跟白宮的關係才是真正好。其實白宮所想的，正是利用這個媒體，把柯林頓的意見完整刊出。因為如果不是這樣，一般媒體訪問完多會有所刪減，達不到柯林頓所想要的公關效果。

可是政治公關重要，要找一本理論和實務兼顧的政治公關書並不容易。這就是我要特別推薦炎元兄這本書的原因。坊間寫公關的書很多，但多沒有抓到政治公關的重點。「政治公關」，是「政治」還是「公關」？傳統上都把它當作公關，認為公關就是公關，哪裡還分哪一種公關？基本道理都是一樣的。其實，政治公關是政治，也是公關。「公關」的技巧，必須放在「政治」的環境裡面操作，才能發揮預期的效果。誠如炎元兄在書中所說的，很多操作政治公關的人，

　　忽略了公共關係本身所具有的「政治」性格，因為「公共關係」在人類歷史上的出現，其實是有濃厚政治背景的，其中包括社會結構因素、政治思潮因素以及權力運作關係，只不過這種政治性格在它被納入管理學領域後，逐漸被淡化稀釋，影響所及，甚至暗示公關專家不必熟稔政治的治理經驗或公共政策的實質，也不必具備任何政治理論或哲學的背景，就可以直接循「公關」原理去處理「政治」，這種盲點很容易忽略了公關與政治間的複雜難解的關係，而要探索隱藏在公關中的政治性格，必須要先透過歷史與理念的還原才能呈現。

　　所以要做好政治公關，不只是要嫻熟各種公關的技巧，更要有深厚的歷史底蘊與豐富的政治知識。就這點而言，炎元兄是寫這本書的最佳人選。炎元是政大政治學博士，本身就受過最完整的政治學訓練，又服務於《中國時報》二十餘年，主持報社筆陣之暇，寫書、教書，對政治公關做了長期、又有系統的觀察，自能將理論與實務做最好的銜接。

　　政治公關的操作（假如我們先不談信息接收端的閱聽大眾）其實有兩塊，一是政治人物，一是媒體。政治人物怎麼看媒體（是敵？是友？），媒體又怎麼看政治人物（如何不被利用？），兩塊都很有意思。學院派學者可能講的都是理論，但是著重實務的學者，就能點出箇中心態，與應對進退的微妙之處。這也是這本書值得推薦的地方。

　　說到理論與實務的問題，還可以再舉一個例子。美國前中央情報局一位官員，曾在《外交事務》（*Foreign Affairs*）雙月刊上，發表專文談情報與政治的關係。小布希政府以政治干預情報（引導情報單位去蒐集白宮想要的伊拉克情報，比如海珊在發展大型毀滅性武器，以及與蓋達組織互通聲息等等），好藉此說服國人支持伊拉克戰爭。美國政府發動伊拉克戰爭的政治操作，現在已越來越為人知曉。所以很多學者、議員都大聲疾呼，要整頓情報單位的紀律，讓情報單位保持中立。他們指出，政治人物不要干預情報的蒐集，情報單位蒐集情報後，應該以中立態度交上級參考，而不要去倡議什麼政策。這樣才能維持情報單位的獨立。政治與情報，中間應該要有清楚的界線。

　　但這篇文章的作者指出，在情報單位，誰不希望自己的分析能夠被長官採用，從而成為政策？這是一個情報分析者最大的成就與驕傲。所以自覺或不自覺地，他們會去揣摩長官喜歡聽些什麼情報，然後順著長官的想法，去找長官所想要的情資。你說他們不想維持中立嗎？也想

啊，「劃清界限」的理論人人會說，但這個局內人，卻一針見血地點出人性的弱點，與理論和實踐中間的差距。

政治公關也是一樣。媒體與政治人物之間的關係，「該是」什麼，人人會說，但實際上又「是」什麼，就有很多說不清楚了。炎元兄以媒體人的身分，又是政治學者，爲我們闡述了兩者的關係，自然比純學者象牙塔裡的理論批評，或純媒體人的當局者迷，來得更清晰透徹，也更爲深入。

炎元兄也就政治公關這個題目，做過好幾次公開演講，都甚獲企業界好評。我個人也等他這本書出版等很久了。今天有機會先睹爲快，眞一大樂事。也願意在此，將這本精彩的著作，介紹給所有對政治公關有興趣的朋友。

本文作者爲東吳大學政治學系教授

自序

　　這是一本討論公關、媒體與政治操作之間關係的著作,與坊間其它以「政治公關」為名作品不一樣的是,這部著作雖然是以公關為平台做討論基礎,卻是以政治作為主要關懷,換言之,本書並不以「政治如何公關」為滿足,還企圖進一步探究「公關作為一種實踐」是如何介入政治世界,因而本書在性質上不屬於純然的公關學著作,而更多的是屬於政治學的著作。

　　當代人或許很早就學會對媒體保持戒心,卻對隱藏在背後掌控媒體的公關操作視若未見。事實上,全球的政治領袖、宗教領袖、跨國公司、時尚產業……等,都在透過公關發揮龐大的影響力,尋常人若是知道他們每年耗費在公關上天文數字的預算,恐怕會不禁感到驚懼,正如同美國著名史學家布爾斯汀(Daniel Boorstin)所說的「有人天生就很偉大,有人藉豐功偉業造就偉大,有人則是雇用公關人員」。這意味一個無所迴避的事實:你我或許都懂得忽略那些塞滿視聽空間的廣告,卻很容易輕忽無數公關操作,正在悄悄地操縱你我的心智。更關鍵的重點是:這種操縱沒有任何強制,有的只是不經意的「潛移默化」,甚至根本讓你「視為當然」。這個興起自二十世紀的意識操控技術,從來不只是公關,而是政治!

　　有趣的地方也在這裡,在傳統學科分類的系譜中,「公共關係」一直被劃歸為傳播學或是管理學的領域,從來不被認為是屬於為政治學的分支,換言之,公關長期被視為一種「傳播事件」、一種「管理事件」,

卻從不是一種「政治事件」。這種認知習慣讓政治學者很少耕耘這個領域，甚至連「政治公關」這個主題，都拱手將之讓給了管理學者與傳播學者，這種「割讓」的後果之一，就是讓「工具理性」的關懷凌駕一切，「政治如何公關」永遠是焦點，「公關怎樣政治」卻從不需要關注。或許本書的撰寫，就是要補上這個缺口。

　　當然，除了學理的探討外，影響本書構思的另一項因素，是二十世紀後半葉政治實況，有大半是在媒體上定輸贏，換言之，誰在媒體曝光上占優勢，誰主導了媒體議程，誰就取得了政治競爭上的優勢，而躲在背後主導這種博弈輸贏的，不是政策方向，也不是資源配置，而是公關操作。看看在世紀交替間，活躍在台灣政治舞台的兩位政治人物：陳水扁與馬英九，在他們躍上權力高峰之前，無例外早已是媒體的寵兒；再看看美國總統歐巴馬，他的崛起有大半來自他在講台上的風格與魅力，這些新世代領袖們所憑依的成功因素也許很多，但絕對不能低估一群躲在幕後公關專家的操縱。

　　在東方的文化傳統中，公共關係一直是被輕忽的領域，這也使得很多人不習慣將之與政治聯想在一起。西洋文明早在埃及時代就已習慣將他們的法老王塑成巨像供人瞻仰，羅馬皇帝不只塑像，還將他們的側面頭像鑄在錢幣上，近代專制帝王更是讓他們自己的肖像畫散見民間各處，這意味透過權力包裝來討好公眾本來就是西方政治文化的一部分。但在東方的政治文化中，權力象徵著是地位與威儀，統治者似乎從不認為有需要要讓老百姓熟悉他們的形象，所以我們今天哪怕是挖掘出成千上萬的兵馬俑，也找不著一尊帝王的塑像，如今還在博物館看得到帝王肖像畫，當年也是君王命宮廷畫師繪製供自己在內宮觀賞用，而非提供平民百姓瞻仰的。講再直接一點，東方文化中的「權力包裝」，有大半

不是想要親近民眾，而是要讓民眾對統治者「望而生畏」，然後「敬而遠之」的。因而本書在撰寫過程中，很多部分都是從西方政治史的脈絡作為起步。

　　這也意味，在我們所熟知的東方文化傳統中，其實是缺乏真正「公關論述」的。我們在坊間可以看到不少標誌著「公共關係」的書籍，談的其實是「人際關係」，許多人到現在還將那些善於操作人際互動的「潛規則」等同於公關，一個熟稔人情世故、處世八面玲瓏的人被自然形容是「善於搞公關」，這種習焉不察的誤導，竟然讓許多以操縱人際互動技巧的所謂「權謀」與「權術」論述，也被冠上「公關」的稱謂，在出版品中大興其道，無形中也讓公關被進一步的誤導。

　　除了還原公關本來的面貌外，本書的另一項意圖，在於揭開「公關政治」的面紗。不論我們喜歡與否，在我們視聽感官所能及的政治空間，公關政治的操作，正在以我們所未曾驚覺的速度，凌駕實然政治，政治領袖們每天行程滿滿，盡是意圖搶占媒體空間的視察、訪問、接見……等公關活動，在野政客則是竭盡所能地以另一種形式的公關，搶奪媒體空間。形象政治、修辭政治、媒體管理、民調解讀、議題操作、造勢活動等，幾乎已是我們認知當前政治活動的主調，結果越來越多民眾不再有耐心去分辨政策的實質，反而放手讓空泛的口號、少數的電視名嘴牽動他們的情緒，活在二十一世紀的當下，我們太需要一些指引，幫助我們去識別幻象政治與實質的分野。

　　在本書撰寫過程中，一直面臨一種兩難的抉擇，即該不該多選擇當前台灣政治運作的實際素材，作為公關政治各個專題討論的實例？回顧過去幾年，台灣政治舞台上這種題材實在太多了，但筆者的考量是：這些素材固然有空間上的親近感，卻也少了直指主題的那份「距離美

感」，最終還是決定全以國外的事例做討論依據，這一點或許有些讀者不盡同意，但至少可以避免一些解讀上的爭議。

　　本書的完成，要感謝的人太多了，在這無法一一列出，必須特別要提的是：本書的緣起，主要是文化大學大傳系主任湯允一多年前邀我到該系開「政治公關」與「選舉公關」兩門課，正式啓動我對這個主題的興趣；台大新聞所張錦華教授隨後邀我在該所開一門「新聞報導與公共關係」，進一步啓動了我撰寫本書的動機；此外時報老同事林照眞在本書撰寫過程中一直扮演批評的角色，他們對本書的促成，都有他們所不知道的功勞，此外東吳大學劉必榮教授在出書前應允爲本書寫序，也在此一併致謝。最後我也要特別感謝本書的編輯李尙遠先生，作爲本書第一位讀者，他細心挑出本書諸多缺漏與模糊不清之處。至於本書在內容或觀點上有任何疏漏，就交給讀者指正了。

倪炎元　2009 年 3 月 13 日

目次

TABLE OF CONTENTS

目次

TABLE OF CONTENTS

目次

第一章
進入公關政治的世界

　　很少人會驚覺,活在當下的人們所過的政治生活,其實是瀰漫在某種公關操縱的氛圍裡。人們不需要再去翻閱典籍,探索先哲們對政治的見解是什麼,甚至不需要閱讀報紙的政治評論,只消打開客廳電視,就能接收所有的政治資訊,也可以即時消費所有的公共事務,從選舉、政爭、政策、立法、醜聞等無所不包,這種消費習性與每日電視八點檔的戲劇節目完全沒有兩樣。同樣地,政客與政黨的面貌也在改變,越來越多政客找專人為自己設計造型,每天的政務主軸不是決策,而是行程滿滿的巡視、參訪與接見,最關心的是民調數字的升降與自己在媒體的曝光度,周遭的顧問親信也從昔日的法律專家、政策專家等變成了民調專家、媒體專家與形象專家等。政黨競爭與政策攻防的主要舞台都不再是議場,而是媒體;至於競選早就不是在比政見、比主張,而是在比造勢、比議題,甚至是比選舉顧問的團隊。這一切的一切都意味,當代的政治其實早不同於往昔,已經邁入「公關政治」的時代。

　　也可以這麼說,我們多數人日常生活中除了投票,其實接觸不到實際政治與政治人物,大多數人所理解的當代政治,都是經過文字書寫、鏡頭剪輯、聲音廣播或是網頁拼貼出後所重組塑造的政治,或者更直接地說,它其實是不同媒體平台所「再製」出的政治,它與實然政治是兩個完全不同的世界,然而多數人並不願意費心地去區隔這兩個世界的異同,甚至寧可相信這就是真實的政治。漸漸地這種「再製」的虛構政治逐漸取代了實際政治,甚至實際政治世界慢慢也願意配合這種虛構政治而演出。而正因為這個被大家所觀看、所消費的「政治世界」,絕大部分是經由媒體所「再製」出來的,那麼只要能掌握這種「再製」背後的操作原理與技巧,也就能掌握這整個「虛構政治」的生產與再現,而代表這種原理與技巧的專業知識正是「政治公關」,至於擁有這種政治公

關專業的人士則被稱做為「政治顧問」（political consultant）。他們將公關的知識與技能帶進當代政治的運作，也大幅改變了當代政治的風貌。換言之，當代的政治，有很大一部分其實就是「公關政治」，缺少了這一部分的掌握，我們對當代政治運作的理解，永遠都會隔著一層紗。

在當代學科分類習慣上，政治公關多半被列為公共關係的次級學科，與其它企業公關、組織公關、國際公關、個人公關等並置，這種分類基本是以公關為論述主體，以其它領域為平台，換言之，不論是在國際、政治、經濟、管理或社會任何領域，公關操作的原理都是一樣的，公關人替企業操作公關，與他為政治操作公關是完全一樣的。但這種分類與思考方式的盲點，是它忽略了公共關係本身所具有的「政治」性格，因為「公共關係」在人類歷史上的出現，其實是有濃厚政治背景的，其中包括社會結構因素、政治思潮因素以及權力運作關係，只不過這種政治性格在它被納入管理學領域後，逐漸被淡化稀釋，影響所及，甚至暗示公關專家不必熟稔政治的治理經驗或公共政策的實質，也不必具備任何政治理論或哲學的背景，就可以直接循「公關」原理去處理「政治」，這種盲點很容易忽略了公關與政治間的複雜難解的關係，而要探索隱藏在公關中的政治性格，必須要先透過歷史與理念的還原才能呈現。

1　現代公關的政治與社會起源

歷史上最早有意識以公關的身分與作為出現的年代，正好就與政治相關。美國第七屆總統傑克遜（Andrew Jackson）在競選總統期間，曾任命肯德爾（Amos Kendull）擔任民調顧問、諮詢顧問、演講代筆與宣

傳員，肯德爾在當時並未被冠上任何頭銜，但他卻成為美國史上第一位
新聞祕書與國會聯絡員，由於傑克遜並不能在公開場合充分表達自己的
論點，他就委託肯德爾藉由當時的報紙將他的論點傳達給國會與美國民
眾（Lattimore et al. 2006：22）。至於作為一種產業，或是作為一種觀
念，當代「公共關係」則大約源起於二十世紀初，當時若干政治與社會
的歷史背景促成了這個行業與概念的誕生。

1.1　調查報導媒體的興起

　　現代公關產業的誕生，是伴隨媒體產業的揭弊運動而出現的。二十
世紀初隨著報紙媒體興起的同時，開始對財閥、政客展開揭發內幕的運
動，這場運動很快地指向政商勾結，特別是國會議員與鐵路公司、冶
金、石油等大企業之間複雜的糾葛關係。揭弊運動最早同時也是最具代
表性的人物，是《麥克盧爾》（*McClure*）雜誌的女記者塔貝爾（Ida M.
Tarbell），她深入調查洛克菲勒（Rockefeller）家族所經營的標準石油公
司（Standard Oil Company），揭露該公司怎樣依靠巧取豪奪的手段積累
財富、建立壟斷帝國。她的長篇系列調查報導從 1902 年開始在《麥克
盧爾》上連載，立即引起轟動，使得雜誌銷路大增，塔貝爾也因此成
名。她的系列報導後來在 1904 年集結成書，題為《標準石油公司的歷
史》（*The History of the Standard Oil Company*），讓洛克菲勒家族成為邪
惡資本主義財閥的象徵。

　　另一個代表性的例子是前《紐約世界報》（*New York World*）記者菲
力浦斯（David G. Phillips），他在 1906 年 3 月號的《柯夢波丹》
（*Cosmoplitan*）上發表了〈參議院的叛國罪〉（The Treason of the Senate）
一文，指名道姓地抨擊二十多位參議員為財團的代言人。文章通篇都是

叛國、無恥、掠奪、強盜、財團等激烈的字眼，一時間舉國矚目，以致連當時的總統老羅斯福（Theodore Roosevelt）也在公開演說中稱這些揭發美國社會腐敗現象的記者和作家為「扒糞者」（Muckraker）。「扒糞者」一語不久便成了一種尊稱。揭弊運動也因此在全國展開。其他的報刊紛紛仿效，推出大量揭弊的報導。

　　這些揭發內幕者皆是指名道姓地直接指責，毫不轉彎抹角地批判政界、商界的腐敗。他們揭發的內幕，包括食物摻假、金融和保險公司不當的行為、藥品中含有有害成分、破壞天然資源、政府與黑道勾結、監獄的情況、報紙受廣告商支配等等，這使得整個社會都瀰漫一片反財閥的氛圍。當時的老羅斯福總統也準備要對過度壟斷的企業進行改革，同時在部分議員的策動下，國會陸續舉行聽證會，要求標準石油公司、美國鋼鐵公司（U.S. Steel）、賓州鐵路公司（Pennsylvania Railroad）等大企業對公眾的不滿做出解釋。隨後，在老羅斯福的主導下，國會陸續通過了反壟斷法、勞工賠償法、食品衛生法、食品和藥品管理法等一系列打擊政商勾結、維護公眾利益的法律。

　　這股由媒體與作家所掀起的反大企業風潮，讓二十世紀初的美國社會瀰漫一片對大企業懷有敵意的氛圍，此際又發生了蘇聯的十月革命，這自然引發了保守中產階層的疑慮，擔憂這股風潮會影響資本主義體制的存續，最早從事公關的李（Ivy Lee），就曾揭示他的工作即在於「捍衛私有財產的神聖性與遏制群眾的危險性」（Ewen 1996：74）。同樣地，在飽受媒體抨擊後，所有的大企業主都不敢再輕忽媒體的威力，也開始正面看待媒體的影響力，開始延聘熟悉媒體運作的專業人士擔任顧問，第一代的公關人士也開始陸續出現。

1.2 大企業所面臨的衝擊

　　繼報刊媒體在二十世紀初對大企業的連續揭弊攻訐後，一次世界大戰後，美國大企業還面臨其它衝擊，包括工會運動、反托辣斯立法、小羅斯福（Franklin D. Roosevelt）新政對企業的管制等，所有大企業都面臨前所未有的經營危機，特別是在 1935 年美國國會通過的「華格納法案」（Wagner Act），賦予勞工可以組織工會的權利後，大企業的處境幾乎是四面楚歌。於是部分企業主開始透過新聞代理人處理他們與媒體接觸和聯繫的事務，這些新聞代理人也逐漸成為專業公關人員的前身，並逐漸成為大企業面對這些危機的主要助力。可以說，第一代公關的先行者，幾乎都是從協助大企業渡過形象與營運危機起步的。

　　一般認為，現代公關的開山祖師是李，他曾擔任過《紐約時報》（*New York Times*）的記者，藉由這種新聞界的職業背景，他創立了「宣傳顧問事務所」，專門替企業與社會組織提供宣傳的服務，協助客戶建立與維持和公眾的聯繫，他替企業處理危機時的許多作法與原則，一直到今天都還在延用。他就曾受雇於洛克菲勒（John D. Rockefeller）與賓州鐵路公司等大企業，幫助它們處理公關事宜。在當時洛克菲勒公司一直是新聞界揭弊的主要對象，加上勞資關係惡劣，社會形象一直不佳，李於是採取了一連串的措施，包括聘請著名的勞資關係專家來實際了解導致勞資衝突的具體原因，將調查結果向外界公佈，並邀請勞工領袖參與勞資爭議的解決，同時建議洛克菲勒廣泛進行慈善捐贈、調整工資、辦理兒童夏令營、救濟貧困等，刻意突出其人性的一面，慢慢讓勞工對洛克菲勒的看法改變，再進一步改變公眾對洛克菲勒的刻板印象。在洛克菲勒的積極配合下，這個廣受抨擊的家族竟逐漸轉為正面的形象。

1906 年賓州鐵路公司發生一件嚴重車禍，儘管當時鐵路公司老板有意封鎖消息，但李卻認為應該完全公開，他要求維持現場，然後派車主動接送記者到車禍現場，提供他們撰稿和照相的良好設施，讓他們了解事故發生的眞正原因，也讓他們目睹鐵路公司為善後所做的種種努力，如向死者家屬提供賠償、為受傷者支付醫藥費、向社會各方誠懇道歉等，他還安排有關人員誠實回答記者所有的問題，向記者做各種技術性的解釋等。結果賓州鐵路公司受到輿論普遍的好評（Bruce 1994：24）。李的信條是：公眾應該知道眞相。這個理念後來亦成為專業公關所奉行的信條。

本世紀初美國電話電報公司（AT&T）的獨占地位遭到雙重威脅，一方面輿論要求仿照歐洲改採國有化經營，另一則是來自中小型電話公司的競爭。為回應此一威脅，美國電話電報公司在 1903 年正式成立公關部門。一開始受聘擔任公關主管的艾斯渥斯（James T. Ellsworth），因有媒體任職經驗，深知報紙主要收入依賴廣告收益，因而廣告預算有左右編輯政策的能力，於是他藉由廣告預算搭配新聞與專欄，將傾向美國電話電報公司的文字不斷出現在報端。1923 年美國電話電報公司找來班寧（William P. Banning）主持公關，主要任務即是如何在反托辣斯的氛圍下，教育美國大眾，讓他們接受美國電話電報公司在美國維持獨占的地位，是符合美國國家利益，也是符合美國大眾利益的。

1928 年，有公關之父之稱的柏奈斯（Edward L. Bernays）受雇替美國菸草公司（American Tobacco Company）打開女性吸菸的市場，在紐約策畫了以「兩性平權」為包裝的「自由火炬」（Torches of Freedom）大遊行。他也幫助美國菸草公司應付各種對抽菸危害健康的指控。著名的偉達公關公司（Hill & Knowlton）創辦人希爾（John W. Hill）在其所

著的《公關人的塑造》（*The Making of a Public Relation Man*）一書中，更是詳細記錄了他在 1930 年代如何協助美國鋼鐵業在戰後應付風起雲湧的工會運動及罷工危機。

1.3 好萊塢電影產業的興起

　　電影產業的誕生大約是在二十世紀初，而且是一開始就與政治發生關係。英國維多利亞女王（Queen Victoria）於 1897 年舉行即位六十周年紀念，曾被勸說把整個過程拍下來，當時的電影尚未有完整技術。但到了 1913 年，由好萊塢所拍攝的第一部劇情片誕生，而美國政府也很快地就注意到電影明星對民眾的影響力，如當時著名的默片喜劇明星卓別林（Charlie Chaplin）即被政府徵召來為政府債券拍攝宣傳影片（Bruce 1994：28）。1915 年，格里菲斯（D. W. Griffith）描寫美國內戰與戰後重建的劇情片《國家的誕生》（*The Birth of a Nation*）推出，甚至獲得機會在白宮放映，儘管威爾遜總統（Woodrow Wilson）稱許其是「以光影來寫歷史」，但這部電影卻是以南方激進白人種族主義的觀點來處理種族問題，特別是片中明顯歧視黑人且美化三 K 黨，在當時曾引發不少爭議，使得這部電影成為日後「政治電影」的開端，但它的表達形式、場面控制、鏡頭安排與敘事手法，都影響了後來電影的製作。

　　《國家的誕生》的另一項重要影響，是它在視覺上「創造了美國」。透過光影的語言，所有原本屬於文字言說的政治，如國家、民族、政府、愛國、忠誠等都轉成了生動的敘事，再加上商業化的機制，讓國民可以在全國同步觀看，撰寫《現代傳媒史》（現代メデイア史）的日本學者佐藤卓己稱其為「視覺的國民化」（佐藤卓己 2004：101），這種效應讓它很快地就與政治宣傳結合，一次世界大戰期間，電影被大量用來

做醜化敵人的宣傳，如《德皇》（*The Kaiser*）、《柏林的野獸》（*The Beast of Berlin*），以及鼓吹美國參戰的電影《和平的軍號》（*The Battle Cry of Peace*），片中描述德國經由海路攻擊紐約，並將紐約毀滅（Jowett 2003：114-115）。電影在戰時宣傳的角色，在戰後很快地繼續被應用到公共政策的宣傳上，小羅斯福就曾直接委託電影公司幫他當時所推動的新政拍了好幾部宣傳的紀錄片。

　　對當代公關產業而言，好萊塢的電影產業對他們最大的影響，即是「形象包裝」技術的移植。布魯斯（Brendan Bruce）在他所著的《權力形象》（*Image of Power*）一書中，即指出今日許多形象包裝技術，都是從好萊塢攝影棚獲得啟發的。特別是在塑造明星上，好萊塢可藉由化妝、整型、聲調訓練、肢體語言調整、歌唱與舞蹈訓練等，將一個女店員或男性卡車司機變身為一線的男女明星。不僅如此，宣傳人員還要替這些明星重新撰寫傳記、成立影迷俱樂部、發行影迷雜誌、安排活動與接受專訪等，讓明星能成為偶像。從明星的形象包裝、新聞事件的發佈，乃至於醜聞的管理等等，好萊塢打造明星的形象包裝技術，已成為其它領域形象管理的主要教科書（Bruce 1994：28-31）。而這一套打造電影明星的形象包裝技巧，很快也就運用到政治人物身上，政治人物開始對他們的服裝儀表、公開發言、肢體語言、鏡頭前的造型越來越敏感，而好萊塢的這種專業經驗也很快地移植到政治人物的形象公關操作上。

　　好萊塢產業對當代公關的影響，當然不只是政策宣傳與形象包裝，電影受到政治領域更加關注的地方，是其對政治理念宣傳、意識形態強化等所具有的無遠弗屆的威力。例如戰爭電影透過軍人的團結、勇敢與犧牲等宣揚愛國主義，動作電影透過聯邦探員的英勇辦案呈現聯邦調查

局的正面形象，美蘇諜報電影所揭露的冷戰、反共的意識形態對決等。

1.4　納粹德國的政治宣傳

　　二十世紀納粹德國的宣傳技巧，也對公關的操作具有深遠影響。提到納粹德國的宣傳，就不能不提那時節主掌宣傳事務的靈魂人物戈培爾（Joseph Goebbels），他當時擔任希特勒（Adolf Hitler）的文化與宣傳部長，若干對政治宣傳的觀點與作法，即便是到今天，還有許多政治人物採用。在他接掌納粹的文宣事務後，首先看準了電影對人們潛意識所具有的強大影響力，於是將大部分的資源投入電影工業，他將德國的巴爾斯堡（Babelsberg）塑造成美國好萊塢之外的另一個電影生產重鎮。在電影製作上，戈培爾最討厭教條式的政治宣傳影片，認為那種電影令人倒盡胃口。當時有位導演拍了一部名為《希特勒青年克韋斯》（*Hitlerjunge Quex*）的愛國電影，描寫一名信仰納粹主義的少年為堅持理念而犧牲生命的故事，戈培爾據說在看完試片後大發雷霆，甚至下令禁止這部電影上映。戈培爾鍾情的是好萊塢式的娛樂歌舞片，他自己就收藏了非常多好萊塢出品的影片，他認為電影的目的就是將人們帶離現實，邁入另一個想像的世界中，而惟有在那種氛圍中，對其潛意識進行暗示性的宣傳最有效。因此在戈培爾領導下所製作的娛樂電影，幾乎百分之九十都沒有明示政治宣傳的內容。

　　至於為了政治宣傳目的所拍的新聞紀錄片，戈培爾也大量採取娛樂片的手法來製作，包括結合運鏡、剪輯、配樂與蒙太奇等娛樂電影的技巧，例如他所領導的電影製作群就曾模仿好萊塢古裝大場面英雄電影的畫面與形式，來製作希特勒閱兵的紀錄片，藉由鏡頭交錯剪接與音效搭配呈現希特勒接受部隊致敬與群眾歡呼的畫面，不僅營造出集體意志的

感染力量，也無形中襯托出他作為偉大領袖的形象。二次世界大戰爆發後，這種宣傳技巧立即運用在軍事宣傳上，例如戈培爾曾找當時著名的作曲家舒茲（Norbert Schultze）為士兵撰寫歌曲，他曾在 1938 年譜寫過一首膾炙人口的〈莉莉瑪蓮〉（Lili Marleen），曲風柔和，由一低沉軟調的女歌手唱出，很受到德國士兵的歡迎。

　　除了影片之外，攝影也扮演相當重要的角色，希特勒將他個人的攝影全權交給德國著名攝影家霍夫曼（Heinrich Hoffmann）一個人負責，霍夫曼被允許可以拍攝任何姿態下的希特勒，而希特勒也親自研究霍夫曼為他拍的相片，以決定哪種演講動作與姿態最能建立令人民難以忘懷的形象。霍夫曼也利用這個權力創辦一家新聞社與出版社，網羅一大批攝影師，壟斷所有希特勒與納粹政府的照片拍攝，當然，所有要公佈的照片都要先經過霍夫曼的審查，戰爭爆發後他還組織了一個中央攝影局，所有在前線拍攝的影片都要經過中央攝影局的審查（Freund 1990：139）。

　　希特勒本人也曾苦心研究過宣傳，他曾對左派群眾在柏林遊行時手捧紅色花朵、佩紅色臂章、舞動紅色旗幟所形成的一片紅海留下深刻印象，他也深信演說比文字來得有力量，也非常善於運用演說的力量來激起群眾的狂熱。那段期間，希特勒也曾繞過戈培爾，自行指定一位年輕的女導演雷芬斯坦（Leni Riefenstahl）拍攝《意志的勝利》（*Triumph des Willens*），以紀錄片的形式拍攝他在紐倫堡舉行群眾大會的實況，包括希特勒接受群眾歡呼、校閱部隊、發表演說等，在鏡頭剪輯下，這部電影成為早期政治宣傳電影的經典。

2 政治公關化的趨勢：政治顧問與政治公關產業的興起

公關逐漸滲入政治領域的同時，擁有公關專業的人士亦搖身一變為政治顧問，並取代了過去的法律與政策專家，成為政治權力核心所倚重的對象，他們有的以個人身分擔任政治領導人的智囊或策士，有的自行成立政治公關公司，提供各種專業諮詢或服務。以美國為例，政治公關產業已經是一種成熟的產業，候選人投入的政治顧問經費也越來越高，這些政治顧問向各黨派候選人推銷一套套定型化的競選策略，「營業項目」洋洋灑灑：廣告、贊助造勢、遊說、民意調查、直寄郵件、草根選舉、敵手調查、媒體訓練、特定受訪者管理、陪審團諮商、議題管理、衛星上線、演說撰寫。選舉時，他們的「工作流程」像在進行一項嚴謹的社會科學研究：訪問特定對象、刊登廣告、提供媒體報導、進行民意調查，再做更多的特定對象訪問、廣告、報導、調查……。目的不但是為了蒐集、測試民意，更在於引導民意、塑造選民認知、影響其決策與行為。他們擅長政治人物的形象包裝，也善於操縱選戰策略，特別是抹黑式的負面手法。

政治公關成為一種專門領域，乃至政治顧問成為一種專業，都是到二十世紀後半葉才出現的發展。這當然與若干時代趨勢的需求是息息相關的。首先是政治菁英與政府越來越依賴媒體的曝光來建立其聲望與統治正當性。在選舉與媒體發達的年代，政治人物的活動多半以特有的公開方式進行，以便獲得大多數選民的認同。甘迺迪（John F. Kennedy）的勝選也正是標示這個時代的來臨。同樣地，政治人物也必須懂得透過

各種大眾傳播媒介，呈現其觀念、價值與政策，以便爭取最大多數人的支持。傳統君王、封建領主或獨裁者可以強加其意志於其臣民，但想要成為民主政治社會的領導人物，就必須贏得大眾的支持與好感，而且要憑自己的能力去爭取，否則就不能執政。要想贏得勝利，其一就是盡量在公共領域中被看到和聽到，這就必須靠媒體報導「數量」來維持，亦即努力爭取曝光率。但並非所有曝光機會都會帶來好的宣傳效果，因而就必須還要確保報導的「品質」，亦即強調政治人物或政黨認同中的正面色彩，並降低負面色彩。

其次，則是政治菁英越來越依賴對訊息的控制與發佈，來主導民意輿論，並防阻危機或意外的發生。著名學者李普曼（Walter Lippmann）在 1922 年出版他的經典著作《公眾輿論》（*Public Opinion*）一書之際，還未出現公共關係、政治顧問等相關概念，但他在著作中討論新聞的性質時，就已經發現新聞代理人（press agent）這類角色的出現，當時不論公私機構或政治人物，不論是為擴大或迴避知名度，都在意什麼樣的事實或什麼樣的印象應予報導，新聞代理人就立即成為過濾這種訊息的中介，他們堵住直接的訊息通路，既代替雇主篩選過濾訊息，也代替記者做先一步的選擇與判斷，李普曼對這種新聞代理人的角色，儘管著墨不多，但已經表達輕微的不安：「新聞代理人為記者製作的畫面乃是他希望讓大眾看到的畫面。他既是檢察官，也是宣傳員，他只對雇主負責，只有在符合雇主利益時，他才會對整個真相負責。」（Lippmann 2002：273）

再其次，則是傳播科技的劇烈變遷，乃至媒體操作的專業門檻大幅提高，使得政治菁英必須越來越依賴媒體顧問的協助，才能與大眾媒體競逐新聞議程。1940 年代以前平面媒體的報紙與雜誌的影響較大，

1940 年代則是廣播影響最大，1960 年代以後無線電視登場，1980 年代
以後再被衛星與有線電視取代，1990 年代以後再加入網際網路的發
展，再配合民調、焦點訪談、形象塑造、媒體購買等的大量使用，這中
間每一階段傳播科技的變遷，都在不斷地改寫政治競爭的形式，未能與
時俱進掌握這些變遷趨勢的政治菁英，很容易就在旦夕間被淘汰出局。
正因爲這每一階段的傳播科技變遷都有專業門檻，也迫使政治菁英必須
依賴熟悉這些傳播科技應用的專家。

目前在歐美擔任這類政治顧問角色的專家，通常被稱爲 spin
doctor，直譯爲「旋轉醫生」，有人譯之爲「操縱專家」，他們多半隱身
幕後，主要職責就是透過對事件或事實的編織與組合，以確保特定政黨
或者政治人物的形象、聲望或政策獲得最大多數民意的肯定與支持，並
避免受到負面訊息的打擊。spin 這個字眼起源於體育運動。在板球、桌
球和棒球等體育運動中，spin 一方面指那些投手投出來的意圖騙過擊球
手的曲線球，一方面也指打擊球員藉由旋轉式擊球動作能更好地控制球
的運行軌道和方向。在美國俚語中，spin 就是欺騙的意思，逐漸被引申
爲引導媒體、輿論乃至民眾，爲政府的政策推銷和造勢。spin doctor 首
次出現在 1984 年 10 月《紐約時報》的一篇文章，意指「善於對負面消
息進行積極解讀的宣傳者和策畫人」。spin doctor 中的 doctor 則源自十
九世紀晚期的貶義動詞 doctor，意思是「假裝、僞造、篡改」。從 1970
年代起，spin 開始表示「透過有傾向性或歪曲的報導，以期在公眾面前
製造對己有利的影響」。從此，spin 成了透過改變事實的「軌道」來影
響公眾的一種方式。

1990 年代，spin doctor 成了西方新聞界的流行詞語，特別是指競選
運動所雇的媒體顧問或政治顧問。他們負責對候選人進行從演講談吐到

穿著打扮的全方位包裝，旨在保證候選人在任何情況下都能獲得最佳宣傳。候選人在公眾場合的每一句演講乃至每一個手勢，都可能是由 spin doctor 設計過的。在選舉時，spin doctor 也可被稱做「抬轎人」。比如說，在候選人相互辯論之後，雙方顧問分別把記者找來，向他們指出自己的候選人表現得如何好、論點如何有力，從而使報界、並進一步引導公眾相信，他的候選人在辯論中取勝了。而在非選舉期間，spin doctor 也負責協助政治人物掌握民調、媒體曝光、議題操縱、接受訪問、活動行程安排等，以確保政治人物能夠維持聲望與主導輿論。

　　政治顧問依媒體平台、專業職能的不同而可區分爲不同的類型，以費登伯格（Robert V. Friedenberg）的分類爲基礎，大致可分爲：（1）形象顧問（image consultant），熟悉造型設計，爲雇主設計與打造外在的觀瞻；（2）民調顧問（polling consultant），熟悉民調操作技術，能夠爲雇主從事民調，能從民調數據中解讀出訊息，並從民調發現中提供競選或政策趨勢的情報；（3）演講與辯論顧問（speech and debate consultant），熟悉演講學、發聲學、體態學、辯論學、修辭學與口頭傳播學的專家，能夠訓練雇主從事公開演講與辯論，並爲演講與辯論的內容與形式提供意見；（4）窄播通路顧問（narrowcast media consultant），熟悉郵件、電話、網路等通路的專業，能夠協助雇主從事資料庫與檔案的建置與管理，並從事分析與解讀；（5）報紙與廣播顧問（newspaper and radio consultant），熟悉報紙與廣播的實際操作，爲雇主安排新聞發佈與專訪等；（6）電視顧問（television consultant），熟悉電視媒體的專業運作，爲雇主安排電視訪問，並掌握電視媒體新聞發佈。除了上述六種顧問外，還可加上熟悉造勢活動的事件行銷顧問、熟悉網路媒體操作的顧問等。從這種細緻的分類不難發現，當代從事政治

公關的專業人士已經有相當細緻的分工，因而重視政治公關的政治人物或政府部門往往需要一個公關團隊來處理相關事宜。

3 政治公關的理論預設與知識考古

公共關係理論形成今天的面貌，其實是經過傳播學與管理學兩大學科包裝後的結果。回溯二十世紀初公關思惟最早出現的階段，其實是與「政治」密不可分的。換言之，正如同先前對公關的社會與政治起源的討論所揭示的，公共關係思惟其實包含著一套濃厚政治與社會哲學的預設，然而這套論點後續到了傳播學者手中，重點逐漸被放到「溝通效果」上，再到了管理學者手中，又將關注焦點集中於「組織功能」上，在這兩個學門的衝刷下，早期公關思惟裡面的「政治」成分幾已被稀釋殆盡，然而若要梳理政治公關理論的起源，這一部分顯然還是不能完全忽略，因而，在這裡還是有必要將這些早期的公關理論預設加以還原。

可以這麼說，公關乃至政治公關理論的知識源起，與十九世紀末到二十世紀初中葉以前，幾本重要著作的關係是密不可分的。這些著作部分反映了倡議者對左翼運動的不安、操作民意輿論的實際需要，以及對媒體科技發展的掌握等，以下用幾個簡單的命題呈現政治公關的主要理論預設：

(1) 非理性的群眾心理觀：社會大眾的心理是集體的、情緒的、感性的、本能的且危險的，這種心理狀態是可以透過研究發掘出來的，亦是可以操縱的。

(2) 虛幻的民意觀：一般人並無法清楚地理解客觀世界，甚至還是帶著成見與刻板印象來理解外在世界。

（3）菁英主導的政治觀：惟有少數菁英份子（特別是公關人）才能有效
　　馴服、並駕馭社會大眾的情緒與本能，同時主導民意的形成、運
　　作，並引導民意至正確的方向。

（4）符號與形象的操縱觀：民意與輿論是可以透過人爲、虛擬的形象或
　　編造事件來加以控制的。

3.1　非理性的群眾心理觀

　　最具代表性也深具影響的著作，爲法國社會心理學家勒龐（Gus-
tave Le Bon）在 1895 年出版的《烏合之眾：大眾心理研究》（*The
Crowd: A Study of the Popular Mind*）。這部著作主要爲工業社會發展所
呈現的迷亂提供理論的解釋。勒龐在書中描繪了一個恐怖、由平民支配
的時代來臨，這些群眾不受任何理性拘束，任何個人一旦加入群體，所
有道德約束與文明素養突然消失。而原始行動、幼稚行爲和犯罪傾向都
會突然爆發。勒龐在書中很明顯透露出他對十九世紀末尾左翼工會運動
風起雲湧的焦慮：

> 　　民眾的各個階層進入政治生活。事實上，他們已經成為統
> 治階層。……群眾勢力開始不斷壯大，首先是某些觀念的傳播，
> 使它們慢慢在人們腦中扎根。然後個人逐漸結為社團，致力理
> 念的實現。正是透過結社，群眾掌握了一些與他們利益相關的
> 觀念，並意識到自己的力量。群眾成立各種聯合會，使一個又
> 一個政權在他們面前俯首稱臣。他們還成立了工會，不顧一切
> 經濟規律，試圖支配勞動和工資。他們支配了議會，議員缺乏
> 主動和獨立，幾乎都成為他們的傳聲筒。（Le Bon 2005：3）

在這種時代的焦慮下，勒龐所描繪的群眾特徵包括：

（1）群眾幾乎都受無意識動機支配，而表現出衝動、易變和急躁。彷彿退化成原始人一般，完全喪失獨立主宰自己反應行為的能力。

（2）群眾很容易接受暗示與輕信。由於處在無意識中，任何提示透過相互傳染，形成一種集體幻覺，很容易變成行動。

（3）群眾所表現出來的情緒，是誇張而單純的。從不知懷疑與不確定為何物，因此只會被激情所打動，煽動家必須時刻信誓旦旦、不斷宣誓。

（4）群眾對意見、信念是偏執、專橫與保守的。即不是全盤接受，就是一概反對（甚至不允許任何輕微反駁）。

（5）群眾沒有推理能力，也無法表現出任何批判能力，不能辨別真偽或做正確判斷。

（6）群眾的想像力活躍且敏感。一件事、一個人、一次事故在他們腦中所喚起的形象，都是栩栩如生。而只會形象思考的群眾，也只能以形象吸引群眾，成為其行動動機。

（7）一切政治、神學或社會信條，要在群眾中扎根，都必須採取宗教形式，以及將所有危險討論排除在外的形式。

　　儘管勒龐的論點主要是針對十九世紀左翼運動動員的焦慮而來，但他對群眾非理性面貌的描繪，以及他們集體動員後所可能出現的風險，對早期的公關實務者的影響非常深遠。換言之，勒龐描繪了一個恐怖的、由平民所支配的新時代，這些群眾不受以往中產階級理性規範的拘束，而一旦個人加入群體，個性即消失，取而代之的是集體的行為模式，這種模式是一致化、情緒且危險的。如被稱為公關開山祖師的李就深受勒龐的影響，而為公關之父柏奈斯撰寫傳記的泰伊（Larry Tye）也

在其書中特別提到勒龐觀點對柏奈斯的影響（Tye 1999：154）。柏奈斯在 1932 年受聘替美國總統胡佛（Herbert Hoover）競選策略獻策時，在文件中明言：「要記住，大眾的心理傾向，是把他們的領袖當成是毫無缺點的，同時，個人的自卑感也會讓人覺得自己至少還比傻瓜優秀⋯⋯我們要創造一些話題，來引發人性中好勇鬥狠的天性。」（Tye 1999：132）柏奈斯在其 1924 年所出版的著作《晶化民意》（*Crystallizing Public Opinion*）一書中就直言他對所謂「人民的聲音」不抱任何幻想，因為那種聲音中，少有「任何神聖、明智或高尚的見解」，民意的形成是基於極微薄的知識，他們不需要邏輯，他們的判斷只是「對他們所信任的領導者服從」（張石岩 2004：108）。

3.2 虛幻的民意觀

　　一次世界大戰以後，美國思想界中懷疑主義和自我評價的浪潮興起，人們開始對一般的民主理論提出質疑，特別是公眾輿論的作用。在此一背景下，李普曼先後出版了《公眾輿論》、《幻影公眾》（*The Phantom Public*）、《公共哲學》（*The Public Philosophy*）等著作，重估民意與民主的相關概念。李普曼對民意的觀點，直接聯繫上了希臘哲人柏拉圖（Plato）的一項著名譬喻。柏拉圖在《理想國》（*Republic*）中曾提出「洞穴囚徒」的概念，表達了對於民意與輿論的質疑。這個著名的「洞穴比喻」，是指人類就像是關在洞穴中的囚犯，他們的腿和脖子都是被鎖著的，因而只能朝前面看。他們背後有一堆火在遠處熊熊燃燒著，但他們看不到，能看到的只是投射在牆上的影子，出於看不到其它事物，久而久之他們逐漸把這些牆上的影子看成是真實的事物，對造成這些影子的東西卻是毫無觀念。其後有人掙脫枷鎖走出洞口，第一次看

到眞實事物，返回洞口向其它人解釋那些影子只是虛幻，卻被其它囚犯視爲愚蠢。李普曼認爲今天的公眾，正如同那些鎖在洞穴中的囚犯一樣，對世界的認識就形同對牆上幻影的認識一樣。

　　他的論點主要是：現代社會越來越鉅大化和複雜化，一般人面對複雜的世界，是先在心中塑造一個圖像來簡化並取代實體，他說：「眞實環境太複雜，而且變動也太快速，人們無法憑藉直接經驗得到的知識去應付。」因此只好利用腦海中的「意象」（mind-image）去判斷事物。而由於現實上人都只生活在狹小的一隅，於是對環境中生活的某一類人或某一類事會形成固定、概括、籠統的看法。這種看法一經形成，即不會輕易改變，形成所謂的「刻板印象」（stereotype）。而人們就是常常依據這種「刻板印象」去理解和接收外在的資訊。再加上由於民眾實際活動範圍、精力和注意力都有限，不可能與所有的外部事物直接接觸，因此在超出自己能夠親身感知以外的事物，通常是透過介入人與客觀環境之間的一種虛擬環境（pseudo-environment）來理解或反應，而提供這個虛構的中介（medium of fictions）的正是媒體，結果人的行爲其實已經不是在對客觀環境做反應，而是對媒體所提示的某種「虛擬環境」做回應。而媒體只要事先了解這類人的「刻板印象」爲何，就可以把大致符合這類人口味的新聞資訊大量地往他們那兒發送，並收到預期的效果（Lippmann 2002）。

　　這樣的論證使李普曼對古典民主論述提出了悲觀的質疑，認爲在現代民主運作中，政治領袖與一般人經常需要爲一堆他們所不懂而複雜的事做決定。人們相信他們所理解的人或事就是現實的寫照，事實卻可能只是刻板印象，結果就是經常依據成見或偏見來做決定。面對社會可能失序的焦慮，李普曼甚至提出反對多數決的主張，他 1925 年出版的

《幻影公眾》指出，以一般人的能力，讓他們在公共事務決策上扮演重要角色是相當危險的。

李普曼悲觀的論點，導致他得出「民意」其實是虛妄的結論，他認為多數人就是把成見、期望與事實混淆在一起的，人們善於將想像的事物轉爲可能的事物，再把可能的事物想像成確實發生的事，他引用哲學家詹姆斯（William James）的「信仰階梯論」（faith ladder），稱其爲是一種「善良願望所組成的階梯」，從一開始是（1）在某個世界裡並不存在荒謬，這是眞實的，並不相矛盾的；（2）在某些條件下可能是眞實的；（3）它現在也許是眞實的；（4）它是合乎眞實的；（5）它理應是眞實的；（6）它肯定是眞實的；（7）它就會成爲眞實的，無論如何對我們來說是眞實的（Lippmann 2002：122-123）。李普曼認爲，這種揉合期待、信仰以及事實的認知，就是多數人對外在世界的認知，特別是對公共事務。由於一般公共生活中的重大問題很少能顯露出其前因後果，人們很容易將兩件同時引起注意的事物建立起因果關係，而如果對一件事產生強烈的憎恨，就會很容易將與我們所憎恨或畏懼的其它事聯繫起來（Lippmann 2002：124-125）。李普曼的這些論點同樣也對第一代公關專家的思惟影響深遠。

3.3 菁英主導的政治觀

如果集體的民眾是危險的，民意其實是虛妄的，那麼也就很自然會得出社會運作應由少數菁英來主導的結論。而在當代的民主理論中，原本就有不少人是倡言「菁英論」的。他們的假定是：政治是高度專業性的，所以公民只能有限地參與。在政治參與上，一般公民只需在定期投票中選出適合的領導人，並完全授權給這些菁英與專家來處理公共事務

即可,其餘的民眾不必過問。如果政治菁英表現不理想,只需在定期的選舉將其撤換,即可達到監督制衡並避免權力寡占的目的。此外,只要每個人都有機會競逐成為政治菁英,那麼有能力的人,就可以成為決策者,為社會整體利益盡力。

美籍奧地利學者熊彼德(Joseph A. Schumpeter)《資本主義、社會主義與民主》(*Capitalism, Socialism and Democracy*)一書即是從菁英角度切入,為解釋經濟變化和解決政治困境提出了新思路。他的觀點基本上建立在幾個前提上:首先,在充滿複雜知識且高度分工的當代社會中,民眾的能力是不足的,惟有具備專業知識和決策能力的菁英,才能就公共利益的好壞做客觀的判斷。因此每項工作都應由學有專精的人士來負責,政治事務也不例外。其次,民主政治的運作,不可能讓所有民眾都能充分地參與政策決定,始終都有人會被排除在參與過程之外。授權或代表制是必須的,否則將會產生效率不彰的問題。第三,鑒於過去歷史的經驗,過度的民眾參與可能導致極權主義,例如,納粹與法西斯主義。極權主義經常透過民眾動員來進行統治,全面參與所喚發的群眾激情,可能不利於民主制度的運作。相對來說,將公民參與侷限於定期投票的代議民主機制才比較穩定。

而 1920 年代李普曼所持的,就是這種有限民主參與說。李普曼的基本立場是公民民主素質差,這是民主制度的實際限制,把握民主程序是應對這一限制的現實手段,在民主社會中,只要掌權的是能人就行,不必期待人人都成能人。李普曼認為,大眾不能期待領袖人物,向選民以理性對談的方式,來說明他們的基本理念,例如正義、法律或秩序等。那樣太不靈活、太花時間,而且也不能保證結果能達到預期效果。相反地,這些領袖應該找到簡單的文字或圖像,來捕捉大眾的想像,就

像美國的領袖人物想出方法，讓大眾投入戰爭的模式一樣。要實現這些象徵，最理想的媒體就是電影。因爲好萊塢電影總是立刻辨識出誰是好人與壞人，也能指出哪些想法最值得遵守，哪些想法會激怒大眾（Tye 1999：155）。

在這種菁英民主觀的氛圍下，在美國有公關教父之稱的柏奈斯倡議將推動國家社會進步的責任，交到公共關係顧問的手中。柏奈斯在著作《晶化民意》一書中，直接主張將「主導現代意識」的任務，交到公關人手中，柏奈斯認爲公關人能將「不安定的大眾，轉化成比較冷靜而容易教育的公眾。公關人擁有客觀的能力，能夠跳出本位，以公平旁觀者的立場來觀察問題，並能找出對客戶及大眾都有好處的解決方案。還需具有足夠的技巧，讓媒體接受他並加以協助，換言之，公關人的能耐，就是在民意尚未成形前，先行探測其走向」（Tye 1999：157）。

柏奈斯在 1928 年出版的《宣傳術》（*Propaganda*）一書中，做了更露骨的發揮，他說到「幾乎在我們每天的行動方面，不論是政治上或是商業上，也不論是我們的社交舉止或是萬眾一心思量，我們都是被少數的一些人所主導，這些人與全美國一億兩千萬人比起來，眞的只占非常小的比例，但是這些人了解大眾的心理和社會行爲模式」。而這「非常少的」一部分人，是由像他們這樣的公關專業人員所組成的。這些人「在幕後牽線，控制大眾的思想，也運用舊式的力量，並且規畫新方法，來結合並導引整個世界」。換言之，柏奈斯把這些人看成馴服狂野群眾的人，也是進化社會的守護者。他說，「大家通常看不出來，這些隱身的管理人，對於我們群體生活秩序的維持，有多麼必要」，「必須了解，宣傳是他們用來爭取生產力的現代工具，也是大家在混亂中找出秩序的幫手」（Tye 1999：150-151）。

3.4 符號與形象的操縱觀

　　如果社會運轉的方向，是由少數菁英所主導的，那麼這些少數菁英的任務就不僅僅是探索民意、蒐集民意，而是透過有意識的作爲製造民意、主導民意。這裡最代表的著作即是美國著名史學家布爾斯汀（Daniel Boorstin）所著的《形象：美國假事件指南》（*The Image: A Guide to Pseudo-Events in America*）。布爾斯汀承繼前面公關先驅者的論述立場，同樣抬高公關人的位置，他曾經說「有人天生就很偉大，有人藉豐功偉業造就偉大，有人則是雇用公關人員」，布爾斯汀較先前開拓者更進一步識別到媒體的威力，他所見證到的美國社會，已經是電視逐漸取代報紙的年代，更重要的是，他直接透視媒體與民意的運作本質，就如他所講過的一句話：「沒有任何事是眞正眞實的，除非它被電視報導。」那麼能被媒體報導的又會是什麼？布爾斯汀引述一名《舊金山觀察家報》（*San Francisco Examiner*）主編馬克伊文（Arthur MacEwen）的說法，「新聞是被一個好編輯挑出來交印的東西」，而能夠被編輯挑選出來的「新聞」，一定是有趣的、故事性強、新聞性高的事件，用布爾斯汀的說法，「讓世界更有趣的責任，已經從上帝轉到新聞人身上了」，一般人都相信世界永遠有多到不勝數的有趣事物，等在那被發現，也期待媒體永遠都會充滿這些有趣的事物，甚至若是哪一天的世界沒有發生內戰、暗殺或地震等重大事件，記者也必須得製造一些有趣的事情出來，譬如他可能是刻意去採訪特定公眾人物，從尋常事件中找出人情趣味性，或是透露新聞幕後等，假如連這些都找不到，他就只有去製造新聞了（Boorstin 1977：8-9）。事實上，日常媒體內容確實是充滿了人爲製造出來的新聞，布爾斯汀稱其爲「假事件」（pseudo-event），

這個概念如今已成為傳播與公關上經常使用的專有名詞，布爾斯汀在他的書中將記者招待會、統計調查、新聞發佈會、專訪等都稱為「假事件」，是「充斥我們生活的人造新鮮事」，這種「人造」新鮮事極度發展的結果，除了在膚淺層次上使公眾得到消遣，但更深的層面則是把公民注意力從真實、重要的事件上引開，忘記真正重要的事，對於那些「製造」或「計畫」的假事件，人們無法看出其真實關聯和本質究竟是什麼（Boorstin 1977：9-44）。

　　而柏奈斯在 1923 年所出版《晶化民意》一書中所舉的一個例子，即被布爾斯汀拿來作為「假事件」的例子。他提到有一間飯店在加裝新的抽水馬桶、水晶吊燈與重新粉刷房間後，為了藉宣傳增加營收，於是舉辦一個盛大的慶祝活動，邀請了許多政界與商界名流出席，當然也包括新聞界，於是藉由記者與攝影的廣為傳遞，煥然一新的飯店也打開了知名度。對布爾斯汀而言，這樁被報導的盛大活動很吸引人，也成功增加了飯店的聲望，但卻是不折不扣的「假事件」。

　　藉由勒龐、李普曼、柏奈斯到布爾斯汀等人的著作與觀點，不僅奠定了第一代公關實務者的政治觀與媒體觀，也確定了他們操作公關的基本思惟模式，只不過這種思惟模式，在稍後理論發展中逐漸被忽略。

4 當代公關理論的論述風格與預設

　　不論早期公關思惟沾染了多少政治或意識形態的背景，隨著二次大戰後公關在私人企業組織的大興其道，在理論發展上也出現了變化。特別是從 1970 年代以後，公關的理論發展即迅速被收編到管理學與傳播學的領域中，在這個收編過程中，第一代公關思惟中若干政治與社會論

述的成分被悄悄地稀釋或淡化，相對地，公關理論中屬於「工具理性」
（instrumental rationality）的部分則被放大，成爲公關理論論述的主要部
分。這中間的理論發展大致可分爲兩個方向，一個集中在訊息傳遞「效
果」的討論，一個則是集中於公關對組織「功能」的討論。這兩條理論
論述的發展，讓公關理論逐漸「去政治化」，公共關係甚至已不再是政
治學者與社會學者關注的領域。

　　對訊息傳遞效果的關注，主要是基於二次大戰後政府部門投下大量
資源在政令宣導上，但效果一直未見顯著。美國的社會學者海曼（H.
E. Hyman）與謝特里（P. B. Sheatsley）在 1947 年曾於美國《民意期刊》
（*Public Opinion Quarterly*）中發表〈資訊運動爲何會失敗的幾項理由〉
（Some Reasons Why Information Campaigns Fall）一文，所啓動的即是
這種問題意識討論，他們追問爲什麼公共部門耗費那麼多的經費與資源
在媒體上做宣導，卻還是有那麼多的民眾根本沒注意、沒興趣，甚至不
關心？他們明白指出，社會上有爲數不少的民眾對公眾事務與社會現象
根本不聞不問，對政府所宣導的主題是既沒興趣，也不想瞭解。而就算
對這些訊息有興趣的人，也都只是選擇性地接收，而且態度也不一定因
此就會受到影響（Hyman and Sheatsley 1947）。於是怎麼擴大訊息傳遞
的效果，就成爲新世代公關學者努力的重點。二十多年後，學者曼迪森
（Harold Mendelsohn）透過同樣的提問形式，同樣在《民意期刊》中撰
寫了〈資訊運動爲何會成功的幾項理由〉（Some Reasons Why
Information Campaigns Can Succeed）一文，在這裡曼迪森總結了先前對
訊息傳遞效果的研究經驗，認爲要成功地傳遞訊息，先要評估民眾的需
求，瞭解其偏好與價值，並依其個別差異性投其所好，同時也不要一開
始期望就太高，設定一些中期目標按部就班去做即可（Mendelsohn

1973）。於是許多 1970 年代以後的公關理論就集中在這個問題意識上。

例如 1970 年代格魯尼格（James Grunig）所提出的「情境理論」（situational theory），認爲公眾中有人會主動蒐集和處理特定訊息，也有人只是被動接收訊息，這些公眾對訊息的涉入會隨情況、問題、機會或事件的變化而定。再例如 1980 年代羅格（E. Rogers）所提出的「創新傳佈理論」（diffusion of innovations theory），認爲人們在處理與接收新訊息時，經歷了意識、興趣、評估、嘗試與接受五個階段，而在這不同階段中也各自扮演不同的角色。而影響最大的，還是格魯尼格在 1984 年所提出的「雙向對等」公關模式（two-way symmetric model），主張公關與公眾應以雙向溝通爲主，以促進雙方相互了解爲目標。雙方在溝通互動時，不僅要有資訊的交流與回饋，而且溝通的結果是以雙方互蒙其惠爲主（孫秀蕙 1998；張依依 2005）。

強調公關在組織運作上的功能，主要是將組織視爲與環境互動的一個系統，而探討公關能否在組織運作過程中履行包括環境調適、風險預警、趨勢預測等功能。這種在組織脈絡中探討公關功能的焦點，可以藉由美國公共關係業者所組成的美國公共關係協會（Public Relations Society of America〔PRSA〕）的主張爲範例加以檢視。美國公共關係協會在 1982 年年會中，制定了對公關角色與定位的聲明，完整表達了它對公關的特殊觀點，這個觀點就是在管理學的脈絡下，探討公關在組織管理上的功能。在這裡先引述這個聲明的內容：

公共關係主要是有效率地讓不同團體與機構間達成相互了解，進而在複雜與多樣的社會下做成決議。這裡的機構與團體包括企業、工會、政府、非政府組織、基金會、醫院、學校、

民間團體等。要達成這些目標,這些機構必須與各種不同的公眾建立關係,這些公眾包括受雇者、會員、消費者、地方、董事會、其它乃至整個社會等,而所有機構在管理上都有必要了解公眾的態度與價值,才能有效達成其目標,它們的目標是受外在環境所塑造的。而公關人員則是作為管理的諮詢與中介,協助將私人目標轉化成合理、公眾可接受的政策與行為。

而公關所需要履行的管理功能包括:

(1)預測、分析與詮釋民意的趨勢與態度,特別是那些對組織可能產生影響的態度與議題。

(2)為組織不同部門的決策、執行與溝通提供諮詢,協助各部門評估公眾的反應與社會責任。

(3)對執行與溝通的計畫進行持續不斷的研究、指導與評估,進而促成公眾理解組織的目標,這裡的計畫包括行銷、財務、募款、員工、社區及政府關係等。

(4)為組織企圖影響或改變政府政策的企畫與執行提供協助。

(5)透過有效統合資源,讓組織順利達成目標設定、企畫、預算、人員徵募與訓練等工作。

(6)熟悉公關的知識、技能與範例,包括溝通藝術、心理學、社會心理學、社會學、政治學、經濟學、管理學與倫理學的知識,意見調查的技術,公共議題分析、廣告、出版、特別事件規畫等。

在界定與執行政策上,公關人員運用許多溝通的技巧,同時在組織內、組織間、組織與外在環境間扮演整合型的角色(Public Relations Society of America 1982)。

　　從以上引述不難看出，儘管美國公共關係協會在這篇聲明中，就公關在組織中的作為所使用的動詞多半都是諮詢、協助等，但從聲明內容所羅列的角色功能看來，它認為公關在組織內所擔負的職責幾已囊括管理工作的全部。試想一個在組織內有能耐可以統合內部資源以達成組織目標，同時還主導整個組織與公眾間的所有對話與互動，沒有一定的位階做得到嗎？換言之，在這裡公關不僅被界定是組織內最高階的角色之一，更是所有組織不可或缺的角色。公關的理論論述走到這個階段，已經沒有第一代公關開拓者那種充當「社會共識工程師」的氣魄，而是著眼於特定組織對內溝通、對外發言的諮詢與代理，角色上清清楚楚是定位在為特定組織的「利益」服務，扮演組織內、組織間、組織與整個環境間的溝通與資源協調的功能，最終的目標還是促成組織獲取最大利益。

　　公關理論被收編在傳播學與管理學的範疇中，學界並不是完全沒有意識，美國南佛羅里達大學傳播學教授霍茲荷森（Derrina R. Holtzhausen）在 2002 年 11 月號的《公關期刊》（*Public Relations Review*）中，撰寫了一篇〈追求公關的後現代研究議程〉（Toward a Postmodern Research Agenda for Public Relations），正式對公關理論論述提出反省，在作者看來，當代公關是典型現代主義（modernism）下的產物，而從後現代主義的立場觀之，當代公關理論具有以下的特色：

（1）所有對公關內涵的界定都不脫管理與功能的論述，亦即公關的存在就是在於履行某種管理的功能。

（2）公關之所以瀰漫著管理論述，是因為它肯定管理者為組織設定目標，並視這種決策的「理性」有正當性，同時也視這種被設定之組織目標的實現為理所當然。

（3）公關之所以瀰漫著功能論述，是其最終是以經濟貢獻及「理性的」
　　　經濟目標是否達成來加以評估的。

（4）公關的實踐，主要在其透過行政管理操作的監控下，致力消弭爭執
　　　與衝突，對組織的目標更是盲目地接受與順從。

（5）「溝通」在公關操作中的角色，是保證資訊的傳遞是單向地從支配
　　　者流向被支配者，以保證公眾最終的順從，同時也確保組織對公眾
　　　壓倒性的影響。

　　　後現代主要的批判工作即是嘗試解構其中「管理」的語言：首先即
是針對理性假定與履行管理功能的批判。後現代主義者根本不相信有任
何理性的主體，可以單藉其對環境客觀的觀察，就可策略性地引導出一
個可欲的結果。在這裡所謂以「策略」包裝的理性，只是藉由某種系統
化知識與論述的建構，對各種經驗的分類與規制而已。換言之，後現代
論者反對將管理視為萬能的理性人，認為在組織的脈絡下，所有管理者
之所謂的「策略」，不過都是「語言遊戲」而已，惟一目的僅在支配與
控制環境。其次，是對管理主義的批判。後現代主義特別注意到管理者
的角色，藉管理名義的操作，管理者事實上已成權力的代理，並形成新
的階級。這些管理者表面上是要說服公眾，實際都是要馴服公眾、進而
支配公眾，他們的目的在塑造一種「後設敘事」（metanarrative），藉由
規畫、實踐及組織規畫來加以傳遞，進而消弭所有的衝突與異例，並鞏
固支配者的權力。再其次，後現代論者認為公關對共識的塑造，其實是
布希亞（Jean Baudrillard）所謂的「過度真實」（hyperreality），它是透
過「形象競逐與符號鬥爭」下所形成的「擬像」（simulacra），從起先的
模仿真實到最後取代了真實（Holtzhausen 2002：251-264）。

5　從政治公關到公關政治

　　本書捨棄以往學科分類的慣性，將章節的總稱題爲「公關政治學」，而非傳統意義上的「政治公關」，這種置換是有多重意圖的。用數學上的「分數」做比喻，往昔的「政治公關」是以公關作分母，政治作分子，在這種關係中，政治公關只是公共關係轄下的一個類目，政治與個人、企業、非政府組織等共享同樣一套公關操作的模式，政治公關與企業公關等除了對象不同，其實沒有什麼差異。而「公關政治」則是將這種關係逆轉，以政治作分母，公關作分子，在這組關係中，政治與公關的主從關係亦隨即改變，公關只是手段，政治才是目的。而公共關係中所隱藏的「政治」性格也在這種關係置換下無所遁形。同樣地再以數學上的「向量」做比喻，以往的政治公關是以公關爲橫軸，以政治爲縱軸，政治只是被動的依變項，而公關才是主動的自變項，在象限空間上的任何落點，都「公關」的定位先選，再以「政治」相配合。而「公關政治」也同樣是將這種關係做九十度旋轉，改以政治爲橫軸，以公關爲縱軸，「政治」才是決定公關落點的自變項，換言之，本書的意圖很清楚，對政治要「如何公關」探討的興趣不大，但對公關究竟「怎麼政治」卻是興趣昂然。畢竟本書所關注的還是政治，不是公關。

　　在接下來幾章的安排中，本書將透過一系列的主題，討論當代的政治如何進一步的「公關化」，而公關又是怎麼徹底改變了政治的面貌。這其中將有兩章專門討論政治與形象的問題，「形象政治」已經成爲當代民主國家政治領袖與政黨在當下最優先考量的課題；接下來則以一章的篇幅處理政治議題操縱與政治理念行銷的相關課題，並將討論焦點從

管理學的論述中解放出來,還原其政治性格的原貌。當然,公關政治另一個核心的焦點,即是政治與媒體的關係,畢竟不論是形象亦或是議題,都需要藉由媒體平台加以傳佈,而媒體又從來就不是單純的載體,因而也將以兩章的篇幅處理政治與媒體間的複雜糾葛關係,包括媒體怎麼框架及再現政治,以及政治又怎麼藉由公關操縱媒體等。

形象、議題與媒體可以說是公關政治運作上最基本的三個核心,在這三個主軸之外,本書還討論了其它幾個同樣重要的主題:包括掌握動態民意趨勢的民意調查、規畫活動造勢的事件行銷管理、如何有效操縱語言與對話的修辭策略,以及如何從風險脫身的危機公關等。某種程度上,這些主題都是彼此重疊、環環相扣的,議題行銷與活動造勢都可視為形象公關的一環,危機公關與修辭操作也與形象修補息息相關,而掌握公眾態度及公關效果,民調又是不可或缺,而所有項目也都必須在媒體的平台上來完成,這是本書將這些主題納在一起討論的原因。最後本書將回歸政治層面,梳理部分對政治公關批判的觀點,以及其對政治理論與實踐上的影響。

第二章
形象政治：身體與人格的再現

　　形象政治其實是相當古老的課題，所有登到頂峰的政治人物，不論他擁有多大的權力，都在乎人民對他的觀感，也都期盼能在民間享有很高的聲望，古代的君王如此，民主時代的領袖更是如此，不論是沉溺權力角逐的政客、候選人乃至政黨等，都需要相當比例的聲望與支持度，才有行使權力的正當性；同樣地，許多政治人物會喪失權力，有很大部分在於其喪失了聲望與形象。這也正是形象管理成為當代政客必修學分的原因。

1 形象政治的興起

　　「形象」在當代高度資本主義的社會中，原本就無所不在，特別是在媒體、廣告、行銷等等的推波助瀾下，更強化了它在各個層面的支配力，它可以成為一種流行、一種話題，並會不斷地推陳出新。更重要的是，形象早已滲入人們日常生活中，甚至成為思考與消費的來源，正如一個小說家狄里洛（Don DeLillo）所說：「在這個世界上，我們吃形象、穿形象、睡形象、為形象祈禱。」（Rosen 2005：27）而標誌現代政治的主要特徵之一，就是形象政治（image-based politics），如同一位傳播學者派瑞─基里斯（Shawn J. Parry-Giles）在一篇論文一開頭所說的：「我們活在一個政治全是形象，同時所有形象也都是政治的時代。」（Parry-Giles 1998：460）然而要為「形象」下一個精確定義並不容易，以下嘗試透過對「形象」若干特徵的說明，帶出幾位學者對形象概念的討論。

1.1 形象是外在的展現，不是內在的實質

談形象一定是就其外在的、形式的、包裝的、美學的層面加以展開，而不問其內在的、實質的層面。形象也許模仿眞實，但絕不等於眞實，古希臘哲人柏拉圖將形象比擬爲牆上的影子，是偏離眞實的假象，只是眞實的複製品，在《理想國》一書中，詩人即是柏拉圖筆下的「形象製造者」，既然只是製造假象，地位當然不如追求眞實的哲學家，因而必須逐出城邦。李普曼則將形象界定爲「我們腦中的圖像」。分析心理學家楊格（Carl Jung）曾說：「人是一個其內在意識與社會交互關聯下的複雜系統再搭配上一個面具，這個面具一方面用來提供他人有效的印象，另一方面也用來隱藏個人眞實的內在。」不論人的內在取向或關注爲何，形象都是外的取向與效果。

曾擔任過卡特（Jimmy Carter）財政部長的伯明舍（Michael Blumenthal）曾這樣形容華府的政治，「你可以成功，如果你看起來成功的話……外表與實質同樣重要」，亦即形象至少可以提供政客成功的外表。於是形象塑造成爲政客重要的事務，形象塑造成功亦意味政客政績的成功。一名領袖的成功越來越取決於形象塑造是否成功，特別是能在最恰當的時機與場合塑造最恰當的形象。

1.2 形象是塑造的、人為的、加工的，不是自然的、本質的

在形象課題上，「誰」界定形象以及「如何」界定形象，同樣都是重要的課題。「形象」既然是塑造的、人爲的，甚至是發明的，那麼它可以是正面的，當然也可以是負面的。於是在選舉與治理過程中，掌理形象的政治顧問越來越重要。政治顧問向大眾推銷政客的形象，塑造政

客正面的形象，也同時致力塑造對手負面的形象。形象在這裡主要是從生產者、塑造者乃至發送者的角度出發的，從這個角度探討形象的代表性學者爲布爾斯汀，他在 1961 年所出版的《形象：或美國夢發生了什麼事》（*The Image: Or, What Happened to the American Dream*）是影響形象公關相當深遠的著作，他對形象特徵的討論，就是環繞「塑造」而論述的，例如他認爲形象一定是有計畫、帶有意圖的創作，它一定是要人相信的，它一定是要選擇性地突出鮮明的部分，它一定是簡化的，它也一定是刻意模糊的，也因爲這樣，布爾斯汀在書中將形象界定爲「虛構的眞實」，他指出「形象是一個劇場，是個展演、僞裝、假事件，也是假眞實」（Boorstin 1961）。

　　資深媒體人哈伯斯坦（David Halberstam）在其所著的《媒介與權勢》（*The Powers That Be*）一書中，曾這樣形容尼克森（Richard Nixon）的公關顧問如何塑造其形象：「他們在創造出他們心目中的人物形象，他應是怎樣的一個人，然後銷售出去。當他還只是候選人時，若他們能夠控制事件，排除所有不確定的因素，那麼當選總統以後，他們也就能做同樣的事。因爲到此刻，他和他們都有無限的權力，也有更多的操縱與控制。他們是創造出一個新的尼克森而不是一個昔日的尼克森，但又是一個應該像尼克森的尼克森。」（Halberstam 1979：237-238）

　　從「塑造」的角度界定形象，部分學者也會突出媒體的角色。例如維克孚（Gene Wyckoff）在其 1968 年出版的《形象候選人：電視時代的美國政治》（*The Image Candidates: American Politics in the Age of Television*）一書中，就直指形象是媒體技術所營造的現象，儘管此一論述有媒體技術決定論之嫌，但電子媒體的發展對當代形象政治的發展，確實扮演相當關鍵的角色。

1.3　形象屬於公眾，不屬於個人

　　儘管形象是人為塑造出來的，然而一旦塑造成功，它就擁有自己的生命，塑造者已不能再擁有、支配甚至加以控制，形象的所有權在這裡巧妙地從生產者轉到消費者手中。沙費（William Safire）在其所編的政治辭典中將形象界定為「公眾人物企圖將他自己傳遞出去的印象；名聲的商品化」，沙費進一步解釋說，「許多政客誤用了形象這個字眼，以為那是屬於他自己的東西，如同彼得潘的影子一樣，認為沒有它會有失落感，事實上，形象是屬於公眾的」（Safire 1978）。學者馬科尼（Joe Marconi）也認為「你被公眾怎麼想，要比你被公眾想成什麼更加重要」（Marconi 1996：25）。

　　尼克森的傳播助理派思（Ray Price）曾寫下這樣的備忘錄：「有一點是非常清楚的：選民對候選人的反應是針對形象，不是當事人，畢竟百分之九十九的選民根本不可能接觸到當事人。形象並不是放在那兒被統計的，而是其所投射出來的，或者更進一步說，不是投射出來的，而是選民所接收的。我們毋需改變人，而是要改變選民所接收的印象，而這種印象來自媒體，遠多過來自候選人本身。」（Waterman 1999：117）

1.4　形象是動態的，不是靜態的

　　形象既然是塑造的，就不可能是靜態的、凍結的，而是一直處於動態的、變化的狀態。一個聲望原本卓著的政治領袖，可能旦夕之間就跌到谷底，一個在競選初期民調領先的候選人，可能並不是選戰最後的贏家。而形象之所以會不斷呈現動態的變化，是因為人們多半藉由形象來組織其所接收的訊息，同時也在接收訊息的過程中修改形象。美國經濟

學者鮑汀（Kenneth Boulding）在 1956 年所出版的《形象：生命與社會中的知識》（*The Image: Knowledge in Life and Society*）一書中，即是將形象界定為「一種認知結構，一種框架」，鮑汀認為形象是人對世界的主觀知識，是其所持的世界觀，也是個體對自己在時空環境與人際脈絡中定位的意識。他認為個體的作為就是依賴其對世界的形象，而訊息意義的變化亦是隨著形象所產生（Boulding 1956）。而鮑汀認為所謂的形象化（imagery）的動態過程，就是訊息與形象交易轉換的過程（message-image process），這個過程不斷呈現出舊訊息與新訊息的置換，從而使得形象不會固著在某一個狀態，而是不斷在變化中。

1.5 形象是多面向的，不是單一的

形象既然是動態的、流動的，那麼它也絕對不是單一面向的。政治學者尼諾（D. Nimmo）與塞維基（R. L. Savage）在探討候選人形象時，曾經將形象界定為「藉由一個物體、事件或個人所投射出而可資識別一組特徵的人造物」，這個界定強調形象不僅只有一個單一的表面，不僅只有若干關鍵的向度會被刻意提示供大眾識別，這個界定也同時意味形象本身的複雜性與矛盾性，不同的形象塑造者會生產完全不同的形象，不同的閱聽大眾也會選擇接收完全不同的形象。換言之，尼諾與塞維基認為，所謂形象其實應該是當事人所投射的刺激與閱聽大眾的反應兩者間互動的結果。亦即形象不應被視為一個靜止不動的產品，而應視作是一個發展的過程。當候選人與選民互動時，各種社會與政治限制都會對形象發生影響力（Nimmo and Savage 1976）。

這種形象的多面性，可從許多政治人物幕僚的回憶錄中看出。例如尼克森的幕僚沙費曾在其回憶錄《垮台之前》（*Before the Fall*）中將尼

克森比作是一個多層蛋糕。他寫到：「你可以把尼克森比喻成一塊多層
蛋糕，外層是保守派、嚴厲、有尊嚴、行事妥當，其下第一層『進步的
政客』，再往下是『無益的好鬥之士』，自戀、自憐，卻不以自我爲中
心；再往下去是『玩紙牌遊戲的人』；又下一層是『陰險的人，常常帶
著目的出擊』，再下一層是一個『務實的人』；然後是『旁觀者』，把自
己看成第三者；下一層是『一個有特殊勇氣的人』；最後是一個『不合
群的人』。人們看到的只是他們想看的那些層，可是整塊蛋糕才是。」
（Gergen 2000：21-22）同樣地，美國總統詹森（Lyndon B. Johnson）的
新聞發言人倫迪（George Reedy）在評價詹森時說，「觀察詹森，往往
會在發現他某一種人格特質的同時，還會發現他另外一面的個性。你會
搞不清楚何者是他的眞正個性，那一種個性是假的，甚至兩者都是眞
的，或都是假的」；詹森的幕僚卡利法諾（Joseph Califano）形容詹森
「勇敢但殘酷、熱情但寡恩、聰明但焦燥不安，寬宏大量又心胸狹窄、
大方又任性、坦誠又工於心計，這一切都可在幾分鐘內翻轉」（彭滂沱
2007：120-121）。

2 形象管理的古典範例：打造都鐸王朝、製造路易十四、拿破崙的英雄形象

　　「形象」並不是當代才有的產物，事實上，它幾乎與人類的歷史一
樣久遠，許多古文明留下的文物，有大半都是神祇或統治者的圖像或雕
塑，這些圖像或雕塑在古代統治上發揮了相當重要的功能。也可以說，
「爲統治者造像」本來就是古代統治術的一部分。
　　迄今爲止最早的統治者形象，可以追溯到古埃及法老王的塑像。伴

隨者金字塔考古所發掘出的大量塑像與壁畫中，最鮮活的形象莫過於歷代法老王的塑像。繼埃及之後積極為統治者造像的是羅馬，例如古羅馬的皇帝奧古斯都（Augustus）就非常在意他的公眾形象，為了擺脫原本的共和政體的羈絆，他刻意透過塑像來確立其領導者的地位。由於身材矮小，為了要讓他看來較高，他一直足踏高跟鞋。奧古斯都有許多雕像豎立在羅馬及各地區的公共場所，他的雕像刻意呈現了他冷漠、威嚴、英勇的形象。個人為示忠誠也可在家中放置奧古斯都的肖像，鄉下的市鎮則將他尊為神明、拯救世界者，以及地球與海洋的君主。奧古斯都也將他的肖像刻在硬幣上，把皇帝的形象與勝利的圖像相結合。在一些為皇帝效命的作家與史學家的協助之下，奧古斯都被描繪成永遠年輕、充滿活力的模樣。

形象塑造另一個古典源頭則來自基督教，儘管舊約摩西十誡中明示「不可為自己雕刻偶像，也不可做甚麼形像彷彿上天、下地，和地底下、水中的百物」，但耶穌最後在人間的經歷，特別是釘在十字架的身體，卻成為凝聚天主教徒的象徵，驅使無數藝術家、雕塑家不斷在作品中呈現其形象。在英國宗教改革的時候，亨利八世（Henry VIII）的顧問克倫威爾（Thomas Cromwell）即是從毀滅英國教堂和寺院的宗教形象和偶像上動手，到今天倖存的已經不多。

著有《權力形象》一書的布魯斯，特別在書的一開始即提及十五世紀英國都鐸（Tudor）王朝的形象塑造。1485 年 8 月亨利·都鐸（Henry Tudor）在長達三十五年的薔薇戰爭（Wars of the Roses, 1452-1487）中最後的布斯渥斯（Bosworth）戰役中打敗了理察三世（Richard III），即位為英格蘭國王，即亨利七世（Henry VII），儘管他宣稱自己已登上王位，但實際上仍未能獲得各國王室的認可和民眾的擁護。

亨利七世於是採行若干措施強化他的合法地位。他很快娶了約克（York）家族理察三世的姪女伊莉莎白（Elizabeth）為妻，使得蘭卡斯特（Lancaster）和約克這兩個原本不和的家族合併起來。然後他再把這兩個家族的標幟物紅薔薇和白薔薇結合起來，形成新的薔薇圖案，標示在王室的建築物、衣飾和文件上。接著就開始蓄意醜化理察三世的形象，甚至下令塗改理察的肖像，使後者看來像是駝子。他也刻意發起許多活動，使老百姓對他的權力、財富和威望留下深刻的印象。今日所稱的都鐸王朝的形象，實際上是一群石匠、裁縫師、詩人、畫家和宮廷歷史學家所設計並塑造出來的。亨利七世逝於 1509 年，由於形象塑造成功，他當政的這二十年內，已使約克家族被全然遺忘，理察的聲譽也跌到谷底。都鐸王朝當時不但已合法化，而且也屹立不搖。

　　亨利七世的兒子亨利八世也同樣面臨合法化的形象問題，但他以不同的方式處理。1533 年他宣佈英格蘭是一個獨立國，國王不必聽從任何其它人的支配。他同時宣告自己是英國國教的領袖，權能不是來自教宗，而是直接來自上帝。亨利八世有兩位大臣專門為他從事形象包裝，即克倫威爾和荷爾班（Hans Holbein）。克倫威爾建議訂立一系列法律，用來削弱教會的權威並提升國王的權力。荷爾班則繪製亨利八世氣勢凌人的肖像，嘴角緊抿，藍眼珠冷酷地瞪視人。這幅肖像隨後並經由新的木刻印刷技術散發給廣大的民眾，也拓印在當時的貨幣和聖經上。克倫威爾建議亨利八世發行英文本聖經，散發給國內的每一所教會，封面上畫有亨利八世正在分發糧食給感恩的臣民，上帝則在旁觀看。布魯斯認為都鐸王室的形象打造，具有新政權成功所必備的一切成分，即一個單純的問題、一個明確的策略、一些瞭解新技術的專家的建議，以及無情地摧毀反對勢力。今日的形象包裝在形式上可能較為複雜，但大致上也

就是這些手法的交互應用（Bruce 1994：18-19）。

十八世紀另一位重視形象塑造的是拿破崙（Napoléon Bonaparte），1799 年拿破崙掌權後，找來大衛（Jacques-Louis David）作爲他的宮廷首席畫師，負責爲拿破崙設計服裝、髮型及其它裝束。最具代表性的即是著名的《加冕式》（*The Coronation of Napoleon*），這幅以「拿破崙爲約瑟芬（Joséphine de Beauharnais）皇后加冕」爲題的鉅幅繪畫繪於1805 年至 1807 年間。身穿紫紅絲絨與華麗錦繡披風的拿破崙，已經戴上了皇冠，他的雙手正捧著小皇冠，準備往跪在他面前的皇后約瑟芬的頭上戴去。在拿破崙的背後坐著穿鑲紅邊白色法衣的教宗，他雙手攔在胸前，低頭注視這一情景。整個氣勢十分莊嚴，人物多達百人，每個人物形象以精確的肖像來描繪，有宮廷權貴、大臣、將軍、官員、貴婦、紅衣主教與各國使節。構圖之宏大，場面之壯觀，充分發揮了皇室加冕的威儀。

另一幅呈現拿破崙形象的著名畫作取材自 1800 年義大利遠征：拿破崙率法軍採取敵軍意想不到的方式，借道積雪未融的聖伯納山口（Grand Saint-Bernard）翻過阿爾卑斯山，以攔截奧地利的軍隊。爲拿破崙繪製騎白馬跨越聖伯納山口英姿的，同樣也是大衛，該畫背景的風雪則暗示，拿破崙將帶領法國渡過這段艱苦的歲月。事實上拿破崙當時穿的是厚重的多衣，騎的是騾子，根本不可能在崎嶇的山路中騎乘站起踤腳的白馬，但這幅畫作卻成爲拿破崙作爲戰爭英雄的代表形象。

直接以形象爲主題研究古代政治人物的歷史學家柏克（Peter Burke），在他 1992 年出版的《製作路易十四》（*The Fabrication of Louis XIV*）一書中，刻意選擇傳播學的角度，研究十七世紀法國國王路易十四公眾形象的塑造。他發現路易十四的視覺形象，大量出現在當時的油

畫、銅像、石雕、掛毯、紀念章上，最著名的如里戈（Hyacinthe Rigaud）於 1700 年所繪的《路易十四肖像》（*Louis XIV*），這幅畫將寫實的細節理想化，路易十四帶著十七世紀的假髮，身披飾有百合花圖紋、以貂皮爲緣的「帝王斗蓬」，衰老的頭部被置於年輕的身軀之上，擺著彷彿「芭蕾舞姿」的姿勢，身著加冕皇袍，周圍是他的寶物、皇冠、寶劍與權杖，這些都是他的權力象徵，腰間則佩著中古正義之劍，據稱路易十四本人很喜歡這幅肖像，曾下令複製。也可以說，路易十四的「形象」，是當時的畫家、雕刻家、版畫家、裁縫師、假髮製造者、舞蹈老師、詩人、典禮儀式主持人等所共同塑造出來的（Burke：1997）。

3　身體美學的政治之一：容貌、髮型與健康

著名的小說家王爾德（Oscar Wilde）曾說：「只有那些膚淺的人才不會根據外貌做判斷。」對政治人物而言，外貌幾乎就是他們形象政治學的第一課。曾經擔任英國保守黨宣傳顧問，與柴契爾（Margaret Thatcher）及梅傑（John Major）首相有密切合作關係，並長期負責該黨形象設計的布魯斯，在他的著作《權力形象》一書中，直接了當地點出「外貌」在形象政治上的重要性，他認爲所謂個人形象，就是由身體外觀、背景和個性所共同結合而成的（Bruce 1994：52）。布魯斯認爲「外貌」之所以在形象塑造上具關鍵作用，在於根據心理學的研究，大多數人在解讀陌生人時，由於需要在很短的時間內解讀複雜的資訊，於是多半最先從對方的身體屬性（包括聲音、腔調、臉孔、頭髮、牙齒、化妝、身高、體重、殘疾、健康狀態、活力強度、姿態和肢體語言

等），以及對方所擁有的小道具（諸如服飾、汽車、珠寶、所吃的食物和所喝的飲料等）來進行認識，這種透過身體「外在形式」識讀所形成的「第一印象」，往往最不容易褪色（Bruce 1994：55）。換言之，對政治人物而言，他的外表通常會決定他是否受到注意、支持並被信任。

也因爲這樣，形象顧問在西方已經成爲一項龐大的產業，以形象爲業的公司爲數眾多，每年的營業額也以億計。他們的業務即是負責爲委託人塑造外型，分析衣服顏色、佩飾等，以「重建視覺形象」，公關專家狄倫施耐德（Robert L. Dilenschneider）在其《無限影響力：公關的藝術》（*Power and Influence: Mastering the Art of Persuasion*）一書中，即指出每年至少有一百萬人以上使用形象顧問的服務，包括演員、運動員、宗教領袖等都會求助各種形象醫生，就其造型、衣飾、肢體語言等進行診斷（Dilenschneider 1992：56）。

先從政治人物的容貌談起，形象專家都清楚，一般對他人的識別，通常是先從臉孔開始，然後才是身體與服飾。因而怎麼讓容貌與身體維持最佳的狀態，是形象包裝的第一課。梅爾（Jeremy Mayer）在討論容貌在美國政治上的角色時說，儘管美國人或許是全球人口中肥胖比例最高的，但最後一位肥胖的總統當選人是 1912 年的塔虎脫（William Howard Taft），最後一位禿頂的總統當選人則是艾森豪（Dwight D. Eisenhower），而事實上，美國四十五歲以上的成年人身材肥胖與禿頂者可能占七成左右（Mayer 2004）。再例如由於法國是女多男少的國家，女選民超過了半數，要取得選舉的勝利，就必須取悅女性，法國總統大選歷來是「得女者得天下」，而爲了要能激起全法國女人對自己的好感，就必須要在自己的形象上下功夫。1992 年的法國總統大選，幾乎就是容貌決定了結果。在女性選民眼中，席哈克（Jacques Chirac）極

具男性魅力。他熱情、有活力、和藹可親，還有點玩世不恭的樣子，因此他被《時尚》（*Vogue*）雜誌評為法國政界最性感的男人。一位法國女性作家甚至指出：「席哈克，女性至少可以感受到他的吸引力，是一個美男子。」相對地，他的對手喬斯潘（Lionel Jospin）一頭白髮，表情一貫古板，被法國一家時尚雜誌的編輯評價為：「一點兒都不具誘惑力，他身材長，動作粗魯，而且表情嚴肅，他無疑是反性感的化身。」

　　容貌甚至經常成為媒體所設定的議題，例如《華盛頓郵報》（*Washington Post*）在 2006 年 10 月 14 日出版的報紙中，曾特別提到民主黨在那一年的期中選舉的提名時刻意打出「俊男美女牌」，報導中指出「外貌可能是今年選舉中決定國會主導權屬於哪一黨的因素之一」。《華盛頓郵報》指出這個現象其實有前例可循，「在 1994 年，共和黨在好幾個選區推出新面孔的挑戰者，而民主黨對手都是已經連任幾屆的老將，外貌飽經滄桑，甚至老態畢露，結果共和黨一舉從民主黨手上奪下國會主導權。今年民主黨有機會報一箭之仇，在好幾個共和黨係現任議員的眾議員選區，民主黨推出的候選人都是帥哥美女，包括紐約州擔任地區檢察長的阿庫瑞（Michael Arcuri）、印第安那州警長出身的艾斯沃斯（Brad Ellsworth）、亞利桑納州的商界女強人吉佛絲（Gabrielle Giffords）和北卡羅來納州從美式足球華盛頓紅人隊（Washington Redskins）退休的舒勒（Heath Shuler）。以阿庫瑞為例，他現年四十七歲，是紐約州北區四十年來選出的第一位民主黨籍檢察長，一雙眼睛炯炯放電，配上運動員般的猛男體格，乍看之下就像時裝雜誌的男模特兒，他的對手則是五十三歲、戴眼鏡、頭髮稀疏的梅爾（Raymond A. Meier）。儘管在他們這個選區，共和黨的登記選民比民主黨多四萬五千人，但最新民調顯示阿庫瑞的支持率高出梅爾百分之十」。可以說，整

篇報導的焦點圍繞的都是容貌。

　　政治人物若是擁有明星般的臉龐，那麼容貌將永遠是焦點。2005年 5 月烏克蘭新當選的總統尤申科（Viktor Yushchenko）任命季莫申科（Yuliya Volodymyrivna Tymoshenko）為總理，由於這位新總理的容貌宛如電影女明星，立即被媒體封為「美女總理」，而媒體圍繞她的話題也泰半與容貌有關，當時包括時尚雜誌《Elle》、波蘭版的《花花公子》（Playboy）先後都以她為封面人物，特別是當季莫申科頂著傳統大辮子的照片出現在《Elle》之後，許多該國影歌星在出席公開場合時，均將披肩頭髮盤成所謂「季莫申科的髮型」。

　　容貌之外，由於髮型也能傳達有關階級、性格或品味等信息，因而經常會發揮重要作用。美國總統甘迺迪在 1960 年代的競選活動中，雖然得到多數年輕選民的支持，卻又怕嚇跑年長選民而刻意將頭髮修剪得很整齊，避免看來活像是一個「大學男孩」；他也把頭髮修得不是那麼濃密，以增加一些年齡感。相對地，1990 年代日本的小泉純一郎投入政壇後，一改日本傳統政客的制式形象，以一頭亂髮為特徵。媒體經常在街頭訪問日本年輕人：「你喜歡小泉先生哪一點？」日本年輕人都會笑著說：「髮型。」亦即小泉不像其它政治人物梳著油頭，而是蓄著一頭像是日本偶像明星木村拓哉般的亂髮，因此被認為造型成功。小泉本人一直堅持保持這種如獅子鬃毛般的髮型，幾乎成了自己的「註冊商標」。

　　在擔任第一夫人的過程中，希拉蕊（Hilary Clinton）的髮型一直是個話題，曾經還有過一個網站專門貼出她的各式髮型，無數專欄及電視節目也曾不斷報導她的不同髮型，並企圖找出這些髮型的意義，她的對手與盟友都會從她的不同髮型識讀出完全不同的意義。希拉蕊在 2001

年選上紐約參議員後沒幾個月，受邀到耶魯大學演講，將她因髮型所承受的焦慮當一則笑話講出來：「今天我要告訴你最重要的一件事：頭髮非常重要，這是一個非常重要的課題，但我的家人從未教過我，我的母校衛斯理和耶魯也沒能薰陶我。一個人的頭髮非常重要，它會對你周遭的人傳達出非常重要的訊息。它會告訴大家，你是什麼樣的人、你的主張是什麼、你對這個世界抱持著什麼希望和夢想……尤其是，你對你的髮型抱持什麼樣的希望和夢想。同樣地，你腳上穿的鞋子也很重要，不過頭髮真的更重要些，所以總歸一句話，多注意自己的頭髮，因為大家全都注意你的頭髮。」（Postrel 2004：116-117）希拉蕊講這個笑話的用意，在《紐約時報》專欄作家帕斯楚（Virginia Postrel）看來，其實是在傳達一種遭到背叛的感覺，意謂她所受的教育沒有提醒她外貌很重要，反而反覆灌輸她「外表是虛假及不重要」的觀念，使她被迫在大眾面前學習此道（Postrel 2004：118）。

　　髮型對政治形象的加分作用的例子還有很多。2001年英國大選期間，人們發現在英國首相布萊爾（Tony Blair）的頭髮上突然出現了異常亮麗的金黃色調，英國媒體聲稱布萊爾為了增加自己的魅力而將頭髮染成金黃色。布萊爾到某校視察，一位金髮少女勇敢地衝破人群和保鏢的阻攔撲到布萊爾面前，伸手撫摸著他的頭髮感嘆道：「真是帥哥。」布萊爾立即當眾給少女來了個緊緊的擁抱。相擁過程中，身穿 T 恤的妙齡少女開心地把手指穿過布萊爾濃密的髮叢，這一場景透過電視直播全英國。雖然布萊爾辦公室曾發表聲明否認布萊爾染過髮，但髮型確實成為那年大選的話題，當時一名支持保守黨的政論家曾批評：「本次大選的真正主題不是課稅及財政支出，也非景氣循環，更不是英鎊是否要拉近與歐元的距離，而是頭髮，尤其是保守黨候選人海格（William

Hague）的禿頭。」與布萊爾相比，海格的外貌一直被認爲是一項不利的因素，他的老友指出：「大家都認爲海格很像是一個穿西裝的無毛胎兒。」在選後接替海格擔任保守黨領袖的鄧肯·史密斯（Iain Duncan Smith）和海格一樣禿，同樣在頭髮議題上抨擊布萊爾，他說：「布萊爾的頭髮掉得很快，他得小心翼翼梳頭，如果不禿頭是當首相的條件，那我們可能得在一年內就換掉現任首相了。」（Postrel 2004：65）2003年接替鄧肯·史密斯擔任黨魁的霍華德（Michael Howard）雖已不是禿頂，但已屆六十二高齡，頂上頭髮也已相當稀疏，相對於布萊爾還是老態龍鍾，結果在 2005 年的國會大選依舊大敗。不論英國保守黨是否認清此一現實，但從 1997 年之後三次落敗的慘痛經驗，確實對保守黨影響深遠。到了 2005 年年底保守黨的黨魁改選，一頭褐色秀髮、以「我將把保守黨扭轉爲新世代」爲訴求的三十九歲政壇新秀卡梅倫（David Cameron），終於擊敗了五十六歲的戴維斯（David Davis），成爲新任黨魁。而他也立即率領保守黨團在國會質詢，大聲對布萊爾說：「你曾經一度是未來。」

　　政治人物的髮型還可能成爲爭議的話題。2002 年年初，德國一家發行量頗大的日報說，和許多白髮蒼蒼的政治家相比，總理施若德（Gerhard Schroeder）眞是年輕，光是他那一頭烏亮的黑髮就能吸引不少德國婦女的選票！施若德的前形象顧問隨即在接受德國 DDP 通訊社採訪時譏諷說：「要是施若德總理不把兩鬢的灰髮染黑的話，那麼他的形象一定會更佳的！」沒多久，施若德即將 DDP 通訊社告上法庭，宣稱該通訊社的報導損害了他的名譽。這個問題後來因爲法院判決不能再報導此事而落幕。施若德有無染髮成爲話題，他當時的政治對手，即最大的反對黨基民黨的主席梅克爾（Angela Merkel），則是因爲髮型一成

不變成爲話題，除了從不化妝，一直維持深黃色短髮和深色褲裝的招牌形象外，梅克爾的髮型歷經二十年從未改變，這種裝扮常使梅克爾陷入爭議困境，成爲政敵的攻擊目標。他們指責她「髮型古板、舉止不夠優雅」，「像足不出戶的農婦，跟不上時代」，甚至有人建議她「該去美容院」。她的反應也只是淡淡一笑地說：「政治歸政治，我不會爲了政治改變自己原本的容貌。」事實上她的座右銘正是「有思想的人，不需要太在意自己的外表」。話雖如此，在她 2005 年取代施若德成爲德國總理之後，她立即推翻她的座右銘，雇用形象顧問與專業美容師重新打造她的形象，當然也包括髮型在內，而媒體也立即刊登她的新舊造型照片的對照。

　　以整容改變自己形象，最著名的要算義大利總理貝盧斯科尼（Silvio Berlusconi）。他認爲政治家有責任讓自己在電視畫面上「顯得更英俊、更具有活力」。爲了讓自己更英俊，他在年屆已七旬之際幾乎把自己從頭到尾整了一遍。2003 年耶誕節期間，爲了要做「僅限於眼部周圍消除眼袋」的面部整容，貝盧斯科尼身爲一國總理，卻不惜從公眾面前消失了好久。眼部經過處理之後，2004 年夏天他又進行植髮。除了這些之外，貝盧斯科尼還得面對肥胖的挑戰。爲了減肥，他不惜讓腹部接受抽脂，再加上嚴格的身體鍛鍊和節制飲食，一個月下來減掉了十公斤的贅肉。整容後的貝盧斯科尼還不忘向各國政要推銷整容術：「鑒於如今美容技術越來越高超，我認爲付得起錢的人有義務嘗試一下，讓自己以最美好的面目出現在世人面前，這是尊重他人的一種表現。而對於那些期望你在國內外政治舞台上爲他們的利益奮鬥的人，這種作法也是某種尊重。」

　　容貌之外，身體健康一直是政治人物最敏感的話題。許多國家元首

的健康出現問題往往都會被刻意掩蓋。小羅斯福在 1919 年因急性骨髓灰白質炎而行動不良，當上美國總統後，他的新聞祕書艾利（Steve Early）下令白宮的幕僚人員不許拍攝總統在輪椅上或扶拐杖的照片。當碰到必須站立的場合，他會穿上鐵架在他兒子扶持下照相。但在白宮之內則隨私人看護搬來搬去。1953 年，英國首相邱吉爾（Winston Churchill）在唐寧街十號主持一場國宴時，突然出現腦溢血現象，現場來賓都以為他喝醉了，他立刻被送到一個祕密地點就醫，以避開認識主治醫師的攝影記者，在新聞發佈上，他的病況也被淡化處理。這場病讓他甚至到一年以後還無法參加內閣會議。

　　因為領袖健康議題受到矚目，因此政治人物有時會刻意營造自己的健康形象。例如雷根（Ronald Reagan）預期 1984 年競選連任的主要弱點會是他年事已高，因此他的形象顧問狄佛（Michael K. Deaver）和希特曼（William Stiman）刻意安排雷根和《肌肉訓練畫刊》（*Muscle Training Illustrated*）發行人魯瑞（Dan Lurie）進行一場腕力比賽，白宮的攝影師拍攝了一張經過設計的雷根扳倒魯瑞的鏡頭，狄佛將它發到新聞界。而葛根（David Gergen）也安排一幅雷根舉啞鈴的照片交給《遊行》（*Parade*）雜誌發表，以化解雷根高齡體力不適任的疑慮。雷根繼任者老布希（George H. W. Bush）本來在波灣戰爭已建立起強者的形象，卻因其個人逞能，在 1992 年初展開亞洲的長途外交旅行，抵達日本後忽略休息而堅持跑步，結果在國宴中嘔吐倒地，為日本首相所扶持，經電視傳達到全球觀眾面前，使其個人與美國形象大為折損，美國與日本輿論甚至將之比喻為美國國力的衰弱與沒落，亦讓老布希軟弱與膽怯的形象被強化。

　　相對於男性政治人物以健身來展現其健康，女性政治人物表現健美

的空間更大。2006 年擔任美國國務卿的萊斯（Condoleezza Rice），在美國國家廣播公司（NBC）電視網第四頻道晨間新聞的說服下，在電視上向民眾表演她個人如何於健身房操練。萊斯穿上健身服，在清晨五時四十五分播出的節目中，示範平常如何運動，保持健康與體適能。影片拍攝地點是美國國務院的健身房。在節目中萊斯不僅表演重量訓練、騎健身車，還跟主持人討論如何在馬不停蹄跑遍全球、參加各國國宴行程期間保持苗條身材的祕訣。

4　身體美學的政治之二：服飾與肢體語言

以影射柯林頓（Bill Clinton）初選的美國著名政治小說《原色》（*Primary Colors*）所改編的電影《風起雲湧》，在一開始便透過男主角以第一人稱的口氣，訴說要參選總統的南方某州州長如何展現他的「握手政治學」：

> 你知道嗎？我看過他握手千百次，卻看不出其中右手玄機。但我知道他左手的學問運用得出神入化。當左手扶著你的手肘，或是二頭肌，表示對你有興趣，表示幸會。如果再高一點拍到肩膀，則表示更親密，他還會跟你笑一笑，彷彿與你分享小祕密。假如他跟你不熟，又想跟你套一點交情，他會用雙手跟你握。傑克，從握手便可了解他……。

這段敘述清楚傳達了肢體語言所能創造的政治意義，僅一個「握手」的動作就可能傳達那麼多的象徵意涵。行為語言學家很早便注意肢體在

溝通上的意義。

　　除了握手之外，政治人物操作最多的就是眼神與表情。學者克瑞斯
（Gunther Kress）與凡・李溫（Theo van Leeuwen）在討論形象的視覺傳
達時，曾特別討論影像中主角與觀者是否目光接觸，再配上表情，以比
較其所傳達的不同意義。例如面帶微笑即是邀約觀者加入一種社會聯結
關係，當主角的目光直接注視觀者時，等於是用視覺的「你」來指稱，
這種影像構成一種「形象動作」（image act）， 被稱之爲「要求」
（demand），即主角的直視目光向觀者提出某種要求，要求觀者加入與
主角的某種假想關係。如果是面帶冷漠與不屑地注視觀者，則是要觀者
正視他們，好像下屬尊敬上司一樣。有時還要加上手勢，例如如果用手
直指觀者，就像是透過視覺在說「嘿！夥伴，我說的就是你」（Kress
and van Leeuwen 1996：166-167）。總體而言，「要求」的形象語言大
體區分爲若干類型：視覺的「邀請」（invitation）是「要求」圖片加上
伸出的手與有笑容的表情；視覺的「傳喚」（summons）是「要求」圖
片加上伸出的手與沒有笑容的表情；視覺的「警告」（warning）是「要
求」圖片加上伸出的食指與嚴肅的表情等（Kress and van Leeuwen
1996：175）。最著名的例子就是徵兵海報，1914 年以德皇爲主角的徵
兵海報，以及二次世界大戰美國以山姆大叔爲主角的徵兵海報，都是以
嚴肅眼神直視觀者，並配合手勢直指觀者。

　　如果影像中的主角並未直視觀者，則觀者就變成完全注視的主體，
主角也變成被審視的客體，主角與觀者之間也不構成接觸，這種影像所
構成的形象動作稱爲「提供」（offer），把主角的表現當成資料項目、沉
思的對象，透過非人際方式提供給觀者看，如同展示窗內的商品或標本
一樣（Kress and van Leeuwen 1996：168）。而作爲「提供」的形象動

作，往往也有「被預期」（expected）或「自行斟酌」（discretionary）的社會回應。例如形象動作所「提供」者，如果是「提供資料」，那麼它所尋求的回應是「認可」（agreement），如果是「提供財貨與勞務」，那麼所尋求的回應是「接受」（acceptance）（Kress and van Leeuwen 1996：172）。政治人物在介紹自己的時候，多半採取這種形式。

容貌與身體之外，服飾也是展現形象另一種重要的手段。從古代到當代的政治史，服飾一直都發揮關鍵的形象識別功能，如民族、權力尊卑、黨派集團、理念的識別等，而公關則可以將這些識別完全整合在一起。特別是當代，服飾除了發揮上述功能外，還連繫了時尚、象徵等功能，穿著往往成爲媒體評論的焦點之一。

柯林頓的夫人希拉蕊，在柯林頓競選之前曾是女權運動者。她的服裝展示了女權運動者的形象，她戴著學究式的黑色寬邊眼鏡，穿著具有女權主義形象的大格子西服。這種形象違背美國人心目中高貴、優雅、母性的第一夫人形象，因此曾一度影響柯林頓的選票。新的形象設計班子順應美國人民的心理，用充滿女性韻味的色彩時裝代替了男性化的、乏味的女權主義服飾，爲她設計了時尚的髮式；用隱形眼鏡換掉了學究式的黑邊眼鏡；用溫和改良主義的言詞代替了激進、偏激的語言。希拉蕊的新形象接近了美國選民對於第一夫人的期望，而她展示出的既有女性魅力又有獨立、強大和智慧的第一夫人形象，爲柯林頓的政治形象增添了不可磨滅的光彩。柯林頓卸任後，希拉蕊競選參議員成功，她在勝利演說中表示，她能勝選要歸功於她的「六套黑色長褲套裝」。當她以雍容華貴的打扮出現在國會山莊時，評論家還爲她掀起一陣「魅力旋風」（Postrel 2004：64）。

因爲服飾而受到媒體關注的，還有在小布希（George W. Bush）任

內擔任國務卿的萊斯，在 2005 年 2 月的一次訪歐行程中，《華盛頓郵報》的報導直接集中在她特殊的穿著上，刻意描述萊斯抵達德國威斯巴登（Wiesbaden）的陸軍機場的時候，穿著一身黑色及膝的短裙，長長的黑色外套，裡面貼身的衣服以七顆金色扣子裝飾。《華盛頓郵報》形容這套行頭讓人想起海軍陸戰隊的制服，還有就是電影《駭客任務》（The Matrix）裡面的明星。報導中描寫當萊斯走過來向迎接她的部隊致意時，形容如下：

　　　她那長長的外套敞開，露出一雙高跟靴子。這雙靴子的跟高得如此誇張，而且非常纖細，似乎沒有實用的價值。但是從側面來看卻顯現出不錯的效果，使得萊斯整個的腿部線條相當好。萊斯大膽地改變了美國最有權力的女性在世界舞台上的傳統裝束。她並沒有穿一件毫無生氣的外套，配上一條鬆鬆垮垮的裙子。她也不用攝影記者所喜歡的服飾掩飾自己，這使得她看來像是要採取強硬的態勢準備談判，正如同在《駭客任務》中的女主角一樣，隨時準備躍起給對手一個迴旋踢。

　　研究國際關係的學者卡納（Parag Khanna）曾在《外交政策》（Foreign Policy）期刊上撰文指出，政治領袖的服裝也能激起人們對其國家的同情和理解。例如阿富汗的神學士政權被推翻後，擔任總統的卡爾紮伊（Hamid Karzai）即藉由其特別的阿斯特拉罕帽子（astrakhan cap）和揉合了各種民族象徵的獨特披風而受到媒體的矚目，儘管他堅持這個裝束不是為打扮而打扮，但卡納卻認為卡爾紮伊其實是意圖在改變國際社會對阿富汗的看法，並藉以強化阿富汗國家統一的意識。當古

馳（Gucci）設計師福特（Tom Ford）稱卡爾紮伊為「2002 年全世界服裝最出色的人」時，其實等於是幫助這位四面楚歌的領袖進入國際舞台中央，贏得國際社會對他國家困難的關注（Khanna 2006）。

　　身體政治之所以重要的另一個原因，是它往往還是媒體評論政治人物的焦點之一，以下是一個因髮型與服飾不佳而受到媒體抨擊的例子。2005 年 4 月小布希提名波頓（Bully Bolton）出任美國駐聯合國大使，在接受參議院聽證過程中，媒體立即注意到他的髮型與衣飾，《華盛頓郵報》在 4 月 15 日的一篇報導中，焦點完全集中在他的外觀，並因此「暗示」他的不適任，從以下的引述內容即可看出：

　　　　美國總統小布希提名的駐聯合國大使波頓真的應該去理髮。他不需要特地請梅格・萊恩（Meg Ryan）的設計師荷許柏格（Sally Hershberger）剪個六百美元的頭，只要簡單地修剪一下：卷髮弄齊，鬢腳和後頸髮腳修一修，梳理一頭略為偏紅的蓬鬆黃髮和上唇的白髭即可。

　　　　要波頓去整理儀容，目的不在提醒他應該參考男性時尚雜誌的建議，而是他本週坐在聯邦參院外交委員會袞袞諸公前，介紹自己的經歷，暢談他對聯合國的理念和到聯合國以後打算推動的計畫，卻穿著皺巴巴的西服，連襯衫都沒有扣齊，領帶也不好好打，看起來邋邋遢遢。

　　　　這和個人的怪癖或缺陷無關。不是每個出席聽證會的人都得打扮得像演員或模特兒，這攸關個人風格的問題。

服飾造型另一個經常被媒體議論的焦點是辯論。例如 2004 年美國

總統競選期間，《紐約時報》記者威廉斯（Alex Williams）曾在 9 月 26 日的報紙上直接就小布希與凱瑞（John Kerry）的形象對抗撰寫一篇調查報導，這篇報導所訪問的形象專家幾乎全部集中於外貌的討論，也透露了「身體形象」在今天選舉競爭上所具有的舉足輕重地位，以下特別引述其中對服飾與肢體語言的討論：

> 對服飾形象專家而言，兩位候選人都不會穿短夾克上場辯論。自從 1960 年尼克森穿羊毛灰西裝上台碰上了灰背景之後，總統辯論在服裝上可以選擇的空間已經是近乎於零了。現在空軍藍的羊毛西裝幾乎是總統辯論的制服，曾經替小布希做過幾件西裝的華府裁縫德・帕瑞斯（Georges de Paris）說：「西裝上的翻領絕對不能超過四英寸！胸膛部分必須非常合身，開叉則要在背後。」至於搭配的襯衫多半是白色，領帶則是紅色。

> 候選人也會在配件上區別對手，小布希最近穿有折袖的襯衫，還用袖鏈，這可增加他企業經理人精明幹練的形象。凱瑞的黃色袖環是癌症患者組織阿姆斯壯基金會（Lance Armstrong Foundation）送的，或許可吸引年輕運動族群。

> 在身體政治學方面，由於選民會藉由肢體語言的訊息，辨識候選人是否展現權威感，因此重點在於候選人是讓自己看來像獵人，還是獵物。

> 形象專家認為，重點是兩個人中誰的外在能維持放鬆而又不致鬆弛，每個人都必須努力傳遞一種令人舒適的感覺，畢竟那涉及選民會讓誰在未來四年進入他家客廳的電視螢光幕中。

　　以研究肢體語言著名的霍根（Kevin Hogan）指出：「凱瑞擁有一個如同軍人般挺直的背脊，這使他看來比較強勢，而小布希則是肩膀有些隆起，這對他有些不利。但因為總統的體型結實（五英尺十一英寸，凱瑞則是六英尺四英寸），為了避免出現焦躁不安的聯想，他在指控恐怖主義分子時應在鏡頭前稍加前傾並運用眼神，如此更能顯現氣勢。」

　　手勢運用也能營造不同效果，霍根認為小布希的手勢常能顯示他的自在與真誠。特別是他經常以類似擦拭擋風玻璃的動作來強化所表達的論點。相對地，凱瑞表達論點時的手勢就過多了，他經常用手勢在空中揮舞，多到令人感覺他缺乏自信。他在演說時過度誇張的手勢，甚至連民主黨內部的同志都在批評。研究手勢的專家凱莉（Spencer Kelly）認為凱瑞應參考柯林頓的手勢，先握拳，再將姆指壓住食指，以腕關節輕輕舞動，有如拿個小禮品要送人般。

　　當然，身體美學是形象政治的第一課，但終究不是形象政治的全部。著名公關專家狄倫施耐德就主張不要太高估外在形象的作用，他甚至用「形象是騙子」去形容那些「形象顧問」。他認為與其重視衣著外貌，不如花時間去了解民眾的喜好、明智處理衣著禮儀、善於利用環境氛圍、有效維持前後一貫更重要（Dilenschneider 1990：55-60）。話雖如此，在電子媒體形象主導民眾好惡的今天，要政治人物在形象操作上完全排除身體美學上的考量，恐怕是不可能的事。

5 人格形象的政治：性格、操守與倫理

　　形象政治當然不只打造外觀，還要能打造特殊的個性與人格，這一點古代的政治哲學家都曾提出許多論述。古希臘哲人亞里士多德（Aristotle）在其《政治學》（*Politics*）一書中即描繪出他所謂理想政治家的形象特質，包括值得信賴、對日常公共議題的掌握能力，以及將良善意圖傳達給公眾的修辭能力等。亞里士多德在討論暴君政體（tyranny）時，曾特別討論如何維持這種政體的統治手法。用今天的眼光來看，這正是典型的形象公關操作，亞里士多德給君王的建議包括：（1）絕不要揮霍公帑，尤其不能讓人民感到他們上繳的稅金被統治者拿去浪費，所以君王應公開申報他們的收入與開銷；（2）君王應不露嚴厲，祇顯尊重，要讓人民見到他時心生尊敬，而不是畏懼；（3）避免沉溺聲色享樂，並以最大的限度保持節制；（4）君王應顯得格外虔誠敬神，讓人民感覺諸神會為君王助威，但他自己的信仰卻不能是愚蠢的；（5）君王應經常授善良之人名位，並必須由他親自頒授；（6）要經常在人民面前表現出對兒童或青少年的親愛（Aristole 2001：216-219）。亞里士多德這些在兩千年前對君王的建議，不就是今天許多政治領袖在日常向人民表演的內容？如財產交付信託、逢廟宇必進入參拜、頒授名人勳章、在街頭擁抱孩童等，展現包括廉潔、虔誠、氣度、仁慈等品德，這些作為甚至到今天都依然有效。

　　十六世紀文藝復興時代的政治哲學家馬基維里（Niccolo Machia-velli）在其所著的《君王論》（*The Prince*）一書中，曾建議統治者應具有或者看起來具有可以給人好感的特質，例如大度、慈悲、誠實、謙

遜、正直等，他說統治者實際上毋須具有這些品德，但他必須看起來確實具有它們。馬基維里甚至認為「每個人都可以看到你的外表，但鮮有人會直接了解你的真相，而那些了解的人，卻不敢忤逆由統治者的地位所維繫的民眾想法」。分析心理學家楊格曾以「面具人格」（persona）來說明這種人格與形象的關係，所謂面具人格即是設計一種符合社會價值認可的人格特質，而將個人真正的意識隱藏起來。而統治者要如何看起來具有若干品德呢？學者許慕爾（Robert Schumhl）認為領袖要成功地傳達這種形象，必須要有意識的自我扮演（conscious self-dramatization）與公眾的知覺相互配合才行（Schumhl 1992：16）。而布爾斯汀在 1960 年專著討論「形象」時，即將形象界定為舞台上人為的產品，它包括一連串精心設計的虛擬行動，在這其中，人被呈現成一種神聖且高度純化的人格類型，如值得信賴、活力、可愛、負責、誠實或實踐能力等，只要掌握了這些特質，媒體形象顧問就可設計容貌、衣飾、肢體語言以及一連串的假事件等來呈現這些特質。

　　在美國歷任總統中，未能有效掌握自我扮演與公眾知覺最顯著的例子就是詹森。與多數總統相比，詹森是少數最注重政策治理的總統之一，他在任內致力推動民權法案、社福法案，賦予黑人基本人權，希望改善窮人的生活，但由於他對法案的推動只限於密室溝通及小眾傳播，並不善於運用媒體說服及教育民眾，在輕忽社會反應的情況下，詹森在法案上的成就，卻反而成為形象上的失敗。甚至黑人都不領他的情。1965 年提升黑人參政權的投票權法案通過，洛杉磯卻爆發最嚴重的黑人暴動，迫使政府動員一萬軍隊鎮壓。他努力說服國會促成民權法案通過，卻對民權運動束手無策，導致他在內憂外患下不再競選連任，選擇黯然下台（彭滂沱 2007：152-153）。這中間有很大一部分原因即在於

詹森不善於自我表演，他與人私下談話時可以侃侃而談，但一到攝影機面前，他就立即變得緊張拘謹，完全施展不開，甚至經常抱著講台，緊抓著麥克風。這種人格形象的展演，讓詹森的民調一直低迷不振（彭滂沱 2007：155）。

傳播學者許慕爾在他 1992 年出版的《治理能力與表演技藝：講究人格時代的美國政治生活》（*Statecraft and Stagecraft: American Political Life in the Age of Personality*）一書中，就指稱當前為「人格時代」，例如尼克森記取 1960 年在電視辯論中輸給甘迺迪的教訓，當他於 1968 年再度競選總統時，即聘請專家重塑形象，以展現經驗、知識、能力以及堅定而又具溫暖與幽默的個性人格，結果終獲民眾接受而當選。當然個人形象不單是對廣大選民而言，也在於對手敵方的相互比較，因此在 1976 年的總統大選中，共和黨的福特（Gerald Ford）在媒體形象中一直擺脫不了笨手笨腳的形象，由於經常走路跌交或站立碰頭，福特經由電視傳播給民眾的形象為一位有欠老成持重的總統。1975 年福特訪問日本從空軍一號出來時腳被絆了一下，這個鏡頭被一再重複播放，有個新聞頻道竟在同一時段的節目中重複播了十二次。另有一次福特助理忘了拿總統禮服，結果導致總統穿了短五公分的褲子出現在宴會席上，引來媒體一陣嘲笑。

卡特在 1976 年競選美國總統之前，主要是參照政治學者杭亭頓（Samuel P. Huntington）當時所撰寫的一篇報告〈民主的危機：關於民主社會的統治能力〉（The Crisis of Democracy: On the Governability of Democracies）中所列總統候選人的特徵，包括誠實可信、精力充沛、務實精神、果斷作風、真摯而有經驗。杭亭頓後來又建議，政治鬥爭中的「局外人」，或是看起來像局外人的候選人，是一種通往政治官場的

捷徑。卡特的競選班底很快就採納了這個建議，根據卡特競選班底的規畫，1973 年的卡特被塑造成「一個最有成就的州長」，1974 年他將成爲「民主黨中的一個領導人」，1975 年他是「一個有重大影響的思想家，對治理國家有規畫的領導人」，1976 年就是「一個總統候選人」，卡特就是按照這個計畫，一步步向白宮推進。

　　演員出身的雷根，可說是將美國現代的形象政治帶到了最高峰。對雷根而言，政治就是表演的舞台。卡特總統任期末尾，不但經濟問題嚴重，卡特本人矯揉造作與悲觀軟弱的形象，也爲美國人民及西方國家領袖所不喜，例如卡特爲表現平民化而自提皮包，爲逞強跑步到面現蒼白與口吐白沫，此外他身爲國家領導人，不但未能展現樂觀積極以克服問題，卻責怪社會與人民無用，凡此經由電視傳播所表現於美國人民眼前者，即是無能爲力的領導。結果當 1980 年卡特與雷根面對面進行辯論時，美國人民從電視螢光幕上所見的雷根，是一位充滿信心、幽默的政治人物，尤其在辯論中，每當卡特對他攻擊時，雷根即以幽默的口頭禪「您又來了」（here you go again）反擊，令美國人印象深刻而嘲笑卡特。

　　1988 年老布希與杜凱吉斯（Michael Dukakis）競選總統時，不約而同藉由乘坐坦克車來展現勇氣與愛國心，卻得到完全不同的效果。那一年 8 月布希爲了顯示自己國防政策立場的強硬，在伊利諾州州展時登上坦克車造勢，受到媒體廣泛的矚目。而杜凱吉斯由於在選戰過程中一再被布希陣營抨擊在反共與愛國的立場上不夠堅定，於是拍了一部乘坦克車的政治廣告，以展示其愛國反共不後人，同時亦強化其支持發展傳統軍需的立場，但在電視播出時，所見者卻是一位小頭帶大鋼帽、深陷坦克座的滑稽人物，亦被媒體視爲企圖扭轉國防立場軟弱的象徵。當布

希與杜氏辯論時，被 CNN 詢問若其夫人被惡人姦殺時，其將以何種刑罰處置時，杜氏冷淡回答，只說他還是不贊成死刑，使輿論譏評其為「冰人」（Iceman），亦即冷漠得過分無情，這種形象也造成他後來在大選中落敗。

誠信是另一項重要人格形象，例如儘管布希在波灣戰爭中成功地塑造了他的英雄形象，但他 1992 年的失敗，卻是因為他的誠信受到質疑，他在 1988 年競選一再重申「讀我的唇，不加新稅」（read my lips, no new taxes）的承諾，當選後卻在 1990 年同意祕密加稅，又未加以交待解說，於是 1992 年遂成為柯林頓攻擊的重點，因為這顯示不守信與無原則的特點。

柯林頓當選總統後，《紐約時報》曾取得了一份柯氏參謀策士於 1992 年 4 月所草擬，如何改變重塑柯氏夫婦形象的祕密計畫，指出至少有百分之四十的美國選民，不喜歡柯林頓夫婦，因他們認為柯氏像一位八面討好、少說真話的典型職業政客，而希拉蕊則像一位喜好弄權與垂簾聽政的女性。為克服及改變此種形象，柯氏的謀士建議柯氏夫婦其後應表現相親相愛與和藹親密，而柯氏本身更應突出強調其寒微出身背景、平民作風、改變現狀及保護中產階級利益的形象等，他們安排柯林頓不斷出現各種電視廣播脫口秀接受訪問，述說自我，表演其拿手的薩克斯風，甚至自我調侃試抽大麻但未真正「吸進」，以化解外界的指控，而柯林頓夫婦可說是完全遵循該項策士的計畫操作，終於榮登白宮寶座。

日本首相小泉在 2005 年 9 月的眾院選舉大獲全勝，即因成功地塑造其「改革」的形象。本來「改革」、「搞垮自民黨」等口號都是在野黨訴求，小泉卻透過對郵政改革的堅持，塑造他自己與自民黨保守派對

抗的形象。特別是他主動解散眾院，面對來勸阻自己的前首相森喜朗說，「就是把我殺掉都可以，我非要讓郵政民營化，非要改革！」，然後對著鏡頭說，「爲了改革，我死掉都可以！」，充分展現他對抗保守派的氣概，因而贏得許多選民的支持。

　　相較於小泉對改革形象的展演，小泉前一任的首相森喜朗，卻可以用荒腔走板來形容。2000 年 4 月森喜朗在小淵惠三逝世下倉促上任，照說他在學生時代打過橄欖球，身材魁梧，性格豪爽，能言善辯，一直被視爲自民黨未來總裁候選人之一，意外當上首相本應是大展身手的好機會。但他卻屢屢失言演成風波，每一次失言都會激怒一部分人嚴重抗議，讓他一再被迫道歉。因爲「口誤」的頻率實在太高，造成他在媒體與民調的聲望一路下挫，但他卻依舊繼續犯錯，例如反對黨質疑他擔任首相是黑箱作業，他竟然憤而說出「粗口」：「形容我像野種一樣，關起門出身，是極爲不妥的。」因爲日本人很少會用「野種」這樣粗鄙的語言，何況是用來形容自己，結果他上任還不到半年，民調聲望跌到一成二。2001 年 2 月 17 日美國核子潛艇在夏威夷海域撞沉了日本水產實驗船，此時森喜朗正在神奈川打高爾夫球，接到撞船報告竟繼續打完全場，消息傳出後舉國譁然，成爲壓垮他聲望的最後一根稻草。

6 形象政治學的兩種弔詭：雷根與柯林頓

　　一般而言，要評估政治人物形象的高低，大體可以循兩個指標，一個是民調聲望數據，一個則是媒體所給予正負面報導與評價的頻率。布羅迪（Richard Brody）在他的《評估總統：媒體、菁英意見與大眾支持》（*Assessing the President: The Media, Elite Opinion, and Public Support*）一

書中，曾提出一項命題：總統正負面新聞與評論的比例，會影響公眾對總統的態度，當新聞與評論一路指向負面之際，總統聲望即下降（Brody 1991）。換言之，媒體聲望與民調聲望之間，理論上應是呈現正相關的。然而在兩個算得上是形象政治模範生的例證中，卻是呈現反證甚至是極其弔詭的現象，在形象政治操作中，這兩位美國總統都獲得連任，也一直是所有政客最羨慕與學習的對象，也是形象公關研究者所關注的重要對象，他們一位是 1980 年代的雷根，另一位則是 1990 年代的柯林頓，有關研究他們兩人形象公關的著作相當多。然而他們兩人卻形成一種微妙、甚至是弔詭的對比：雷根當選初期的民調聲望其實一直都不高，卻長期享有極高的媒體聲望；相對地，柯林頓的媒體聲望極低，卻一直享有極高的民調聲望。兩者間為何呈現如此顯著的落差？這是形象政治學上極其有趣的課題。

先談雷根，在他擔任總統期間，他不僅一再被媒體封為「偉大的溝通者」（Great Communicator），也有媒體形容他是「不沾鍋」（Teflon）總統，任何尖銳的攻擊都不會波及他，換言之，如果政策有錯，那不是雷根的錯，而是白宮幕僚或內閣部會首長的錯，雷根已長期被媒體塑造成誠實、公正的形象，幾乎不可能會犯錯。結果雷根可說是戰後在美國媒體中長期享有超高聲望的總統，許多媒體所賦予他的肯定評價，幾乎就是所有政客的夢幻期盼。譬如 1981 年在他發表完就職演說後，《洛杉磯時報》（*Los Angeles Times*）的記者史克隆（George Skelyon）隨即就在 1 月 21 日發行的報紙上撰文，說他的演講「不僅技巧與情感足以打動人心，也傳達了明確的訊息……美國人所目睹的是一位溝通能力卓越的總統，他在麥克風與鏡頭前的表現，歷任總統中只有小羅斯福與甘迺迪能與他匹敵」。而類似這種獲得媒體正面肯定的例子相當多，雷根

任內在媒體一直享有相當尊榮的形象。

　　許多論者認為雷根之所以享有媒體的尊崇，主要是源於他一直擁有超高民調支持率，然而傳播學者金（Eliot King）與希德森（Michael Schudson）經過仔細研究比對雷根任內的民調數據後，卻發現了一個相當弔詭的現象，與媒體所塑造的完全相反，在他初就任總統的前兩年，民調顯示他甚至可能是戰後以來民調聲望最低的一位總統。就算是剛上任前兩個月的所謂「蜜月期」，蓋洛普（Gallup）的民調也顯示，雷根的聲望比不受媒體青睞的尼克森或卡特還要低，而除了聲望之外，雷根在首任前兩年施政表現的民調上，也都顯著低於他的前任，但同一時期的主流媒體卻依舊一面倒地讚揚他的聲望與政績，也就是說，所謂雷根的「高聲望」，只是一種「媒體現象」，並不是「民調現象」（King and Schudson 1995：134）。

　　這種媒體與民調所呈現的鉅幅落差，究竟是怎麼回事？金與希德森特別舉 1981 年 3 月 18 日的《紐約時報》為例，當天的第二十二版刊登了有關雷根的一項蓋洛普民調數據，根據民調結果，該報說「不僅雷根的支持率是最低的，甚至連个支持的比率都是所有其它剛當選總統的三倍以上」。但是在同一天的意見／評論版上，專欄作家雷斯東（James Reston）所撰寫的文章卻說，「即便民主黨領袖都承認民意是站在總統那一邊」，這種鉅幅落差是怎麼回事（King and Schudson 1995：136）？事實上，學者發現許多華府主流媒體的資深記者與專欄作家，都刻意忽略雷根執政初期偏低的民調數據，反而經常讚揚雷根是艾森豪以來民意聲望最高的總統。如果根本沒有民調數據的支持，那麼這些評論家的依據從何而來？

　　可以說，雷根為形象研究揭示了一個非常有趣的謎題，即何以那麼

低的民調還能塑造出那麼高的媒體聲望？《洛杉磯時報》資深記者金斯雷（Michael Kinsley）曾指出，雷根的許多批評者確實覺得他既不聰明、沒有思考能力、不誠實且缺乏施政能力，但金斯雷發現，許多人似乎不在乎這一點，雷根似乎有一種魔力能讓批評者怯於批判他，連嘲諷他是老電影演員的話都說不出來，他甚至有辦法讓批評者覺得，批判雷根就好像把自己從民主生活中割除掉一樣（King and Schudson 1995：138）。

　　儘管被冠上「偉大溝通者」的封號，但金與希德森的研究卻也顯示，雷根的演說能力並不強，他經常在演講時觀點跳躍，也時常誤判何時該停下來讓聽眾鼓掌。在就任的第一年，他僅舉辦過五次的記者會，比前幾任任何一位總統都少，而他回答記者的內容也經常充滿錯誤與曲解，在鬧出許多窘境之後，他的形象顧問開始盡量不在行程中安排記者會（King and Schudson 1995：139）。金與希德森認為雷根高聲望的祕訣，就是他善於面對面溝通的力量，他以一種「好萊塢老朋友」的姿態與人相處，讓記者無法與他計較。

　　曾長年擔任《紐約時報》華府特派員的史密斯（Hedrick Smith）在1988年出版的《權力遊戲》（*The Power Game: How Washington Works*）一書中，曾特別針對雷根的形象做討論。他特別點出白宮幕僚長狄佛是雷根形象製作的總指揮，這位來自加州、多才多藝的雷根智囊，把雷根的形象當成一件藝術品去處理。他對雷根了解深刻，知道雷根的一切特點：他像一位電影導演，將雷根的演技充分地發揮出來。狄佛對於製作突顯雷根形象的背景有獨到的能力，他充分有效地讓雷根與美國的驕傲及愛國心相聯結。狄佛不喜歡雷根橢圓形辦公室的米色窗簾，覺得這無法突顯雷根的臉部，於是他決定拉開窗簾並以兩萬美元裝設一套燈光設

備，以加強窗外花園背景光線。在自然光線，無論背景是春夏的鮮綠，或冬季的白雪，都使總統更為突出，使得總統看起來年輕了十歲（Smith 1991：373）。

　　最關鍵的是雷根在狄佛一系列安排下所做的展演。例如雷根在1983 年攻擊格瑞那達（Grenada）之後，11 月訪問南韓，巡視板門店又做了一次成功的形象宣傳。從媒體所看到的景象，是雷根神氣地穿著夾克，透過望遠鏡凝望共區，一幅自信滿滿的模樣。當時美國國家廣播公司的隨團記者米契爾（Andrea Mitchell）回憶說：「我覺得那是一個很偉大的景像，看到一個巨人走向陽光。」當時白宮傳播室主任葛根接受《廣播》（Broadcasting）雜誌訪問時說：「這個鏡頭表現了雷根總統的英雄形象，它絕對比卡特總統在大衛營蹣跚慢跑的鏡頭好多了。」這種成果是經過白宮幕僚人員事前安排好一切細節的結果。1984 年雷根決定從貝魯特撤回海軍陸戰隊，這明顯違反他先前的立場，媒體報導很可能會損害他的形象。因此白宮在宣佈此一決定的同一天，刻意安排雷根出現在加州老鄉的一個盛大餐會上，接受群眾與共和黨人的歡迎，電視報導了撤軍的消息，也播放了雷根接受群眾歡呼的熱烈場面，讓歡騰的氣息蓋過了撤軍的不利消息。1984 年雷根競選連任時，國防部希望展示新造 B-1 轟炸機，但白宮幕僚人員怕雷根得到好戰的負面形象，不過，製造此一轟炸機可為南加州創造四萬個工作機會，又是正面資產。於是白宮讓雷根出現在加州洛克威爾（Rockwell）飛機工廠，但在 B-1轟炸機的機身上貼一個大型標語，寫著「為和平作準備」，從鏡頭上只看到雷根站在標語前，看不到轟炸機（Smith 1991：377-378）。

　　雷根的媒體聲望蓋過民調聲望，柯林頓的際遇卻是完全相反，他的八年總統任期內從未受到媒體正面的對待，卻一直享有極高的民調聲

望。根據學者寇亨（Jeffrey E. Cohen）的研究，柯林頓八年總統任內，主要媒體中負面新聞的比例都多過正面新聞，例如 1994 年的負面新聞達百分之五十八，而到了 1998 年負面新聞的比例甚至已接近七成，而這也正是他的緋聞鬧得最大的一年。弔詭的是這般負面的媒體聲望卻沒有影響到他的民調聲望，1997 年年終蓋洛普民調數據顯示，百分之五十六的受訪者滿意他的表現，到了 1998 年 7 月，也是負面新聞比例最高的時期，他的民調聲望還上升到百分之六十五，1998 年年終的蓋洛普民調甚至達到百分之七十三的高峰。這種媒體聲望與民調聲望的鉅大落差，正如同寇亨給他自己的一篇論文所下的標題：〈如果新聞這麼糟，為何總統的民調還是那麼高？〉（If the News Is So Bad, Why Are Presidential Polls So High?）。換言之，一位總統爆發與年輕女實習生在白宮橢圓辦公室內發生不當行為的醜聞，面臨國會彈劾，再加上媒體連篇累牘的報導，柯林頓不僅渡過此一危機，而且聲望還持續攀高，確實值得探討。寇亨對這種弔詭的解釋，是 1990 年代的媒體環境已經完全不同於 1970 年代，儘管媒體的通路供給更多元，但公眾對政治事務的關注卻在降低，而因為媒體幾乎都充斥著負面新聞，反而使得公眾逐漸不再信任媒體報導的一切，再加上經濟景氣好轉，結果讓柯林頓聲望逆勢上揚（Cohen 2004）。

　　1998 年下半年之所以特別值得研究，是因為這段時期正是特別檢察官史塔（Kenneth Starr）調查柯林頓性醜聞的高峰。1998 年 8 月 17 日柯林頓接受史塔所組成的聯邦大陪審團的傳訊作證，柯林頓並沒有直接面對陪審團，而是在白宮藉由電傳視訊接收檢察官史塔的訊問，並在訊答中公開承認在白宮橢圓形辦公室中與魯文斯基（Monica Lewinsky）「做了一些錯誤的舉動」，此一表白無疑證明他先前長達七個月的否認是

在說謊，如此當然造成柯林頓形象上嚴重的「道德信任危機」。1998 年9 月史塔在公布《史塔報告》（*Starr Report*）之後，更將媒體對柯林頓人格形象的懷疑推到了高峰。《時代》（*Time*）雜誌以「國家緋聞」為標題摘錄史塔報告的內容，共和黨群起要求他辭職，連他的黨內同志也批評他。

　　但美國民眾的觀點卻顯然相反，在柯林頓於 1998 年接受作證前，CNN 的民調表明只有百分之二十的人想知道柯林頓與魯文斯基緋聞的細節，有高達百分之六十一則寧可充耳不聞，《新聞週刊》（*Newsweek*）的民調結果是多數人根本不在意總統這個行為，只有百分之二十四的人表示他們對柯林頓的觀感變壞，國家廣播公司的調查更顯示民眾對柯林頓的支持率依舊保持在七成以上。當柯林頓最後承認確與魯文斯基有過不適當的關係後，已經明白證明他先前的否認是在說謊，當時美國媒體可謂一面倒地要求柯林頓辭職，僅 1998 年 9 月 15 日當天就有三十九家報紙刊登要求柯林頓辭職的文章，到了 9 月底更增加到一百六十五家，但民調卻完全相反，在 9 月 11 日的 CNN 民調中，肯定柯林頓表現的有百分之六十六，而且有超過百分之六十的民眾認為柯林頓不應被彈劾。

　　除此之外，寇亨也注意到柯林頓所操作的公關策略，他認為就算公眾不再在乎媒體如何評論總統，卻還是很可能在乎總統如何評價他自己，而柯林頓的策略即是一方面完全不回應媒體的負面指控，一方面則不斷強調他的領導能力與政策效率，儘管媒體也識破他的伎倆，但柯林頓顯然還是成功地將這種訊息傳達給公眾。換言之，柯林頓根本繞過媒體向民眾直接訴求，他除了否認所有關於他的指控外，也一再強調他需要為美國人民工作。特別明顯的是在 1998 年與 1999 年的兩次國情咨

文，柯林頓都成功地將公眾的注意力，從媒體一面倒炒作魯文斯基醜聞的氛圍中扭轉過來，關注國家經濟的持續發展。1998 年發表國情咨文時魯文斯基案才爆發沒幾天，1999 年發表國情咨文則是在參議院準備彈劾前，雖說媒體幾乎不理會他的國情咨文，但民眾卻肯定他的國情咨文內容。1998 年在柯林頓發表完國情咨文後不久，當時《洛杉磯時報》的一份民調顯示，有百分之七十五看過國情咨文的民眾認為其內容「好」或「較好」，有百分之六十七的受訪者認為「國情咨文能吸引我的注意，我沒想起針對總統的指控」。可以說，他成功地讓民眾認為檢察官針對他的調查有黨派私刑之嫌，也認為媒體對柯林頓私生活的報導太過分了。

　　與雷根積極塑造「電視形象」的操作模式不同的是，柯林頓並不信任媒體，有意操縱媒體也很容易被識破。於是他另闢出路，大量刊登廣告來傳達他的理念，柯林頓發現長時間進行廣告宣傳，可以形成難以撼動的固定形象，於是柯林頓不斷藉由廣告將他自己的主張傳達給民眾。他的重要策士之一莫理斯（Dick Morris）在其《選戰大謀略：柯林頓二度入主白宮之路》（*Behind the Oval Office: Winning the Presidency in the Nineties*）一書中指出：「在政治上，你拿議題導向的正面文宣廣告與對手平行起跑。能夠提出最有力正面主張的一方取得領先。當他明顯領先之際，等於構成 T 陣勢，而另一方沒有辦法，只好訴諸負面手法。在現實政治裡，可以利用電視廣告針對負廣告快速反應，搞負面手法的一方其實非常不利，因為民眾早已精明到對負面廣告存有戒心，因而反駁的一方往往占優勢。」（Morris 1998：361-362）

　　解答這兩組弔詭的另一重要線索，則是媒體科技的變遷。雷根所處的 1980 年代，是典型的電視媒體主導的年代，而雷根也充分透過電視

媒體的特性來營造他的形象。雷根本人是演員出身，因而他的形象幾乎都是藉由電影的手法表現在電視上，這種操作手法讓雷根有效地利用媒體形象的優勢壓過低落的民調形象。而柯林頓所處的 1990 年代，則是網路科技開始勃興的大媒體潮年代，媒體的多樣性與異質性，讓柯林頓在公私領域的隱密性都大幅降低，柯林頓的媒體顧問根本不可能有辦法像雷根時代有效掌握媒體形象的呈現，柯林頓的形象於是被打散在電視、雜誌、網路、部落格與廣告等不同的平台上，這些形象又彼此衝突，柯林頓最多只能掌握其中很小的一部分。這也使得民眾所接收到的柯林頓形象是很紊亂的，但如此反而也讓公眾不再信賴媒體，對柯林頓道德的容忍程度大幅提高。正如同派瑞—基里斯與派瑞—基里斯（Trevor Parry-Giles）在其所合著的《建構柯林頓：後現代政治年代中的過度眞實與總統形象》（*Constructing Clinton: Hyperreality and Presidential Image-Making in Postmodern Politics*）一書中所指出的，當代政治其實是被多樣性媒體所生產出的多樣性形象所支配的，這種形象是「含混、歧義、混亂甚至是嘲諷的」（Parry-Giles and Parry-Giles 2002：5）。在這種情境下，儘管柯林頓媒體形象低落，但媒體能掌握的形象塑造，只占柯林頓全部形象生產的一部分，在與其它多樣的形象生產抵消後，任何一方都不可能壟斷柯林頓的形象生產了，這或許是柯林頓的媒體形象無法影響民調形象的主因。

第三章
形象塑造：視覺操縱與識別工程

　　在形象塑造實踐作為上，所有政治形象工程師所面對的第一課，就是形象識別（image identity）。即是如何藉由身體、特徵、個性等標準對人或事物進行區分，進一步認知其獨特性。既然說「識別」，自然是以辨識「差異性」為基礎，以個人為例，可資辨識形象差異的元素就包括外貌、服飾、個性、背景等，分析上有時就直接稱為外形識別、服飾識別、個性識別、背景識別等。所有政治人物與政治團體在啓動形象工程之際，勢必都得從形象識別入手。

　　將形象識別引入公關操作主要是從企業管理開始，即所謂導入企業形象識別系統（CIS〔corporate identity system〕）。最著名的例子即是國際商業機器公司（IBM〔International Business Machines〕）。IBM 為了樹立一個鮮明的企業形象，在 1955 年即導入 CIS，聘請世界著名的設計師蘭德（Paul Rand）設計一套完整的識別系統，將公司的全稱濃縮成「IBM」三個字母，字母呈幾何圖形造型並排，「M」字母的大小剛好是「I」、「B」兩字大小之總和，塑造出富美感的造型，並以藍色為標準色。這種設計等於是將名稱、標誌、圖形、色彩等全部加以組合，營造出一種科技、精密、品質與時代感，藉由這個 IBM 的字型標誌（logo），成功建立了高科技「藍色巨人」的形象（秦啓文與周永康 2004：141）。IBM 導入形象識別的成功，為該公司帶來鉅大的經濟與社會效益，也激起了其它許多美國的跨國企業導入 CIS 戰略，如美孚石油公司（Mobil）、美國無線電公司（Radio Corporation of America）、西屋電氣公司（Westinghouse）、可口可樂公司（Coca-Cola）等。這種從企業所發展出的觀念，當然也能運用到政治形象塑造的操作中，不過政治形象識別的工程涉及多個向度的動員，從視覺感官要素、外在形式要素到內在心理要素，都必須要顧及。本章將依序加以討論。

1 視覺政治與影像的操縱

在經驗傳遞中，視覺的主導性可以說遠遠勝過味覺、觸覺與聽覺。也可以說在形象的塑造中，最重要的是畫面而不是言詞。畫面是要透過「眼睛」攝取的，我們稱之為「看」，或是「視覺」行為。「看」是自然的，也是社會的，當然也是政治的。在政治形象塑造中，第一個要掌握的就是「視覺傳播」，不論其所呈現的是繪畫、照片、漫畫、海報、廣告、電影、電視還是網頁。可以這麼說，形象與人類其它傳播形式的最大區隔，就是它的圖像性（iconicity），藉由顯示在紙張或銀幕上的各種線條、圖形與色彩的組合，形象其實是呈現了人們觀看世界時眼睛和大腦所動員的視覺信息，因而討論形象的主題，多數時候其實就是在討論「視覺形象」，而要掌握形象的塑造也勢必要從視覺傳播入手。

攝影家弗倫德（Cisele Freund）曾在她所著的《攝影與社會》（*Photography and Society*）一書中提到：「一個政治人物很容易受到一張討厭照片的奚落。最有智慧的人只要他張著大嘴，或正眨著眼睛，那麼他在照片上也會看起來是痴呆呆的。」弗倫德舉了一個很有趣的例子：1969 年 10 月《紐約時報》的一篇長文中，引用了 1968 年共和黨與民主黨全國大會期間，共和黨候選人尼克森四張最不令人喜歡的照片當作插圖，這些形象會使尼克森看起來很蠢、很討厭。換言之，這意味照片的角度能決定一個人看起來是否會令人喜歡、令人厭惡，或荒唐可笑。再例如，給戴高樂（Charles de Gaulle）將軍拍照，如果從上往下，鼻子就會拉長，從下往上，下巴就增大，前額則明顯變寬（Freund 1990：165）。

　　在視覺操縱的媒介中，明白企圖透過「視覺形象」影響閱聽人的就是廣告。美國賓州大學傳播學院教授梅薩里（Paul Messaris）在他 1996年出版的《視覺說服：形象在廣告中的作用》（*Visual Persuasion: The Role of Images in Advertising*）一書中清楚地說明：視覺是可以操縱的。梅薩里藉由廣告來呈現這種對視覺操縱的實踐，他認為廣告在吸引受眾注意上，往往是透過若干視覺加工的技巧，例如藉由視覺變形（visual morphing），包括對真實的扭曲，讓圖像與人們預期看到的出現部分差異，以引導觀者注意。再例如將兩個或多個具體有形的事件或情景加以塗抹或拼貼，形成某種視覺隱喻（visual metaphor），令人聯想類似的抽象概念，從而營造出新的意義。再例如將觀者熟悉的事物（人物或圖像）外表加以顯著的改變，形成某種滑稽視覺模仿（visual parody）等。在政治廣告中最常見的手法，即是直接的目光對視，將圖像中人物的目光直視受眾（Messaris 1996）。最著名的就是美國的二次世界大戰徵兵廣告，以山姆大叔直視、手指觀者，配上標語「我要你加入美國軍隊」（I Want You for U. S. Army）。凝視目光還有其它功能，政客在接受電視採訪、參加電視辯論或其它電視論壇時，面對攝影機，為了更直接吸引觀眾的興趣和關注，同時也為了讓觀眾對其產生信任感，往往藉由正視觀眾以顯得自己光明正大、胸襟坦蕩。

　　視覺形象還利用各種不同的視覺刺激，如面部表情、手勢、姿態、容貌、自然環境等，以期召喚出觀者的情感。而梅薩里認為透過攝影鏡頭的操作，即可產生某種情感上的效果。例如垂直鏡頭取角（vertical camera angle）的影響：即是圖像中的人或物是從下方（仰角）展示、還是從上方（俯角）或是水平方向展示，可以影響觀者對政治人物的觀感。克瑞斯與凡・李溫在討論形象的視覺傳達時，即指出鏡頭的垂直角

度可以傳達「權力」關係：一般而言，以高角度拍攝時，主體看起來很
小且不重要，同時顯示觀者對影像主角具有權力；以低角度拍攝時會讓
主體聲勢嚇人，足以顯示影像主角對觀者具有權力。研究圖像語言的法
國學者馬汀（M. Martin）指出「低角度常給人一種優越、意氣風發與
勝利的印象；高角度則傾向降低個人，藉由將他降到地平線來貶低他，
並讓他看起來好像陷入無法戰勝的宿命論（insurmountable determinism）
之中」（Kress and van Leeuwen 1999：196）。

　　當然，視覺傳播影響的擴大，與電子媒體的發展，特別是電視媒體
的出現，是密不可分的。研究媒體與視覺文化關係的學者波斯曼（Neil
Postman）爲說明這種關係，曾提出「媒介即隱喻」的說法。波斯曼認
爲麥克魯漢（Marshall McLuhan）的「媒介即訊息」（the medium is the
message）的說法，其實是將訊息與隱喻混淆了，訊息應是關於這個世
界的明確具體說明，但媒介其實沒有這個功能，它更像是一種隱喻，用
一種隱晦但有力的暗示來定義現實世界。不論是透過語言、印刷的文字
或電視攝影機來感受這個世界，這種媒介即隱喻的關係爲我們分類、排
序、構建、放大、縮小、著色這個世界，並且證明一切存在的理由。波
斯曼特別舉美國第三十七任總統塔虎脫爲例，他的體重高達三百磅，滿
臉贅肉，很難想像這樣一個人今天會被推上總統的寶座，如果只是廣播
上的演講，體型與思想是毫不相關的，但電視時代情況卻大不相同，三
百磅的笨拙形象，也難免淹沒其能言善辯的精妙邏輯與思想。換言之，
波斯曼認爲在電視上，論述是透過視覺形象進行的，電視的表現形式是
形象，而不是語言（Postman 2004：8-9）。

　　法國思想家布希亞更將電子時代的形象操控能力推到極致。他認爲
在電腦數位系統、電子聲光媒介所塑造的虛擬實境中，形象已經成爲一

種擬像，它不僅取代了眞實，甚至比眞實還要眞實。從形象轉化爲擬像，布希亞認爲是經過一系列轉化進程的：形象最先是反映眞實，只是眞實的投影；接著形象開始遮蓋眞實、扭曲眞實，並逐漸異質化它的本質；再接著形象開始讓眞實消失，進一步不復存在；最後形象與眞實已不存在關係，正式成爲擬像（Baudrillard 1998：23）。換言之，形象不再反映眞實，也不復再是眞實的複製，與眞實間的界限早已模糊不清，它不僅取代眞實，它本身就是眞實了。

　　資深媒體人哈伯斯坦在其所著的《媒介與權勢》一書中，生動記述了美國總統詹森在邁入電視政治年代後，面對形象操作的愛憎與兩難。他清楚知道甘迺迪是第一位電視總統，他就是因此在民主黨提名大會中輸給了甘迺迪，他目睹了甘迺迪在電視辯論上的成功，於是取消了副總統的電視辯論。在他接任總統後，卻又開始過度使用電視，但使用的結果卻總是讓詹森覺得電視幫別人裝扮得都很美麗，將他顯示得很差勁。哈伯斯坦認爲詹森犯了一個政客與電視記者常犯的最糟錯誤，即無止境地看著自己的錄影重播：

　　　　他研究他自己，不喜歡自己在電視中的形象，一直想辦法要改變這種形象。一般認為，這種作法在電視行業中相當危險，因為你要麼就是你，憑這個你成功；要麼就不是你，但你不能做修修補補的事。任何自然的、人性的、生動的東西到他身上就變得僵硬，一個專家告訴他要對準攝影機，這才是他需要的。從那時起，他就緊盯著攝影機，彷彿攝影機要偷他的皮夾。他的眼神從不轉動，從不眨一下，這樣子讓人印象深刻，卻也令人害怕。他一直在玩弄電視，尋找不同風格，或是更好

的燈光師、更好的化裝師、更好的一幅眼鏡、更大的講詞提示
器、更老練的一位顧問。他永遠在玩小把戲，永遠對自己在電
視上的模樣不滿意。（Halberstam 1979：533）

　　也可以說，詹森總統任內，正逢電視開始影響政治的年代，他充分
意識到電視對形象操作的關鍵作用，卻也一直為他自己在電視上的視覺
形象所苦惱。同樣地，尼克森也有類似的問題，曾經替尼克森製作電視
廣告的電視製作人艾利斯（Roger Ailes）曾這樣評價尼克森早期的電視
形象：「你一把他放上電視，馬上就砸鍋了。他長相又滑稽，看上去就
如晚上被人吊在衣櫥裡，早上馬上就會跳出來似的，西服上到處都是
褶，馬上就跑出來，嘴裡大聲嚷『我要做總統』，他就是這樣出來嚇人
一跳的⋯⋯」（Halberstam 1979：739）
　　在政治形象的公關操作中，越是能掌握視覺的元素，也就越能在形
象競爭中取得優勢。美國總統雷根就是最能掌握這個要訣的領袖，他的
幕僚更是將許多心力投注在視覺形象的操作上。雷根的幕僚長哈德曼
（Harry R. Haldman）對視訊政治的效應曾提出一條定律：眼睛永遠獲
勝。換言之，形象勝於言詞，眼見比聽見更重要。雷根助理就明白表
示：「你準備相信什麼，是事實，還是你所看見的東西？」
　　哥倫比亞廣播公司（CBS）的首席記者司徒（Lesley Stahl），曾針
對雷根在 1984 年競選連任時的形象塑造策略，製作一個四分半鐘的電
視評論節目予以嚴厲批判，指控雷根利用影片畫面催眠美國人民，使美
國人民失去認真評估其政績的能力。司徒在節目中，一開頭就問道：
「雷根是如何地運用電視？」然後馬上回答：「手法高明極了！」史達
爾在旁白中運用了許多對比修辭的技巧，以論證雷根運用視覺操縱民意

的手法。例如他說雷根曾被評為有錢人的總統，但是電視畫面卻說不是。年事已高的雷根應有高齡的問題，但電視畫面卻看不出來。美國人希望能夠以自己的國家、自己的總統為傲，電視畫面說你可以做到。電視報導完全被白宮掌握了。對雷根不利的記憶也完全被消除。雷根經常出現在一些和他的不受歡迎的政策矛盾的場合。像雷根參加殘障運動會，為老年之家舉行開幕儀式等等，但事實上，雷根大幅削減了殘障人士及老人住居的預算。另一個伎倆是令雷根遠離遭受責難的場面，例如當美軍自黎巴嫩撤出時，雷根正飛往加州農場渡假，由其助理處理撤軍聲明，鮮少有視覺畫面使人聯想到總統和貝魯特爆炸事件有關聯。但是兩天後，當美軍入侵格瑞納達成功，電視畫面立刻又將鏡頭集中在總統慶祝勝利的活動中⋯⋯

　　　　有不少批評，認為雷根的競選活動是以形象為重點，而沒有談政策問題，但是這些批評對雷根競選並未造成影響，因為當人們在電視上看到總統時，他總是讓美國人留下好印象，因此也認為他是一位好總統。

　　配合司徒的嚴厲批評，則是以電視剪接技術組合各種雷根活動的畫面，例如畫面上顯示的是雷根為老年之家剪綵，問候在輪椅上的殘障運動選手，擁抱奧運金牌得主，前往一處環保計畫保護下的鐘乳石洞，接受第一夫人南茜（Nancy Reagan）的親吻及生日蛋糕，為球賽在郊區和白人兒童、在市區和黑人小孩打成一片，在牧場上穿著褪色的牛仔裝，和農民在開闊的田野聊天，在諾曼第戰場憑弔美軍，以及在紅、白、藍三色氣球高飛的背景下，接受共和黨人揮舞著旗海的熱情歡呼等。

「我認爲這是我對雷根總統批評最嚴厲的一段影片！」司徒回憶在影片播出當時她曾對白宮心懷警戒，預期將會面臨白宮公關人員的抗議，但當她接到白宮官員打來的電話，所得到的反應卻是：「棒極了！」白宮官員對她說：「司徒，在妳連續播放了四分半鐘有關雷根的偉大畫面時，是沒有人會聽妳說些什麼的。妳難道不知道聲音與畫面衝突時，後者將壓過前者？觀眾所看到的是，雷根四年任期工作的精彩濃縮，他們根本沒有了解妳的旁白說明。我們認爲這些畫面爲雷根的政績做了有力的廣告，妳這段節目，是在支持雷根總統競選連任。」

司徒回憶她當時整個人呆坐在電話邊幾乎麻木，因爲她驚覺自己報導雷根長達四年，竟然還得靠別人來告訴她這一點。她花了很大的心血所製作的一個批判雷根的節目，結果竟然被雷根的支持者欣賞，認爲是不可多得的報導。這個例證清楚說明了形象政治的邏輯是圍繞視覺的，而視覺一旦與聽覺相衝突時，視覺一定凌駕聽覺。

2　色彩與標誌的識別

在光學意義上，色彩原是物體透過一定光源引起的視覺印象，因而在形象塑造上，色彩識別往往是第一步。在當代商業行銷上，色彩通常被視爲吸引消費者最重要的媒介，美國行銷界一項流行色彩研究的調查曾指出，人們在挑選商品時，存在著一種「七秒定律」（seal the deal in seven seconds），即在面對琳瑯滿目的商品時，人們只需七秒即可做出購買的決定，在這短暫而關鍵的七秒內，色彩的作用即占其中的百分之六十七，可謂居關鍵的作用。藉由色彩識別行銷最著名的例子，即是全球著名的巧克力品牌 M&M's。1954 年，M&M's 以一句「只融你口，不

融你手」的銷售口號稱霸巧克力市場四十八年之久。但更關鍵的還是其色彩識別的操作，1960 年 M&M's 在傳統棕色的基礎上，為巧克力豆穿上色彩的「外衣」，推出紅、黃、綠三色的彩色巧克力，以吸引巧克力的最大消費群體，即兒童，結果第一批彩色巧克力大受歡迎。M&M's 再接再厲，1976 年橙色豆加入、1987 年紅色豆回歸、1995 年藍色豆加入、2002 年紫色豆加盟，而 M&M's 每新增一種色彩，其銷售量就會跟著往上攀升。M&M's 可以說是利用色彩的視覺營銷手段為品牌升級加分最典型的例證。

在不同的文化脈絡中，色彩一直具有廣泛的象徵意義，有些象徵甚至成為特定文化的一種崇尚或禁忌。在政治生活中，從很古老的年代開始，色彩除了被賦予某種象徵意義外，也經常是部落、地域、族群、派系、國族等的識別依據，十九世紀以後，色彩更成為政治意識形態識別的依據。當然也因為文化背景的不同，色彩與政治間的關係並不是穩定的，在不同的文化脈絡中，同一個色彩可能有完全不同的象徵意義。例如古羅馬人認為白色是天然的政治色彩，象徵廉潔並能夠晉升到更高公職的人。相對地，白色在中國文化卻是與肅殺、死亡、喪葬等禁忌的象徵聯結在一起，而是以黃色作為權力的象徵，屬於皇帝所專有，如「黃袍」是天子服飾，「黃鉞」是天子儀仗，「黃榜」是天子誥告，「黃馬掛」是清明皇帝御賜文武重臣的官服等。

隨著時代的推移，色彩往往成為政治派閥衝突識別系統，西方歷史上教權與政權的衝突，或是政治家族間的衝突，經常即以不同服飾的色彩來區隔。十七世紀專制王權國家興起後，色彩識別則經常表現在不同國家軍隊的制服上。十九世紀以後色彩又逐漸成為政黨識別與意識形態識別的重要象徵，例如藍色就成為保守政黨的代表色，最早起源於英

國；有很長一段期間，對英國公職人員來說藍色等於忠誠與恆心。蘇格蘭國王詹姆士六世（James VI）於 1603 年繼承英國王位，稱詹姆士一世（James I）。此後英格蘭的新教教會與蘇格蘭的長老教會之間發生了嚴重的宗教分歧。長老教會人士穿著象徵誠實的藍袍，自稱「正宗藍色派」（Blue Man）。1861 年英國政府發表了著名的《藍皮書》（*Blue Book*），向議會闡述本年度的施政綱領，這一傳統保留至今。從那時起，藍色就成為歐洲保守政治團體最青睞的顏色。

　　紅色在西方經常象徵熱血、火燄、熱情、革命等，十九世紀末就成為社會主義革命的代表色，它將暴力革命稱之「赤色革命」，成立的政權叫「紅色政權」，軍隊則叫「紅軍」，紅色在冷戰時期中成為國際關係中區別不同國家陣營最為簡單明瞭的識別色，西方國家為了將紅色社會主義國家妖魔化，也把貧窮、落後、專制、封閉等與紅色根本不沾邊的概念強加其上。於是在那個時代的許多西方學者眼中，國際關係中的政治衝突幾乎變成了一種色彩大戰，而西方國家自詡為開放、民主、多元、富足且充滿詩意的「藍色」，在其與紅色的鬥爭中似乎被理所當然地認定為勝利者的凱旋色。不過無政府主義者和法西斯主義者在意識形態的光譜上雖分居兩端，卻都偏愛黑色。至於綠色則成為環保運動的代表色。1960 年代，西歐所興起的生態與環保運動，關注開發與工業化對生態環境的破壞。而綠色很自然就成為環保的標誌，1970 年代第一個以生態主義為訴求的綠黨在德國成立，「綠色政治」也成為一種主張、一種意識形態。綠色在當代甚至成為一種時尚，如「綠色意識」、「綠色思想」、「綠色產品」、「綠色經濟」、「綠色文化」等。色彩與意識形態構連的結果，不少國家就是以顏色作為政黨的識別。例如德國的五個主要政黨，都以一種顏色作為自己的代表色。基民盟是黑色，自由

民主黨取黃色，社民黨和左翼黨爲紅色，至於綠黨，則色如其名。歷史上，德國政壇一向形成「黑黃聯盟」對「紅綠聯盟」。

色彩也經常會與政治革命發生關係，而顏色的選擇並無規則可循。例如在菲律賓，黃色是返鄉歸國的象徵，所以柯拉蓉（Corazon Aquino）那身黃色套裝就成爲 1985 年和平反抗的同義字，她也藉此推翻了馬可仕（Ferdinand Marcos）政權。這種透過色彩傳達訊息的風潮，連伊斯蘭世界也不例外。例如在伊朗，粉紅色象徵革命。由於不滿神權政府嚴苛的法律，很多婦女悄悄抗議。有些婦女以桃紅色外套、毛衣、頭巾和手提袋來炫燿她們的女性氣質。

二十一世紀初，從東歐到中亞所爆發的一系列革命，都刻意找出一個代表色，稱之爲「顏色革命」（color revolutions）。2003 年 11 月，在喬治亞發生了「玫瑰革命」（Rose Revolution），反對力量因爲不滿總統謝瓦納茲（Eduard Shevardnadze）的統治，強烈要求他下台，示威者圍著紅白條紋圍巾，分送紅玫瑰給士兵。結果年僅三十六歲且擁有美國哥倫比亞大學法學院高學歷的薩卡希維利（Mikheil Saakashvili）帶領人民手持玫瑰花在 2003 年和平地占領國會，逼得謝瓦納茲同意辭職下台，創造歷史上的玫瑰革命。

接著則是 2004 年 11 月到 12 月烏克蘭暴發的「橙色革命」（Oragne Revolution）。由於民眾對烏克蘭的總統選舉結果不滿意，大多數人都認爲「親西方」的總統候選人尤申科勝選在望，然而選舉結果卻是現任總統亞努科維奇（Viktor Yanukovych）勝選。於是烏克蘭民眾開始從各地湧上街頭、走向廣場，用遊行示威對選舉結果表示強烈抗議，要求重新選舉。尤申科在選舉中使用橙色作爲其代表色，因此這場運動使用橙色作爲抗議的顏色，運動的標誌是橙色絲帶和一面書有「對！尤申科！」

的旗幟。最後烏克蘭進行第二次總統選舉，結果尤申科勝利當選，宣告了烏克蘭橙色革命的結束。

接著吉爾吉斯在 2005 年 3 月發生了「黃色革命」（Tulip Revolution）。吉爾吉斯的反對陣營領袖有意效法烏克蘭的橙色革命，希望找出足以代表自己的顏色，但一度無法達成共識，在較爲富庶、自由的北部，反對組織祖國運動（Ata-Jurt）的領袖要支持者以黃色作爲代表色；南部的示威者則穿戴粉紅色衣物，懸掛粉紅色標語，並將抗爭行動稱爲「粉紅革命」（Pink Revolution）。最後還是被稱做「黃色革命」，也叫做「檸檬色革命」（Lemon Revolution），因爲該國首都比什凱克的市花是黃色迎春花。最後吉爾吉斯總統阿卡耶夫（Askar Akayev）的政權被推翻，反對派領袖巴基耶夫（Kurmanbek Bakiyev）在 3 月 24 日勝利接管了吉爾吉斯的政權。

2005 年 1 月底，伊拉克選民以手指沾上紫墨水，在歷史性大選中投票，而民眾也紛紛舉起染有紫色的手指供媒體拍照，小布希總統宣稱那是「紫色革命」（Purple Revolution）。2005 年 2 月 14 日黎巴嫩前總理哈利利（Rafik Hariri）及另外十九人死於炸彈暗殺以後，抗議群眾湧入首都的烈士廣場示威，五十萬幅國旗飛舞，驚心動魄，在兩星期內造成政府下台，聯合國派出眞相調查團並承諾監督新大選，這場突發的愛國運動取得輝煌成績，由於香柏樹是黎巴嫩國旗上的圖騰，等同國徽，於是香柏樹旗幟在汽車頂、公寓窗戶、商店、小販攤上，滿街飛揚。這場「香柏樹革命」（Cedar Revolution）爲時七十四天，占據烈士廣場搭營住宿的青年男女日夜駐守的有三百人到兩千人不等，示威及政治辯論夾帶哀悼活動無日不斷，烈士廣場也改名爲「自由廣場」，這場運動不僅爭取到人民自由表達政治言論的目標，也終於成功擺脫敘利亞軍隊的

占領。

「顏色革命」的威力在於：第一，民眾不需要付出太大的代價就可使專制政權在瞬間被人民推翻，鮮花與美麗的色彩等都暗示著組織者試圖讓「革命」以盡量「優雅」的方式進行，象徵透過非暴力的柔性政變、以街頭非暴力的形式奪取政權；第二，國家完全無法對付顏色，顏色很難藉由鎮壓打敗，畢竟再威權的統治者都不能命令人民脫掉某種顏色的衣服，而且也無從知道是誰在策畫；第三，顏色可以顯示驚人的團結力量，讓每個個體都知道自己並不孤單，連標語都不必拿，就能清楚地識別；第四，在衛星天線、照相手機和其他即時視訊傳播的方法發展下，任何群眾運動所展現的搶眼顏色，都超越語言障礙，讓訊息清楚地傳達到全球。

除了色彩識別外，標誌也是形象識別元素上最主要的部分，同時也是最關鍵的元素。所謂標誌，是將具體的事物、事件、場景和抽象的精神、理念與方向，透過特殊的圖案或符號固定下來，經過不斷的刺激和反覆，使其深印在受眾心中。使人們在看到標誌的同時，自然地產生聯想，從而對其產生認同。政治標誌可以追溯到古代部族的圖騰，當時主要是作為戰爭和祭祀的標誌。現代國家誕生之後，又演變為國旗、國徽與黨徽等。標誌識別在政治形象塑造上之所以重要，在於其可以使政治團體、理念的形象統一，提供政治認同的識別依據，作為區別競爭對手最好的象徵。

一直到今天，許多重要的政治標誌，還是保留了古代圖騰與宗教的象徵意義，而最廣泛的即是取材自天際現象的日月星辰。以星辰為例，兩個等邊三角形一上一下所連鎖成的六角星形，即是人們所熟知的猶太人標誌。凡是猶太人所到之處，都可看到這種標誌。1897 年世界錫安

組織（World Zionist Organization）在瑞士的巴賽爾（Basel）召開第一屆大會，即選擇了藍色的六角星形為徽誌，作為全體猶太人的共同標誌。採取星辰標誌的，還有蘇維埃的紅色五星，1917 年十月革命後，代表蘇維埃的部隊用紅布剪成五角星縫在軍帽上，以區別於舊沙俄軍隊。從此紅色五角星即成為紅軍的標誌。此外還有美國的星條旗，左上角有五十顆五角星，代表美國現在所擁有的五十州。

　　穆斯林國家崇奉的則是新月圖案，新月通常是月弧在左，月牙在右，穆斯林各國國旗上大多有這種標誌。新月原指上弦月，俗稱月牙，天文學上稱為朔，指月球運行通過太陽和地球之間時的月相，象徵上升、新生、幸福、吉祥、初始光亮、新的時光等。穆斯林教徒認為新月象徵伊斯蘭教開創了人類文明的新時光。十六世紀後，伊斯蘭世界各地清真寺建築的圓頂或尖塔上都開始裝上新月標誌，新月也在伊斯蘭世界中被廣泛運用。目前不少伊斯蘭國家，如土耳其、馬來西亞、巴基斯坦、土庫曼、亞塞拜然等國的國旗，都有新月的標誌。

　　以太陽為政治標誌的則是日本。日本非常崇敬太陽，日本人認為他們的國家屬「日出之地」，最早拜的神叫天照大神，也就是太陽神，因而國名與國旗可謂對應得十分貼切。戰國時代的許多將領曾把太陽畫在旗幟上，除了現在看到的白底紅日，還出現過藍底紅日、紅底金日等不同的顏色。明治維新時期於 1870 年定太陽旗為國旗。1999 年國會通過議案，以法律明確訂定太陽旗為日本國旗。至於畫有十二道光芒的太陽旗則是日本海上自衛隊採用。然而這個帶有十二道光芒的海軍旗在亞洲其它國家人民眼中卻有軍國主義的味道，經常引發情緒反應，例如 2001 年中國的一家名為《時裝》的雜誌，刊登著名電影女星趙薇穿著一件單肩上衣，這件上衣的圖案是一個紅色太陽發射出十幾道紅色的光

芒，跟日本軍旗的圖案幾乎一模一樣，立即在中國境內引起軒然大波，使得她不得不公開出面道歉。

除了日月星辰外，不少標誌則是取材自宗教圖騰。例如卍原本是佛教與印度教的標誌，在西藏原始宗教苯教中，卍則象徵永恆不變。中國唐代的女皇帝武則天曾將卍音爲「萬」，取其爲「吉祥萬德之所集」之義。在印度教的聖書中，它象徵幸運、梵（印度教的創造之神）或輪迴。該標誌中的十字末端可以順時針彎轉，也可以逆時針彎轉。在現代和古代的印度教建築物和印度藝術作品中，都看得到這個標誌。德國納粹黨在 1920 年將其做四十五度右旋，採用在黨旗、黨徽和臂章之上。而這使它此後有負面的象徵，英國王子哈瑞（Harry）在 2005 年時因身著帶有納粹卍標誌的服裝參加化裝舞會的照片，在整個歐洲引起強烈反應，甚至有人提出應該在歐洲全面禁止任何納粹標誌的出現。這一提議甚至引起了英國七十萬印度教徒的不安，認爲在印度教中，卍原本是好運的象徵，納粹不過是盜用了這個標誌。因而印度教徒一直有意恢復它的「名譽」。除了卍外，還有許多宗教標誌獲得採用，例如印度拿阿育王法輪置於國旗的中央，象徵眞理與道德。南韓的國旗則是取材自中國古代典籍《周易》中的陰陽太極圖與八卦圖所組成，太極圖象徵宇宙與眞理，八卦圖則是象徵天、地、日、月的對稱與均衡。象徵基督教的十字架，則有丹麥、芬蘭、喬治亞、希臘、冰島、挪威與瑞士等國將其納入旗幟。

由政治標誌所引發的政治爭議，環繞國際紅十字會的標誌的變化與演進最明顯。國際紅十字會原本是十九世紀中葉所成立的一個戰爭救援機構，標誌採取的就是白底加上一個紅色十字，原本這僅是一個純粹人道救援的組織，標誌不應成爲爭議焦點，但事實上環繞其標誌的爭議一

直沒停過。1863 年在瑞士日內瓦舉行的國際會議通過採用白底紅十字為標記，以識別搶救傷兵的救援團體。1876 年土耳其與俄國交戰時，白底紅新月標誌首次被用作保護性標誌，埃及亦採用紅新月。但多數伊斯蘭國家一直反對以色列所使用的紅色大衛盾標誌。而以色列又拒絕使用紅十字與紅新月標誌，因此過去六十多年被排除在國際紅十字會門外，為解決此一紛爭，2005 年底還特別在日內瓦召開會議，經過三天的激烈辯論，最後以三分之二的多數決定，鑽石形狀的紅水晶成為紅十字和紅新月外的第三個紅十字會標誌，以打破以色列參與紅十字會活動的障礙。

　　某些色彩與標誌所塑造的形象識別，其象徵意義固有激發內部成員團結認同的功能，但有時基於歷史記憶或宗教信仰的複雜糾葛，也很可能會激起其它國家或族群敵我對立的衝突。這種色彩與標誌的識別，嚴格地說並不是當代形象公關的主要課題。二十世紀末葉隨著全球化浪潮的普及，以及若干跨國企業藉由識別工程所獲得龐大的利潤，以純粹形象公關為焦點的形象識別逐漸被引入政治領域，包括城市、政府、政黨、非營利組織等都廣泛引進形象識別的策略、打造全新的形象，以爭取更多的投資、觀光、貿易、重大國際活動的主辦等。荷蘭國際關係研究所高級研究員凡・漢姆（Peter van Ham）2001 年在《外交事務》（*Foreign Affairs*）期刊發表一篇論文〈品牌國家的興起〉（The Rise of the Brand State），揭示這種藉由色彩與標誌所打造成的「品牌國家」在新世紀國際關係上的重要性。凡・漢姆直接指出，如同品牌成為消費者對產品的概念一樣，品牌國家如今已經構成外在世界對某個國家的概念，他認為對一個想保持國際競爭力的國家而言，沒有標誌的國家根本很難吸引國際經濟和政治的注意力。而品牌國家正像所有品牌商品一

樣，它的形象與聲譽是依靠信賴與顧客滿意度來決定的，國家在這裡依
友善與否和值得信賴與否被重新分類。漢姆認為這種品牌國家觀念的發
展，已經在北約與歐盟的實踐中，成功擠壓了極端民族主義成長的空間
（van Ham 2001）。

3　風格呈現的識別

　　政治人物要透過視覺塑造形象的要件之一，即是能否有效運用風格
來突出形象。而風格識別的操作，很大一部分也正是透過視覺掌握。何
謂風格？美國哥倫比亞大學研究行銷心理的史密特（Bernd Schmitt）從
美學角度出發，認為風格所指的是一種與眾不同的特質形式、一種表現
方式。這個概念如今已被運用到不同學科的範圍中，包括藝術史、文學
作品，乃至於流行時尚設計等。在功能上，風格識別有助於創造品牌的
知名度，也能引發各種心智上與情緒上的聯想（Schmitt and Simonson
1999：99-100）。川特（Judith S. Trent）與費登伯格則從傳播角度出
發，認為風格是人們溝通互動時透過符號運作所傳達的意義，包括口語
的修辭、腔調、聲音，乃至於非口語的肢體語言、外貌、穿著等
（Trent and Friedenberg 1995：55）。在內涵上，風格的美學界定與傳播
界定恰好形成某種互補，這一點在政治形象的操作上特別明顯，換言
之，檢視一個政治人物的風格，正是靜態的美學視角與動態的溝通視角
的一種混合。

　　一般而言，在政治人物風格呈現的識別上，最常見的有兩組類型：
第一種是偉人風格（master politician style）與凡人風格（common man
style）的兩種典型的對比；第二種則是現任風格（incumbency style）與

挑戰者風格（challenger style）兩種典型的對比。

　　偉人風格主要在呈現卓越領導力的氣質，這種風格的識別主要表現在具有強烈的企圖心，面對困境表現出勇敢無畏的決心，對所屬團隊展現出有效率的領導，同時也堅守承諾，對基本價值的信守絕不退縮。例如對美國人而言，領導美國面對珍珠港事變，並渡過二次世界大戰最困難時刻的小羅斯福，就是這樣的典型。同樣地，領導美國渡過古巴飛彈危機的甘迺迪，也充分展現這種風格。某些政治人物甚至認為要具有這種政治風格，是必須帶有若干神祕氣質的，例如法國總統戴高樂在他的回憶錄《劍鋒》（*Le fil de l'épée*）中主張領袖人物要展現權威，就必須要與公眾保持距離，他說「沒有神祕感也就沒有了威望，因而人們一旦對你熟悉起來，敬慕就會消失，所有的宗教都有自己的教堂，但對自己親人來說，誰都不是英雄。因此不論是運籌帷幄，還是處事思惟的方法，都要讓人捉摸不透，引起人們的好奇心，使他們躍躍欲試，但這也絕不是對下層不理不睬，令人無法接近，恰恰相反，要征服人心，就要體察人情，讓人人覺得自己受到關注」（趙維 2007：165-166）。

　　美國二次世界大戰英雄艾森豪在 1952 年競選總統時，即刻意突出其戰爭英雄的形象。他在接受提名的演說中，講題即是「一場偉大的聖戰」，強調要結束韓戰、反對共產主義和反對政府腐敗，其戰略即是「進攻！進攻！再進攻」，宣稱將「一定會清除華盛頓的污垢」，其所刻意突出的即是這種英雄風格。

　　相較於偉人風格的距離感與神祕感，凡人風格則在於強調平易近人的草根庶民特質，這種風格的關鍵在於呈現「我跟你們都是一樣的普通人」，出身平凡的家庭，既不懂首都資深政客的操縱技巧，也沒有行政官僚的因循腐化氣息，卻深刻了解民間疾苦與實際需要。美國第七任總

統傑克遜當選後即刻意顛覆前幾任總統的形象，將自己塑造成一個普通人，就任當天他邀請許多人到白宮慶祝，不少人穿著沾滿泥巴的靴子闖入白宮，打碎器皿，撞倒桌子，地毯上皆是散落的威士忌酒瓶，這一切作為都是在突出其平民作風。

　　同樣地，林肯（Abraham Lincoln）的競選幕僚為突出他的平民風格，特別設計出「劈柵欄木條者」（Rail Splitter）的形象。在共和黨伊利諾州代表大會上，由一群人扛著兩根繫有旗幟飄帶的柵欄木條走進會場，旗幟上寫著「亞伯拉罕·林肯，劈柵欄木條的 1860 年總統候選人：這裡是 1830 年林肯劈過的三千根柵欄木條中的兩根」，會場上立即一片沸騰，要求林肯辨識一下木條，林肯認真看了兩根柵欄木條後說道：「這可能就是我劈的木條！」會場群眾立即歡呼：「為誠實的亞伯、為我們的下屆總統歡呼！」從此以後，林肯「劈柵欄木條者」的綽號也廣為人知了。

　　政治人物形塑風格識別的另一種類型，即是現任者與挑戰者兩種政治風格，這種風格的對比經常出現在競選的過程中。政治傳播學者川特與費登伯格曾以相當的篇幅討論這兩種政治風格的差別。在他們看來，政治風格形象的呈現並非固定不變的，而是透過權力位置的變動，藉由一組溝通策略所塑造出來的。換言之，每個政治人物都有機會成為在朝執政的現任者，也隨時有可能轉換成為在野的挑戰者，這種權力位置的移動，當然也就呈現出完全不同的溝通策略。先談現任者風格，由於已經身處在權力高峰的位置上，因而現任者永遠都比挑戰者要占絕對的優勢，先不談資源對比的差異，現任者可以呈現在風格上的最大特色，就是他們在職位上所顯現出來的「權威」與「正當性」，例如現任者永遠享有附著於職位角色上的若干符號裝飾（symbolic trapping），如主持典

禮、接待外賓、貼身圍繞者一群保鏢、永遠是鏡頭與媒體關注焦點等；現任者也享有絕佳的機會隨時針對各種議題展現執行能力，更可藉著時時刻刻受到輿論關注的機會，展現其領導魅力，這些呈現風格的機會，都是挑戰者所完全無法掌握的（Trent and Friedenberg 1995：67-69）。

　　除了符號裝飾外，川特與費登伯格還提示了政治人物塑造現任者風格的幾項實用策略：例如塑造若干能吸引媒體關注的假事件、發佈高層人事任命、設立跨部門臨時編組解決全國或區域民眾關注的事務、與國際領袖會面或開會、發佈重大經濟政策、宣揚政績、赴各地進行旅行考察、處理重大外交危機（Trent and Friedenberg 1995：70）。對現任者而言，這些策略都可藉助角色職務的優勢靈活運作，是在野的挑戰者永遠無法享有的資源。

　　儘管現任者享有若干優勢，並不意味他就可以高枕無憂。否則就不會有許多現任者會在被看好的情況下，依舊在選舉中失利。一般而言，現任者至少有幾項不利的處境：（1）政績紀錄，不論再好的施政績效，任何一個小的缺失或弊端都很可能被渲染成一個危機，而現任者也只能被動地辯護或予以合理化；（2）公眾很可能將任何他們對現狀的不滿都歸咎於現任者，而現任者通常也只能概括承受；（3）由於政策批評較易獲得媒體關注，因而不論現任者作為或不作為都有可能招致批判；（4）由於現任者永遠是媒體聚光燈的焦點，因而稍有不符公眾期待的言行，都有可能招致媒體或政治對手放大的檢視與批評（Trent and Friedenberg 1995：80）。

　　相較於現任者，挑戰者既不享有現任權威的光環，也沒有角色職位上的優勢資源可供運用，他惟一的作為就是藉由對發言位置的搶奪，對公眾進行訴求或召喚，這其中最常被訴求的就是「改變」。挑戰者必須

反覆強調，惟有「改變」才能帶來更好的未來，而他們擁有足以讓現狀
變得更好的方案，同時他們也有能力去實現這些方案。一般而言挑戰者
塑造風格的幾項策略包括：（1）批評現任者的執政紀錄；（2）對議題
永遠採取攻擊的立場；（3）召喚「改變」，並描繪美好的遠景；（4）
訴求傳統價值而非改變價值；（5）營造有意要搶奪中間主流民意的姿
態；（6）有效操縱人格羞辱與攻擊性修辭，例如「妖魔化」的手法等
（Trent and Friedenberg 1995：81）。

4　品牌原型的識別

　　美國著名記者朱露（Elizabeth Drew）在評論 1988 年總統選舉的情
形曾說過這段話：「很多人常納悶爲什麼杜凱吉斯毫無招架能力，任憑
老布希以人人都明白的方式對他的愛國心提出質疑。這跟杜凱吉斯的本
性有關，以一個參政多年的人而言，杜氏缺乏政治直覺的表現耐人尋
味──他缺乏那種自然流露出知道何時該做何事的感覺。總統必須有感
覺──但並不清楚是否每個總統候選人都有。」可以說，對形象工程專
家而言，即使掌握了形象塑造的形式要素與情感要素，並不意味所塑造
的形象就立即能吸引大眾識別，進一步深入人心爲大眾所認同。這意味
背後還有更深層的因素，而其中一項較易被人忽視的就是「品牌」的召
喚。

　　在政治操作上，藉由品牌操作形象的例子還不少，例如歷來在美國
大選中，民主黨的候選人很喜歡將自己比擬爲甘迺迪，而共和黨候選人
則喜歡將自己比擬爲雷根。以 2008 年共和黨總統的黨內初選爲例，候
選人每次辯論時都會提到雷根，甚至有一次辯論中提及雷根將近三十

次，老布希只被提到一次，可見雷根已成為共和黨的神主牌，而老布希則是掃帚星。但雷根的女兒戴維斯（Patti Davis）在《新聞週刊》寫文章痛貶共和黨候選人，她說每當在電視上看到他們個個都想模仿雷根時，她就想改編 1988 年民主黨副總統候選人班森（Lloyd Bentsen）在辯論時斥責共和黨副總統候選人奎爾（Dan Quayle）自比甘迺迪的話：「我認識雷根，你們都不是雷根！」

可以說，今天的所有企業、政府、政黨與政治人物都在致力塑造各種形象，但當代眾多辛勤塑造的形象工程中，只有很少數被塑造出的形象能夠成為品牌形象。而也惟有能夠成為品牌的形象，才能獲得大眾認同，發揮預期影響力。而品牌形象之所以有力量，在於其能在第一時間就能激發人們的注意，還要能抓住人們的想像，特別是激發人們內心的動機與欲望。在這裡，形象識別的課題已不僅是要掌握表面上的形式元素，或是激發內在感性的反應，而是要進一步探索更深層的潛意識。亦即每一個能夠成為品牌的形象，都是基於一套創造魅力、誘導和建立消費者信念的潛意識機制，而這種機制又可能與流傳很久的神話和傳說相連結。換言之，一個形象之所以能立即抓住人的注意力，並深入人心，在於它能夠召喚人們心靈深處的想像、記憶與共鳴。而人類遠古的神話與傳說經過長期流傳，往往形成若干基本型態，這種類型即佛洛依德學派（Freudian school）學者楊格所謂的原型（archetype）。

先談原型這個概念，原型是分析心理學派的學者楊格在分析人的集體潛意識（collective unconscious）時所提出的概念。它是人類集體潛意識的內容，作為潛意識，原型既看不見，又不能直接體驗，它多半是透過神話、民間傳說故事來表達的。它在溝通過程中所發揮的作用亦有清晰的邏輯。換言之，要掌握原型，就必須要知道原型是在遠古已經存

在，主要是透過神話與人的意識相連結，它可被即時識別並理解，它也能與人內心深處的夢想和渴望進行連結，具誘導與激發作用。就因為原型可以觸及人的意識深處，因而一個形象若要成為品牌，即在於這些形象能否與這些隱藏於意識深處的原型連結。

分析心理學者皮爾森（Carol Pearson）與馬克（Margaret Mark）在2001 年所出版的《很久很久以前：以神話原型打造深植人心的品牌》（*The Hero and the Outlaw: Building Extraordinary Brands through the Power of Archetypes*），即是藉由分析心理學者楊格的原型理論來研究品牌與形象。他們的論點是，一個形象能夠成為深入人心的品牌，在於其能夠觸動人們的潛意識欲望，特別是其能與遠古的傳說與神話連結。皮爾森與馬克列出十二個原型，包括天真者（innocent）、探險家（explorer）、智者（sage）等，並討論這些原型在產品行銷上的作用。這些討論商品行銷品牌識別的原型，並不一定都能適用在政治上，但也有若干原型經常出現在西方政治的形象塑造上，也能部分解答這些政治人物何以能贏得形象魅力的緣由：

（1）英雄原型：這是古代神話與傳說中最重要的原型之一。英雄冒險的故事幾乎是所有神話與傳說中數量最多、也最受到傳頌的一種。一般而言，英雄會出現的情境，多半是特定社群出現重大危難或存亡關鍵，一切都無法挽回的情況下，英雄適時出現戰勝邪惡、扭轉逆境或承擔艱鉅挑戰。而這些英雄也都渴望藉由勇敢、艱難的行動來證明自己的價值，憑一己之力來改造世界，如希臘神話中海克力斯（Hercules）的十二項磨難，聖經舊約中的大力士參孫（Samson）對抗非利士人，大衛（David）對抗巨人哥利亞（Goliath），電影中的西部英雄、情報員〇〇七、超人等，英雄呈現的類型很可能是戰士、鬥士、軍人、運動員

等。政治上，英雄原型多半表現為對抗強敵、戰勝逆境的領袖，如二次
世界大戰時期的美國總統小羅斯福、領導登陸諾曼第的盟軍元帥艾森
豪、處理古巴危機與登月計畫的甘迺迪總統、發動波灣戰爭的老布希總
統，影星阿諾・史瓦辛格（Arnold Schwarzenegger）在 2002 年能當選
加州州長，主要也是得力於他長期在電影中硬漢英雄的形象；英雄原型
也可能是在逆境中具有啟迪人心特質的領導人物，如金恩（Martin
Luther King, Jr.）鼓舞美國少數民族實踐社會平等的人權理想，南非曼
德拉（Nelson Mandela）寬恕了監禁他二十七年的獄所人員等。

　　2004 年小布希與凱瑞的競選，以服役紀錄的對比來說，曾是越戰
英雄的凱瑞絕對勝過小布希，而小布希是否有藉其家世背景美化他的服
役紀錄的傳言一直不斷，照說在塑造英雄形象上，這種落差是很明顯
的，結果 9 月 30 日舉行的首場電視辯論卻逆轉了這種對比。競選專家
藉由電視形象的對比，得出了這樣弔詭的結論：「不是英雄的小布希怎
麼看都像是英雄，而是英雄的凱瑞卻怎麼看都不像英雄。」換言之，小
布希在反恐政策上的強硬表態，竟召喚出了英雄形象，相對凱瑞對伊拉
克戰爭立場的前後搖擺，反而削弱了他既有的越戰英雄形象，而這個落
差竟也成雙方聲勢消長的分水嶺（趙維 2006：93）。

　　（2）凡夫俗子原型（Regular Guy/Gal）：即是普通人、平凡人，甚
或是無名小卒，他們渴望融入人群，與別人建立關係，個性平易近人，
希望與所有人打成一片，表現在政治上最主要就是作風親切、具平民風
格的草根型政治人物。

　　美國政治人物中最早刻意以平民自我包裝的首推林肯。他在 1860
年競選美國總統的時候，伴隨他圖像的文字一定是「誠實的亞伯」
（Honest Abe）、「劈柵欄木條者」等。這都使得林肯作為平民政治家的

形象深入人心。卡特在參選 1976 年大選的時候，亦是以一個「平民候選人」加以包裝，他在自傳中說「我是一個南方人、一個美國人。我是一個農場主、一個工程師、一個父親與丈夫、一個基督徒、一個政治家和前州長、一個計畫工作者、一個商人，一個核物理學家、一個海軍軍官、一個小遊艇的駕駛人，此外我還是迪倫（Bob Dylan）的歌與托瑪斯（Dylan Thomas）的詩的愛好者」。

（3）照顧者原型（Caregiver）：這個原型渴望保護他人免受傷害，是利他主義者，由熱情、慷慨和助人的欲望所推動。他們的角色通常是看護者、聖人、父親或母親、助人者或支持者。

美國總統雷根是很典型的父親或祖父的原型，他一向表現出慈祥、熱情，向人民提出保證：一切都沒有問題。擔任過美國國務卿的季辛吉（Henry Kissinger）曾與多位重量級的政壇人物相處，對雷根的魅力曾有下述評論：「雷根的表現令人咋舌，無懈可擊。就學界的觀察家而言，則幾乎是不可理解。雷根對歷史幾乎是一無所知，而他所知道的一小部分，也被他東挪西借，用來支持他堅定的偏見。他所援用的歷史軼事，跟常人所知的事實完全不符……」當然季辛吉也完全不掩飾他的迷惘：「為什麼有人認為他應該當州長，甚至是總統？歷史學家也必須說明，這樣一位才智平庸的人何以能主宰加州八年，之後又主宰白宮？」（趙維 2006：155）或許解答的線索之一，就是他一直看起來像一位可以依靠的大家長，一個看起來有能力照顧所有人、也好像很有智慧與經驗的領導人，態度上又相當溫和幽默，是一個相當容易親近的長者。

（4）情人原型（Lover）：這種原型能夠召喚出優雅、甚至情欲，滿足許多人所渴望的親密感與感官娛樂，同時在身體、心靈與外在風格也能表現出更多的吸引力等。

　　小泉純一郎在擔任日本首相之際，因爲是單身，即是以偶像明星、大眾情人的召喚來塑造形象。除了拍電視廣告，小泉的頭像還登上了宣傳海報。據稱他在拍照時還打趣地對記者說：「這回我可眞成了名副其實的偶像明星了。」拍照期間，記者還聽到小泉不停地哼唱著與自己同姓的日本女歌手小泉今日子的歌曲〈我無論如何都是偶像〉（なんてつたつてアイドル）。值得一提的是，六萬五千張宣傳海報問世之後很快被普通民眾搶購一空，急忙趕印的十七萬張同樣在數日內售罄，熱賣之勢令自民黨內主管官員跌破眼鏡。2001 年 9 月小泉出版他的寫眞集《Koizumi》，由攝影家鴨志田孝一拍攝，共收藏了彩色和黑白照共九十四張，成爲第一本日本在位首相的寫眞集。小泉純一郎並在第一版十萬本中，附送了一張有自己英文簽名的照片，並寫了一封情書給日本的女性，表示將此寫眞集獻給日本的所有女性，表示自己全在其中，所有女性對他的愛是他的原動力，並表示愛情是會從內心發出感動，愛情是又甜美又哀怨的，希望日本全國女性均能大談戀愛等。因爲小泉純一郎在離婚後並未再娶，因此日本第一夫人出缺。小泉稱日本所有女性爲「第一夫人們」，顯然有意討好女性國民，並表示「自己將爲了愛小泉的各位而讓日本成爲一個男女共同的社會，男女均分擔工作、家事、養兒育女等，我必然會將日本社會改造爲男女平等的社會」。結果購買者確以女性居多。

5　當代形象政治的危機

　　美國《時代》雜誌在 2006 年 1 月間出版的一期中曾刊載一篇題爲〈英雄不再〉（No More Heroes）的文章，文中挑明指出當代政商領袖所

面對的民意趨勢是：民眾對領袖的不信任，以及越來越直言不諱地瞧不起權威，這已經成為一種全球化的現象。文章中指出：「再也找不到敬意，代之而起的是抨擊、憤世嫉俗，以及蜂湧而出的公開抗議。」造成這種趨勢的原因，《時代》雜誌認為與層出不窮的弊案與貪腐有關，然而這種心態盛行的結果，卻是侵蝕社會的基礎價值，所有的政治人物都被不信任與瞧不起，所有不滿的民眾，都有可能發展出一套「陰謀論」去懷疑政客的所有作為（Gumbel 2006）。這篇文字生動點出的課題是，當代政治領袖與政府所面對的，已不是怎麼塑造形象的課題，而是怎麼面對日益擴大的形象危機問題。

　　形象管理的操作之所以在當代政治運作上被放大，在於形象的好壞已越來越成為民選政府是否享有正當性的關鍵。一個政治領袖的領導危機，一個執政政黨的失敗，多數時候正是從形象的失敗開始。因而當代所有的政治人物與政黨，都會投注大量資源在形象管理上。然而重視形象管理的另一面，也正突顯形象的脆弱性，所有政治形象塑造的另一面，其實正無時無刻不在面臨各種負面形象的挑戰。換言之，當代形象政治的宿命之一，正是必須面對負面形象如影隨形般的生產，這種負面形象可以在一夕之間就摧毀長時間所營造的正面形象。

　　當代形象政治所面臨的主要危機，大概可以包括以下幾項：

　　首先，是「期待落差」（expectations gap）的困境：當代所有的政治領導人物所面臨的共同課題，是被民眾認為「無所不能」，能夠實現民眾期盼的所有政策，包括能為民眾帶來和平、繁榮與安全，有效領導政府團隊，忠實地反映人民意見等。亦即所有當代政治領袖都面臨民意期待逐漸升高，然而領袖所實際擁有的權力與職能，實際上不可能滿足所有期待，於是民眾主觀期待與領袖實際表現之間就出現了落差，一旦

這種落差加大，民眾就會感到失望與不滿（Waterman et al. 1999：4）。這種對公共政策的期待落差，不僅直接塑造了民眾對領導人物的評價，也直接影響了政治人物聲望的升降。一項針對美國總統的研究即發現，自 1964 年詹森以降，每任總統都呈現了同樣的失敗模式，即他們任上都遭逢一二政策失利或醜聞的糾纏，隨即面臨媒體與國會無休止的聲討與批判。對領導人物本身也越來越以百分之百的完美標準加以要求，不完美的表現則被界定為失敗，而一旦獲致某些成就，民眾的期待亦隨之水漲船高。如何克服這種「期待落差」的困境？政績或許是一個出路，然而弔詭的是，研究也發現政績往往造成「期待落差」的擴大（Waterman et al. 1999：5）。

　　如果只是期待「無所不能」還好，當代許多民主國家的民眾都還期盼他們的領袖擁有所有「偉人」才有的美德，如同研究美國選舉的學者斯克爾（Richard K. Scher）所指出的，領導者必須擁有堅強的個性、遠大的目光、超凡的魅力、跨越黨派限制的能力、創造輿論風潮的本領、堅持正確道德的勇氣、打敗邪惡勢力的力量、平易近人的風格等。斯克爾明白指出這樣的人現在根本不存在，未來也不會出現，但民眾卻一直期盼並尋找這樣的完人（Scher 2001：75）。期待「道德巨人」出現的心理，讓所有政治舞台上的人物都面臨近乎苛刻的檢視。如果他們被發現竟也是常人，也會有怪癖、缺陷或弱點時，他們就會立即被質疑。在美國即便是如開國英雄華盛頓（George Washington）剛退出政治舞台不久，對他的批評即鋪天蓋地而來。斯克爾就發現在美國歷史上已經列入「名人堂」的領袖人物，如亞當斯（John Adams）、傑佛遜（Thomas Jefferson）、傑克遜、林肯、兩位羅斯福、杜魯門（Harry S. Truman）、艾森豪、甘迺迪、雷根等，都曾在競選時被對手咒罵為不稱職，而且還

有其它更糟的稱呼，而沒能進入名人堂的，受到的批評則更嚴厲（Scher 2001：74）。也可以說，斯克爾認爲當代人一直在追問「過去的偉人在哪裡」，其實是在追求一個根本不存在的過去（Scher 2001：76）。問題是當代人卻習慣以一個塑造出的「偉人」標準，要求所有政治人物。

形象政治所面臨的第二個危機是形象產製的衝突與複雜性。一個政治菁英或團體的形象塑造，固然可以交由專業的形象專家來負責，然而再萬能的形象專家也不可能壟斷所有公共形象的生產。換言之，所有公眾人物或政治團體形象的塑造，當事人與形象專家只能掌握其中一部分，他的政治對手與媒體也是角逐形象塑造的重要參與者（Mayer 2004：621）。對政治對手而言，如果能夠成功地破壞現任政治領袖或政黨的形象，絕對有助於在競選中將之取而代之，反之如果執政的一方能有效破壞在野陣營的形象，也同樣有助執政地位的鞏固。因而不論是平時或是競選期間，朝野政治領袖或團體間都竭盡所能地塑造對方負面的形象，而選舉期間尤其會達到最高峰。

競逐形象塑造的另一股力量則是來自媒體。基於新聞性的考量，媒體往往以戳破公眾人物形象作爲議題設定的重要焦點之一。於是敵對政黨間所發動的負面攻擊通常都能獲得媒體顯著的處理，不僅如此，媒體還經常主動發掘弊端、揭露隱私，將當事人不利的影像不斷重複曝光，或是直接揭穿形象塑造的伎倆等，對於涉及私德的緋聞、腐化墮落的醜聞、弊案等，媒體都會擴大渲染。而不論形象專家怎麼努力，負面訊息總是傳遞得最快。美國總統尼克森在任職副總統的時代即毫不掩飾地憎恨《華盛頓郵報》更甚於《紐約時報》，《華盛頓郵報》一直弄不清楚原因在哪裡，後來才知道不是因爲郵報的報導、評論或專欄，而是布勞

克（Herbert Block）的漫畫，在布勞克的政治漫畫中，尼克森被塑造成一個政治惡棍，假裝虔誠，令人厭惡，對民權與自由漠不關心，利用人們的狂熱，又裝出一幅平息狂熱的樣子，這些漫畫幾乎主導了尼克森的形象，可以說在 1950 年代，許多美國人一想到尼克森，就自然想到布勞克的漫畫，1960 年代尼克森與甘迺迪的選戰開打時，共和黨策士一致認為尼克森太過溫和，在一場內部會議上，許多人詢問尼克森何不「動手進攻？」，尼克森的回答是：「我必須先抹掉布勞克所畫的形象！」對當時許多人來說，甘迺迪與尼克森的辯論，其實就是甘迺迪與布勞克筆下的尼克森在辯論（Halberstam 1979：754）。事實上尼克森已經算是深諳形象經營的總統了，他在任內舉行三十二次演說與記者會，次數超過任何一任總統，也刻意避免自己曝光過度，以營造某種神祕感。他對新聞發佈內容也充分掌握，以引導民意趨向。然而如此的銳意經營，卻依舊抵擋不住《華盛頓郵報》兩位記者對水門弊案的追蹤，最後還是黯然下台（Gergen 2000）。

　　1974 年接替尼克森的福特，一開始形象即受到媒體的負面塑造。他上任不久，當時的《紐約客》（*New Yorker*）雜誌記者洛佛瑞（Richard Rovere）在雜誌上投了一篇稿件諷刺福特，封面上繪著一個大傻瓜坐在總統辦公室裡，大標題寫著「各位女士先生，這是美國總統」，小標題則是「不是皇帝有沒有新裝的問題，而是到底有沒有皇帝的問題」。一年後洛佛瑞甚至將他的批評擴充成一本書，不斷強調福特「太遲鈍、缺乏想像力，不善言詞」的意象。曾經擔任多位總統幕僚，撰寫《美國總統的七門課》（*Eyewitness to Power*）的葛根即指出這個雜誌上的圖像很快在人們腦中根深柢固，他引述一本福特傳記的說法，即「在醜化福特上，沒有人比洛佛瑞更厲害」。儘管洛佛瑞在 1997 年的另

一篇文章中承認他對福特的詆毀在新聞界中產生負面作用，也認為福特做得比他想像中要好，但為時已晚（Gergen 2002：131-132）。不僅如此，娛樂化的形象生產也是一樣，在當時廣受歡迎的電視綜藝節目《周六現場直播》（*Saturday Night Live*）中，喜劇明星切維・蔡斯（Chevy Chase）即運用模仿秀加紀錄片鏡頭串連的手法，把福特塑造成一個笨嘴拙舌的結巴總統，使他的公眾形象受到嚴重的損害。

這種正負、多重形象的交錯生產，又大量複製的結果，就造成「形象紊亂」，民眾所接收的形象不僅過量，而且多半是相互衝突且零亂的，一個政客可能同時被釋放出正面與負面的形象，「形象紊亂」的結果，往往造成公眾對形象的厭倦挑剔。更嚴重的是，如今的公眾在面對量產的形象衝擊，已經形成某種犬儒的心態，對所有的形象訊息都採取不信任的態度。

形象政治所面臨的第三個危機，是它的產製技術的平民化與快速貶值。隨著影像技術與數位科技的發展，當代任何一個擁有數位相機和個人電腦的人都可以參與製作、篡改或傳輸形象，這使得形象以前所未有的速度在貶值。美國文化評論家羅森（Christine Rosen）在一篇討論形象文化的論文中，點出了這個趨勢，她認為隨著影像技術的進步，照片技術越來越先進，在現代數位技術操作下，大量的照片可以存在電腦裡，或數位照相機裡。同時，人們創造形象的耐心越來越小。如今的孩子很小的時候就會使用數位相機或錄影機記錄成長過程，拍照後就要求馬上看到照片中自己的姿勢和表現。生活中的真實狀態和表演中的狀態之間相差不到一秒鐘。在數位形象的新時代，照片有巨大的潛力製造虛假，製造永恆的幻覺，看上去是那麼真實，簡直分不清哪是真哪是假。

事實上，早在照片的技術剛一產生，使用照片進行歪曲和欺騙的技

術就研製出來了。1840 年時德國攝影家發現重新沖洗底片的方法。當時不少藉由暗房技術愚弄群眾的照片作假也非常普遍，如顯示鬼神飄忽升空的照片、籠罩在煙霧中的微小人頭、盤旋在犁溝邊緣的小鳥、披著袍子在花園中走動的鬼魂等等。在蘇聯，史達林（Joseph Stalin）在他的對手被祕密警察處決以後，緊接著的是照片影像的清除。藉由噴槍、墨汁、解剖刀，對手如托洛茨基（Leon Trotsky）等人的照片影像都被消除。許多蘇聯時期的出版物上都留下這種政治照片變造的痕跡。

　　1968 年尼克森被提名為總統候選人之前，美國著名廣告專家路易斯（George Lois）為《君子》（*Esquire*）雜誌封面設計一個尼克森粉墨登場前的合成照片，呈現其在螢光幕前梳理打扮的鏡頭，路易斯在檔案中找來一張尼克森在飛機上假寐的照片，另外拍了一張四隻手在工作的照片，把它們合成在一起：第一隻手拿著一罐噴霧器定型液幫尼克森整理頭髮，第二隻手拿著一支化裝刷替他描眼線，第三隻手則拿著粉撲試圖讓他鼻頭上的油不要那麼亮，第四隻手則拿著隻口紅替他雙唇上色，這四隻手都經過仔細打光，以符合照片中的光線和角度，塑造成一幅上電視前例行修飾的合成作品，封面上的標題是「尼克森最後翻身機會，這次他得看起來順眼一點」，尼克森的幕僚為此一封面曾向路易斯抗議（Lois 1991：243）。

　　1990 年代電腦軟體的發展，讓所有人可以更便利地重塑形象。Photoshop 和隨後許多複製程式讓使用者能非常容易地修改數位形象，包括改變大小，改變比例。有人已經宣稱它們催生了傳統暗室的滅亡。在 2005 年《國家》（*The Nation*）刊登的廣告上，雕塑大師塞拉（Richard Serra）使用 Photoshop 技術，以畫家戈雅（Francisco Goya）《撒都拿吞噬自己的孩子》（*Saturn Devouring His Son*）殘暴、恐怖的畫

作爲本，用小布希總統的頭取代撒都拿的頭，就好像小布希津津有味地在吃人。羅森在評論這種趨勢時說：「Photoshop 已經在我們與形象的關係中注入了嶄新的成分，它使人們傾向於失去對能夠操縱的東西的尊重。當我們能夠非常容易地擺弄形象，甚至是總統的形象，心上人的形象，對形象代表的東西的尊重勢必減弱。雖然 Photoshop 並沒有發明形象欺騙，但是它讓每個人都成了潛在的造假者，它讓任何一個普通的電腦使用者成爲數位惡作劇者。」

　　照片編輯技術不光能製作各種好玩的、愚蠢可笑的圖片，還有可能引起政治和社會效應。2004 年曼奇（Farhad Manjoo）在《Salon.com》網路雜誌發表的文章，深刻剖析了這樣一個引起爭議的事件：圖片顯示一名在伊拉克的美國士兵站在兩個孩子旁邊，其中一個孩子舉著牌子，上面寫著「布德羅班長（Lcpl Boudreaux）殺了我的爸爸，強姦了我的姐姐」。這幅圖片被美國伊斯蘭關係委員會（Council on American-Islamic Relations〔CAIR〕）調查，因報導好像證實了該團體最擔心的事情，即美國士兵在伊拉克的行爲，很快地，報刊就跟蹤報導了這些事。但是隨後在多個網站出現了另外的影像，和第一張照片一樣，惟一的不同是牌子上的字變成了「布德羅班長救了我的爸爸，救了我的姐姐」。這兩張照片的眞實性一直沒有得到證實。正如曼奇指出的，這個事件提醒我們在當今照片編輯這麼容易的情況下，「圖片成了任人把玩的東西」。

　　就像從前的政治運動製作辱罵傳單和口號一樣，當今的照片編輯軟體幫助誤導人的形象。公眾嘲笑布希和錢尼（Dick Cheney）在選舉活動中使用該技術製作了大群士兵的圖像，好讓士兵的規模比實際上多得多，讓人想起 1930 年藉由蒙太奇式鏡頭剪接的「史達林和群眾」的宏

大場面，即這個獨裁者身穿大衣頭戴帽子，站在大群忠誠的共黨群眾面前。同樣地，另一幅照片則是 1970 年代的珍‧方達（Jane Fonda）對群眾發表反戰演說，裡面有個年輕人，即癡迷的崇拜者凱瑞；這張照片也是透過這個技術製作的，在 2004 年的總統大選時在網路廣泛傳播，作為凱瑞激進觀點的證據。這個加工的形象欺騙了數家媒體後才被曝光。

　　隨著網路科技的發展，變造與重塑當然不僅限於靜態圖片，很快就推進到動態影片上。若干可在網路上即時播放經壓縮之影像的技術如串流視訊（video streaming），很快就被應用到政治上，特別是形象政治的生產上。例如 2007 年 2 月間美國聯邦參議員希拉蕊在愛荷華州造勢活動中因為唱國歌出糗，被電視台錄下來，這段影片旋即又被上傳到影音共享網站 YouTube 上，影片中顯示希拉蕊唱國歌五音不全的嗓門，右派網路部落格《德拉吉報導》（*Drudge Report*）立即落井下石，並推薦網友趕快到 YouTube 欣賞希拉蕊的歌聲，而點閱人次隨即超過八十萬。同樣也在 2007 年 4 月民主黨總統黨內初選競爭開始激烈時，參議員歐巴馬（Barack Obama）的支持者，套用喬治‧歐威爾（George Orwell）的名著《一九八四》（*1984*），製作了一段名為《希拉蕊一九八四》（*Hilary 1984*）的廣告影片，劇情仿照紅極一時的蘋果電腦電視廣告，把希拉蕊描述成陰險邪惡、支配欲旺盛的「老大姊」，這段強力諷刺希拉蕊人格特質的影片，也很快就在 YouTube 上面公開播放。換言之，隨著數位科技軟體的不民化與普及化，政治人物將更難控制自己形象的生產與變造。

第四章
議題的操縱與管理

　　在政治公關的操縱中，議題政治一直是形象操縱之外另一項相當重要的主題。在選舉競爭的時候，議題操縱意味競選主軸的選擇，在平常的時候，議題操縱則意味朝野競逐輿論關注的主導權。多數時候，政治人物發表演說、舉行記者會、接受媒體專訪、在報紙發表專文、透過發言人發表聲明、在媒體刊登廣告等等的動作，某種程度上都是在尋求設定議題，並進而奪取輿論的主導權。善於經營議題的政客，可以在拋出一項議題之後，立即就讓全國的媒體與輿論都沉浸在此議題爭議的氛圍中，並讓政治對手必須被迫跟著此一議題起舞並做回應，同時政治對手原本所揭示的議題則被迫邊緣化。因而資深政客絕不會低估「議題制勝」在公關政治上的威力。

1 問題或議題

　　「議題」這個字眼在使用上一直有它的曖昧性，而它在公關政治上究竟有多大作用也一直有爭議。但相較於形象，大多數人卻願意將他們的作為與「議題」聯繫在一起。政治學者斯克爾在形容議題的作用時曾說：「選民聲稱他們傾聽議題，候選人希望提出或解釋他們對議題的觀點，候選人的贊助者為議題而辯論，媒體論壇願意為討論議題提供機會，媒體則宣稱它們在報導議題。」（Scher 2001：99）換言之，議題的效用也許被誇大，卻沒人敢聲稱他們不重視議題。

　　議題究竟是什麼？這是在進入主題之前，首先必須澄清的。在英文單字中，與議題有關的單字有三個，即 issue、problem 與 question，這三個單字都可譯成「問題」，在使用上也明顯彼此密切相關，但在內涵上還是有些不同。先談 question，這個單字通常會與疑問句相關連，與

若干帶有 w 的問句結合，如使用 what（什麼）、when（何時）、where
（何處）、how（如何）、why（爲何）的句子，基本上都是 question，它
所對應的就是答案（answer），且一般而言，一個問題就附帶一個答
案。problem 的層次比 question 高，它所對應的是解決（solution），所
著重的不是尋求問題的標準答案爲何，而是難題該怎麼解決。一個
problem 可以附帶很多的 question，例如要解決一個 problem，可以先試
著找到幾個 question 的答案。issue 與 problem 較爲接近，但 issue 的重
點不在尋求解決（solve），而是著重怎麼處理（manage）、怎麼區隔
（divide）、怎麼控制（control），或是怎麼操縱（manipulate）。形式上
issue 與 problem 或許沒有什麼不同，但就如前面所列舉的，加在前面
的動詞完全不同，因而在中文語境的使用上，通常是用「議題」（issue）
與「問題」（problem）來區隔。

　　在實際運用上，特別是在公關政治中，問題與議題通常是可以交互
轉換的，亦即一個問題可以轉化成一項議題，同樣地，一項議題也可以
轉化成一個問題。通常行政官僚、政策分析師、學者專家、法務專家等
角色即是努力尋求將議題轉化成問題，但公關政治的操作者則剛好相
反，特別是政客、媒體與政治顧問等都致力將形形色色的問題轉化成議
題。以「失業」爲例，當政府財經部門公佈一項新的數據顯示失業嚴重
的時候，在野黨的政客與媒體就會立刻以「失業嚴重」來指控執政黨的
施政不當，「失業」在這裡成爲攻擊執政黨的一項「議題」，但同時政
府相關部門官員與學者專家，很可能立即嘗試針對失業問題進行診斷並
提出對策，「失業」在這裡就從議題轉化成「問題」了。詹姆遜
（Kathleen H. Jamieson）在她所撰寫的《骯髒政治》（*Dirty Politics*）一
書中的形容更直接：「問題是必須加以解決的，而議題卻只是政治人物

用來混淆選民以追求本身仕途的工具而已。」（Jamieson 1992：180）

　　問題與議題的另一項差別在於，議題必須是藉由有意識「標籤」（labelled）並刻意公開加以「訴求」的狀況下才能被設定。一般而言，社會或政治問題的出現都是具體生活經驗自然發展的結果，而當人們透過分析、界定、區隔與標籤等手段將問題轉化成一種「對社會眞實的爭辯」（contest over social reality），問題就被轉化成議題了。問題惟有被轉化成議題，才能夠在社群中被辯論、被媒體所關注，同時亦爲政府所重視。而要讓議題被公眾關注，就一定要將議題爭議化，特別是藉由有效的符號操縱，並引發媒體的注意。

　　議題操縱出現最頻繁的時候，還是在競選期間，在中文的語境中，議題有時被稱做「政見」。一般而言，所有競選顧問在替老板設計競選策略時，第一個要確立的就是競選主軸（campaign theme），而所謂競選主軸，亦就是競選期間所要訴求的主要議題是什麼？議題在競選過程中所發揮的功能，正是一種處理、控制、區隔與操縱，任何議題所傳達的政策倡議或理念宣揚，都與實踐層面無關。在美國經驗中，美國總統在當選後推翻其大選期間政見的例子比比皆是，而不少總統在任內所推動的若干重大政策，有絕大部分都不曾在大選過程中討論過，許多議題往往只存活於選舉期間，甚至在競選過程中，許多議題也只是隨著情勢瞬間轉換或消逝。因而在選舉期間，議題與問題的區隔更爲明顯，競選議題的對抗，從來都不是在對比誰最能解決問題，而是在對比誰的議題最受到媒體與公眾的關注。一些實質上需要認眞對待的問題，在大選中可能被忽略，一些實踐機率不大但卻能激起民眾感性反應的議題，卻可能占據大部分媒體的空間，因而研究政策問題的解決，與研究政治議題的操作，是完全不一樣的，本章所關注的是後者。

2　形象塑造與議題操縱的爭議

在公關政治中，形象管理與議題操縱都扮演了相當重要的角色，但在比重上究竟哪一項更關鍵呢？在這個課題上，我們看到了實務工作者截然不同的兩種說法：資深政治記者史密斯在其探討華府權力運作的《權力遊戲》一書中，所歸納的結論之一就是「形象勝過議題」，而曾擔任柯林頓幕後策士的莫理斯則在其探討政治戰略的《新君王論》（*The New Prince*）一書中認定「議題勝過形象」。這兩人都不是學院的政治學者，他們一位是長期觀察實際政治運作的新聞工作者，一位是實際參與政治運作的政治顧問。如果一定要解釋他們為什麼得出完全不同的結論，或許跟他們討論的對象有關，史密斯的著作出版於 1988 年，他所觀察的主要對象就是雷根，而莫理斯的著作出版於 1999 年，他所輔佐的對象是柯林頓，他們所探討的都是公關政治中成功的例子。所以與其判定他們誰有道理，不如檢視他們兩人各自主張所提出的論證。

2.1　形象超越議題

史密斯會主張形象勝過議題，大部分是源於他對甘迺迪擊敗尼克森以及雷根擊敗孟岱爾（Walter Mondale）經驗的反省，他所提出的論證包括（Smith 1991：611-614）：

（1）若干選舉勝負經驗顯示，形象與人格特質越來越凌駕政績與施政能力，成為決定勝負的關鍵，相對地，治理政府的能力在民眾心中越來越不重要。在 1984 年的選舉中，孟岱爾的民意調查專家何特（Peter Hart）就曾警告他，不要對其三任參議員和四年副總統任內

的卓越表現寄以厚望。尼克森在 1960 年敗給甘迺迪之後曾說：
「我花費太多的時間討論實質問題，而花費太少的時間注重自己的
外表。我花費太多的時間注意我要說的話，卻花費太少的時間注意
我的外觀。」到 1968 年，麥金尼斯（Joe McGinniss）出版他的
《販售總統》（*The Selling of the President*）一書中所記載的，幾乎
都集中在尼克森如何注意形象的展現。

（2）電視政治的時代興起後，講究直接而立即的視覺效果，特別是螢幕
上卅秒中所獲得的直接而直覺的印象，凡是需要詳細說明的，如政
治人物的從政紀錄、從政表現等，很少會引起民眾的興趣。如此對
那些外表上相、善於宣揚口號、善於訴諸感情而不願說理、擅長給
電視觀眾留下印象式主張的政治人物有利，也對善於媒體操縱的專
家有利。結果任何政治議題的嚴肅討論都只能限於表面，甚至只集
中在若干口號上，而一般人透過電視也對政治人物的表情、音調乃
至身體語言的反應大過於其內容。當如何確保一位政治人物在電視
上呈現正確的情感形象越來越重要，甚至成為勝負的關鍵策略，則
政府的實際政策作為當然逐漸被忽略。孟岱爾就承認他在 1984 年
電視中的呆板形象，使他受到傷害，孟岱爾告訴記者說：「我想你
知道我對上電視從未真正熱中過，而電視對我亦如是。」孟岱爾並
不排斥運用電視作為競選宣傳工具，他所擔心的是過度偏重形象所
導致的其它後果：「使美國的政治失去內涵，失去討論困難問題的
深度。」為了強化民眾的印象，政策訴求越來越不重實質而形諸口
號，因為民眾既不了解問題的複雜性，也不願意注意傾聽別人的解
釋。特別是在競選的高峰期，選民根本不會對問題做深入的討論和
思考。即使是在電視上的辯論，也都陷入挖掘八卦和祕聞，或只注

意競選的戰術，而不對問題的本身或者候選人的長期紀錄進行了
解。

（3）由於形象對討好選民有利，於是鼓勵政治人物規避承諾、隱瞞事實
甚至說謊。政治人物越來越傾向閃避做出明白的計畫和承諾，甚至
在含混之中找到安全。根據自身痛苦的經驗，若干政治人物有時還
發現坦率是一種負債，而規避和僞善則有所收穫。孟岱爾因 1984
年在全國電視觀眾前宣佈，打擊赤字將會增加課稅而害到自己。孟
岱爾說：「讓我們說實話，雷根將加稅，我也要增稅。只不過他不
會告訴你們，但是我剛才說了。」許多跨黨派的國會議員都同意孟
岱爾的說法，但是他們沒有說出他們的徵稅立場。孟岱爾因此落選
了，而雷根則贏了。美國前眾院議長歐尼爾（Tip O'Neil）的發言
人馬休斯（Chris Matthews）說：「在政治上你絕不會因爲說謊而
陷入麻煩。你只會因爲說了眞話——或者說出你心中的話——而引
起麻煩。」政治人物說謊、隱瞞事實或者規避誠實的回答而成功當
選的例子不勝枚舉。雷根在 1980 年時贊成戰略防衛，但是其顧問
則認爲觸及核武問題太具火藥味，因此叫他保持沉默。詹森在
1964 年獲得壓倒性的勝利之後，宣佈說：「我們不會把美國子弟
送到遠離家園九千或一萬英里外，爲亞洲子弟做他們應該自己做的
事。」結果，詹森卻言行不一。

2.2 議題勝於形象

相對於史密斯的論證，莫理斯卻持相反的看法，他認爲形象不能勝
過論證，原因在於他所處的 1990 年代，政客過度的操作，已經邁入某
種疲態，他所提出的證據包括（Morris 2000a：11）：

（1）形象塑造能夠成立的基本前提，是選民相信候選人能幫他們做決策，也願意將權力交給他執行。但如今的選民逐漸不希望將這個做決策的角色交給政黨或任何人，而是希望他們能夠掌控自己選出來的官員。

（2）形象操作的主題，就是「感覺不錯」，但如此並無法長期贏得選民的支持。必須在政見創造出民意支持後，讓選民有投票意願。

（3）每個人都可以製作漂亮的廣告，說得天花亂墜，選民已逐漸不相信自己的眼睛，也能分辨出誰在電視機前說謊，因此形象只能滿足一部分人。

而莫理斯認為議題能夠取代形象的理由是（Morris 2000a：12）：

（1）贏得選民最好的方法就是教育選民，讓選民能夠思考候選人所提出的觀念。如果宣傳的政見能夠讓選民深入思考，就可贏得支持。

（2）形象操作可以表現風格，但終究沒有實質內涵，必須以動詞，也就是提出行動方案，才能贏得選舉，以形容詞來包裝是無法取得勝利的。

（3）議題更能說明候選人的個性與人格。如果候選人針對議題有明確的主張，選民會覺得這是顯露他的本質最明確的指標。選民知道他的立場如何，以及在這個議題上他是敵是友，候選人對議題的立場成為一個象徵，告訴選民他的一切。

（4）經過一段長時間之後，政治人物的議題就會凝結成永久的形象。選民透過政見知道候選人是什麼樣的人，這些形象又會轉化成形象與特質。候選人的人格與特性從此在選民心目中固定，政見已被忘記，只記得個性，關鍵就在如何利用政見塑造形象。

　　研究美國選舉的布蘭特（Jay Bryant）在比較形象與議題差異時指出，形象是普遍化的，候選人應該對所有人呈現同樣的形象，議題則是針對特定目標群。有些選民是單一議題取向的，他們會對某一特定議題有強烈的感受，因此會投票給支持這個議題的候選人。布蘭特也認為形象與議題多數時候是互補的，譬如有些議題選民自己都不一定知道該採行什麼最有效的對策，但這並不意味他們會願意投票給提出其它議題的候選人，反而會傾向選擇一個似乎可以信任、可以解決所關心難題的人，這就關乎形象了（Thurber and Nelson 1999：136-137）。所以問題的重點不在於形象與議題孰重孰輕，或是有了議題就不必重視形象，而是怎麼藉由對議題的處理與操作，使之能夠與形象操作相互配合。

3 從議題管理到議題操縱：向管理學取經

　　由於公關理論的資源絕大部分來自企業公關，因而在邁入議題政治的討論前，不能不先討論一下企業公關理論中已日趨成熟的「議題管理」（issue management）理論。議題管理緣起於企業管理學中的公關領域，主要是由公關實務者恰斯（Howard Chase）在 1976 年 4 月所提出，進而發展出的一套學說。1950 年代至 1960 年代，恰斯在某知名企業擔任公關主管，持續目睹外在環境對企業經營所造成的嚴酷考驗。然而他發覺每當企業執行長要求他提供意見之際，往往是損害已經造成的時候，不是損害企業利益的法案已經在國會完成立法，就是消費者已經展開抵制或到公司門前展開抗爭。恰斯認為企業組織中應有一批專業人士，專門負責對外在環境的變化進行監控，在這些問題爆發前事先提出預警，並直接透過相關步驟加以解決，避免預期中的衝突、對立與危機，甚至

藉由產品與政策的調整開拓新的市場，這個工作就是議題管理。恰斯隨後將這套處理過程定名，並將之轉化成一套課程，在學院以及民間進行推廣。他自己隨後創設並擔任美國議題管理協會（Issues Management Association〔IMA〕）主席，他在 1984 年所出版的《議題管理：未來的起源》（*Issue management: Origins of the Future*）一書也成爲討論這個課題最早的著作之一（Chase 1984）。繼恰斯之後，另一位在議題管理領域開發的，是美國休斯頓大學的傳播學者希斯（Robert L. Heath），他將議題管理進一步納入策略管理學的理論中，同樣認爲議題管理在管理學意義上，就是爲了及時察覺企業未來可能存在的潛在危機，適時透過企業組織內部的監控機制有效預防並加以消弭。議題管理者通常是藉由若干的專業步驟對議題加以定義、掃描、監測及分析，再依其發生機率與影響程度設定處理順序。此種作爲可以是被動反應的掃除障礙，也可能是主動尋找優勢或機會。希斯曾擔任議題管理研究中心（Institute for the Study of the Issue Management）的主任，他在 1997 年所出版的《策略議題管理：組織與公共政策挑戰》（*Strategic Issue Management: Organizations and Public Policy Challenges*）也是這個領域的重要著作之一（Heath 1997）。

　　管理學者對議題管理的最重要貢獻，就是針對議題處理步驟所提示的若干模型。最早的模型是由恰斯在 1977 年所提出的五個議題管理步驟（Chase 1984）：

（1）議題界定（issue identification）：檢視社會、政治、經濟與技術趨勢，再與組織目標做比對，挑出首要的議題。

（2）議題分析（issue analysis）：對議題進行定量與定質分析，將之與過去經驗做對比，找出過去因應的方案與行動，及其對組織的影

響。

(3) 議題調整策略選項（issue change strategy options）：為每個議題的處理順序加以定位，有些議題可以優先處理，有些則伺機被動反應。

(4) 議題行動（issue action）：在設定好目標、目的、策略與戰術後採取適當行動。

(5) 後果評估（evaluation of results）：對採取行動後的種種後果與影響進行評估。

恰斯所提示的這個模型也成為議題管理上最早適用的實施步驟。隨後的希斯根據後續檢討與研究，再將此五個步驟的模型修正如下（Heath 1997：90-107）：

(1) 議題界定（issues identification）：確認是否的確存在某些足以影響組織達成其目標的問題。找出組織關切的所有事件，並弄清楚這些事件會不會在稍後發展成立法或司法議題。

(2) 議題掃瞄（issues scanning）：經常性地觀察有哪些議題出現並有擴大的跡象。來源包括媒體報導與評論、學術研究刊物、書籍、專業刊物、網際網路新聞論壇、意見領袖的立場或言論等。

(3) 議題監測（issues monitoring）：鎖定並追蹤問題。探究議題發展的趨勢是否持續、穩定、增強或減緩？受到各界關注的廣度與深度如何？各方對議題論點的立場為何？是否導致立法效應等。

(4) 議題分析（issues analysis）：探究社會影響力的流向。包括分析公共政策的論辯及發展過程，分析其在社會、經濟、技術及政治等面向上的變動情形，理解關注該項議題人士的目標、動機、經驗及彼此利益衝突，分析權力如何被運用，例如誰能真正影響立法者及執

法者、誰的發言受到社會重視等。

（5）議題優先性設定（issues priority setting）：確認所面對的機會及威脅有哪些，以及其優先順序與輕重緩急，然後議題管理者再根據這些分析資料，整合組織的策略計畫、溝通作法、政策計畫及社會責任等要素成為「議題回應行動方案」（issues response action program）。

　　這兩位學者所提出的理論模型，已成為當代企業與公關領域相關研究者與實務者在處理議題管理上的主要依據。

　　可以說，不論是議題管理的開發或是實踐範例，都是來自管理學領域。這些理論資源當然可以部分套用在政治公關上，事實上政府的行政官僚確實可以將之施用在公共政策的制定與執行的過程中，特別是在危機預警上（卜正岷 2003；吳宜蓁 2005）。但是否可以套用在所有政治領域中的「議題」處理呢？這恐怕就有些爭議了，政治領袖、選舉候選人乃至政治顧問在處理議題時，所考量的畢竟不同於企業的執行長或公關主管。企業部門考量的是怎麼在劇烈變遷的環境中掌握機先，避免受到突發變局的傷害，它們對議題的處理主要是受到情境制約下對變局的先期監控或被動因應。政治部門當然也要監控環境，例如政治領袖或候選人必須時時刻刻掌握民意趨勢、政情變化等，但不同於企業部門的是，政治部門許多時候本身就是塑造情境與界定議題的主體，政治人物不僅要監控環境，甚至還要主導並掌控環境。因而在處理議題上，企業公關主管的作為主要是怎麼「管理」議題，而政治人物或政治公關顧問則除了管理議題外，還要進一步「塑造」或「操縱」議題。企業公關議題管理旨在掌握趨勢發展與危機預警，採取掌握機先的對策與行動。而政治公關的議題操縱則旨在製造氛圍、主導民意、控制形勢並有效因應對手

的議題攻勢。政治部門的議題顧問可以從管理學中的議題管理理論取經，但終究不能完全依賴管理學家的建議。畢竟在政治上操縱或因應一個議題，遠比在企業經營上管理一個議題要複雜太多了。

　　進一步說，企業公關的議題管理是先期的「被動預警」，而政治公關的議題操作則主要是機遇的「主動出擊」或「有效防阻」。用軍事做比喻，企業公關所採行的議題管理，有如對環境變遷與可能的衝擊築一道「馬奇諾防線」，防堵任何地方出現缺口被攻陷，而政治公關的議題操作則有如進行「偷襲珍珠港」，尋求最適當時機，出其不意地突破防線並擴大戰果。這種攻守立場的差異，使得企業公關中議題管理理論所提示的模型，對政治公關並不能全部適用。當然，政治公關操作與企業公關操作一樣需要監控環境並尋找議題，但政治顧問並不需要像企業顧問那樣對議題進行細緻的分析，相對地，政治公關比企業公關更重視議題的「選擇」（choice）與「框架」（frame），以及議題在媒體上的「議程設定」。企業公關的議題管理需要找出所有可能影響經營優勢的議題，但政治公關的議題操縱者往往只需找出制勝的單一或重要議題即可。而議題管理的理論模型對這一部分的著墨並不多。因而在議題操縱上，除了管理學的資源外，還需要另外向政治學與傳播學等領域取經。

4　議題的選擇與定位：中庸之道與二元對立

　　議題操縱的第一步，就是議題的選擇與定位（position）。亦即政客或政黨究竟該選擇哪一個議題，可以在競選中掌握優勢，或是在與對手的議題交鋒中獲得媒體的關注，同時也取得輿論與民意的支持？這並不是一個可以立即問答的問題。我們當然可以從過去的史料中，探究所有

最後的得勝者，是藉由操縱哪些議題獲得勝利，這雖然是後見之明，但還是會有許多的啓發。譬如，如果探究柯林頓何以能在 1992 年擊敗聲望原本很高的老布希，就不難發現他所依恃的正是議題。柯林頓在 1992 年的策略就是將議題鎖定在經濟議題，並在公共政策上推出健保改革方案，他在選戰總部上所高掛的標語是「笨蛋！問題在經濟。」（It's the economy, stupid.），但他仍將新的問題與客觀條件連在一起，因此標語的後半段是「別忘了健保！」（And don't forget health care.），相對地，老布希並沒有將焦點放在經濟或健保改革上，他所鎖定的是柯林頓的人格議題。而大環境與候選人選戰互動的結果，使得 1992 年整個選戰都爲經濟議題所左右。1996 年柯林頓競選連任時，共和黨的對手杜爾（Bob Dole）依舊將議題鎖定在柯林頓的人格操守議題上，但選民卻反應冷淡，杜爾也嘗試訴求經濟議題，批判經濟成長緩慢，主張大幅減稅，但民眾卻認爲經濟情況良好，一樣反應冷淡。而柯林頓則接受顧問莫理斯的建議以價值議題獲勝。2004 年民主黨的凱瑞嘗試以「希望政治」的議題包裝，迎擊小布希的「恐懼政治」的訴求，但最後挑戰失敗。可以說對公關操縱者而言，能夠掌握正確的議題，往往是制勝的第一步。

在正式邁入議題選擇前，政治公關操作者尙須面對一個企業公關顧問毋須面對的課題，即議題的選擇並不是像在超市挑貨品一樣，可以從貨架上任憑取用的，多數時候當政黨與政治人物在對議題進行選擇之前，或是基於政黨或個人的歷史背景，或是基於意識形態差異等不同的緣由，多半已經對若干議題擁有專屬權（ownership），在這裡所謂議題的專屬權，主要是指政黨或政治人物在某些特定議題上，已經被民眾信賴具有處理能力，或是對特定議題立場的忠誠度已經不會被懷疑，一旦

這種信賴感形成，政黨或政治人物也就等於享有對這個議題的聲望（issue reputation），甚至享有對這個議題的獨占權。譬如說，傳統上美國民主黨被認爲是最善於處理教育、福利與民權的議題，而共和黨則被認爲最能處理外交、國防與犯罪的議題；再例如英國工黨也被認爲最能處理醫療保健與教育議題，而保守黨則被認爲最能處理賦稅、犯罪與國防議題。這種對議題的專屬一旦被選民認定，就會呈現穩定狀態，甚至成爲政黨或政治人物的「專利品」，並成爲形象的一部分。當然，政黨與政治人物只可能對部分議題享有專屬，不可能專屬所有的議題，因而處於競爭情境中時（例如選舉），就不可能僅憑對特定議題的專屬就能制勝。如果要憑藉議題專屬取得優勢，還必須配合「議題顯著」（issue salience）才行，亦即在特定時空下的某一特定議題是否受到關注，被公眾認爲其重要性遠勝過其它議題。換言之，公眾或選民或許對特定政黨或政治人物在處理某些議題上深具信心，但眞正影響他們做決定的還是對「議題顯著」的判定，亦即惟有讓「議題顯著」發揮作用，才能讓「議題專屬」的優勢得以發揮。因而政黨與政治人物在操縱議題前，必須要先尋找「議題顯著」，正如同管理學的議題管理步驟中對環境所進行的「議題掃描」。

在議題的選擇與定位上，政治學中理性選擇理論（rational choice theory）中有關競選空間的模型以及圍繞這個模型的討論，提供了相當重要的資源。但也因此出現了兩種截然不同的立場，這兩種立場可能對競選公職或在位的政治人物的議題選擇，提供了完全不同的建議，如果用較簡略的方式說，其中一種觀點主張議題選擇應該「永遠站在中間位置」上，另一種觀點則是認爲應該「站穩基本立場」，並與對手清楚劃清界線。簡單地說，這是一種「中庸之道」或「二元對立」的抉擇。

4.1 中庸之道

　　「站穩中間立場」的觀點，主要是來自於政治學的理性選擇理論中，透過競選空間理論模型的建構，對議題選擇所提示的建議。這個模型設定了一個議題依序排列的空間，不論是任何政策選項的偏好，或是任何意識形態的立場，都在這個空間中享有一個位置，而所有的民眾也清楚知道他們自己的立場與偏好在這個空間中的落點在哪裡，也能清楚地標識所有政黨與候選人的政策偏好或意識形態立場在空間上的位置。而民眾一般會選擇支持在空間中落點位置與他們最接近的政黨或政治人物。換言之，這種觀點主張：在完全相同條件下，最接近選民理想目標的政黨或政治人物最具吸引力，這種「接近」可能是意識形態的認同，可能是個人風格的相似，也可能是社會團體特徵的一致。這種主張一般稱之為「趨近論的空間模型」（proximity spatial model）（陳宏銘1996）。

　　如果接受趨近論空間模型的假定，則對議題選擇可能會提出以下的建議：

（1）議題的選擇並不是根據政黨或政治人物本身的偏好，而是要投最大多數民眾之所好。

（2）多數民眾對議題偏好的分佈，多半會呈現一種趨中單峰式的常態分配，亦即中間位置的立場，往往會是最大多數民眾所採取的立場，因而最佳的議題選項，就是居中間位置的議題。這亦是所謂的「中間選民理論」（median voter theory）。

（3）為了擴大民眾的支持基盤，議題的選定應善用套餐式的組合。

　　採取此一立場的政黨或政治人物，一定會勤於做民調，考察輿論趨

向，偵測出民眾最關心的議題偏好，同時也尋覓出最大多數民眾所最關心的議題，而在議題的選擇與包裝上，也會極力投合最大多數民眾之所好。直接地說，趨近論的主張者在選擇議題前，一定會先透過民意調查掃瞄與監測出所謂的議題顯著。當然，趨近論的主張者除了找尋中間位置外，還有一些附帶的主張，這些主張是選擇此一立場所可能要付出的代價：

（1）如果多數民意對議題的偏好與立場，與政黨或政治人物原本立場相左時，可能必須選擇擱置、改變或甚至放棄自己原有的偏好與立場。

（2）如果所有政黨與政治人物都循同樣的方式選擇議題，可能導致所有政治人物與政黨的議題立場越來越接近，甚至難以區隔差異。

（3）爲了爭取最大多數民眾的支持，議題的包裝必須盡可能擴大包容，因而對若干爭議性議題的立場就不能太鮮明，甚至還必須對敏感議題刻意保持模糊或曖昧不明的立場。

（4）對那些立場鮮明、不受議題操縱左右的民眾，可以根本加以放棄；相對地，對猶疑不決的浮動選民，則必須積極爭取。

　　這種風險與代價最常見到的後果，就是「討好政治的困局」。即是既不願冒風險得罪人，還要試圖討好每一個人，結果連自己原本堅持的立場都放棄了。柯林頓的策士莫理斯曾很生動地形容這種困局：「越來越多人支持你，成功似乎已十拿九穩，但每多一個支持團體，就多附帶一個束縛。例如：由於碼頭工會捐款，你就不能談工會腐敗；由於公共事業公司捐款，你就不好再談環保。保健醫療呢？不可以啊，製藥業已經支持你啦！最後，你的選民變成衛兵，你再也沒有議題可以發揮。支持很多，經費很多，但是訊息、主張卻消失了！」莫理斯說：「領先者

最後失敗，就是敗在這裡。」（Morris 2000a：357）由於選擇採取中庸之道的議題很有可能會陷入這種困局，這也促成另一種立場大興其道。

4.2 二元對立

「站穩基本立場」的倡議者都不同意趨近論的若干假定。他們認為趨近論的基本假設存有很大的爭議。一方面，他們認為多數民眾其實並不清楚所有議題偏好與立場的分佈位置，更何況絕大多數議題在空間的分佈根本是離散的，並非有秩序排列的。他們認為議題要能發揮作用，必須要能激起民眾的感情，而這種能激起感性反應的議題，尚必須要能攜帶一組可激起民眾感性反應的符號。感性的反應只會有兩種特徵：第一是方向（direction），即偏好或是不偏好，喜歡或是不喜歡，簡單地說，就是只能「選一邊站」，沒有所謂的「中間地帶」；第二是強度（intensity），即這種感性反應的強度有多大，是激情反應還只是輕微反應？可以說，採取此一立論者建構了一個與趨近論很不一樣的空間模型，在這個空間中不存在議題偏好與立場的次第排序，議題僅是離散的分佈，其差別在於這些議題透過符號的包裝能夠激起怎樣及多強的情緒反應，這種立場被稱為「方向論的空間模型」（directional spatial model）（Rabinowitz and Macdonald 1989：93-97）。

方向論的空間模型對議題選擇的建議如下：

（1）議題的選擇並不是要投大多數民眾之所好，反而是要讓多數民眾充分知曉政黨或政治人物對特定議題立場的堅持程度。

（2）民眾對議題方向有一定反應強度的位置，才是議題選擇最佳的落點。這個落點有時反而不是常態分配上的中間位置，而是偏峰的位置。

（3）爲了保證民眾對議題能夠產生反應，議題的包裝應越簡單、越鮮明越好。

　　由此可見，採取此一立場者認爲最大多數人所偏好的中間位置，如果沒有達到一定的強度，根本只是鬆散的烏合之眾。相對地，對特定議題堅持忠誠，反而能凝聚特定選民的向心力。而要讓特定議題具備「感性反應強度」，就必須要突出特定議題立場的「方向」，亦即立場清晰的「二元區隔」對立。因而採取此一立場者，通常會在議題定位上採取一種「二元論述」（binary discourse），這種論述通常會對眞實進行一種「非此即彼」（either/or）的建構，同時讓這種二元的切割形成兩極對立，而這種對立是沒有中間灰色模糊地帶的，也不允許兩端有任何和平共存（peaceful coexistence）的空間。而議題的方向與強度，就是透過這種二元對立的建構來加以突出的（Coe et al. 2004：234-236）。

　　採取此一立場的政黨或政治人物，對議題的選訂並非藉由民調的探詢，而是循以下的步驟：首先，選訂一組核心的對象，而此一對象本身在社會語境中就已經蘊含了豐富的語言與特殊意義，這個對象可能是一種行爲（如墮胎、同性戀結婚）、一種理念（如共產主義、女性主義）、一個事件（如九一一），不論是哪一種對象，都能立即引發民眾共鳴，包括喚起強烈情感、信仰反應與道德召喚等，這種反應與召喚通常也都能夠激起一定幅度的政治與社會動員；其次，要將這個被選定的核心對象轉化成可操作的議題，它勢必要在時序的推進中，已經具備區隔分化的基礎，因而議題發動者必須頻繁地使用這種二元對立，並善用修辭包裝，特別是在媒體上，讓民眾逐漸習慣這種二元對立的論述；最後，就是有效地將各種二元對立論述與修辭，滲入議題的建構中（Coe et al. 2004：234-240）。

　　當然選擇此一立場，同樣也要負擔若干的風險與代價：

（1）二元對立的區隔，等於明示要放棄部分民眾（很可能是多數）的支持。

（2）由於議題的切割必須立場明確不容模糊，結果在區隔敵我上固然很便利，卻很難進行多方位結盟的嘗試。

（3）二元對立論述的操作，固然可以鞏固部分民眾的熱情與支持，卻也可能引發另一端民眾同樣激情的反應，進而促成另一邊的動員。

　　實踐操作上，很難清楚地建議採取哪一種議題選擇的立場較好，畢竟兩種立場都有成功的例證。以連任八年的柯林頓為例，他就是典型「站穩中間立場」的信徒。他在 1980 年阿肯色州州長連任失利後，就決定不再採取原先較為進步激進的路線，而嘗試在維繫原有自由派的支持下，跨界爭取保守派的支持，這種調整讓他順利奪回州長寶座。他隨即也以此種立場競逐 1992 年的總統寶座，他將自己描繪成所謂「新民主黨」（New Democrat），在議題組合上有效混合了民主黨與共和黨的理念。譬如為了投特定選民之所好，他表態支持死刑、承諾減免中產階級稅賦、願意檢討補助私人診所墮胎等，他同時構思出一套訴求所有人的道德修辭，聲稱美國政府的願景就是給人民「提供機會」，但個人也必須「承擔責任」，他的價值訴求則是不斷在強調社群、團結、發展、工作、信仰以及「民眾優先」。此一站穩中間立場的議題選擇策略，果然讓柯林頓有效擴大了中間選民支持的版圖，他的支持者也從傳統民主黨選民延伸到共和黨選民（Bostdorff 1996）。

　　以「站穩基本立場」來選擇議題的例子，最典型的是 1996 年美國爭取共和黨黨黨內提名的民粹派人選布坎南（Pat Buchanan），他非常善

於製造一些二元對立的議題來召喚支持者，特別是召喚支持者投身一場
正在衝突的文化戰爭中，他的議題有反墮胎的道德議題、反北美自由貿
易協議（North American Free Trade Agreement）的經濟議題等，不論哪
一種議題，他都將之設定爲非此即彼的選擇，沒有所謂的中間地帶，選
民必須做選擇，要麼跟著他站在文化戰爭正確的一邊，要麼就反對他而
淪爲壞人。雖說布坎南最終未獲得共和黨的提名，但他使用「我們的人」
和「他們的人」來區隔選民與議題，對共和黨後來的議題選擇影響深遠
（Scher 2001：107）。2004 年小布希就是透過這種議題選擇擊敗凱瑞。
小布希在這場選戰中所訴求的議題，主要是圍繞伊拉克戰爭的安全議
題。本來傳統上共和黨對安全議題就享有專屬權，2001 年的九一一事
件，提供了小布希與共和黨豐富的政治資本，2003 年 3 月小布希以
「掩護蓋達組織（al-Qaeda）」及「擁有重大殺傷武器」爲由，發動對伊
拉克的戰爭，至此「反恐戰爭」（war on terrorism） 就成爲小布希打
2004 年總統選戰的主軸，布希甚至提出「戰爭領袖」（war president）
來定位他的角色，他不斷強調「世界有許多危險，我是用戰爭思惟來考
慮美國安全的總統」。當然，要突出這個議題，必須借助二元對立的論
述。安全議題的訴求本來就容易透過二元對立的建構來呈現，他在各項
演說中，很快地就將反恐戰爭與一系列的二元對立語言諸如善／惡、安
全／危險等串連在一起，這種二分甚至進一步延伸到「非友即敵」，他
在 2002 年 10 月就宣稱「不與我們站在一起，你就是與敵人站在一起」
（Coe et al. 2004），此一訴求有效激起了保守選民的危機意識，不僅衝
高了投票率，也讓小布希贏得百分之五十一的普選選票。

　　要判定哪一種議題選擇的立場較合理，其實也涉及政治公關基本哲
學假定上的一項爭議，即政治競爭可否完全比擬成一種商業競爭？如果

答案是肯定的，那麼政治行銷與商品行銷根本就是一回事，政治人物或政策就是一種商品，與對手的競爭就是形同市場競爭，選民就是消費者，在這種假定下，產品市調與選舉、聲望的民調是一樣的，市場的偏好與民調的偏好也是一樣的，如此多數民眾對議題的偏好，當然就是政治公關議題選擇的基準，而這也就是趨近論者對議題選擇的立場。然而，如果認為政治不能比擬為商品，那麼政治行銷當然也就不能比擬為商品行銷，而公眾對議題的重要性與否固然有所偏好，但他們對政黨或政治人物的偏好可能更重視其是否值得信賴（Palmer 2002：355）。而影響公眾對政黨或政治人物是否有信賴感的關鍵之一，就是其能否維持一致性，如此政黨或政治人物對議題的忠誠度，反而比隨大眾流行的偏好隨波逐流還來得重要，這種議題選擇的基準，就是方向論對議題選擇的立場了。如果呼應本節一開始的討論，所謂趨近論與方向論的選擇，其實也就是在下列兩者之間做抉擇：是要服從主流民意趨向的「議題顯著」，抑或是要堅持政黨固有信仰的「議題聲望」。

5 議題的框架與包裝

曾在 2004 年擔任美國民主黨候選人凱瑞顧問的柏克萊大學語言學教授雷克夫（George Lakoff）於選舉結束後在《紐約時報》撰文表示，共和黨的小布希最後會贏得選戰的主因，是共和黨比民主黨更善於「框架」議題，不論是賦稅、墮胎或是國家安全，共和黨都有辦法迴避道德爭議，並將之與美國的核心基本價值聯結起來。這項評論顯示，掌握了議題的選擇與定位顯然還不夠，尚需搭配接下來的議題框架。雷克夫為了指導民主黨如何藉由框架議題制勝，還特別寫了一本著作《別想到大

象！弄清楚你的價值並框架辯論》（*Don't Think of an Elephant!: Know Your Values and Frame the Debate*）。大選期間雷克夫曾建議凱瑞陣營怎麼框架賦稅議題，他拿美國聯邦負債總額除以當年新生兒出生數，結果每一位新生兒負擔了八萬五千多美元的債務，他稱之為「嬰兒稅」（baby tax）。這麼一框架，每個人都看得懂，換言之，框架議題必須是要讓大家都能立即清楚你在談什麼。雷克夫說共和黨非常清楚知道選民是根據「認同」在投票，而不是根據「自身利益考量」在投票，例如小布希一直被民主黨批評他在外交上搞單邊主義（unilateralism），破壞與盟邦的關係，而小布希的回應則是美國人不需要藉由別人的「允許」來防衛美國，接受多邊主義（multilateralism），只是突顯自己的軟弱與幼稚而已。小布希這種框架多邊主義的方式反而更容易讓選民理解。

　　框架的作用當然不僅僅是要讓人感到淺顯易懂，重要的是它能夠協助政治公關操作者將選擇好的議題，透過適當的包裝推銷出去。議題需要框架的另外兩項理由是：（1）一般人在面臨重大議題要做表態時，通常不會立即決定，而是會拖延其評估的時間；（2）一旦必須被迫做決定或選擇時，一個已經被框架好答案的議題，當然很容易影響民眾的立場。

　　框架究竟是什麼？雷克夫認為「框架」是「塑造我們觀看世界方式的心靈結構」，亦即框架塑造了我們所設定的目標、擬定的計畫、行動的方式以及對行動結果好壞的估計。實體上，框架既看不到也聽不到，它們屬認知科學中所謂大腦結構中的「認知無意識」（cognitive unconscious）領域中的一部分，是無從在意識上掌握的，不過我們倒是可以藉由後果來推知，包括我們推理的方式以及常識的估算，我們也可透過語言來掌握。所有的字眼是相對於概念架構所界定的，因此只要聽

到任何單一字眼，大腦中的框架亦隨即啓動。而所謂「進行框架」
（framing），即是讓語言符合某種世界觀。至於所謂「再框架」（refra-
ming），即是改變公眾觀看世界的方式，因爲是語言在啓動框架，新的
框架需要新的語言，不同的思考要從不同的語言開始。在政治上，亦是
藉由框架來塑造社會政策及實踐這些政策的機制，而一旦改變框架則意
味改變所有這一切，再框架即是社會變遷（Lakoff 2004：3）。

　　語言當然不是構成框架的全部，理念（idea）才是關鍵，但理念的
攜帶與召喚必須透過語言。因而，框架其實是一種語言資源的動員，它
是透過一組論證、類比與隱喻的操作，替特定問題塑造有利的定義與答
案，它也是一組藉由關鍵術語、刻板印象、語詞文句的選擇或強化來突
出某些事實或論斷（Palmer 2002：319），而對議題進行框架，亦就是
選擇或突出議題的某些部分，並就這些部分加以組裝並進而傳遞若干特
定的詮釋、評價與解答（Entman 2003：417）。一個議題能否發揮影響
力，在於其能否引發關注、言簡易懂、容易記憶並能激起感性反應，而
議題框架最終能否喚起共鳴，在於其能否喚起支持，或是將對手推到衝
突的位置上（Entman 2003：417）。

　　如果說議題操作制勝的贏家，是那種能以其所欲傳達的理念與觀點
成功框架議題者，接下來的重點在於：如何成功地框架議題？前面說
過，對選定議題進行框架基本上是一種語言資源的動員，但這種動員並
不一定有所謂的標準作業程序，它其實比較是一種藝術。不過綜合不同
論者（Lakoff 2004；Watkins 2001；Carville and Begala 2002）的討論，
還是可以嘗試歸納出以下幾個原則：（1）民之所欲；（2）價值訴求；
（3）啓動並主導爭議；（4）修辭動員；（5）善用故事與記憶；（6）
不斷聚焦與重複。

5.1 民之所欲

　　將所選定的議題轉化成民眾切身的議題，亦即讓所有人都認為這是
一個相當重要的議題。換言之，絕不能讓它僅是屬於單一政黨或政治人
物關注的議題，而是你我他所有人都關注的切身議題。因而一定要追問
民眾的利益是否可以和這個議題連結。這種轉化還包括能將特殊議題普
遍化（specific general），也能將普遍議題特殊化（general specific）。有
時單一個案的訴求，也可以喚起普遍的共鳴，有時一個普世原則的訴
求，也可以關連到個人。在廣告學上，這種操作方式稱做「共鳴策略」
（resonance strategy），這種策略刻意挑選與民眾切身經驗符合的訊息做
訴求，換言之，不論這種經驗是否為偏見或想像，但由於民眾已經熟
悉，因此很容易就能喚起共鳴（Johnson-Cartee and Copeland 1997：
65）。而一個忽視公眾共鳴的議題，很可能只會淪為議題發動者的自言
自語。

　　研究美國選舉的政治學者斯克爾即指出，議題要發揮作用，必須要
能觸動選民自己的感受，進一步才能抓住選民的注意力與想像力。斯克
爾指出，當伊朗什葉派份子在 1970 年代末期扣留美國人質時，美國民
眾對美國在全球事務上的角色特別關注，自然也就認為雷根所揭示的未
來領袖風格的議題很重要，這也就使得卡特在大選中落居下風。希爾也
評論 1996 年杜爾在訴求人格議題時，反覆要求選民相信他，不要相信
總統，但卻從未讓選民明白為什麼他們應該相信他（Scher 2001：96）。

5.2 價值訴求

　　必須訴求一個或一組價值，特別是民眾已經認同的價值，當議題攜

帶的價值能夠與民眾認同的價值相聯結的時候,民眾就更能理解議題的訴求。換言之,盡量使用價值語言來框架議題,並盡量避免使用政策語言;當然也要了解對手框架的價值背景。

例如從 1992 年開始,美國共和黨就在總統選戰中發展出「家庭價值」(family value)符號框架,而它很快便成為共和黨訴求的競選主軸。在這個價值訴求之下,包含了一組價值、規範及習俗。當政客以家庭價值對選民進行召喚時,其實就是在喚起美國人對美國歷史傳統榮耀的想像。它所喚起的意象包括一棟有圍籬的美麗房舍,裡面有辛勤工作的老爸與在廚房忙碌的老媽,這幅圖像的背景通常還搭配著白色的小教堂及小學,學校教室中的孩子個個都在專心學習……在這幅意象中,所謂離婚、毒品、墮胎、失業、社福、暴力犯罪、種族隔離、青少年偏差行為等都是不存在的(Johnson-Cartee and Copeland 1997:64)。

共和黨啓動對家庭價值的討論雖未幫助老布希連任成功,但卻也刺激了民主黨開始注意價值議題所具有的威力。莫理斯在回憶他替柯林頓總統競選 1996 年連任之際,決定從 1992 年強調的經濟議題轉向價值議題,換言之,他建議柯林頓不要再談工資、福利、工作機會等議題,應轉而討論槍械、家庭暴力、電視暴力、青少年吸菸與懷孕等議題,其中若干主張提出後也立即引發共和黨右翼的反對,反而助長了多數人的關注。莫理斯發現訴求價值議題更有助區隔民主黨與共和黨之間的差別,特別是當時共和黨對價值議題的訴求除了家庭價值外,都是負面的,如反同性戀、反性開放、反單親母親、反墮胎等,而柯林頓所訴求的都是正面價值;另一方面莫理斯也發現共和黨訴求價值議題會失利的主因,是因為共和黨所呈現的都是形容詞,不是動詞,例如 1996 年共和黨的杜爾所訴求的價值中堆砌了許多如傳統、誠實、光榮、可靠等價值修

辭，但柯林頓所提出的卻是行動、結果及明確內容。莫理斯甚至認為柯林頓會勝選，就是因為「公眾關切的價值擊敗針對私德的攻訐」，換言之，價值議題成為保護柯林頓抵擋白水案、聯邦調查局案、性騷擾案等私德抨擊的武器（Morris 1999：363-364）。

5.3 啟動並主導爭議

所選定的議題必須具有對立性與爭議性，同時能形成一種「選擇」的情境，亦即議題本身就是一種「交戰地域」（terrain of engagement），簡單地說就是戰場，圈定了交戰地域在哪裡，其實已經決定了最後的輸贏。曾經協助競選的柯林頓政治顧問卡維爾（James Carville）與貝格拉（Paul Begala）曾著書討論柯林頓打贏選戰的祕辛，其中一點就是特別強調「交戰地域」的圈定，這就如同沒有任何國家願意與昔日的大英帝國海軍在海上作戰，而英國軍隊也不應與新大陸移民的軍隊在原野與森林作戰一樣。一旦交戰地域劃定，就必須要將爭辯與所選擇的焦點強力推進到對己方有利並對政敵不利的地域中。同時要主動出擊，不要被動防禦（Carville and Begala 2002）。

主導爭議焦點最典型的例子，即是日本首相小泉純一郎在 2005 年 8 月參議院否決郵政民營化方案後，宣佈解散眾院重新改選。他將選戰的議題完全鎖定在郵政民營化一個議題上。儘管在野的民主黨企圖將議題轉向外交上，如日本出兵海外與鄰國關係等，但小泉一概不予理會，甚至在電視政見辯論上他也只談郵政改革一個議題。小泉同時進一步將這個議題包裝成改革與反改革的二元對立，他發展出一種簡單易懂的三段論：（1）他上台即是以改革為主要任務；（2）郵政民營化是改革中最重要的一部分；（3）郵政民營化受阻，改革將停頓，日本就不會有

政治前途。結果民主黨也被迫進入這個框架，儘管民主黨強調惟有更換政府才能進行改革，但卻因反對郵政改革，而被打入反改革的一邊。由於小泉成功地將「郵政民營化」與「改革」框架在一起，當民主黨被引入框架後，也立即陷入困局，支持郵政民營化，就是呼應小泉的改革，反對郵政民營化，就是屬於反改革的一方，結果當然進退失據。當戰場被固定在郵政改革這個範疇之際，議題已經為小泉所主導。結果 2005 年 9 月 11 日的投票結果，小泉所屬的自民黨贏得壓倒性的勝利，在總席次四百八十席的眾院中，獲得兩百九十席，占百分之六十一‧七，奪回已經喪失十五年的過半優勢，可謂是透過議題主導戰場的範例。

5.4 修辭動員

善用語言修辭中的隱喻與類比。隱喻與類比是語言修辭中讓語意轉換或模稜的技巧之一，它是根據兩個事物的某些共同特徵，用一個事物去暗示另一個事物的比喻方式。一項複雜或嚴肅的議題，若能找到公眾所熟悉的隱喻或類比來傳達，往往能有效簡化議題，同時喚起公眾的共鳴。研究隱喻的學者湯姆遜（Seth Thompson）甚至曾說沒有隱喻的政治，就形同魚沒有了水，亦即沒有隱喻的連結，人們很難理解複雜且抽象的政治。

透過隱喻對議題進行框架最生動的例子是 1996 年的美國總統選舉，當時的柯林頓與杜爾都曾經選擇「橋樑」（bridge）作為隱喻來框架其所欲訴求的議題。那一年杜爾在激烈的初選競爭下獲得共和黨的提名，向現任者民主黨的柯林頓挑戰，在共和黨的提名大會中，杜爾為反駁別人對他年歲過高的批評，在 8 月 15 日的提名大會演說中，首度提出了橋樑的隱喻，他說：「年歲是有它的優勢的，就且讓我來擔任與那

個曾經美好之美國的橋樑吧！讓我來擔任那個瀰漫祥和、信仰與信賴年代的橋樑吧！對許多認爲這些從不存在的人來說，美國從不曾有過那個年代，我要說，你們錯了！而我知道有，因爲我就在那裡過，我目睹過，我記得！」杜爾運用「搭起與過去的橋樑」（bridge to the past）的隱喻，主要是希望將對他年歲過高的批評，轉化爲一種資產，透過對逝去年代的推崇與美國傳統的強調，特別是雷根時代的繁榮，影射他對現時的批評，他說：「我要站在這裡對美國人說，千萬別拋棄那些榮耀我們歷史的偉大傳統，千萬不要動搖那些一代傳一代的信仰支柱，包括上帝、家庭、榮譽、責任與國家。」兩週以後，柯林頓在民主黨提名大會的演說中，立即宣稱他要充當與未來的橋樑，刻意以「搭起與未來的橋樑」（bridge to the future）的隱喻來與杜爾相對照，他說：「我深愛並崇敬美國歷史上的富足與驕傲。因而我決定要帶著這些最好的傳統邁向未來。但是無論如何，我們毋須還要搭起與過去的橋樑。我們需要的是與未來搭起橋樑，而這就是我給你們的承諾。所以就從今夜起，讓我們下定決心建立起通往二十一世紀的橋樑，面對我們的挑戰，同時保護我們的價值。」這個搭橋的隱喻在他的講詞總共出現過二十一次，透過這種對橋樑隱喻的運用，柯林頓不僅反擊了杜爾，也生動地突出了他與杜爾的差異（Benoit 2001）。

5.5　善用故事與記憶

透過有故事情節的敘事，再複雜深奧的議題，都會變得簡單易懂，更關鍵的是，一個被故事包裝過的議題，往往很容易讓人記住，因此宗教佈道者最常透過故事或寓言來傳播其教義，政治公關操作者若希望議題能發揮影響力，絕不可忽視故事的力量，一個精彩的故事，即便是虛

構的，都會發揮很大的力量。

　　利用故事包裝議題最著名的例子，就是 1988 年的美國大選中老布希利用通緝犯荷頓（William Horton）的故事來打擊他的對手杜凱吉斯。杜凱吉斯在擔任麻州州長任內，曾推動過一項監獄犯人可以在週日離監外出的措施，他任內共有一萬一千多人獲得此一機會，結果有兩百六十多人逾期未歸，其中有一位荷頓還犯下了綁架與罪行。老布希於是利用這個事件框架成一個故事，在競選廣告中播出。廣告中說杜凱吉斯非但反對死刑，還讓一級謀殺罪的犯人可以在週末離監外出，「荷頓就是其中一個要犯，他在行搶時謀殺一個男孩，在男孩身上砍了二十九刀；他在脫逃後綁架了一對年輕未婚夫婦，先是刺殺該名男子，然後反覆強暴他的未婚妻」，最後點出主要訴求的議題：「週末准假離監外出，這就是杜凱吉斯對犯罪問題的立場。」這則故事完全未交代曾有多少人按規定回監，也未指出荷頓只是逾假未歸的兩百多人中惟一出現犯行的，但這個廣告所述說的故事卻產生莫大震撼，對杜凱吉斯的選情也產生莫大影響。

5.6　不斷聚焦與重複

　　政治人物若希望他所框架的議題發揮預期功效，不厭其煩的聚焦與重複幾乎是必要的過程。前面提過柯林頓在 1996 年提名大會演講中為突出他與對手杜爾的不同，講詞中「搭起與未來的橋樑」就提了二十一次。在 2001 年發生九一一恐怖主義攻擊事件後，小布希迅速將之框架為一個「戰爭行動」，同時將與恐怖主義份子的對抗框架為「善與惡的鬥爭」，隨後就不斷重複此一框架，例如在 2002 年 1 月 21 日的聯大演說中，「邪惡」的字眼就提到五次，而「戰爭」的字眼則提了十二次，

而副總統錢尼、國務卿鮑威爾（Colin Powell）、國防部長倫斯斐（Donald Rumsfeld）等在公開談話中也不斷重複同樣的語言。

　　當然，循著上述原則條目操作，並不一定保證被選定的議題一定能夠成功地被框架，畢竟如同早先強調的，議題的框架並沒有標準作業程序，有很大的一部分其實還是藝術。一般而言，一個能發揮作用的框架，要能同時具備以下幾個功能：首先，能將後果或境況界定成一種爭議；其次，能指出肇因為何；第三，能傳遞道德的論斷；第四，能對爭議情境的解決或改善提出倡議（Entman 2003：417）。另一方面，對議題進行框架時，還必須留心幾項禁忌與迷思。所謂禁忌就是：切忌使用對手的框架與語言，特別是對手刻意提出的議題框架，這種框架通常已經預設了對對手較有利的位置，進入此一框架形同呼應對手的理念與語言，等於已經預告自己是輸家，因為那是在強化對手的框架，如同前面所謂進入對方所劃定的交戰地域（但這並不意味完全不需要反駁）。至於迷思部分，首先是必須永遠記住，提供事實真相完全無助對抗對手的框架；千萬別以為只要掌握事實真相，就可擺脫框架的宰制，事實上當真相不符合框架時，往往是框架被保留，但真相卻被拋棄。其次要謹記的是，民眾面對不同的框架，多數時候是根據認同做抉擇，而不是根據自利。

6　從議題操作到媒體的議程設定

　　議題操縱要發揮作用，就必須讓它在公眾中擴散，要公眾關注某一特定議題，首先必須先能吸引媒體的關注。換言之，議題要發揮作用，

就必須要將議題轉換成議程（agenda），也就是提出具體的實現計畫，並主導公眾的討論。如果能主導公眾的討論，也就能成功地達成議程設定（agenda-setting）（Thurber and Nelson 1995：54）。可以說，當政治顧問選定好一個議題，同時藉由政治人物釋出後，就必須極力促使這個議題成爲全國都關注的議題。譬如在一項重要記者會或演講後，能否保證當天的電視午間新聞乃至晚間新聞都列爲重點報導，晚間的談話節目與網路的討論區都環繞這個議題，第二天的各大主要早報的報導與評論也都顯著處理這個議題，只要能讓議題熱度維持在三天以上，就會成爲全國所關注的議題，議題的操作也就獲得了初步的功效。

　　從議題轉換成議程，第一個考驗就是媒體。操作議題的公關顧問必須承認幾個現實：（1）一個經過縝密思考、精心框架後的議題，還是必須獲得主要媒體的關注，才能發揮最大的功效，也才算是議題生命週期的眞正啓動；（2）政黨、政治領袖乃至政治顧問認爲公眾應該關注與討論的議題，媒體並不一定會有同感，也不一定會認爲公眾有需要加以關注；（3）也因爲政界與媒體對議題重要性的認知存有重大落差，使得爲數不少政治人物框架的議題，完全無從轉化成爲議程；（4）媒體空間同時也是一個議題競爭的自由市場，政黨或政治人物在傳遞出一個議題的同時，政治對手同時也在拋出議題，在不同議題相互競逐之下，許多議題勢必會遭到無情的擠壓；（5）就算所選定操作的議題受到媒體的關注，媒體對議題的框架並不一定會與議題規畫者的框架一致，有時媒體可能刻意選擇政治對手對議題的框架，有時甚至可能出現完全超乎議題框架者意料之外的框架形式；（6）議題進入擴散階段後，生命週期有時會很長，有時卻會非常短暫，特別是當一項嶄新議題受到媒體一致關注之後，原有的議題可能立即被取代。

　　從議題框架到媒體的議程設定，政治公關操作者固然希望議題能順利走完生命週期，但如前面所談過的風險，媒體對議題的議程設定，很可能會與政治人物或政黨原本的期待完全不一樣。最常見的情形是在媒體框架過程中，將政治人物或政黨對議題的框架過濾或淡化掉，這種情況在選舉的時候最常發生，所有競選公關專家都會發現他們精心設計的議題，媒體多半根本不予理會，媒體經常會將選舉框架成一場賽局或拼鬥，焦點置於雙方民調聲望的升降、各自採取的策略，對於關乎議題的內容、立場則經常視為「芝麻小事」，根本沒有興趣處理。另一方面，媒體也很有可能採取完全不同甚至對立的框架，造成原本議題框架所預期發揮的功效大幅被抵消。多數時候，這種情況甚至還很難避免，這主要是緣於媒體本身所具有的性格，媒體往往期待自己獨立於政治影響之外，還能發揮政治制衡的角色，這種動機經常促使媒體刻意選擇質疑政府或政治人物的權威，進而刻意選擇另類或甚至對立的框架。

　　面對這種從議題轉換成議程的困境，政治公關操作者可以採取的對策並不多，特別是正面訴求的議題，往往都會被媒體認為沒有新聞價值而予以忽略，因而花錢購買廣告恐怕是不得不為的選擇。柯林頓策士莫理斯回憶他在為柯林頓競選 1996 年連任時，設定價值議題為競選主軸，在內部會議立即就受到「會使媒體失去焦點」的質疑，而媒體也確實興趣不大，於是許多競選團隊為柯林頓在當時所設計的議題，幾乎都透過購買廣告時段與報紙版面來解決，為了讓這些議題發揮效果，柯林頓陣營早在 1995 年年中就開始發動攻勢，每週至少要花掉一、兩百萬美元。儘管代價不算小，但莫理斯還是認為此舉讓柯林頓在選戰過程中取得主導的優勢。

　　對議題操作者而言，如果打不進媒體議程，購買廣告雖說是促使議

題擴散不得不爲的措施，但代價還是很大的。這使得政治部門在推銷一
個議題時必須耗費更多的成本。而且展望未來，這種成本的耗損沒有任
何降低的趨勢，以美國 2000 年的選舉爲例，在所耗費掉的三十多億競
選經費中，有十億多就完全花在電視廣告上，而儘管競選期間在年度上
所占比例並不長，但這筆花費竟能占去電視台年收入的三分之一，是
1980 年代選舉的五倍多。而有了大量廣告的挹注，媒體對相關議題的
報導不僅沒有增加，反而更加減少，選舉期間候選人的議題訴求在媒體
新聞上所占的比例更是少得可憐，這種情況甚至成了一種惡性循環，逼
著政治人物必須投入更多的成本購買媒體廣告（Hill 2002：189-190），
這種從議題轉換爲議程的困境，也是造成政治人物必須募集更多政治獻
金的原因之一。

第五章
媒體政治：幻象政治的框架

　　政治與媒體發生關係，其實是二十世紀以後的事。在漫長的人類政治史中，也許有傳播的問題，但從不存在大眾媒體的問題，因而所有著名的古典政治哲學家都不需要思索任何媒體的問題。換言之，媒體問題是當代政治家完全無法從老祖先的遺產中求得智慧的課題。絕大多數的政治人物，在他們投身政治舞台之前，儘管知曉形象與宣傳的重要，但大多不曾修過媒體這門課的學分，當他們知道自己需要時，往往都在他們已經受到媒體傷害之後。

　　對所有不懂媒體運作邏輯的政治人物而言，媒體給他們的感受經常是既期待又怕受傷害。他們渴望媒體的曝光，卻又畏懼媒體的揭露與批判。他們需要媒體，卻又懼怕且憎恨媒體，最重要的是，他們永遠覺得搞不定媒體。也因為這樣，從認識媒體，到進一步運用甚至操縱媒體，一直是所有公關工作者窮盡智慧與心力要面對的課題。同樣地，媒體面對日益發展成熟的公關產業，恐怕也必須醒悟媒體的所作所為，正在被公關仔細地解剖與研究，換言之，今天最了解媒體的，恐怕不是媒體從業者本身，而是企圖影響他們的公關。而公關之所以能夠介入政治與媒體之間，正是基於政治與媒體之間既陌生、容易彼此傷害卻又相互需要的複雜關係。

1 亦敵亦友：政治與媒體的永恆習題

　　一般人都熟知美國傑佛遜總統有關報業的一段名言，他曾在 1787 年寫信給卡林頓（Edward Carrington）說，如果讓他選擇「有政府而無報紙」或是「有報紙而無政府」，他會毫不猶豫地選擇後者，後人在討論政治人物應如何對待媒體時，經常引用他這句話。但很多人不知道，

他寫這段話時還未當總統，二十年後他當選總統之後又寫了一封信給麥迪遜（James Madison）：「我絕對不會再訂任何一份報紙了！」他對報紙媒體所表達的不滿還不只於此，1807 年他寫給友人諾維爾（James Norvell）的信說：「現在從報紙得來的消息已全不可信。」1813 年他又對渥特曼（Thomas Wortman）寫道：「我一份報紙也不訂，一個月不看報紙，這使我感到極爲快樂。」（Schramm 1994：429-430）傑佛遜這種態度的改變，生動刻畫政治人物對媒體的愛憎關係。

在這不妨先從政治人物與媒體記者對彼此的誤解與無奈談起，先提一個許多人都熟悉的寓言。這個寓言是「蠍子渡河」：一隻蠍子要渡河，遇到一隻青蛙，蠍子因爲不諳水性，所以請求青蛙載其渡河。青蛙搖搖頭拒絕了：「你是一隻毒蠍子，我載你過河時可能會被螫死，危及生命的事，我無法答應！」蠍子笑笑說：「我若在渡河時螫了你，你沉入水中我也同歸於盡，這種事情我是不會做的，你可以放心。」青蛙聽後覺得有道理，就載蠍子過河。但才游到河的一半，蠍子冷不防就把帶有毒液的刺扎入青蛙的身體裡，青蛙在中毒後全身僵硬，逐漸下沉之時不解地問蠍子：「我死了，你也別想活命，爲何要螫我？」蠍子淡淡地說：「沒辦法，那是我的天性！」

在這則寓言中，如果將媒體譬喻爲那隻蠍子，那麼它的啓示就是：永遠別忽略媒體的天性！媒體需要政治人物提供消息來源，正如同蠍子需要靠青蛙才能渡河，但政治人物如果認爲自己盡量配合媒體、幫助媒體，甚至把媒體當朋友，眞正推心置腹，那他就低估媒體的天性，很可能有一天會被媒體反螫一口，不是媒體不夠朋友，而是因爲這就是媒體的天性。特別是碰到重大新聞時，尤其是政治人物希望掩蓋的負面訊息時，媒體的天性就會充分發揮，到那時節就算往昔有再好的交情，基於

新聞考量與媒體競爭的天性，恐怕也只能道歉了！媒體的邏輯很簡單：
（1）是新聞，就該報導；（2）如果我不報導，那麼別的媒體也會報
導；（3）就算消息今天不曝光，遲早也一定會曝光。看不清這一點，
政治人物永遠都會認為媒體是存心找他麻煩。

　　美國華府資深記者庫爾滋（Howard Kurtz）曾這樣形容柯林頓受到
媒體反噬的難受：「柯林頓對待新聞界的表現異常天真。他以為如果你
善待記者，記者也會善待你。當柯林頓發現他對之示好的一些記者攻擊
他時，他常有被背叛的感覺……總統並不明白這只是遊戲的一部分，與
個人交情無關。」（Kurtz 1998b：25-26）1996 年年底柯林頓為了化解
媒體對他接受外國商人政治獻金的指控，特別在新聞祕書麥柯里
（Mike McCurry）的安排下，接受《紐約時報》記者塞格（David Sanger）
的獨家專訪，但同樣也是《紐約時報》的調查記者格斯（Jeff Gerth）卻
以他所掌握的證據，對柯林頓做出更嚴厲的批評。麥柯里對此非常生
氣，他對格斯說：「你們得到獨家採訪的機會，難道就拿譴責來酬謝我
們嗎？」格斯卻認為不能因為總統給了他同事獨家專訪，他就不能做自
己的工作。而這個爭執正是政治公關與媒體之間認知落差的關鍵。

　　可以說，從媒體成為當代公共領域的主要平台開始，政界與媒體間
就糾纏著複雜的愛憎情結。一方面重大訊息的發佈、首長的形象、政策
的說服等都需要媒體配合曝光，沒有媒體的發佈，任何重要人物、政策
或是事件形同「不存在」。另一方面，若出現政府部門或首長的負面訊
息、重大政策的缺失或弊端等，又希望能充分封鎖媒體的消息，掩蓋所
有內幕，否則一旦被媒體揭露，就必須被迫做立即的善後甚至危機處
理。簡單地說，媒體可以成為政界的朋友，協助政策順利推動，或讓首
長形象邁向高峰，但媒體也可一夕之間成為政界的敵人，將一切打入地

獄。對政治領袖而言，媒體的報導經常會使他們陷入窘迫的境地，例如洩露若干祕密內幕，如對外軍事行動或政策調整計畫等，再加上媒體經常過度強調細節、衝突和官員醜行的報導，而忽略事實本身的追究。這經常使得相關人員旦夕間失去對形勢控制的能力，大幅減少了行動的空間，後續迴旋的可能性也就大幅降低。很多時候政府與媒體會相互指責，媒體指控官員操縱和欺騙，而政府則怪罪媒體歪曲事實，但雙方都明瞭彼此相互需要。如果政治人物指示下屬和主要部門拒絕採訪，媒體就不可能得到第一手的材料，這對媒體來說是絕對不利的，而媒體既然急於獲取第一手材料，反過來也給政治人物得以影響報導內容的操作空間。另一方面媒體可以壓下政治人物希望發佈的訊息，可以強調正面或反面的角度；也可以自己選擇訊息發佈的時機，選擇實況轉播或者推遲發佈等。簡單地說，就是政府與媒體間相互需要，同時相互牽制，任一方都不會取得絕對的優勢。

這種複雜的關係也顯示，政客或政黨就算用盡心力塑造良好的形象，設計再聳動適時的議題，若是不能有效掌握媒體這個環節，最後終究無法免於失敗。換言之，以往可能是誰掌握了資源，或占據了某些職位，誰就掌握了權力，如今卻可能是誰掌握了媒體，誰就掌握了權力。任教於美國華盛頓大學的班尼特（W. Lane Bennett）教授在他的《新聞：政治的幻象》（*News: The Politics of Illusion*）一書就直接挑明說，在民主社會中，政治人物權力與影響力的大小，取決於其對訊息的掌控（Bennett 2003）。早年政治部門對公眾傳達政治訊息，還有政黨、工會與教會等機制居間參與訊息的過濾，如今這種訊息的傳遞早就藉由媒體直接進行。因而，掌握了媒體，等於掌握了訊息的流動。更有甚者，班尼特指出這種對訊息的掌握，越來越擺脫廣告、郵件等傳統的方式，而

是直接以新聞的方式掌控訊息的傳遞。政治部門不僅透過媒體告知公眾該想些什麼，還企圖告訴公眾該如何思考，甚至是如何順著特定政客、政黨或利益的方向思考。

2　認識媒體的平台差異與運作邏輯：報紙與電視

　　要理解媒體與新聞的關係，需要認識的第一件事就是媒體類型。同樣的訊息，經過不同的平台，會傳遞完全不一樣的訊息形式，而這種訊息形式的差異，往往也決定了訊息接收的效果。正如同語言結構的差異會導致「世界觀」的不同，人們如何看待時間與空間、怎麼理解事物與過程，都會受語言中語法特徵的影響；與語言一樣，每種媒體形式都為表達思想與抒發情感提供了新的定位，亦即同樣的訊息出現在報紙、廣播、電視或網路等不同媒體平台上，都會呈現出不同訊息內容。

　　要了解不同形式媒體在公關操作上的意義，或許可以重提著名傳播學者麥克魯漢一句最為學界熟悉的話，就是「媒介即訊息」，這句話涉及了媒介本質的討論。一般認為，媒介是訊息的載體，是訊息存在的形式，而訊息則是資訊的內容，如果媒介即訊息，豈不是說形式即內容嗎？按照麥克魯漢的說法，傳播工具是我們人類意識的延伸，它塑造了我們每個人的認知與經驗。一種新的傳播工具，意味著將一種新的尺度引進到我們的生活事務中，也就是說，新傳播工具的發明，會控制且塑造人際聯繫與活動的規模和形式。例如在部落時代中，口語作為傳播媒介，使得「聽覺」感官成為最重要的接收方式。在進入文字時代後，傳播媒介從口語轉為抽象化的視覺符號（文字），於是對文字閱讀的「視覺」，亦取代對口語的「聽覺」，成為最重要的接收媒介。然而以往人們

太過注意媒體的內容，而忽略了媒體本身對人的影響。我們總是思考可從媒體傳播的內容中得到什麼，卻忽略了我們所使用媒體之個別差異與影響，例如：爲什選擇看電視而不看報紙？當我們選用某種傳播媒體時，此一選擇其實就已隱含該媒體所具的社會意義及影響。因而「媒介即訊息」實際上所引申的命題是：要產生社會影響，選擇哪一種媒體，遠比怎麼用那種媒體更重要。

　　借用麥克魯漢對媒體調性的分類，可以幫助公關進一步理解不同媒體在訊息傳遞與傳播效果上的差異。麥克魯漢的分類方式是極其特殊的，甚至是很難理解的，他將媒體區分爲冷媒介（cold medium）與熱媒介（hot medium）。按照麥克魯漢的說法，所謂熱媒介，是其傳播的訊息明確清楚，或是具有高清晰度，而且訊息量大，因而接收者的參與程度低；冷媒介則正好相反，它所傳遞的訊息模糊含混，提供的訊息量小，因而接收者的參與程度就隨之提高。依照這種觀點，麥克魯漢將廣播、電影、書籍、演講、報紙、攝影等劃分爲熱媒介，而將電視、電話、對話、研討會、漫畫等劃分爲冷媒介。由於麥克魯漢顛覆了傳統上大家最熟悉的「印刷媒體」與「電子媒體」的分類方式，將報紙與廣播分在同類，又將電視歸爲冷媒介，因而也引發不少爭論。而對於冷熱媒介所適用的對象，麥克魯漢很喜歡舉的一個例子，是 1960 年尼克森與甘迺迪競選美國總統的政見辯論會，當時聽收音機的多數觀眾都認爲是尼克森贏了，但看電視的多數觀眾卻認爲是甘迺迪贏了，麥克魯漢的解釋即是因爲電視是冷媒介，所以適合低清晰度的形象，甘迺迪是新人，他有許多部分不爲人知，所以他的清晰度低，適合透過電視傳播，而尼克森是資深的議員與副總統，他的情況廣爲人知，所以清晰度高，較適合廣播這種媒介。

2.1　報紙：書寫與印刷文字構築的媒體平台

　　儘管影響性已日趨下降，但報紙依舊在當代大眾媒體中扮演舉足輕重的角色。一般而言，報紙記者大部分都是經驗豐富且熟稔實際政治運作，他們擁有長年經營的豐沛人脈，知道從哪裡尋找新聞線索，也善於在各種公開的記者會中提出尖銳的問題。他們通常最喜歡緊盯醜聞的後續，揭露任何可能的內幕，討論人事傾軋的糾葛，在分析報導中揣測政治人物發言或作為的意圖，並討論政治鬥爭的策略與戰術，特別是有關權力核心人物之間的衝突。他們大多具備運用文字修辭的書寫技巧，可以機動地透過報導、調查報導、特寫、新聞分析、新聞幕後等不同的體例在同一題材上做不同形式的發揮。因為他們擁有各自的人脈，因而也會從不同消息管道掌握新聞事件的內幕，這種內幕當然可能只是局部、片段的事實，如果性質上較敏感，消息來源有時還會以「匿名」形式呈現。他們不喜歡配合政治人物拋出的議題，相反地，他們經常繞過議題內容，就其動機或策略考量的角度切入。

　　記者的採訪撰稿只是新聞流程的第一關，接下來還必須經過繁複的編輯過程，而這個階段主要是由報社內的編輯組織所完成的。在報社政治版擔任編輯者，有的是從助編一路歷練晉升上來，有的是由資深政治記者轉任。他們不用拋頭露面與各種採訪對象接觸，而是待在辦公室裡對記者傳來的稿件做「加工」，在新聞學上稱這種角色為「守門人」（gatekeeper）。他們對稿件的把關，第一當然就是稿件的生殺大權，即決定某條稿件到底要不要刊登。一般而言，報社每天都有數量不低的稿件被直接扔進字紙簍，或是被暫時擱置。理由不一而足，可能是新聞性不強，也可能是記者文字表達不佳、報社特定立場考量、當天報紙版面

配置不足，甚至是編輯個人好惡，不論原因是什麼，都有可能讓稿件完全不見天日。這同時也可以解釋爲何所有參與採訪的報社記者都寫了稿，卻是有些報紙報導，有些卻完全未見報。稿件通過了第一關之後，還得面臨審稿與改稿的考驗，他們可以透過文字修飾增刪、文句段落調整、不同稿件整併、通篇重組改寫等，讓稿件幾乎「面目全非」，編輯藉由這種「加工」，一方面使得每則稿件都符合報社的統一書寫風格，一方面也使其符合報社對特定問題的立場。可預見地，這種過程有時會在報社內部造成記者與編輯間的對立與張力。記者經常認爲編輯封殺、刪改甚至扭曲他們的稿件，編輯則認爲記者的能力或專業不足，導致他們要花時間做後續處理。許多時候最後被刊出的稿件，往往是記者與編輯妥協下的產物。

　　編輯除了對稿件內容加工外，還有另外三種加工對稿件也同樣影響深遠。一個是新聞標題，標題通常被稱爲新聞報導的櫥窗，經常是吸引讀者視覺關注的關鍵，一則新聞可能因爲聳動的標題而發揮更大的效果。當然編輯也藉由標題呈現報紙針對特定新聞的角度與立場。其次則是圖像與美工。照片往往是標題外的另一個視覺焦點，編輯必須決定某一則新聞是否搭配照片，或是圖片本身就足以構成一則獨立的新聞。再其次就是對特定新聞的版面配置，如一則新聞是要登頭版、全國版，還是地方版，單一版面上是置於上方首題，還是置於下方的一角，位置落點的不同將決定新聞受關注的程度。

2.2 電視：電子媒體的平台

　　從 1950 年代開始，電視就變成主流媒體，政治新聞成爲每日新聞報導中越來越重要的一部分，甚至可以說，電視決定了百萬人對新聞思

考的方式。資深記者哈伯斯坦在他的《媒介與權勢》一書中，生動描述了從報紙政治時代走向電視政治時代的變化：

　　　　對 1964 年印刷媒體的記者來說，整個日程改變了，這是最清楚不過的，如今競選已不同於往昔，競選不再是抓住東岸幾家大報，而是要抓住晚間新聞，最重要是要上鏡頭。1960 年候選人最老練的媒體助手一直千方百計要得到一篇羅斯頓（Scotty Reston）態度積極的專欄評論，或是搞到一篇《華盛頓郵報》或《紐約時報》的頭版報導，如今是電視第一。如何給晚間新聞帶來好的片子……（Halberstam 1994：507）

　　相較於平面的報紙媒體，電視媒體有一些無可取代的特性：首先，它能將正在發生的現場事件，以生動的畫面加以記錄並播出；其次，它能將同一個畫面予以重複播放；再其次，它能夠將不同時空的畫面片段予以剪接、重組、拼貼在一起，成為完整的敘事文本；最後，許多時候記者本身也被包裝成報導的一部分。這種特性完全改寫了新聞報導的生態，民眾對新聞的消費也從文字的閱讀進入畫面的觀看，這種改變也改寫了新聞的定義與內涵。因而，要理解電視作為一個訊息平台，重點並不像報紙要放在記者與編輯守門的過程，而是應放在它在呈現上所展示的特殊形式，這一點部分學者的觀點提供了不少幫助。

　　文化研究學者波斯曼在其 1985 年出版的討論電視文化著作《娛樂至死》（Amusing Ourselves to Death）提出所謂的電視「好……現在」語法的效應，頗值得我們參考。它將電視的畫面隱喻成一個詞類，一個無法連接任何東西的連接詞，它將一切都分割開來，用在廣播與電視的新

聞節目，目的在於指出我們剛看到或聽到的東西同將要看到或聽到的東西毫無關係。亦即電視媒介所刻畫的世界裡不存在秩序與意義，再殘忍的謀殺、再恐怖的地震、再嚴重的政治錯誤，新聞主播一聲「好……現在」，一切就可以從我們的腦中消失，「好……現在」表達的意思是：你對前一個新聞關注得已經夠長了，不必一直念念不忘，應將注意力轉向其它新聞或廣告。在電視上，幾乎每半小時就是一檔獨立的節目，每八分鐘就可以成為一個獨立的單元，在內容、背景和情緒上都是同前後的節目毫無關係，因而觀眾不需要將上一個時段的思想或情緒帶到下一個時段（Postman 2004：130-131）。

在這種論述模式下，新聞成了純粹的娛樂，報導的真實程度取決於報導者的被接受程度，而報導者容貌受歡迎與否又是被接受與否的關鍵。於是問題已不在真理如何在電視中體現，而是電視的可信度代替了事實，成為檢驗論述是否可信的決定性因素。如此政治領導人不必再關心事實真相，只要努力讓自己的表演達到最佳的逼真感就可以了。例如，尼克森之所以蒙羞，不是因為他撒謊，而是他在電視上表現得像一個撒謊者。這意味，可能有人看上去是在撒謊，事實上卻在說實話，有人看上去像在說實話，其實卻是在撒謊（Postman 2003：133）。

分別討論過兩大主流媒體訊息的不同運作邏輯，或再重回先前麥克魯漢與波斯曼對媒體分類所提示的觀點，我們可將報紙與電視的差異簡述如下：由於清晰度高，讀者參與性低，所以讀者可以流覽報紙的內容，尋找最能吸引部分加以關注，跳過令他乏味生厭的內容；相對地，由於清晰度低，閱聽眾參與度高，電視觀眾可以擺脫任一條內容，轉移到其它頻道，但也只能依製作人提供的順序來欣賞節目，並不能跳過任

何一個報導或一個節目來找到自己感興趣的內容，因此每條內容都承擔整個節目的重任，走錯一步，即失去觀眾（Downie and Kaiser 2005：173）。

　　僅從訊息的清晰度與否來解釋冷熱媒介的歸類，其實還不一定讓人弄得清楚，必須要同時檢視訊息提供的比重與閱聽大眾參與的程度，才能真正掌握這種分類的意義，也才能掌握在公關操作上，這種分類所提供的用處。基本上，當代民眾所接收的新聞，絕大多數都是從電視而不是從報紙得知，但這並不意味報紙的重要性低於電視。由於報紙的記者數量遠遠超過電視，使得電視報導的內容與深度遠遠比不過報紙，特別是在容易隱瞞的資訊上，報紙往往比電視更有揭露能力，也因為這樣，新聞議題的設定通常是由報紙發動，許多第一手採訪的獨家新聞，多半由報紙領先處理，電視再從中挑選播出。因而儘管絕大多數民眾從電視接觸新聞，但最原始資訊提供者卻是報紙，換言之，電視新聞依賴報紙，廣播新聞也依賴報紙，資深記者唐尼（Leonard Downie Jr.）與凱澤（Robert G. Kaiser）形容這種依賴時比喻：「如果沒有報紙，新聞世界會像一輛雅緻的敞篷車，但是沒有引擎。」（Downie and Kaiser 2005：95）也可以說，不論是政府官員、政客或是公關顧問，一旦需要發佈的內容重要且複雜，就會選擇報紙而非電視充當平台。

3　數位媒體平台的興起：從網站到部落格

　　當 1990 年代初全球資訊網與多媒體資訊結合成為多媒體網路，媒體科技發展正式邁入數位時代，而數位媒體平台的出現也立即將包括電視在內的所有媒體都推向了「傳統媒體」的範疇。1995 年全球資訊網

網路伺服器的數目從五百多個一下增加到一千五百多個。到了次年，全球企業、媒體、學術機構以及政府組織，在成千上萬台電腦提供更多網站，網際網路風潮迅速擴展全球，不僅介入所有人的日常生活中，也改寫了政治資訊傳播的平台。換言之，隨著網際網路的普及，網路正逐漸超越廣播、報紙與電視，成為提供政治資訊的主要來源，越來越多人直接從網路上獲得政治資訊或直接參與政治活動。曾擔任過柯林頓主要選舉策士的莫理斯在 1999 年出版的《網路民主》（*Vote.Com*）一書中即預言：「網際網路將會消除我們在政治上的代理人。」而且他斷言當網路成熟時，「將會為美國帶來一個新紀元，幾乎所有的事都會因此改變」（Morris 2000b：30）。

　　莫理斯的預言已經點出了網路終將取代電視在政治傳播上的主導地位。這種轉變正如同電視當初篡奪報紙的主導地位一樣。從閱聽眾的角度言之，莫理斯認為網路與電視的關鍵差異在「選擇」與「強迫」，電視的政治傳播邏輯是建立在非自願溝通的前提上，沒有人會主動想看廣告，它穿插在電視節目中形同「強迫收看」，為了克服這種「強迫」性，電視的政治傳播都不斷強調簡潔、聚焦、重複與精鍊，例如電視廣告播三十秒，於是整個競選行動訊息就必須濃縮至三十秒。但網路就完全沒有這個限制，閱聽眾要上某個網站，要點選某個政治廣告，完全是自願的選擇。而為了捕捉這個「選擇」，訊息的包裝就必須要讓閱聽眾願意接收。網路強調的是吸引力，它不像電視是利用閱聽眾漫不經心時偷襲他們，相對地，只有自動想要取得政治資訊的人才會上網搜尋。當吸引力取代簡潔至上，重心也就轉移到了議題、想法與內容上，以說服閱聽眾點選網站（Morris 2000b：114）。

　　幾乎就在網路開始普及的同時，全球主要民主國家的政黨都陸續架

設了它們官方的網站,這些網站有很大一部分是為了因應選舉需要,內容包括政策宣傳、新聞發佈、候選人介紹、政黨領袖演講內容、政黨形象廣告等。而在選舉期間,政黨的官方網站都會與個別候選人所架設的網站相聯結。在 1996 年美國總統選舉辯論結束的時刻,共和黨參選人杜爾做了一件以往所有候選人都不曾做過的事,他公佈了自己網頁的網址並鼓勵選民上他的網站,某種意義上杜爾此舉在突出他跟得上時代,但這項宣佈也象徵美國選舉正式邁入網路的時代。網站的出現也標誌著新的選舉時代的開始。而大約也是在 1990 年代中葉以後,幾乎所有打算參選的人都以架設網站為第一要務。

2004 年的美國總統大選,小布希與凱瑞兩位候選人都設立自己的官方網站。他們利用網路籌集資金,用資料說服中間選民,為上百萬支持者提供資訊,組織集會和及時反擊對手的攻擊。網路的效率驚人。例如首場總統候選人辯論後,凱瑞從網上一天籌集一百萬美元。小布希的支持者透過其網站發送了四十萬封電子信件給報紙編輯。小布希競選團隊發電子郵件給六百萬名志願者,不僅提供他們社區潛在選民的姓名和地址,而且還有如何到達對方家門口的行車路線。除了候選人的官方網站外,其它的網站也迅速發展起來。帶有小布希名字的網站有八百多個,而含有凱瑞名字的網站達七百多個。這些網站分為三類:一是支持自己的候選人;二為搞笑的網站;三是商業網站,借用候選人的名字來推銷自己的產品。

政治人物當然不是只有在選舉時才想到要成立網站,不少現任政治領袖也透過官方網站與民眾互動。例如日本首相小泉純一郎任內即是採取電子報的形式,它附在首相官邸的網站主頁中,稱為《小泉內閣電子郵件雜誌》(小泉內閣メールマガジン),由他本人擔任總編輯,創刊於

2001 年 6 月 14 日。他在創刊號中指出：「很多人對於我只知道我是個『怪人』和蓄著獅子那樣的髮型。希望透過這個《小泉內閣電子郵件雜誌》，讓大家了解小泉內閣的眞正面貌。」他每週四都會在電子報中發表看法，發言的總題是「獅子心，小泉總理對國民的致詞」，內容涉及內政外交各項政策。作爲日本內閣與國民溝通的渠道，《小泉內閣電子郵件雜誌》在及時體察民情方面發揮了不小作用。

官方或個人網站在網路平台的地位，沒有多久就被部落格（blog）所取代。部落格一詞源於網路日誌（web log）的縮寫，是一種十分簡易的個人資訊發佈方式，讓任何人都可以像免費電子郵件的註冊、寫作和發送一樣，完成個人網頁的創建、發佈和更新。部落格最早的原型誕生於 1993 年，原本是一種網路篩檢程式（filter），功能僅限於挑選一些網站，並做些簡單的介紹。1994 年美國史瓦斯摩爾大學大學生霍爾（Justin Hall）建立了第一個部落格，惟受限於技術，直到 1999 年 blog 這個名稱正式出現時，全球也不過只有二十三個部落格。但也在那一年，美國網路工程師威廉斯（Evan Williams）開發出方便一般人自助架設部落格的網站 Blogger 後，和其它類似的網路服務商一舉帶動起「部落格全球風潮」，迅速發展成一種數位訊息傳遞的新形式（史倩玲 2005）。

部落格能夠迅速普及的原因之一，主要是部落格在技術操作上的進入門檻極低，一般人不需懂得複雜的 html 語言，只要會打字及上網，就有能力架設自己的部落格，相對地，要建構一個官方或個人的網頁，必須找懂得 html 語言的專業人士協助，當網站要擴張功能時，還必須繁複地更改網站設定。這種進入障礙的差異，使得部落格的影響力迅速超越個人或官方的網站（史倩玲 2005）。部落格在表達形式上具備若干

特色，包括：（1）網頁主體內容可不斷更新，而且可以每週七天、每天二十四時不停運轉；（2）按時間順序排列，而且是倒序方式，也就是最新的放在最上面，最舊的在最下面；（3）內容可以是各種主題、各種無拘無束的言論和寫作風格；（4）可透過超連結來連結其它網站和部落格，是繼電子郵件、電子佈告欄系統、即時通訊程式之後，更新的一種網路交流方式。由於溝通方式比電子郵件、討論群組更簡單和容易，部落格已成為家庭、公司、部門和團隊之間越來越盛行的溝通工具。

部落格原初創生時所具有的「真實、不作假」特性，不僅直接衝撞由政府、企業和媒體「包裝」或「過濾」的資訊，連帶也挑戰了這些傳統掌握資訊霸權的權威。這種衝擊包括：（1）顛覆主流媒體片面篩選過濾消息來源的權力，當草根部落格記者散佈在社會各個角落，一樣用記者的眼光觀察新聞事件時，各式各樣的部落格書寫也造就了多樣的新聞來源。這其間以目擊者的部落格衝擊最直接，他們往往可以提供現場第一手的報導與圖片。（2）為傳統記者提供另一個刊登稿件的出口，特別是若干報導被媒體因版面或空間有限而加以刪除後，部落格提供了一個完整登載的平台。（3）部落格正逐漸與傳統媒體形成新生態系統，已經有越來越多的新聞報導由部落格首次做出報導，接著再吸引傳統媒體跟進。

部落格最早會受到注意，就是與政治事件有關。1998 年 1 月 17 日美國部落格作者德拉吉（Matt Drudge）在他的網頁上發佈一個消息：「在印刷前的最後一分鐘，《新聞週刊》抽掉一個大新聞：一個白宮實習生與美國總統有染。」這使他的部落格成為全世界第一個報導柯林頓與魯文斯基緋聞的媒體，這則新聞也因為從他的網頁散佈出去，從而釀

成「國際性」的事件。《德拉吉報導》也成為全球最有名的新聞媒體。其實，最早探聽到這一新聞的是《新聞週刊》的記者艾西科夫（Michael Isikoff），但在上報前最後一分鐘，這條新聞被週刊高層壓下了，誰也不知道德拉吉的消息來自何方。主流媒體一直保持沉默，一直到三天後《華盛頓郵報》和《洛杉磯時報》才開始介入，但處理得相當低調。接著 CNN 開始全力追蹤此消息，不斷地推出最新的信息。美聯社（Associated Press）等各大通訊社也立即跟進。一時之間，《德拉吉報導》成為全球最有名的新聞媒體。這年 8 月柯林頓被迫承認緋聞，並向人民道歉。

　　部落格在 2003 年 3 月伊拉克戰爭中的表現尤為引人注目。在戰事方酣之際，美國政府邀請了五百多名各國記者，編入美國軍隊中，幾乎壟斷所有新聞的新聞發佈。相對地，伊拉克首都巴格達眾多部落格所發出的現場新聞，卻徹底顛覆了美國官方所操縱的戰爭訊息，其中一位伊拉克青年部落格站長帕克斯（Salam Pax）不斷發佈硝煙彌漫的巴格達實景照片、一次次轟炸的描述，親身經歷的文字徹底地顛覆了主流媒體所發佈描述的新聞，最後除了獲得英國《衛報》（*The Guardian*）聘為正式記者，其網路日誌更出版成實體書。

　　除了打破主流媒體對消息來源的壟斷外，部落格有時也直接挑戰主流媒體的專業信守。在 2004 年 9 月 8 日早晨，美國哥倫比亞廣播公司當家主播丹‧拉瑟（Dan Rather）在新聞評論節目《六十分鐘》（*60 Minutes*）裡面，引用四份據稱由已故的美國空中國民兵中隊長克蘭（Jerry Killan）所寫，時間橫跨 1972 年至 1973 年的備忘錄，暗指當時擔任國會議員的老布希，運用政治力壓迫軍方，把現任美國總統小布希的服役紀錄「弄好看一點」，並指小布希服役時體檢未達標準而遭停

役。當電視放映了關於小布希總統在德州國民警衛隊服役履歷的紀錄片後，一名網路部落客在自己的論壇上發表意見，認為這份檔案是偽造的。這條訊息本來在眾多網路評論中並不起眼，但兩位律師將它貼到了自己的部落格上。短短三個小時後，一位海軍退役筆跡鑒定專家在部落格上舉出疑點，包括字體與行文和神祕出現的空白，他利用微軟的Word 程式，在自家的印表機上成功地造出了一份一模一樣的備忘錄。晚上九點，哥倫比亞廣播公司不得不在新聞中承認，在一群「獨立民間研究人員」的努力下，小布希總統的服役證明文件確實存在疑點。然而網路部落客並沒有就此罷手，另一群部落客合作證明只要有一台 IBM出產的老式電動打字機，就可以解決檔案墨水與字跡的問題。在各方不斷質疑下，哥倫比亞廣播公司的新聞主播拉瑟仍然認為檔案的眞實性不容置疑。然而在部落客的窮追猛打之下，《紐約時報》與《華盛頓郵報》等正統權威報紙也開始了獨立調查工作。一週後哥倫比亞廣播公司與拉瑟終於屈服，承認檔案的眞實性確實有問題。事後證實，這份備忘錄係由伯克特（Bill Burkett）造假，交給哥倫比亞廣播公司節目製作人，事後在來自部落格族群的強大質疑壓力下，拉瑟和哥倫比亞廣播公司公開向美國社會認錯致歉，拉瑟甚且提前退休，永遠退出主播台。

　　隨著部落格的盛行，全球越來越多的國家政要也開設了部落格，嘗試藉由網路與民眾進行交流，並打造親民形象。政治人物開設部落格起源於美國民主黨。在 2004 年美國總統大選期間，爭取民主黨提名的前任佛蒙特州州長迪恩（Howard Dean）率先建立了名為《迪恩呼籲採取行動》（*Dean Call to Action*）的部落格，為自己的競選活動進行網上拉票。他成功地利用部落格籌到了大筆競選資助。面對迪恩的新作為，不少民主黨初選參選人選擇跟進。在隨後的初選中，迪恩和其它民主黨參

選人並沒有能夠成功地將網路上的聲勢轉化為實際的選民支持，但是這種政治部落格的風潮開始傳遍全球，很多國家的選舉都出現候選人開部落格拉選票。

德國總理梅克爾的部落格選在 2006 年世界盃足球賽開踢前一天的 6 月 8 日正式開張。對於德國以四比二戰勝哥斯大黎加的精彩比賽，梅克爾在部落格上貼上了她的首篇文章：「我們看到了兩個非常有鬥志的球隊，還有我們了不起的公眾，他們表現出極大的熱情。」這使得梅克爾成為首位利用視訊部落格與公眾溝通的政府領袖。梅克爾的部落格只有德語一種語言，一直堅持每週更新，且依然是以視訊的方式更新；部落格中還插入了很多梅克爾的照片，有工作照也有隨意的生活照。韓國總統府於 2006 年 1 月 16 日分別在三個不同的私營網站上開了總統盧武鉉的部落格。在開放的第二天，就已經有六份備忘錄在這三個部落格上發佈，其中包括盧武鉉對於全球化是必然趨勢的看法。此外，他還解釋了為什麼要將政府辦公大樓從首爾遷至燕岐。相關的部落格還設置了電子公告牌，網民可以發表他們的個人評論，作為制定政策時的參考。

2006 年一度掀起風潮的法國社會黨總統候選人羅亞爾（Ségolène Royal），就一直是透過部落格建立她的民間形象。本來羅亞爾在媒體上幾乎很少被注意，社會黨內部的資深領導層也幾乎都反對羅亞爾。而羅亞爾即是藉由部落格來突圍，在社會黨黨內提名競爭開始時，她即在個人部落格中公佈自己所撰寫的《渴望未來》（Désir d'avenir）一書，全面闡述她的政治理念和治國方略，也等於就是提前揭示她未來的總統競選綱領。這令不少左翼選民耳目一新，轉而支持羅亞爾，從而造成羅亞爾在民意調查中聲望急劇上升的局面。她也很快就被媒體冠上「左翼最有希望的候選人」的名聲，一時之間，「你讀了羅亞爾的部落格了嗎？」

還成爲巴黎政治記者圈裡流行的問話。

4　認識媒體框架的政治世界

　　傳播學界對媒體與訊息的關係，一直是採取兩種觀點，一是認爲媒體是世界的鏡子，主張媒體可以如實地反映眞實世界，閱聽衆完全可以藉由媒體洞悉世界，而媒體也應該如鏡子般透亮，不能扭曲我們所看到的世界。第二種觀點則認爲媒體是破碎的鏡子，媒體所捕捉的世界是有選擇性的，閱聽衆所接收的訊息也是不完全的（McCullagh 2005：10）。對從事公關的人而言，相信「媒體是世界的鏡子」並不實際，「媒體只是破碎鏡子」恐怕更合乎實情。這「破鏡觀」意味媒體生產與傳遞訊息的過程，其實是個一連串選擇的過程。可以說，從一則訊息成爲新聞的那一刻起，這種選擇就開始了。例如在消息來源上，記者讓哪些當事人登場發聲、誰的發言會被顯著處理等，就是一個選擇；在內容呈現上，攝影會捕捉哪些畫面、編輯會選擇哪些新聞加以顯著處理、哪些畫面會被重新剪輯組合等，也是選擇；在立場觀點上，哪些論點會被放大處理、哪些則被刻意淡化，也都是在進行選擇。可以說，媒體所框架的政治世界，就是一個經過媒體選擇、重組後再加以建構的政治世界。

　　因而，實然的政治與媒體所呈現的政治，其實是兩個截然不同的世界，實然政治無從決定媒體所再現的政治的內容，媒體也從來不曾如其所宣稱地那樣能夠反映政治眞實。如果說，政治新聞即是政治資訊傳遞的主要內容，那麼不論是政治人物或相關政治部門都該理解，政治資訊進入媒體，究竟是怎麼被框架的，媒體處理政治資訊有沒有一套邏輯，

這套邏輯又會塑造出怎樣的政治世界？而這個被閱聽大眾所消費的政治世界，究竟是對實然政治世界的具體反映，抑或根本就是另一個被建構、發明的虛擬政治世界？而也確實有越來越多跡象顯示，在處理政治資訊上，媒體已經逐漸形成某些公式化的傾向，這種傾向與黨派及意識形態無關，相對地，媒體還要刻意避免表露自己的意識形態傾向，然而這也並不意味它們不會表現出其它的傾向。

　　一般而言，政治訊息經常被媒體框架成三種非常特殊的政治世界，第一種是泛政治（pan-politics）的政治世界，第二種是反政治（anti-politics）的政治世界，第三種是去政治（de-politics）的政治世界。亦即政治不是被導向負面，就是被導向窺私或娛樂，政治的實質反而被扭曲或抽離。在這裡，所謂泛政治的政治新聞，是對衝突新聞的偏好，反政治的政治新聞，則是對負面新聞的偏好，而去政治的政治新聞，即是對軟式化新聞的偏好，特別是有關性醜聞的新聞。泛政治的政治新聞猶如以體育新聞的手法處理政治資訊，反政治的政治新聞猶如以社會新聞的手法處理政治資訊，而去政治的政治新聞則猶如以影劇新聞的手法處理政治資訊。以下將分別討論這三種被框架的政治世界。

4.1 泛政治的政治世界：戰爭或賽局

　　媒體所描繪的政治世界，多數時候是一個爾虞我詐、恆常鬥爭的世界。即便只是政策性、程序性的低度政治（low politics）情境，也會在戲劇化的敘事處理中轉化成高度政治（high politics）的報導。傳播學者甘斯（Herbert Gans）曾在其所著的《決定什麼是新聞》（*Deciding What's News*）一書中對媒體所持的「政治」觀做一梳理，他所提出的第一個命題，即是「所有關於政治菁英的新聞都傾向將政治視為一場鬥

爭，在這場爭鬥中只有贏家與輸家，而非好人與壞人」（Schudson 2007：132）。換言之，最核心的政治新聞就是菁英之間的競爭與對抗，不論是總統與國會的對抗，抑或是朝野政黨的對抗，媒體的敘事方式多半都是以戰爭或戰役的語言加以框架，而不論新聞內容是選舉競爭或是法案攻防，都集中在雙方的對立以及後續的輸贏上，政客被描繪成無時無刻在尋求連任，不論是在討好選民還是打擊對手，惟一目的就是爭取勝利（Schudson 2007：133）。

曾經擔任小布希總統白宮發言人的弗萊舍（Ari Fleischer），在他辭職後所出版的回憶錄中，曾特別強調「對媒體來說，更重要、更急迫的偏見是為了衝突和鬥爭⋯⋯如果媒體發現某人在鬥爭，他們就會愛上這個事件並對此進行報導。如果人們不再鬥爭，媒體是很擅長讓他們鬥起來的。如果發現了小的衝突，它們可以純熟地把它轉變成一個更大的衝突，當火花飛濺的時候，它們就可以進一步地報導」，為什麼會這樣呢？弗萊舍認為「這是因為採訪白宮的媒體被驅動著去報導衝突，不論報導對象是誰，衝突是有汁有味的，有很多賣點，公眾既然對衝突有興趣，那麼相應地，媒體就要提供公眾這些衝突。況且對白宮記者來說，去報導一些複雜的政策相對要困難一些，去報導這些衝突更簡單」。弗萊舍提及在他擔任小布希發言人前六個月的時間裡，「媒體不斷試圖引誘我，讓我在廣泛的領域內與柯林頓總統發生衝突，我盡自己所能不給它們塑造衝突的機會⋯⋯」（Fleischer 2007：65-66）。

為何「政治鬥爭」會被刻意放大？美國華盛頓大學傳播學者班尼特曾在其所著《新聞：政治的幻象》一書中提示，政治新聞經常被媒體依某種資訊偏向（information bias）的邏輯在重製，若干資訊偏向對理解政治新聞何以會呈現「泛政治」上很有幫助。班尼特所提出最重要的一

種資訊偏向即是新聞個人化（personalized news），即是將所有重大政治、經濟、社會的結構與問題，都化約成個人的奮鬥、成敗、人情趣味或是個人間的衝突與合作。如「雷根政府」、「布希團隊」這種書寫形式，往往將公共問題所涉及的權力、制度及過程予以忽略，將關注焦點置於個人人格、人情趣味的角度，或是進行鬥爭的個人身上。班尼特認為造成政治新聞個人化傾向的原因，在於電視媒體崛起後，受歡迎的新聞都是以感性為訴求的報導，因此越來越強調個人與人情化，而這種個人化傾向最直接的影響就是公共政策的個人化。班尼特檢視美國媒體對1980 年代到 1990 年代社會福利問題爭議的報導，發現絕大多數都是以特殊人性化的故事作為報導重心，而大論述的社會、政治和經濟問題都只是附帶提及。另外則是總統職位的個人化。在涉及政府部門報導時，往往只將關注焦點集中於具有人格魅力與堅強意志的個人，而非政府部門本身的運作，例如總統是否贏得與國會、國務院、企業領袖與外國領袖之間的鬥爭。班尼特認為政治新聞個人化趨勢的代價，是政治新聞只關注政治鬥爭中的勝利者與失敗者，以及個人之間立場與動機的衝突，問題的實質與影響則較少觸及或被忽略（Bennett 2003：51-53）。

　　另一項非常重要的資訊偏向則是新聞戲劇化（dramatized news），即越來越強調戲劇性、故事性與衝突性。政治新聞原本就著重衝突面，為突出戲劇性張力，所有故事都應該有一個主角以及一個針鋒相對的對手，而電視媒體的出現，更強化了這種趨勢。媒體評論家詹姆遜描述這種報導時指出：「典型的新聞故事結構是以戲劇化的包裝來突顯問題，以充滿張力的方式來加以陳述，並在將主角人物找出來後讓他們相互對壘（通常是簡單的訪問），最後則是安排一個結局，這樣的新聞格式使得資料變得連貫與完整，而且將活生生的一樁事件編成一個故事，如此

一來便能吸引閱聽眾的注意。」（Jamieson 1992：25）也因為這樣，在政治部門中的衝突，特別是領導核心（如總統、總理、黨魁等）的團隊出現不合或對立的局面時，甚至只是表面，都會立即被媒體掌握並編織成富戲劇性的故事。而任何組織或團體的內部，永遠不可能祥和地打成一片，成員之間背景、人脈、派系、部門本位、政策立場、意識形態甚至性格等，都可能出現差異、張力或衝突，而媒體只要循這些張力與衝突點切入，絕對尋覓得出焦點，串成新聞故事（如官員間意見出現不一致）。而這種報導有時也確能催化政治菁英與部門間的矛盾與衝突，甚至放大領導者的治理無能，讓許多政策議程的推動受到阻礙（Bennett 2003：51-53）。

　　過分強調戲劇化的結果當然會付出若干代價，班尼特認為戲劇化最直接的後果，就是情節取代了問題本身，動態的戲劇效果取代了對長期社會、政治結構的關注。班尼特同時認為戲劇化促使媒體樂此不疲地尋找極端個案，而不再努力挖掘最具代表性而典型的案例。因為戲劇化的處理在理解上比較容易，結果閱聽眾會以為他們對某個問題已經有一定的了解，但實際上所理解的只不過是建立在幻想、虛構與神話上。英國萊斯特大學大眾傳播研究中心針對 1968 年 10 月 27 日倫敦反越戰示威遊行的實況與媒體報導所做的研究報告，便是一個例證。當時六萬多個學生在倫敦舉行了遊行，平靜而有序，但英國媒體的報導卻大相逕庭，所有報紙與電視幾乎無一例外將報導焦點對準美國大使館附近發生的個別衝突上，等於是將一個大致上組織嚴密的和平示威遊行描繪成一個充滿暴力的事件，萊斯特大學也特別將這篇研究報告出版，成為批判傳播史上重要的著作（Halloran et al. 1970）。

　　政治被框架成鬥爭的另一面，即是較靜態的制度或政策議題被推擠

到邊緣，甚至完全消失。正如同政治學者羅賓遜（Michael Robinson）與施韓（Margaret Sheehan）對這種現象所詮釋的：「在過去一個半世紀以來，客觀新聞報導都把新聞定義為事件，也就是實際發生的事情，例如『賽馬』就是有事情發生，也充滿著各種行動。但政策性議題只是一種存在，看不到任何事情發生；其實質的內容既與事件無關，議題本身又多半是靜態的。所以不論是政策議題，或是實質內容，傳統上就一直未被界定為真正的新聞。」（Jamieson 1992：168）

　　美國總統卡特任內，即對媒體慣性地拿政治的對立來取代議題的報導，感到無奈且困擾。卡特的政治顧問史奈德（Gregory Schneiders）曾這樣形容卡特的無奈：「卡特剛就任總統之際，所持的觀念是治理國家有對的方式與錯的方式，也就是有好的政策與壞的政策，而要識別出好的政策，惟有透過認真努力與縝密研究，如此才能真正達到好的治理，接下來就是怎麼向公眾說服這個政策了，我想卡特的挫折在於，在這個可欲的目標上，媒體從來不想與他合作。」另一個媒體顧問雷福遜（Gerald Rafshoon）則認為：「你回頭去看看過去幾年媒體究竟是在怎麼處理能源問題，你看不到能源政策的辯論，你看不到石油安全存量讓石油公司減了多少稅負，你看到最多的報導就是卡特與國會的爭執、法案通過機率有多少、對連任的影響有多大。」（Maltese 1994：168）

　　當政策、議題從政治新聞中被抽空以後，媒體的政治新聞幾乎一面倒地將焦點集中於政治菁英彼此競爭對抗的「策略」上。美國媒體觀察家法羅斯（James Fallows）在觀察 1992 年總統大選期間一般民眾的 call-in 與記者對政治人物的提問時即發現，民眾問的多半是「什麼」的問題，如「你對健保制度將做些什麼？」、「你將會做些什麼降低福利支出？」，記者問的卻全是「如何」的問題，如「你要如何搶走斐洛

（Ross Perot）的選票？」、「你要如何回應白水門曾犯過的錯誤？」（Fallows 1998：17）。法羅斯進一步檢視美國三大電視網的主播在 1992 年總統大選期間所做的專訪提問，幾乎一面倒地集中於「政治遊戲」上。例如美國廣播公司（ABC）主播詹寧斯（Peter Jennings）在 1992 年 1 月間訪問柯林頓時，焦點全集中在他的鋒芒是否會被當時主導眾院的議長金瑞契（Newt Gingrich）所掩蓋；而拉瑟在專訪幾位資深議員時，幾乎也都圍繞在涉及總統聲望與政治戰術的相關議題，他在訪問愛德華·甘迺迪（Edward Kennedy）參議員時，甘迺迪正要陳述他對平衡預算修正案的看法，拉瑟卻打斷他說，「參議員，你曉得我今天下午願意跟你請教這些事情，但讓我們先回到這個問題上，你覺得柯林頓會在 1996 年獲得民主黨提名嗎？」；而國家廣播公司的布洛考（Tom Brokaw）訪問柯林頓時，也是問他對金瑞契的看法，如「你認為他的手法公平嗎？」（Fallows 1998：19-22）。

而最典型的就是選舉新聞，即一般所謂的「賽馬新聞」。在這裡選舉被視為「選戰」（campaign），傳播學者詹姆遜曾描繪過這種新聞的框架形式：「這種選戰就像是一場『比賽』或『戰爭』，有跑在前面的領先者，也有在後追趕的居劣勢者；候選人的一切言行都被視為有意的安排，目的是為了求勝。這種賽馬場上或戰爭中所使用的語彙，甚至已經變成我們認知的一部分，因此我們都忘了其實『賽跑』只是一種比喻，而且選民也不只是扮演『旁觀者』的角色而已。」（Jamieson 1992：165）而在賽馬新聞中，不同階段發佈的民調結果，即決定了誰扮演領先、誰扮演落後，所有的候選人都不是根據問題來尋求解答，而是根據「議題」來制定「策略」，因而整個選舉就被框架成一場比賽或戰爭，所有的語彙都是來自運動場或戰場，焦點都被導向到「誰會贏？怎麼贏？」的課

題上，而不是「誰適合擔任總統？」，輸贏在這裡變成了惟一焦點（Jamieson 1992：166-167）。

在這種泛政治化的框架下，政治新聞將所有日常的政治治理都轉化成菁英鬥爭，也將選舉都轉化成賽馬競跑，卻將政策實質問題予以邊緣化，法羅斯認為這種泛政治化框架的副作用在於：「它暗示每天眾多事件的背後，只有一則真實故事：就是誰最有政治權力？因此每天競相報導，誰將贏得下屆總統……政治領域是野心政客競逐出頭的競技場，而不是處理民眾關心的實質問題的場域。」（Fallows 1998：30）

4.2 反政治的政治世界：腐化或陰謀

反政治現象的意旨，主要是對政府、政黨、官僚、政客等越來越不信任，對選舉採取冷漠的態度，特別是在政府發生重大弊端或嚴重決策失誤之際，反政治的心態往往以大眾覺醒的形式被突出（Kamber 1997：53）。美國華府著名評論家賀芬頓（Arianna Huffington）曾藉由安徒生童話中的《雪后》（*The Snow Queen*）來形容媒體對負面素材的偏好：「很久很久以前，曾經有個非常壞的小妖精——真的很壞，事實上牠就是個惡魔。有一天這個可惡的妖精做了一面很大的鏡子，這面鏡子可以讓任何美麗的東西被它一照就變得很糟糕。在這面鏡子中，一切都變得如煮爛的菠菜一樣醜陋，最溫暖熱情的人也變得又冷酷、又凶惡。惡魔很得意牠的發明，於是帶著這面鏡子飛上天際，想去戲弄那些天使，但當飛越高，就越難抓住那面鏡子，結果鏡子就掉到地上，碎成幾百萬片，那些碎片小到幾乎看不見，然後風就將這些碎片吹散到全世界，每個小碎片都有同整面鏡子一樣的魔力，只要有一片吹進某個人的眼睛裡，它就會黏在上面，然後那個人從這面鏡子裡看到的人生就都是

醜陋的一面了。」

也可以這麼說，當代媒體對政治新聞的處理已形成一種思惟慣性，即只有負面的訊息才會受到更大的關注。研究媒體的學者培賽（Andrew Belsey）評論這種現象時指出，新聞界多半認為，對人物的報導應該盡量著重其黑暗面。相反地，如果報導內容充滿對人事物的讚美，好像就有問題。傳播學者基朗（Matthew Kieran）在他的《傳播倫理》（*Media Ethics*）一書中認為這種報導傾向主要是受十九世紀作家史崔奇（Lytton Strachey）的影響，史崔奇係一著名傳記作者，他改變了人物傳記撰寫的慣例，專門挖掘公眾人物一些不名譽的事實，卻刻意忽略其應受讚揚之處。這種論點認為人性深層中不名譽的部分才是良善，才是眞相（Kieran 2002：57）。亦即為了要使眞相更完整，就必須積極揭露人性的陰暗面。

負面傾向新聞的比例到 1960 年代開始攀高，1980 年代甚至形成主導的局面，美國政治學者沙貝托（Larry J. Sabato）即直接稱這種風潮為「攻擊新聞學」（attack journalism）。在他 1991 年出版的《捕食狂熱：攻擊新聞學與美國政治》（*Feeding Frenzy: Attack Journalism and American Politics*）一書中，沙貝托用鯊魚群在海中瘋狂捕食獵物的比喻，來形容媒體對政治人物負面訊息的狂熱，沙貝托會刻意用到「狂熱」這個字眼，正是因為它所形容的，是一種不經大腦思考而完全是肉體的、本能的激烈官能運動，亦即鯊魚群在水中一旦發現弱小或受傷的獵物，立即鎖定目標，一擁而上爭食撕咬，這種捕食過程不僅滿足食慾也滿足某種獵殺的快感。沙貝托認為一旦記者抓住政治人物的某些缺陷或弊端，對內幕或動機眞相的追擊就如同鯊魚群般一樣嗜血，所有陷入醜聞或弊案風暴的政治人物，都會立即為大批記者的麥克風、攝影機與鎂

光燈所包圍與追逐（Sabato 2000：6）。這種攻擊新聞學的風潮對政治人物的影響當然很大，不少政壇的明日之星就這樣在旦夕間被判終身政治死刑。以美國為例，1972 年時被民主黨總統候選人麥高文（George McGovern）找來搭檔的副手密蘇里州參議員伊格頓（Thomas Eagleton），被媒體挖出曾因患有憂鬱症而入院治療三次，並曾接受過電療，最後因媒體不斷質疑精神健康有問題而退出；1987 年角逐民主黨總統候選人提名的哈特（Gary Hart），因鬧出緋聞而被指為向媒體說謊，最後因媒體質疑個人誠信有瑕疵而退出；同年另一位參與民主黨總統初選的參議員拜登（Joseph Biden），則因被媒體挖出早年念法學院時曾涉及論文抄襲而退出初選，這三人此後不久也幾乎就此退出政壇。至於遭到媒體圍剿而未退出政壇者，在政壇生涯中也遭受很大的痛苦。當然媒體也不是沒有付出代價，沙貝托指出攻擊新聞學盛行的結果加劇了媒體的競爭，也直接造成新聞專業標準的降低，許多傳聞未經證實就直接報導，肆無忌憚侵害當事人隱私，結果不僅造成政治人物有意識防堵媒體，也升高了民眾對媒體的敵意與不信任（Sabato 2000：142-143）。

反政治傾向走到極端，很容易掉入所謂陰謀論（conspiracy theory）的框架，陰謀論的認定是：某些（歷史的或當前的）事件是由一個或數個有勢力的祕密組織在幕後陰謀操控。它斷言某些特殊的重大事件並非由公開的政治力量或市場力量所導致，而是由非公開的力量所導致。這種陰謀論之所以會瀰漫於媒體對政治新聞的處理，主要在於媒體認定政府的一切作為應該是公開的、光明正大的，祕密則意味著罪惡。美國政治學者杭亭頓在他 1981 年出版的《失衡的承諾》（*American Politics: The Promise of Disharmony*）一書中曾對美國這種政治風格加以分析，杭亭頓指出與其它社會相比，美國政治的重要特徵即是公開性、公眾

性，但這種公開性卻讓權力更易受到侵蝕，因此要花很大的努力來掩蓋權力，以維持權力的存在及其合法性。這就形成一種惡性循環：因爲權力令人厭惡，所以掩飾權力；因爲權力被掩飾，所以它更加令人厭惡。在這種反權力倫理的氛圍下，對權力的敵視很容易導致對隱祕權力的疑慮與恐懼，人們普遍會設想：那些企求玩弄權力的人一定會圖謀掩蓋事實，於是虛僞與欺騙成了政府對人民的主要關係（Huntington 2005：90-105）。而媒體在這個氛圍下，通常自居理想主義的一方，譴責權力系統的腐敗與壓制，而揭弊也就成爲最直接的實踐方式。

媒體炒作負面新聞的高峰，即是 1972 年的水門事件。在 1972 年的總統大選中，爲了取得民主黨內部競選策略的情報，以美國共和黨尼克森競選班子的首席安全問題顧問麥科德（James W. McCord, Jr.）爲首的五人闖入位於華盛頓水門大廈的民主黨全國委員會辦公室，在安裝竊聽器並偷拍有關文件時，當場被捕。事件發生後尼克森曾一度竭力掩蓋開脫，但在隨後對這一案件的調查中，尼克森政府內的許多人被陸續揭發出來，並直接涉及到尼克森本人，從而引發了嚴重的憲法危機。從 1972 年 6 月爆發水門事件開始，先是《華盛頓郵報》的兩位記者伍華德（Bob Woodward）和伯恩斯坦（Carl Bernstein）對整個事件進行了一系列的跟蹤報導，逐漸揭露了白宮與水門事件之間的聯繫，接著哥倫比亞廣播公司跟進，將水門案的最新發展轉化成淺顯易懂的圖表，甚至以長達十四分鐘的時間報導。然後國會介入調查，1973 年 5 月到 8 月，參院的水門事件調查特別委員會舉行了一系列的聽證會，全部聽證過程幾乎都被電視與廣播轉播，而長達七千五百多頁的政府文件也大部分都被報紙與雜誌刊登，那一年 8 月份的蓋洛普民調顯示只有一成二的民眾沒看過電視轉播，看過的民眾中有高達七成的民眾是看直播，三成

是看重播。這種效應最終促使尼克森總統在 1974 年 8 月 9 日辭職。美國資深記者司徒在她的回憶錄曾提及：「從水門案後，幾乎所有政府發言都被視爲是可疑或需要再三查證的，我們的假設是：政府官員多半都會迴避事實。白宮主人過去是受記者保護的，所以像小羅斯福坐輪椅和甘迺迪的風流史，都沒被報導出來，但這層保護至水門案完全告終，此後入主白宮的，莫不將媒體視爲隨時準備突襲的對手，必須小心翼翼面對。」（Stahl 2001：49）

　　媒體對負面訊息的關注，當然令許多政治人物難以招架。以美國總統柯林頓爲例，在他八年的任期中有大半時間都陷入醜聞風暴，包括馥羅兒（Jennifer Flowers）的醜聞、逃兵、抽大麻、保姆稅、軍中同性戀、花兩百美元剪一次頭髮、旅遊局的槍擊案、白宮幕僚的自殺、白水案、聯邦調查局檔案、中國競選獻金、非法廣告支出、瓊絲（Paula Jones）案、中國衛星案、中國間諜案等，柯林頓的策士之一莫理斯曾提及在 1996 年 7 月 3 日的一次白宮競選策略週會中，柯林頓談到媒體對他的醜化時說：「你不能跟我說這些報導不會滴水穿石！」他抱怨：「他們把每個無辜的人都拖到泥淖裡去，他們把每個誠實的錯誤都指稱爲令人震撼的醜聞，他們把每段資訊都扭曲得不成比例，你別跟我說那些不會把我殺了。」（Morris 2000：238）

　　媒體偏好負面題材，當然也會鼓舞政治人物炒作負面議題。這種情況在選舉報導中最常見。研究選舉的學者梭伯（James A. Thurber）與納爾遜（Candice J. Nelson）在分析選戰媒體策略時，直指「指控」與「犯錯」是選戰中製造新聞最基本的方法。一場演講如果沒有針對對手的指控，媒體是不會報導太多的。相反地，越是不堪入耳、越是負面的指控，越有可能被報導。如同尼克森所謂：「指控總是放在頭版，辯護

則是淹沒在防臭劑的廣告中。」詹森講得更直接：「讓他否認！」不管什麼事，讓對手否認你的指控，是獲得醒目報導的不二法門（Thurber and Nelson 1999：162-163）。另一位研究選舉的學者艾利斯也指出：「讓我們面對現實吧，媒體感興趣的只有三件事：圖片、犯錯與指控，這是獲得報導的最佳管道。你要盡量避免犯錯，給媒體大量的圖片。而且，只要指控敵對陣營，那麼你一定會得到媒體報導。這是我的『政治管弦樂團樂池的理論』（"an orchestra pit" theory of politics）：假如有兩個人同時站在舞台上，其中一個說：『我有辦法解決中東問題。』另一個人則不小心摔進管弦樂團的樂池中，你想，誰會出現在晚間新聞中？」（Thurber and Nelson 1999：161）

4.3 去政治的政治世界：娛樂或緋聞

去政治的意旨，在於以政治人物私領域的隱私或緋聞，取代公領域的硬式新聞（hard news），甚至完全擠壓後者的空間。班尼特在敘述政治新聞內容的發展趨勢時，特別提及軟式新聞（soft news）的入侵。傳統上的政治新聞，就是所謂的硬式新聞，例如政府行為、競選政見、公共政策、國際現勢等，而所謂的軟式新聞，班尼特認為即是訴諸情感、短暫的新聞，不需任何理由，惟一重點就是抓住受眾的注意力，這種新聞強調戲劇性與聳動性，能夠激發閱聽眾的情緒反應，是否具有重要性則完全不在考慮範圍內，它從來不是建立在記者個人對民眾需要什麼的判斷上，而是根據市場調查與人口統計學的偏好來選擇的，目的是抓住受眾的注意力，提升閱讀率與收視率，以吸引廣告商（Bennett 2003：15）。學者派特森（Thomas E. Patterson）曾統計美國 1980 年至 1999 年間電視、報紙與雜誌中五百則新聞的內容，發現不含公共政策內容的稿

件從過去的百分之三十五上升到占一半，而軟性新聞的增幅最大，如聳人聽聞的煽情類從往昔的百分之二十上升到接近百分之四十，人情趣味性的新聞從百分之十上升到百分之二十五，犯罪與災難新聞則從百分之八上升到百分之十四（Patterson 2000：3）。

　　軟式新聞在主流新聞中遞增的趨勢，對傳統政治新聞最大的衝擊，就是政治性醜聞的遞增與政治娛樂化的趨勢。它表現為越來越多的電視談話節目如名人訪談，聳動議題談話性節目，嘲諷時事的夜間喜劇節目（脫口秀、模仿秀等），記者明星化（記者相互採訪，上鏡頭時間多過新聞內容等）。傳統上，政治新聞並不處理政治人物的私生活，特別是緋聞。1960 年代儘管有不少華府政治圈人士與媒體都知道甘迺迪與多位好萊塢女星有越軌行為，但對當時的記者與編輯而言，這些事均屬個人隱私。美國資深記者克普（Marvin Kalb）在他所著的《一個可恥的故事：柯林頓、魯文斯基和玷污美國新聞業的十三天》（*One Scandalous Story: Clinton, Lewinsky, and 13 Days that Tarnished American Journalism*）一書中曾提及他的一段親身經歷，1963 年 9 月 20 日，即甘迺迪被刺殺兩個月前，克普在紐約採訪聯合國大會，他午夜時在總統下榻的飯店電梯裡撞見總統保鏢將一名漂亮女人送到總統那裡去，其中一名保鏢為防止他看清那個女人的面貌還將他推倒，但他回憶說當時根本沒想到這可以是一則「新聞」。克普一個任職《紐約時報》的記者朋友也遇到同樣的情形，但他向報社彙報時主編卻告訴他：「你應注意那裡的政治、外交政策新聞，不是女人，這不算故事！」（Kalb 2001：6）

　　緋聞侵入政治新聞的方式，與 1980 年代的哈特事件有密切的關係。來自科羅拉多州的參議員哈特在 1984 年美國民主黨總統初選的新罕布夏州投票中脫穎而出，擊敗了當時的副總統老布希，被媒體譽為

「1984 年政壇的神奇男孩」。在哈特於 1987 年 4 月宣佈角逐民主黨總統提名人之前,《新聞週刊》就發表了一篇文章,說哈特被緋聞的流言所纏,並引用哈特前顧問的話說:「他總是處於和女人發生性問題的危險之中。」哈特面對這種報導的反應都是直接向新聞界挑釁,他對媒體說「繼續這麼幹!」、「盯著我吧!」,還說「真是無聊!」,這使得最早報導此一訊息的《邁阿密論壇報》(*The Miami Herald*)的可信度受到考驗,於是該報特別派遣一組記者守在哈特在華盛頓的居處附近守候,幾天後就報導了哈特和二十九歲的演員賴絲(Donna Rice)在遊艇上幽會。這使得原本處於領先地位的哈特不得不宣佈退出競選的行列。在當時哈特被媒體抨擊的焦點並不是性醜聞,而是他偽善與說謊,換言之,導致哈特下台的主因,在於他的政治可信度受到質疑。

　　1990 年代以後情況更為嚴重。政治醜聞往往集中於性醜聞:如外遇、玩弄女性、性怪癖、同性戀、酗酒或酒後駕車等。二十世紀末最受矚目的新聞包括退休美式足球明星辛普森(O. J. Simpson)殺妻案、英國王室特別是黛安娜王妃(Diana)的交友狀況與車禍、美國柯林頓總統與白宮實習祕書的緋聞等,這些政治醜聞往往涉及這些政治名流的私人隱私,而媒體的自我辯護是,媒體本來就是要對權貴加以監督,並將政治人物偽善的面目加以揭穿,公眾也有權知道這些真相(Kieran 2002:86-87)。有些名人新聞無涉醜聞,卻也被媒體大幅報導,例如 2005 年小約翰・甘迺迪(John F. Kennedy, Jr.)與妻子搭專機失事死亡的新聞,連葬禮的新聞都被擴大報導。面對這種現象,當時美國公共電視網(PBS)的主播之一邁克尼爾(Robert MacNeil)曾評論:「處理甘迺迪的事故給人的印象是,這個事件根本沒有打動人心,只不過在腦海一閃而過,令人吃驚的是,我們聽到商業競爭發出的喘息,以及持續

了幾個小時、幾天的煽情主義，這成為另一種發展的特徵：悲痛的電視、虛情假意的機器、立即的拍攝，直到擠盡國人所有眼淚為止，而最終目的不過是衝高收視率而已。」（Downie and Kaiser 2005：336）

　　媒體炒作政治人物的緋聞在 1998 年的美國達到最高峰。這一年年初法院在審理柯林頓與瓊絲的緋聞時，意外扯出柯林頓與白宮實習生魯文斯基的緋聞，這使得 1998 年有長達十個月的期間，美國媒體的政治新聞都集中在這椿緋聞上。那一年的下半年更是達到高峰，當年的 9 月 18 日，柯林頓出席聯合國大會發表演講，就在同一天，美國眾議院在共和黨席次占優勢的情況下，通過將柯林頓在 8 月 17 日對特別檢察官史塔作證的錄影公佈，這段長達四小時的錄影在 9 月 21 日於美國各大電視網公開播出，中間包括大量關於柯林頓與魯文斯基性關係內容的詢答，未經任何刪節，當時所有主要電視網都中斷正常節目轉播這段錄影，還在播出前警告內容不宜兒童觀賞，據說當天美國境內有兩千兩百五十萬人觀看了這段錄影。9 月 24 日國會進一步將史塔的調查文件約兩千八百頁全部公佈在網站上，讓全球所有人都可下載觀看。這份文件中充滿將柯林頓與魯文斯基性關係細節形象化的文字描述，其中許多內容也立即被主要報紙摘錄。

　　共和黨此舉促使柯林頓與民主黨陣營決定用同樣的手段回擊。先是 9 月中旬一份網路雜誌《Salon.com》披露眾院司法委員會主席海德（Henry Hyde）三十年前一段長達五年的婚外情，而海德正是主導將《史塔報告》公佈的關鍵人物。同樣在 9 月間，曾經主導民主黨獻金調查的印地安那州共和黨眾議員伯頓（Dan Burton）被迫承認，他曾在 1980 年代和一個女人生下他的私生子。幾天之後，一份報紙《愛達荷政治家》（*Idaho Statesman*）披露共和黨籍女議員切諾韋斯（Helen

Chenoweth）在 1980 年代曾與一名有婦之夫有長達六年的交往。緊接著，著名的色情雜誌《好色客》（*Hustler*）發行人佛林特（Larry Flynt）為了聲援柯林頓，在 1998 年 10 月 4 日的《華盛頓郵報》刊登整版懸賞廣告，宣稱只要有任何願意出面公開證明自己曾和國會議員或高級政府官員發生通姦關係的女人，即可得到一百萬美元的獎金。他不久就宣佈有大約兩千人為此打電話給他，他雇用私家偵探對這些線索進行確認，將注意力集中在其中四十八人身上，然後又縮小到十二人，才剛當選的共和黨眾院議長李文斯頓（Bob Livingston）就被他頭一個點名，包括有四個女人宣稱曾與李文斯頓發生過關係，甚至還有色情電話錄音。這些層出不窮的性醜聞幾乎瀰漫了所有的媒體，有媒體還將之形容為一場「性麥卡錫主義」（Sexual McCarthyism）。

　　在柯林頓緋聞與彈劾案發展過程中，由於媒體大量的報導，使得記者本身也成為公眾人物。許多資深記者本人接受媒體採訪，甚至擔任評論家分析這個事件。在事件進行中與事件結束後，他們又紛紛出版有關柯林頓緋聞與彈劾案的著作，將他們親身調查的內幕披露出來。可以說，1990 年代柯林頓的性緋聞案，將美國媒體就政治人物私生活細節的關注，推進到一個新的階段。著名智庫美國企業研究院（American Enterprise Institute）的一位研究員格拉斯曼（James K. Glassman）曾在一篇評論文章形容這樁緋聞讓所有的美國人都淹沒在無意義的口水中，他說：「當柯林頓─魯文斯基案充斥媒體的時候，美國人應該注意的真正事實是：亞洲金融危機的真正起因和對美國的影響是什麼？削減百分之三十國防預算的後果是什麼？誰是美國真正的敵人？美國經濟繁榮的程度怎樣？犯罪率降低的原因是什麼？擴大教育政策下的學校教育如何？健保制度是在提高還是降低美國人的健康水準？……而現在，美國

人民的注意力正被媒體『可怕地誤導』。」（Glassman 1998：10）

　　事實上，礙於往昔專業傳統，主流媒體究竟應否在處理政治新聞時打破「公／私」的藩籬，本身也一直存有掙扎。美國資深記者唐尼與凱澤在其著的《關於新聞的新聞：美國人和他們的新聞》（*The News About the News: American Journalism in Peril*）一書中曾生動地記載了發生在 1996 年大選時《華盛頓郵報》編輯部的一場內部激辯，即究竟應否處理一則涉及總統候選人杜爾的緋聞。杜爾在競選過程中一再強調他比民主黨提名的柯林頓道德高尚，他在發表提名演說時曾說：「在政治上，人們不能損害上帝、家庭、榮譽、責任和國家。」然而《華盛頓郵報》記者在追查杜爾第一次婚姻時，卻發現他在與第一任妻子離異前，曾有一段長達七年的婚外情，且這位第三者也願意接受探訪。接下來的問題是，該不該發表這篇報導？結果《華盛頓郵報》內部為這個問題爭執了數週。包括總編輯凱澤及報導水門案的著名資深記者伍華德等在內部討論時都主張應公佈，主要理由是杜爾既然宣稱自己是一個道德高尚的人，就該如同他自己在電視上所說的「請公眾監督他的私生活」，特別是相對於柯林頓的緋聞，媒體更不應有雙重標準，更何況它本身就是客觀的「事實真相」。但政治組召集人卻反對刊登，認為「一件發生在三十年前的雙方合意通姦與某人的公眾生活無關」，而《華盛頓郵報》發行人葛萊姆（Katharine Graham）在獲悉後也反對發表，但她尊重編輯部的決定，《華盛頓郵報》最後決定不發表這則報導。然而一週後一家超市小報《國家詢問報》（*The National Inquirer*）卻報導了這個內幕，《紐約每日新聞報》（*New York Daily News*）也立即摘錄了這則報導。掌握最完整的《華盛頓郵報》反倒漏掉沒刊登，但也立即在隨後的報上說明報社早有掌握，但決定不刊登（Downie and Kaiser 2005：83-

91）。《華盛頓郵報》所面臨的掙扎，事實上是所有傳統媒體的課題，即面對政治公眾人物私領域的緋聞爭議時，還要不要守住「公共利益」這個界線？《華盛頓郵報》的處境是就算自己願意謹守分際，別的媒體還是會跟進，而由公眾的關注程度看來，並不會對《華盛頓郵報》的堅持給予掌聲，這種趨勢將更形助長政治人物的緋聞入侵正統政治新聞。

同樣是處理類似的緋聞，《紐約時報》卻讓自己陷入風暴，甚至成為爭議焦點。2007 年 11 月，《紐約時報》駐華府記者接獲消息，指稱參與共和黨總統初選的麥肯（John McCain）多年前涉及緋聞與操守爭議，調查報導於是啟動。麥肯陣營強硬對應，想盡辦法阻止記者的調查行動，麥肯甚至親自致電總編輯凱勒（Bill Keller）否認相關指控，並聘請曾為前任總統柯林頓辯護的名律師班奈特（Bob Bennett），為自己與《紐約時報》的攻防全力備戰。《紐約時報》內部對麥肯報導出現重大歧見，包括新聞倫理上存有瑕疵、對麥肯婚外情的指控過於薄弱等，前後角力三個月後終於上報。這篇在 2008 年 2 月 21 日刊出的調查報導指稱，共和黨準總統候選人麥肯，在 1990 年代末期與一名女說客伊斯曼（Vicki Iseman）發生婚外情，而且以私害公，運用自己參議院的職權，協助伊斯曼的客戶取得不當商業利益。此文一出，麥肯陣營當然極力否認，緋聞的女主角伊斯曼也發表聲明否認，兩人口徑一致地指稱《紐約時報》報導不實。而且，麥肯陣營反過來「揭發」《紐約時報》高層原本認為這篇報導問題重重，只能束之高閣，後來得知自由派雜誌《新共和》（*The New Republic*）即將刊出專文詳述這篇報導胎死腹中的過程，於是決定鋌而走險，硬將報導推出。《紐約時報》這篇報導本來可以打響第一砲，只可惜貪圖緋聞聳動題材，反而讓《紐約時報》成為眾矢之的。

第六章
訊息發佈與媒體操縱

怎麼應付媒體乃至利用媒體，本就是傳統公關所關懷的重心，也是政客、官僚與政黨永遠無從迴避的課題。畢竟在今天，媒體不僅滲透人們的生活，也具備了難以抗拒的力量。對許多政治人物而言，媒體甚至具有相當的摧毀力量，特別是陷入個人形象危機、醜聞或權力鬥爭之際，媒體往往會從四面八方「一哄而上」，彷彿狼群攻擊獵物一樣，很少有聲望的權勢人物不會在這種圍攻下身敗名裂。美國總統詹森在媒體不斷批判越戰政策下狼狽地放棄連任，尼克森在水門案的媒體圍剿中下台，卡特在伊朗人質危機中淪為媒體羞辱的人質，哈特在婚外情被媒體揭發後退出總統黨內初選，柯林頓的外遇、吸大麻、逃避兵役的議題數度面臨媒體圍攻，魯文斯基的緋聞更讓柯林頓被媒體羞辱了大半年。因而政治人物不僅無從迴避媒體，而且還要應付媒體，當然也會想要操縱媒體。

1 政治人物的兩種「媒體」觀：敵人或工具

曾在美國採訪過三十三年的合眾國際社（United Press International）記者湯瑪斯（Helen Thomas）曾說：「沒有一位總統是喜歡記者的。不要奢望政府官員會喜歡你，能贏得對方尊敬就不錯了。」小布希的一次發言相當傳神地表達了這種厭惡，他在 2000 年競選總統時，到伊利諾州一項勞工節遊行造勢，在向支持者發表演說之前，輕聲向他身旁的搭檔錢尼罵《紐約時報》記者柯瑪（Adam Clymer）是「大渾球」，而錢尼也回應「沒錯」，沒想到這段對話竟透過他身上的麥克風傳了出去，讓現場支持者全都聽到，當然也引發軒然大波。厭惡是一回事，怎麼處理與媒體的關係，永遠是所有政治菁英從政生涯中揮之不去的課題。

　　一般而言，政治菁英對媒體多半採取兩種立場，一種是認為媒體是敵人，政媒關係即是敵我關係；另一種立場則認為媒體是可操作的工具，政媒關係是一種互賴與操縱的關係。多數政治人物其實多半就擺盪在這兩種立場之間。將媒體視為敵人，政治與媒體的是對抗的，是輸贏的，也是零和的。雙方在互動上是忽視與防堵，在對抗上就是攻擊與抵抗。在這個假定下，所有的訊息都被視為機密，拒絕提供給媒體；對媒體的訊問不予合作，對媒體的指控只就自己有利的部分回應，甚至不惜對媒體提出訴訟。而與公眾的接觸，也刻意繞過媒體，甚至在公眾面前醜化媒體。至於將媒體視為可操縱的工具，則是將媒體視為宣傳工具，可以透過適當的操作，達到其所想要的意圖。這個假定認為，媒體是有途徑可以掌控的，只要充分掌握媒體運作的邏輯，例如私下向媒體主管示好溝通、尋找有名望的學者專家「背書」、刻意洩露重要訊息、妨礙對手取得訊息、施放煙幕引開注意力等手段，媒體其實是可以充分被掌握的工具。

　　「敵我觀」與「工具觀」最鮮明的對照，或許就是在 1960 年競選總統的甘迺迪與尼克森。尼克森是與媒體直接對抗的典型範例，他在從政生涯中對新聞界一直都採取戰鬥的立場。他曾直接了當地說：「怎麼能讓這些自我中心、左傾、聰明又傲慢自大的記者來這裡把總統弄得鮮血淋漓呢？」尼克森指示他的顧問向媒體簡報時，要「告訴他們你想讓他們聽的東西，而不是他們想知道的東西，控制你的講話內容。無論你心裡怎麼想，都要以笑臉面對每件事」。他在祕密會議上反覆告誡他的高級顧問：「新聞界是敵人。」（Gergen 2004：106-107）尼克森也認為政治人物對記者「提供內幕新聞，用以成全他們的報導絕對是危險的，特別是你如果忘記這只是一種權宜的婚姻，而認定這是一種真正的愛情的

話。」（趙維 2006：238）。

　　尼克森處理新聞發佈的團隊，主要的任務不是提供資訊，而是管制資訊；他盡量減少與新聞界接觸的頻率，從不提供記者採訪的便利，而是盡可能地加以阻撓。他將原本設在白宮西廂的記者室移到地下室，讓記者不能再在西廂的走廊攔住總統或向官員打探消息，他也嚴禁官員擅自對記者發言，同時大量減少記者會的次數，記者會的時間也延至晚上九時，讓電視網無法在晚間黃金時段播出，更讓平面媒體的日報無法即時處理評論（彭滂沱 2007：185）。

　　相對於尼克森視媒體如敵人，甘迺迪卻是竭盡所能地與媒體建立良好的關係。甘迺迪本人其實並不喜歡媒體，《紐約時報》資深記者索爾茲伯里（Harrison E. Salisbury）曾說：「新聞界人士大多以為甘迺迪喜歡他們，其實他們都弄錯了！」他有一次曾單獨與甘迺迪坐飛機，親耳聽到甘迺迪咒罵道，「那幫混蛋記者！」，甚至還說「狗雜種，全是捏造，他們從來不說實話」，索爾茲伯里認為甘迺迪對媒體的厭惡其實不下於尼克森，而甘迺迪之所以會給媒體錯覺，是因為「甘迺迪做工好，竟使一些記者認為自己是他朋友了」（趙維 2006：236）。1960 年甘迺迪與尼克森競選總統的時候，採訪尼克森的記者團都視為苦差事，而採訪甘迺迪競選的四、五十名記者都變成他的支持者。不僅如此，甘迺迪願意花工夫去研究那些對他懷有敵意的媒體，他在與這些媒體打交道時並非要爭取支持，只爭取後者能夠對他更友善些（Halberstam 1994：443）。在甘迺迪陷入困境的時候，往往都是求助那些對他最挑剔、最懷恨的記者，他也經常邀請多半與其唱反調的《時代》老板魯斯（Henry Luce）到白宮午餐，甚至重要演說在發表前，都還會刻意拿給《時代》的總編輯悉迪（Hugh Sidey）先看過，以徵詢他的意見（江鴻 2007：

239）。

與尼克森不同的是，甘迺迪面對媒體採訪都是盡量配合記者需要，他對記者的邀訪與探詢幾乎是來者不拒，他在白宮辦公室的大門幾乎一直都大開，所有記者都可直接進辦公室與他聊天，他允許電視直播總統記者會，無須剪輯或事前送審，這也使得他的記者會經常成爲晚間新聞重點（彭滂沱 2007：173-174）。甘迺迪這種對媒體的立場，不僅使得他受到媒體的歡迎，更重要的是，他也讓媒體成爲他可以操縱的工具。

甘迺迪與尼克森都不喜歡媒體，但他們兩人卻採取完全不同的「媒體觀」，尼克森整個政壇生涯都在與媒體對抗，最後也因水門事件完全栽在媒體手上，甘迺迪的政壇生涯一直在經營媒體關係，進一步也操縱了媒體，結果甚至在他總統任內最大的決策失誤豬玀灣事件上，媒體都對他輕輕放過。這兩種截然不同的媒體觀，一定程度上也決定了他們兩人的歷史評價。

2 倫理攻防的操作：言論自由與專業意理

政治人物與政治公關的實務者必須理解媒體所在意的倫理，原因在於媒體經常藉由倫理的訴求，來界定自己與政治間的分際與關係。根據古典民主論述，媒體往往被期待要履行三種職責，一是監督掌權者，扮演稱職的看門狗；二是挖掘事實眞相，戳破掌權者的掩飾與謊言；三是充分呈現各項公共議題的觀點與立場。這三種職責清楚預設了媒體與政治間的衝突與互動關係。換言之，在民主社會中，媒體永遠不可能是政治部門的盟友，但也不全成爲勢不兩立的敵人。政府或政治人物有時需要媒體幫忙傳遞訊息或塑造形象，但也希望能避免媒體對內幕醜聞的挖

掘或是對政策或弊端加以批判。相對地,媒體則期待藉由內幕的揭發與弊端的批判,來建立自己獨立與專業的形象,但有時也會藉由對採訪對象的正面報導來建立彼此的友善關係,以維持消息來源的穩定,這種既衝突又合作的關係,正是媒體與政治關係的具體寫照。因而所有政治菁英對媒體都存有複雜的愛憎情結,永遠是「既期待又怕被傷害」。他們嘗試影響媒體,卻永遠掌控不了媒體,這種使不上力的困境,部分原因即是政治部門輕忽了媒體對若干倫理原則的信守與堅持。這其中有兩組倫理價值最爲重要,一是言論與新聞自由不容政治力侵犯;一是對政治人物與事件的報導必須堅守客觀中立的原則。

2.1 當安全與名譽碰上了言論自由

儘管在理論內涵與歷史發展上,言論自由與新聞自由間有一定的差異,但在今天媒體的眼中,這是同一回事。當政治部門與媒體發生衝突,而其衝突的性質在媒體看來是觸及了言論與新聞自由的層次,那麼這將立即使得媒體理直氣壯,媒體通常會上綱到「憲法保障」的高度,讓政治部門面臨「侵害言論自由」的指控,而一旦這種指控的輿論氛圍形成,就算在司法裁判上政治部門可能獲得勝利,但在論述爭辯的媒體平台上卻永遠討不到便宜。因此當政治與媒體發生衝突,而這種衝突有可能被導向言論自由的爭議時,政治部門除非有十足的把握,否則最好選擇讓步。

在經驗實務上,媒體通常會對政治人物或機構的兩種作爲祭出「言論自由」,而這兩種作爲都與司法訴訟有關。一是政府認爲涉及國家機密的訊息被媒體掌握,企圖藉由公權力制止其發佈,或是在發佈後以「洩露國家機密」爲由提起司法訴訟;二是政治人物的某些言行作爲遭

到媒體爆料或批判，政治人物以其內容涉及毀謗而提出司法訴訟。面臨這兩種指控，媒體對應的邏輯都很簡單，即所有政治事務皆屬公共事務，政治人物皆屬公眾人物，兩者皆涉及公共利益，站在維護公共利益的立場上，所有公共事務與公眾人物的資訊都應攤在陽光下，供民眾探知與評論。媒體的所有報導都是在維護民眾「知的權利」，而所有涉及公眾事務的人與事皆屬「可受公評的範圍」，政治部門對其進行任何事前的限制或事後的追懲都是「侵害言論自由」。

　　媒體在對抗政治壓力時，經常會引述美國媒體在捍衛新聞自由上的兩場重要戰役。一則是「《紐約時報》訴蘇利文案」（New York Times Company v. L. B. Sullivan）。1960 年 3 月 29 日民權組織為募款援助民權領袖金恩博士及其它受迫害的南方黑人，在《紐約時報》刊登「傾聽他們的聲音」（Heed Their Rising Voices）的全版廣告。廣告文中提及「南方暴力人士」對金恩博士的和平抗爭一而再、再而三地以武力脅迫來回應。廣告文中並未指名道姓，但阿拉巴馬州蒙哥馬利市警察局局長蘇利文卻認為「南方暴力人士」就是影射他本人，因而向阿拉巴馬州法院控告《紐約時報》涉嫌誹謗，並訴請五十萬美元的損害賠償。《紐約時報》雖聲稱所刊登的是廣告而非報導，但州法院仍判蘇利文勝訴，《紐約時報》必須支付蘇利文全額賠償。隨後阿拉巴馬州最高法院也進一步確認了這項判決。《紐約時報》於是上訴聯邦最高法院。1964 年 3 月 9 日，聯邦最高法院全體大法官一致同意將判決駁回。由布瑞南（William J. Brennan）大法官負責主稿的判決文中指出：「有關公共事務之辯論，應該是不受拘束、富有活力、完全公開的；其中也應該包括對公職人員的言詞激烈、語調尖銳甚至令人不快的批評。本案這則廣告所表達的是，人民對當前重大公共議題的申訴與抗議，理應受到憲法之

保障。」這項判決無異確立了媒體有評論政府與官員的自由。而政府官員因處理公務遭到批評與指責,致使個人名譽受到損害時,不能動輒以毀謗起訴或要求金錢賠償。

另一則例子則是「《紐約時報》訴合眾國案」(New York Times Co. v. United States),又稱「美國五角大廈越戰報告書案」(Pentagon Papers Case)。1971 年夏天,曾任職五角大廈的某名官員,將一份長達七千頁的越戰機密文件交給《紐約時報》記者,該文件是由當時的國防部長麥納馬拉(Robert S. McNamara)下令撰寫,內容涉及了美國涉入越戰的原委。該記者取得文件後,於 6 月 13 日起在《紐約時報》以顯著標題連載,引發全美震撼。連登三天後,政府司法部向法院取得強制令,要求該報停止刊載,但《華盛頓郵報》卻接力刊登。尼克森轄下官員認為此事攸關國家安全,繼續要求法院下令停止連載。《紐約時報》與《華盛頓郵報》隨即上訴聯邦最高法院,1971 年 6 月 3 日,聯邦最高法院以六票對三票做出判決,認為政府缺乏充分理由要求報社不得揭露此訊息,這份長達七千頁的文件屬「公眾所有」,並認為「國家安全,是內容空泛、模糊的抽象字眼,不能用來否定憲法保障言論及新聞自由的基本原則」。當時一位大法官布雷克(Hugo L. Black)在判決書寫下一句很重要的話:「只有一個自由和不受箝制的媒體,始能揭露政府的欺騙手段。」

可以說,在言論自由與國家安全、名譽毀謗的長期戰役中,上述這兩場戰役都是媒體獲勝。這意味至少就美國的經驗而論,政治人物如果祭出國家安全或誹謗訴訟去與媒體的言論自由對抗時,通常討不到便宜。美國的許多司法判例已經顯示,當政府以國家安全之名宣稱某些資訊為國家機密之時,往往立即與媒體所宣稱的「知的自由」直接撞上,

而一旦觸及所謂「資訊自由」的議題時，包括「資訊是屬於人民的，不是政府的」、「資訊應盡量公開」等觀念都會使國家安全的訴求討不到便宜。而在公眾人物名譽與言論自由之間，言論自由的位階顯然更高，換言之，當政治人物遭媒體批評和指責，致使其個人名譽受到損害時，並不能動輒以誹謗罪起訴和要求金錢賠償，除非能拿出證據，證明這種指責是出於「眞實惡意」（actual malice）。所謂「眞實惡意」，用美國聯邦最高法院的解釋，就是「明知其言爲虛假，或不顧其是否虛假」。也可以說，政治人物要透過司法手段與媒體進行攻防，一般而言最起碼要滿足三個條件，一是他們要證明媒體報導內容不實，二要證明媒體確實懷有惡意，三要證明他們確實受到實際傷害。政治人物通常是輸在第二項條件上。

通常政治人物藉由國家安全、個人名譽的價值訴求，去與媒體所主張的言論自由進行對抗時，至少就美國的經驗而論，一旦搬出憲法「第一修正案」，媒體占優勢的機會比較多，而政治與媒體間一旦陷入言論自由／國家安全或是言論自由／名譽毀謗的倫理攻防時，律師往往取代公關顧問，成爲雙方攻防的主要角色。換言之，這種攻防通常透過冗長的司法訴訟才能解決，同時攻防雙方都要付出可觀的訴訟費用，而且是輸贏立判，風險其實很大。而在政治公關的操作中，往往是藉由另一組價值訴求來進行攻防，這個價值訴求即是藉由媒體自己所設定的專業價值。

2.2 專業倫理的攻防

除了抗拒政治力干預的倫理訴求外，媒體也通常透過另一套倫理訴求來減少政治的干擾，即是新聞客觀性的專業倫理，強調在新聞報導上

必須謹守政治立場的中立，對所有黨派都應維持公正、平衡與真實的原則。要符合這種專業倫理，大抵有幾個操作原則，首先就是訊息與觀點區隔，報導與評論在空間上刻意分開處理。報導的部分必須嚴守記實原則，不允許有任何偏見、文句潤飾與個人風格。其次就是謹守政治立場中立，要公平審視各方事實與立場，並在不偏不倚與平衡的原則下呈現事實。在實際操作的原則上，客觀性倫理可以透過下述幾個指標來檢視，包括準確性（accuracy）、平衡性（balance）、真實性（truth）與公平性（fairness）等概念。從某種角度說，這種專業自律其實就是要記者盡量「去政治化」。如同討論新聞客觀性與西方民主的學者哈克特（Robert A. Hackett）與趙月枝所指陳，客觀性就是要記者「置身事外」，成為政治的旁觀者，不得提出主張、參與爭論，不得在爭議雙方之間做出判斷（Hackett and Zhao 2005：35）。研究美國傳播政治的學者麥克切斯尼（Robert W. McChesney）認為強調新聞客觀中立的倫理，是一直到二十世紀初才出現，它形成一種專業新聞（professional journalism）的訴求，並以此名正言順地排除政治、經濟勢力對媒體的干預。事實上在擴大媒體影響力與營收利潤的考量上，這種藉由業者自律所強調的中立與客觀倫理，基本上是符合媒體經營者利益的（McChesney 2005：66-69）。

由於客觀性的專業倫理是媒體自行所標誌，因而媒體最不樂見外界對其專業倫理的質疑。於是專業倫理的信守就形成媒體形象資本的一部分，一個在專業上經常受到質疑的媒體，它的信譽自然也會受到影響，進而也會影響到其發行。媒體在專業倫理上會受到質疑的地方很多，如侵犯隱私、以欺騙或匿名方式採訪、角色利益衝突、不夠公正客觀等。一般而言，在隱私權的爭議上，政治人物通常討不到什麼便宜，媒體通

常會主張政治人物為公眾人物，並不享有與一般人同樣的隱私權，而他
們在私領域的行為亦屬可受公評之範圍。在以欺騙手段取得資料上，媒
體通常會以符合公共利益加以辯護。媒體認為許多遭到掩蓋的不法或不
當作為，若不採取若干非正規手段，恐怕根本無法取得。除此之外，媒
體還會以資訊必須公開流通為由加以辯護。但一旦觸及不夠客觀公正的
爭議就不一樣了，媒體若被指責內容出現錯誤、不符事實，或是針對爭
議各方的報導未做到平衡，被指責有所偏頗，則媒體就可能淪為被指責
的一方了。

　　媒體最常面對、也最難自我合理化的專業倫理質疑，即是被指控報
導內容出現錯誤、有意誤導讀者以及報導立場不夠客觀公正，而媒體也
最不樂見這樣的質疑。1990 年 1 月 9 日美國三大電視網之一的國家廣
播公司在一個新聞性節目《今天》（*Today*）做了一個十分鐘的專題，中
間專訪了一位生態學者英瑞屈（Paul Ehrlich），他提出一份研究報告指
出畜牧業對美國大西部草原的破壞，由於播出後反應熱烈，畜牧業者的
反彈相當強烈，立即針對專業意理提出質疑。先是會員人數達二十六萬
人的國家畜牧協會（National Cattlemen's Association）與公共土地出租
委員會（The Public Lands Council）共同發表一封公開信，直接了當地
指控這個節目「高度失真、誤導，同時沒有做到客觀公正」。對媒體而
言，這已經是最嚴重的指控了。此外公開信也提出了相當多的客觀數據
與研究報告，一一指出英瑞屈論點的錯誤與誤導，指出《今天》既沒有
平衡報導各方意見，也沒有過濾其它資料。接著數以千通的抗議電話湧
進國家廣播公司。在一直未得回應的情況下，國家畜牧協會於是投書
《華爾街日報》（*Wall Street Journal*），焦點全集中於報導失真與誤導
上，同時部分媒體觀察組織也加入批評，終於迫使《今天》節目的製作

人在《華爾街日報》正式回應並表達歉意（Baker 1993：115-119）。

3 訊息通路管控的制度機制：新聞議程的掌控

　　無疑地，在議程設定上，政治部門與媒體大多數時候是對立的。媒體為維持其獨立性，當然致力於設定自己的議題，甚至有意干擾政府或政治人物的既定議程。美國總統卡特時代的官員喀特勒（Lloyd Cutlter）曾嘆道：「任何時候，無論白宮原訂的議程有多重要，由於電視新聞的壓力，白宮經常會被迫中止原先議程，改而討論如何應付電視新聞的攻擊，以便在下次新聞播報前予以還擊。」（Smith 1988：552）也因為這樣，美國好幾任的總統幕僚都在研究如何將議程的主導權從媒體手中搶過來，例如雷根在 1981 年入主白宮以後，相關幕僚即總結前幾任總統的經驗，重新設計媒體策略，將新聞的處理視為一種「政治柔道」（political jujitsu），柔道的主要技巧即是使用對手的力道來形成自己的優勢，政治柔道即是如何利用媒體的力量來加強總統的權威，換言之，即是有效控制並主導新聞，而絕對不能受制於媒體，正如曾經擔任雷根傳播顧問的葛根所說的：「要成功進行統治，政府必須自己設定議程，而不能讓媒體來為它確定議程。」（Smith 1988：553-554）

　　美國約翰霍浦金斯大學的兩位政治學教授古瑪爾（Martha Joynt Kumar）與葛羅斯曼（Michael Grossman）在他們合著的《描繪總統》（*Portraying the President: The White House and the News Media*）一書中說：「總統和他的幕僚必須認清：他們與新聞界的關係哪些是固定不變，哪些部分是可以改變。尤其當總統希望將他與媒體的關係轉變為對自己有利時，必須知道他不能改變媒體對什麼是新聞的判斷，他應該了

解媒體報導總統新聞的方法。可以預見地，媒體在報導總統新聞時，通常會突出對總統不利的一面。」（Grossman and Kumar 1981）

　　政治學者班尼特在比較不同美國總統的新聞管理風格後指出，美國官方如何管理新聞的教戰手冊，有很大部分是在雷根政府期間成形的。他指出很少有政治人物像雷根的媒體幕僚那樣，能夠實現對媒體完全的管理。就政府該如何對媒體進行管理這一課題上，班尼特在書中將之列成一個漸進的作業過程（Bennett 2003：183-184）：

（1）政策官員和媒體管理顧問每週召開會議，規畫未來一週的新聞議程，並對進行中的媒體操作成效進行評估。

（2）負責媒體傳播的人員每天召開會議，決定「今天想讓新聞媒體報導什麼以及怎樣報導」。

（3）重複是關鍵。而且是從不同角度為媒體提供同樣的訊息（當然是有新聞價值的），以滿足媒體變換視訊鏡頭和圖片的需要。由於重複是如此重要，儘管有時逼得總統不耐，然而事後證明卻是有效的。

（4）把當天的綱要傳給所有部門與所有可能的新聞發佈者，從而「保證我們（對媒體）說的是同樣的內容」。

（5）透過政府高層召開視訊會議協調當天的新聞，以保證各部門理解當天的綱要，並安排由誰來發言，什麼時候發言，誰又該閉上嘴巴。

（6）發動媒體，把記者和他們的老板找來，看看他們的理解是否符合政府的要求。這就是所謂的「策畫控制」（spin control）。

（7）每週召開聯邦政府各機構新聞發言人的座談會，訓練他們如何將政府展示給媒體。

（8）進行大量的民意調查和市場研究，去了解公眾想的是什麼，以及總統如何透過新聞來打動他們。對著名節目主持人、評論家、記者的

印象專門做市場調查，以決定由誰來報導獨家新聞、由誰做訪談
等。

在這個作業流程下，白宮負責媒體的幕僚每天都要從總統的公務及
私生活中，努力找出可以上晚間新聞及第二天報紙頭條的新聞，設法以
有技巧的方式提供給媒體，由於媒體本來就會想盡辦法挖掘一些有關白
宮的新聞，假如白宮不主動影響媒體，媒體就會以自己的本事來發掘新
聞。但這種影響力的發揮又必須要有高度的技巧，讓媒體不自覺地受到
白宮的安排。葛根說：「我們有一個守則：在總統的所有活動安排上，
只要涉及公開場合，我們都必須事先設想到新聞界的反應。我們要先掌
握新聞標題將如何處理、新聞照片將如何處理，以及新聞主要內容將如
何描述。這些都是最主要的原則，假如白宮幕僚對總統的公開活動不能
掌握到媒體的觀點，那麼最好取消總統的公開活動計畫。」（Smith
1988：556）

除了新聞議題選擇外，要有效掌控議程，還需要配合其它幾個策
略。首先即是操作截稿期限（manipulating deadline），這是所有懂得媒
體運作的公關人員都會使用的策略。畢竟所有媒體都面臨截稿期限的問
題，因而只要是重要人物就重要問題發佈消息，如果時間剛好在最後截
稿期限逼近前，媒體都會不加考慮就予以報導。對媒體而言，這種情況
確是不得不為的選擇，當然前提必須是事件本身確有新聞價值，消息來
源也是明確而熟悉，而記者如果花時間查證內容，很可能錯過發稿時
間，為對手媒體搶得先機。對公關而言，採取這種作法除了取得議題設
定的主動優勢外，也壓縮媒體深入調查的空間（Jamieson and Campbell
2001：122-123）。

在二十四小時有線新聞台出現以前，新聞發佈時間的操縱往往具有

關鍵的影響。重要議題在週日早上發佈，根本不會引起公眾任何注意，週日晚間也都會被一些特別節目所取代，但若是在週一的早報、晨間電視節目或是駕車上班時的廣播節目時段發佈，那就完全不同了。葛根就曾說：「要是有什麼不想引起公眾注意的新聞，那就週五下午四點發佈。」（Jamieson and Campbell 2001：123）例如雷根總統停止向駐黎巴嫩的聯合國維和部隊派兵的決定，就是在週五下午四時宣佈的。有時也可能加大新聞發佈間隔的時間，這樣新聞發佈可以處於一個穩當的、可控制的流動範圍之內。譬如為了躲過東部報界的批評，美國總統經常刻意將講話安排得很晚，讓東部的早報無法刊登。例如福特總統知道特赦前總統尼克森會非常敏感，因此他特別選在週日美國東部時間上午十一點宣佈。當然二十四小時新聞台的出現已經改變了這種狀況，只不過是公眾的收視習慣還未完全改變而已。

　　其次一種策略是控制媒體對新聞來源的管道（manipulating access），例如控制參加記者會的人數、以發新聞稿來代替記者會、對友好媒體提供獨家訊息或獨家專訪、對不友好媒體封鎖消息等。有的時候這種訊息管道的操作還可以拿來作為與媒體交易的籌碼，例如中立報導、溫和的評論或是確切隱藏消息來源等。曾經擔任過《華盛頓郵報》調查記者的葛林（Bill Green）曾經在報紙上簡單說明了不同種類的「未署名消息來源」（unnamed source）所代表的意義：「如果新聞發言人提供的訊息或簡報表明了『記錄在案』（on the record），那麼就可以『清楚交代消息來源』；如果記者所參加的是一個『背景簡報會』（backgrounder），那就是『只能使用材料，但不能交代來源』；如果參加的是一個『深度背景簡報會』（deep backgrounder），那麼報導中通常就會出現一些如『眾所周知』、『普遍認為』的模糊用語，重點是不能

讓讀者知道是有人透露這個消息；如果任何說明陳述清楚表明『不得記錄』（off the record），那就意味完全不能使用在報導中。」葛林認爲要掌握到一些難以取得的官方內幕訊息，就必須熟悉這套密碼（Jamieson and Campbell 2001：126）。

1991 年 1 月爆發的波灣戰爭，美國軍方對媒體與資訊的操作，幾乎可謂達到極致，當時有多達一千五百名媒體記者湧至波斯灣，美國軍方當然不願意戰事過程遭到媒體中傷，於是採取了兩種媒體策略，即訊息共享（pool）與記者會。訊息共享即是將來自各個媒體的記者組成報導團隊，他們必須身著制服，且遵守一定程度的保密規範。由於所有的資料幾乎都要仰賴軍方提供，因而所有流出的影像與副本資料都必須經過嚴密的審核手續，換言之，所有來自戰場的訊息都經過軍方認可後才能分送其它媒體，講直接一點，美國軍方根本是直接管制了訊息的流動。當然戰場的高危險性使得軍方占得了更有利的位置。記者會本來並不易引起觀眾觀看的興趣，但許多訊息還是得依賴軍事發言人來說明，美國軍方在這裡掌握的主要王牌，就是由聯軍最高統帥史瓦茲科夫（Norman Schwartzkopf）將軍直接露面向媒體做說明，以顯示軍方對媒體的重視，這種記者會經常開放現場直播，讓許多對軍事與國際事務專業不熟悉的記者經常會提出許多很蠢的問題，或是問題有時會問得很尖銳，而軍方發言人都會以溫和且專業的態度回應，這種在電視上直接播出的互動過程，一方面確保軍方版本的報導居主導，一方面也可提高軍方的民意支持度，民調即顯示大眾對媒體的信任度遠遠落後於軍方（Taylor 2001：90-91）。

新聞發佈操作也經常被政治人物拿來作爲轉移焦點的策略（diversionary tactic）。這種操作是政治當事人身陷政治風暴，成爲媒體炒作的

焦點，或是在政治競逐中處於不利的位置，於是藉由釋放某些訊息來轉移焦點。轉移焦點的技巧很多，例如設下某種防火帶（firebreaking），透過塑造另一個吸引人的題材來錯開當下令人困窘的焦點。或是刻意擴大煽風點火（stoking the fire），藉由擴大釋出對對手不利的題材並吸引媒體關注。也有倒過來刻意淡化（burying bad news）的作法，即是將不得不釋出的負面訊息與其它更重要的訊息摻在一起，或選在週末釋出，使其衝擊被沖淡。或是刻意淨化處理（laundering），將負面訊息與好消息同時釋出，擦掉醜聞的痕跡，去掉爭議，彌補漏洞，只將光明、清新的部分展示出來。

　　如果期望記者的注意力都能集中在某一個特定的消息上，新聞發佈往往會避免同時發佈其它足以造成干擾的消息。有時候為了將記者的注意力從敏感的事態上引開，又可能故意發佈一系列的重要消息，例如製造有新聞價值的事件，在宣佈主要政策前故意拖延新聞發佈時間。將政治上的成功與政治上的失敗巧加安排，以將人們的注意力從失敗上移開，專注於成功的部分。卡特政府將與中華人民共和國建立正式外交關係的消息安排在 1978 年末，以沖淡以色列和埃及和平談判失敗的不利報導。同樣地，雷根政府希望美國海軍陸戰隊成功占領格瑞那達可以沖淡 1983 年美國海軍陸戰隊轟炸黎巴嫩的形象。

4 訊息發佈：新聞發言人的角色

　　不論怎麼控制資訊的流動，訊息發佈還是公關最關鍵的一環。而除了主動發佈新聞稿之外，當代所有的政府部門，都一定設有專門的新聞發佈單位，負責與媒體的互動，也一定設有正式的發言人，作為這種互

動的窗口。而發言人往往也成爲政治部門與媒體間相當重要的角色，畢竟新聞發言人所說的每一句話，都代表政府的政策，或是相關首長的立場，如果發言出現差錯，發言人也是受到媒體質疑的第一線。資深記者庫爾滋曾觀察柯林頓的發言人麥柯里每天緊湊的行程，而爲了準備當天的記者會，事前就起碼要演練兩遍，這麼愼重的原因在於，所有擔任白宮發言人者每天都必須經歷記者一連串複雜問題的提問，其中任何一個問題都有可能成爲媒體第二天炒作的頭版新聞。因此麥柯里必須知道哪些事情需要肯定、哪些事情需要否定、哪些事情需要含糊其詞拖延時間，即便差別很細微，但都非常重要（Kurtz 1998b：2）。

美國國務院在 2005 年曾經出版過一本《政府的媒體公關與新聞發佈：一個發言人的必備手冊》（*A Responsible Press Office*），作者蘇麗文（Marguerite H. Sullivan）在其中界定了發言人與媒體打交道時的兩個任務：「他們宣示政府的立場，解釋政府行動的緣由與價值。他們糾正錯誤的訊息，並努力改善關於既有訊息的解讀與理解。他們也在政府裡爲記者說話，是傳達他們需求的人……從某種意義說，發言人就是要做相當於記者的工作，包括爲新聞界不遺餘力地蒐集訊息，以及爲官員或專業人士面對媒體的發言做準備。」（Sullivan 2005：3）

要將這種政府與媒體間的橋樑的工作扮演好，其實是不容易的。美國尼克森政府受到水門案牽連時，白宮記者每天不斷詢問新聞祕書齊格勒（Ron Ziegler），是否有白宮官員入水門事件，齊格勒每次都保證絕對無人涉入，後來證明白宮自尼克森以降許多人都涉入，記者責問齊格勒，齊格勒說他以前所說有關水門事件的話，現在都「不再適用」，此話立即引起白宮記者不滿，此後每次齊格勒發表簡報，記者都會問他說的話是否過幾天也會「不再適用」，表示對他不再信任，最後迫使他轉

到白宮傳播處工作，由他的副手來主持新聞簡報。

　　有不少討論政治公關的著作，都透過相當的篇幅討論發言人該有什麼條件，例如曾擔任英國首相柴契爾宣傳顧問的布魯斯，就在他的《權力形象》一書中，列出所謂發言人的條件，除了幽默感、口才好、風度佳、論證清晰外，他還列出一位良好的發言人應該具有的條件（Bruce 1994：171）：

- 發言人不說謊，他們只是省略將會危害他們首長的那一部分的事實。
- 他們了解事件真相，也了解首長對這些事實的態度。
- 他們對首長絕對忠誠。
- 他們知道何時回答問題，也隨時能回答問題。
- 他們採取開放態度，即便是對那些不友善的記者。
- 他們不試圖影響政策，但他們若認為政策有缺點，會坦率向長官提出建議。

　　然而在行使新聞發佈的職責上，其實並不是每一個發言人都能順利無礙地發揮其角色，政府相關部門對他的授權與信任，往往是發言人能否履行其職責的關鍵。蘇麗文在她的著作中提到，在確定由誰擔任發言人之前，高層長官必須做出三項決定：

- 該政府長官希望與媒體保持什麼程度的接觸？
- 發言人與長官所屬的其它官員的關係是什麼？
- 新聞發言人及其所屬新聞辦公室與其它部門的關係如何？

除了上述考量外，蘇麗文進一步認為，政府高層還須考慮若干細節：

- 政府長官準備以何種頻率接受採訪？
- 間隔多久舉行新聞發佈會較恰當？
- 新聞發言人能否代表長官說話？或者僅僅是由長官自己做簡單的新聞發佈？（Sullivan 2005：12）

透過兩本美國白宮發言人的回憶錄，即可發現一個發言人要能成功地履行其角色，關鍵並不在於他個人的條件，而是在於他背後長官的信任與授權程度。先後擔任過尼克森助理新聞祕書與雷根新聞發言人的史賓克斯（Larry Speakes）卸任後出版了他的回憶錄《白宮揭密：總統發言人的回憶》（*Speaking Out: The Regan Presidency from inside the White House*），同樣地，曾擔任小布希白宮發言人的弗萊舍，卸任後也出版他的回憶錄《白宮發言人：總統、媒體和我在白宮的日子》（*Taking Heat: The President, the Press, and My Years in the White House*），這兩本回憶錄恰好刻畫了兩種新聞發言人的命運。

先看史賓克斯，在他擔任尼克森助理新聞祕書時，碰上水門事件，他奉命要找出「總統不知情」的證據。他被告知，總統根本不知道此事，正在他找來一堆文件、通話紀錄盡力為總統找出「不知情」證據的時候，卻有越來越多證據顯示，總統不僅知情，而且還批准了竊聽，而且越來越多證據都指向總統本人，史賓克斯卻全被蒙在鼓裡。尼克森卸任後，史賓克斯暗自誓言：「今後我絕不再效忠任何人，除非我真心真意相信他。」

　　事實上是史賓克斯並不是白宮核心成員，1983 年 10 月間雷根政府決定派兵進攻格瑞納達之際，他從頭到尾都被蒙在鼓裡，甚至是媒體都已在做分析、猜測之際。史賓克斯儘管知道有事情正在發生，但他依舊是在狀況外，他回憶道：「當我得知會議已經開始，與會者有國會領袖與白宮官員，但他們的發言人卻被拒之門外，我感到非常厭惡！」結果，他一直到次日新聞發佈會的前一個小時，才接觸到完整資料，他回憶說，這是「我所受到的最不公平待遇。我有生以來從未如此氣憤過」。然而雷根時代的白宮對發言人的態度就是：「我們提供的東西能應付每天愚蠢的新聞發佈就可以了！」史賓克斯當然不甘於此，他的口頭禪是：「我想知道真相，我不想矢口否認。」他請求白宮將一切情況告訴他，這樣他「就會不僅知道應該說什麼，而且知道不應該說什麼」（趙維 2006：176-177）。

　　相較於史賓克斯被排除在決策圈外，小布希時代的發言人弗萊舍不僅參與所有重要決策，而且深獲小布希信任。從下述這段紀錄即可知悉他所受到的信任：「我要參加在情報室、內閣會議室、羅斯福大廳，當然還有橢圓形辦公室所舉行的會議，參加所有關於經濟和內政事務的總統辦公室會議以及幾乎所有的外國領袖峰會。當總統給外國領袖打電話的時候，他也經常叫我進橢圓形辦公室旁聽。我參加內閣的各項會議，以及總統與國會議員之間的幾乎所有會議。國家安全顧問的會議和中央情報局向總統的彙報會是禁止旁人入內的，總統雖然不會把所有一切都告訴我，但也希望我盡可能知道事情的發展狀況。而且他信任我的能力與判斷力，相信我能夠在不洩漏內部討論內容的同時，也能夠盡我所能地給予媒體和公眾足夠的訊息。只要我需要向總統提問題，我可以隨時進入橢圓形辦公室。」（Fleischer 2007：24）弗萊舍曾被媒體形容為

「白宮曝光率最高的人」，他雖然經常與白宮記者爭論，但他任內也普遍受到白宮記者的推崇，他與史賓克斯不同的處境，說明一個成功的新聞發言人，除了個人條件外，受到決策圈的充分授權與信任，也是關鍵。

5　訊息通路管控的非制度機制：洩密操作

　　公開的新聞發佈基本上是政治與媒體關係上最容易處理的環節，問題是媒體不可能以官方正式新聞發佈作為惟一的消息來源，同樣地，政府與政治人物也不可能將訊息僅藉由單一管道傳遞出去，有許多重要訊息其實是循非正式管道私下向媒體傳遞出去的，這種操作形式通常稱為新聞洩露（leak）。新聞洩露通常可分為兩種類型，一種是政治人物有意洩露出去的，一種則是特定政治部門或當事人希望保密，但卻被內部人員刻意洩露出去的，而公關政治操作主要指的是前者。換言之，新聞洩露往往是政治人物利用媒體對新聞的渴望，藉由非正式手段釋出，在幕後操縱媒體的報導方向，進一步主導政治議程。

　　這種藉由洩密來操縱議程，在操作上其實是需要高度技巧的。譬如刻意將訊息的釋出導向正面方向並規避負面方向，或是策略性地提供媒體有興趣的題材，有時還刻意利用媒體競爭特性，將訊息一點一滴地釋出，以塑造最大的效果。甚至有時還刻意利用媒體喜歡藉由片段內幕拼湊故事（milking the story）的天性，尋找適當時機巧妙地釋出片段線索或訊息，激起媒體藉由不同管道拼圖的興趣。通常在新聞洩露的實務操作中，越能掌握媒體運作特性的政治公關人員，越能有效掌控媒體的議程。華府的資深記者史密斯曾這樣形容：「在華爾街，向別人洩露內線情報是可以起訴的罪名，然而在華盛頓，洩密則是每一個參與權力遊戲

者必備的基本工具。自總統以降，當某人想在某議題上改變權力平衡時，大家都會採取此一手法……」（Smith 1991：81）

　　新聞洩露能夠操作成功，主要就是利用媒體對訊息的渴望，特別是獨家內幕的渴望，畢竟誰不想再碰到一個水門事件得享盛名？雷根時代的白宮副幕僚長狄佛即公開承認：「我們餵媒體吃什麼，媒體就吃什麼！」「因為媒體每天都需要故事，我們就給他們要的故事。」白宮幕僚每天負責提供新聞線索，提供新聞簡報，提供資訊，提供可供具名的採訪者，只要提供足夠的素材，記者就會自己撰寫他們的故事。狄佛最擔心週五，因為素材不夠，導致記者可能必須自己去找素材。根據白宮解密的檔案表明，尼克森和他的國務卿季辛吉的對話紀錄裡處處都是「我們把這個洩出去，把那個洩出去，這個應該給這個專欄作家，把那個也給他們。總之都是在談把哪個洩露給哪家媒體的事」。季辛吉擔任尼克森與福特的國務卿時，常給記者洩露消息，但記者在報導時只說「根據國務院的一名高層人士」，季辛吉解釋說：「其實每個人都知道那個高層人士是我。這樣做的好處在於，外國政府不必把我說的視為正式立場。理論上，談判中的每一方都承諾保守祕密，但同時每個人卻都把自己版本的東西洩漏出去。那麼我覺得也該有個美國的版本洩漏出去。因此我們都在玩這個複雜的遊戲。」（張石岩 2004：154）

　　雷根時期的國務卿海格（Alexander Haig）曾在他的回憶錄中提及：「在雷根政府，洩密不只是個小問題，它就是生活方式。到最後我得出結論，洩密就是一種統治方式，洩密構成了政策，它是真正的政府聲音，而這一點都不必大驚小怪。總統最親密的助手基本上都是公關人士，他們都是這方面頂級的專業人士，甚至說他們是魔法師都不過分。」（Haig 1994：17-19）

也可以說，循洩密所釋放出的訊息，有時比正式發佈的新聞還會有更大的效果。柯林頓的新聞發言人麥柯里就將洩密當作一種技藝，他發現拿即將發生的事情透露給媒體，肯定會得到大幅報導，且其它媒體也會跟進報導，很少記者會抗拒毫不費力地報導「總統明天將宣佈……」的誘惑，因爲這使他看來像裝有竊聽器的消息靈通人士，也可使白宮的一則新聞分兩天報導（Kurtz 1998b：92）。

在公關政治操作上，新聞洩露可以達成的目的與效果非常多，最常見到就是藉由新聞洩露放出試探氣球（trial balloon）或試探風箏（kite-flying），即是藉由特定訊息的非正式釋出，測試外界的反應，並避掉訊息釋出所可能產生的成本。許多尚未成熟的人事任命或政策規畫，就經常採取這種手法。有時這種策略也使用在提前放空（pre-emption）上，即在負面訊息尚未正式發佈前先非正式地釋出，測試外界反應後再做下一步。

經濟學者庫蘭（Timur Kuran）曾以「偏好僞裝」（preference falsification）來詮釋這種行爲，所謂偏好僞裝是指在某種社會壓力下，一個人隱瞞自己眞實欲望的行爲。庫蘭認爲政治人物會選擇以私下匿名的形式來釋放訊息，主要是權衡行動後果的一種算計。假如政治人物不清楚他的新觀點是否會被大眾接受，爲了解決這種不確定性，他就採取匿名的方式散播他的觀點，例如透過他的下屬與一個信得過的記者討論這個問題，當然這個記者也會爲這個故事安排適當的消息來源。這樣可以在一定程度上曝露他的觀點，卻毋需親自承擔個人政治責任。如果公眾明顯反對，他可立即與這個觀點劃清界限，甚至加入批判的行列。如果反應良好，他就立即表態，將榮耀歸諸自己，並公開推銷它。政治人物會這樣選擇，庫蘭認爲是因爲政治人物若公開站在一個不受歡迎的立

場上，很可能付出化友爲敵、聲譽受損，甚至政治前途毀於一旦的代價（Kuran 2005：11）。

其次，有些政治人物會藉由刻意的新聞洩露來擴大權力圈（widening the circle），這是華府資深記者史密斯在觀察華府權力運作時所提示的一種政治伎倆。他發現在政府內部爭論中陷入劣勢的一方，往往藉由政策性的新聞洩露，在政府、國會與輿論中吸收政治同夥人或匯集民意，企圖以擴大圈子扭轉形勢。而主流報紙，例如美國的《紐約時報》與《華盛頓郵報》，往往就成爲政治圈內人士在特定議題上招兵買馬的公佈欄，所有的政府官員等透過讀報，就可知道權力鬥爭的方向了。史密斯認爲不論是總統、高級顧問或者終生職的高級公務人員，只要是已經有效控制政策的人物，都會盡力使任何議題上的情報圈子縮小，但那些在核心邊緣的政治人物則會盡全力擴張圈子，當聽眾越來越多，圈子越來越大，政策的控制權自然發生改變，衝突也跟著擴大，甚至整個遊戲內容都會產生變化（Smith 1991：84）。

也有政治人物藉由洩密操作來蓄意打擊對手（trash a critic），一個政治人物如果洩漏出來的消息能夠不被署名，就可能偷偷洩漏一些肯定會傷害對手的訊息。透過隨後的大肆報導，這名幕後的洩密者完全無需承擔任何強烈的報復，就可成功地傷害其對手。洩密者甚至還可公開表示憤怒，表達譴責的立場（Kuran 2005：11）。

美國總統小布希任內著名的特工門事件，即是藉洩露打擊對手的典型例證。2002 年中情局委派美國國安會非洲問題的外交顧問威爾遜（Joseph Wilson）前往非洲國家尼日，調查伊拉克試圖從該國購買金屬鈾一事。他調查的結論認爲這是假情報，並向有關部門遞交了報告。但稍後小布希在國情咨文中仍將此事作爲海珊（Saddam Hussein）政權的

「罪狀」之一。2003 年 7 月 6 日威爾遜投書《紐約時報》，指小布希政府刻意扭曲有關伊拉克研發核武的情資。一週後專欄作家諾瓦克（Robert Novak）撰文指稱，威爾遜的妻子普萊姆（Valerie Plame）任職中情局，他的尼日行就是出自其妻的推薦。《紐約時報》記者米勒（Judith Miller）和《時代》雜誌記者庫珀（Matthew Cooper）也相繼報導了同一訊息。普萊姆的間諜身分就這樣曝光，威爾遜夫婦認爲這是小布希政府對他們的蓄意報復。普萊姆的身分外洩引起輿論譁然，司法部隨即指派特別檢察官偵辦洩密過程，而白宮官員羅夫（Karl Rove）和李比（Lewis Libby）以及主要媒體《時代》與《紐約時報》都被列爲調查對象。《紐約時報》記者米勒還因拒絕透露消息來源而被判入獄。2003 年《新聞週刊》率先披露小布希的顧問羅夫被證實是向媒體洩露中情局特務普萊姆身分的祕密消息來源之一，而在美國，蓄意揭發一名中情局密探的身分是違法的。許多新聞媒體都指明洩密者就是羅夫，以「懲罰」威爾遜對小布希政府發動伊拉克戰爭的批評。

　　許多時候政治人物也利用洩密來拉攏記者，以建立更親近的關係。例如藉由安排非正式會面的形式，讓記者與政治人物能以輕鬆的方式聊天對話，以減少媒體的敵意。同時也藉由這種對話刻意向記者提供好的消息材料，偶爾還給一些獨家內幕，使某些記者的消息比競爭的同行略勝一籌。他們會允諾記者隨時採訪的要求，給予記者尊榮的地位，爲他們安排舒適的食宿以贏得友誼。有時還提供某些少有的特權，如隨總統專機採訪、特別的面對面採訪，或者在記者招待會上回答他們的問題等等。有時也會採取私下會晤的方式來拉近與媒體的距離。這種方式一方面有助記者了解若干爭議的背景，減少雙方的誤解，另一方面也讓記者有機會近身去理解政治人物的人格特質。而這種操作的風險是，只能與

部分媒體記者互動，無法接觸所有記者，而互動過的記者也不一定會減少敵意。

　　1996 年 3 月，柯林頓自以色列返美途中，在空軍一號總統專機上與記者團晤談，當時白宮曾對記者約法三章，禁止他們做筆記，而對於柯林頓在會中發表的一般看法，記者只能報導說是出自熟悉總統看法的政府「最高層」。白宮新聞祕書麥柯里要求記者把柯林頓所說的話列為「心理背景」（psych-background）。一名記者就戲稱：「這表示記者可自稱知道總統腦袋裡裝些什麼，但不指明任何話出自於這位大人之口。」（Kurtz 1998b：26）

6 訊息內容的編織策略：預先包裝新聞

　　曾經擔任政治與公關顧問的古達（J. Kyle Goddard）曾在《紐約時報》撰文說：「對記者來說，用調羹餵食比讓他們如清道夫般在政府或企業中搜尋下一則新聞要輕鬆許多。」理由很簡單，媒體在資源相對有限的情境下，有時不得不使用公關材料，這當然給了政治部門可乘之機。政治部門隨時可藉由召開記者會、散發新聞稿、印刷精美的政策宣傳品、製作類似政策宣導的短片等，讓媒體與記者每天都會收到大量的公關資料，根本不愁沒新聞。話雖如此，這也並不意味餵食媒體是個簡單的工作，如何包裝一則媒體喜歡的新聞，一直是公關最大的挑戰，畢竟多數時候公關所提供的新聞，並不是媒體所要的新聞。

　　媒體記者對於公關餵食他們的新聞所感到的莫以名狀無奈，可用一則寓言來形容。這則寓言是「黑貓請客」：黑貓請好朋友小兔到家中吃飯，準備了一桌豐盛的佳餚：紅燒鼠肉、宮保鼠丁、老鼠尾湯……。黑

貓熱情地說：「小兔，快吃呀！這些菜都是爲你而準備。」小兔儘管肚子很餓，面對這一桌老鼠宴，也只能說：「對不起，我不餓。」一場宴會最後不歡而散，黑貓感到非常失望，牠不明白，這麼好吃的菜，爲什麼小兔都不喜歡吃呢？小兔卻認爲黑貓所準備的美食，都只是黑貓自己愛吃的，並沒有眞正在意小兔的口味與喜好。

在這則寓言中，如果滿桌的佳餚所隱喻的就是公關提供給媒體的報導素材，那麼它的啓示就是：永遠要弄清楚媒體究竟需要什麼。通常公關認爲最重要的，媒體並不一定有同感，公關希望媒體報導的焦點，媒體不一定認爲它重要，相反地，公關有時希望媒體淡化的部分，媒體往往卻認爲正是報導重點。然而公關有時卻寧可以過量的資訊餵食，沖淡記者對實質問題的關注。而對許多記者而言，例行的新聞發佈會都非常單調乏味，通常都不會出現具有實質價值的新聞素材，但有不少記者也確實必須被迫將很大一部分時間耗費在這個上面。相對地，記者最想挖掘的題材，往往卻是公關極力尋求掩蓋、封鎖甚至淡化的部分。

資深記者出身、稍後擔任專業媒體顧問的麥希斯（Mark Mathis）在擔任多年媒體公關顧問後，整理他的實務經驗在 2002 年出版了著作《媒體公關十二法則》（*Feeding the Media Beast: An Easy Recipe for Great Publicity*），在這本小書中，麥希斯提出了怎麼與媒體打交道的十二條法則，儘管麥希斯的論點不是特別針對政治而發，但書中卻舉了非常多的美國政壇實例做說明，若干原則對政治公關而言都有相當參考價值，其中前三個原則特別重要，在這裡略做討論。

麥希斯提示的第一個重要建議是差異原則（rule of difference），這個原則用最簡單的話說，即是媒體從來不是依照事件的重要性來決定是否要報導，而是根據它「與眾不同」的程度來加以報導。換言之，對媒

體而言，事件本身的重要性並不重要，除非某些原因使它們非比尋常。這個原則解釋了絕大多數政客與政府部門對媒體的抱怨：「真正重要的不報導，卻在一些小地方鑽牛角尖。」許多時候，包括總統在內的首長悉心戮力準備的聲明，記者在報導中有時根本隻字不提，卻集中報導他的穿著，或只是談話中的一小部分，甚至是脫稿演出的部分；許多議員標榜專業問政，努力草擬法案，挑剔政府預算的毛病，竭盡心力扮演好他們職務上的角色，然而媒體的曝光度卻永遠不如那些製造話題、譁眾取寵的作秀型議員；許多政治人物對媒體說了許多話都未被刊出，有些政治人物卻因為只講了一句令人印象深刻的話而登上顯著版面。

　　麥希斯所提示的第二個重要建議是情感原則（rule of emotion），他提示人們不可能過著一種全無波折、只由事實與邏輯所構成的生活，人是感性的動物，我們大部分的決定不是根據準確的訊息，而是根據感受。由於每天製作新聞的是人，報導新聞的是人，閱讀新聞的還是人，所以新聞無可避免地會受到感情所驅動，因而麥希斯建議公關人員如果要吸引記者關注，不是要引發他們思考，而是要讓他們在乎，不是要說服他們的理智，而是要打動他們的心（Mathis 2004：44）。以下的例子足以說明為什麼許多政府希望媒體披露的報告或文件，經常未被媒體理會。

　　2001 年 1 月 31 日，美國國家安全與二十一世紀委員會（U.S. Commission on National Security/21st Century）發佈了它的最終研究報告，這個委員會主要由高層軍官、資深專家、前內閣部長和國會議員所組成。委員會花了兩年時間，耗資一千萬美元研究國家安全狀況及存在的漏洞。報告中指出美國尚未準備好應付恐怖主義，並建議全面檢討美國的國家安全政策。整篇報告中充斥著令人擔憂的事實。其中有一個結

論是：「有許多美國人可能會死在自己的國土上。」九一一恐怖攻擊就
發生在該年，這篇報告等於八個月前就已提出了警語。然而報告公佈時
只有幾家大報進行了很少量的報導，三大電視網的國家廣播公司與美國
廣播公司對它提都沒提，哥倫比亞廣播公司只是一筆帶過。為了探究這
個落差的原因，《美國新聞評論》（*American Journalism Review*）特別
就這個問題向記者進行訪談，受訪的記者都提到了問題的癥結，即報告
內容固然重要，但是讀起來卻索然無味，很難從情感上打動公眾，換言
之，若是不能引起記者的興趣，這篇報告就算揭示再可怕的前景也沒
用。美國國家安全與二十一世紀委員會的執行委員與《紐約時報》、
《華盛頓郵報》和《華爾街日報》的編輯進行討論後，得到的結論是：
「雖然我們都承認它很重要，但卻忍不住想打哈欠！」這就是原因所
在。

　　第三個原則是簡潔原則（rule of simplicity），麥希斯指出每天都有
數百萬人企圖吸引媒體注意，但都以失敗告終，原因就是違反了簡潔原
則，許多人準備充分的資料給記者，但記者根本沒時間將之處理成適當
的篇幅。換言之，麥希斯認為絕大多數記者刻意忽略或拒絕處理某些訊
息，原因只是因為太過複雜，因而他建議首要之務就是先將之簡化。以
數字為例，記者通常不喜歡新聞裡出現數字，如果有也最好是越少越
好，如果提供太多太複雜的數據，記者很可能會用他能理解的方式去處
理，而這往往會造成致命的後果，因此數據一定要簡化到記者很容易懂
的地步。同樣地，在接受採訪時若不能言簡意賅，也非常容易被記者斷
章取義。美國編輯協會（American Society of Newspaper Editors）在
1999 年所做的一項研究顯示，有高達四分之一的受訪者抱怨他們的話
被記者曲解，麥希斯認為這要怪他們提供記者太多細節，一個對記者侃

侃而談、仔細交代來龍去脈、卻未表達簡潔想法的受訪者，往往最容易付出被曲解的代價（Mathis 2004：76）。

　　有些政治人物就非常能夠掌握簡潔的原則，曾在白宮擔任多位總統幕僚的葛根曾在他《美國總統的七門課》一書中回憶尼克森曾特別傳授他簡潔原則的重要性，尼克森告訴他：「白宮每年包括各類發言、報告、告示、書信等等在內，大約有五千萬字的內容以總統的名義發佈，幾乎所有這些文字都公之於眾，冗長、晦澀的文字很容易被忘掉。想要達到有效交流，就要刪除滿篇空話，讓你的字字句句都打動人心。」尼克森要葛根與他的同僚每次向他報告時，在他們認為媒體可能引用的三個句子下面畫上橫線，然後再與媒體報導的內容相比，看媒體引用了多少，透過這種練習，葛根發現他能刪掉的冗句越來越多。為了確保媒體能選用他所期待發佈的話語，尼克森經常要求他們把公開的發言限定在一百字以內，他也就只向媒體宣讀這些，不回答任何問題（Gergen 2004：54-55）。

　　許多時候，簡潔原則發揮到極致，往往一句話就能概括一位政治人物，不僅永遠被人們記住，而且無從擺脫。這種「一言以蔽之」有些是好的，如甘迺迪那句著名的「不要問國家能為你做什麼，而是該問你能為國家做什麼！」，如雷根的「戈巴契夫（Mikhail Gorbachev）先生，拆掉這堵牆吧！」；有些人就沒那麼好運氣，如尼克森就永遠被人們記得他在水門案中的名言「我不是騙子」，老布希則永遠擺脫不了那句讓他連任失敗的話「讀我的唇，不加新稅」，柯林頓被人們記得最鮮明的則是「我沒有和那個女人魯文斯基發生過性關係」。

　　除了文字新聞外，預先包裝新聞（prepackaged news）的另一個趨勢則是視訊新聞發佈（Video News Release〔VNR〕），VNR 通常是指將

預錄的新聞、產品影片、新聞發言人的講話等資訊錄影提供給電視台播放。早期是將預錄的錄影帶寄給電視台，由於成本高所以數量有限，使用這種工具的公關並不多，但在網路興起之後，網路多媒體的特性使之大行其道。包括音效、視訊、圖片、文字等資訊都可藉由網路或衛星傳輸，媒體人員可以很容易地藉由衛星訊號接收或從網上直接下載後，再決定是否要使用。VNR 的主要特性是不論其傳達的內容爲何，都以專業的新聞報導形式加以包裝，換言之，視訊的內容都是透過人爲的設計編導所製作的，但提供給電視台後卻是以純粹新聞的形式加以播出，從電視銀幕上看起來就跟一般電視台獨立製作的新聞節目完全沒有兩樣，幾乎可以完全以假亂眞。VNR 早期以營利性質的商情新聞居多，2000年小布希當選美國總統後，開始廣泛將 VNR 運用到政治領域，包括國防部和健康與衛生部都利用這種工具來推銷政策，《紐約時報》在 2005 年 3 月的一篇報導中指出，從 2002 年起聯邦政府至少已有二十幾個部會散發了數以百計的這種 VNR（Pavlik 2006：17）。

　　2006 年 5 月，一個非營利機構媒體與民主中心（Center for Media and Democracy）在一份報告中詳細披露了這些假新聞節目的內幕後，美國聯邦通信委員會的調查人員開始介入調查，向全美國的電視台搜集相關資料。這份報告指出，在調查鎖定的十個月內，至少有七十七家電視台利用 VNR 的方式播放了各種新聞節目。而且觀眾無從知道這些節目是誰拍攝出來的。研究人員發現，那些受雇於大公司而製作出這些假新聞節目的公司正變得越來越老練，他們的製作技術也越來越高，讓這些錄影新聞可以輕易就能在電視台播放出去。最著名的例子即是在 2003 年美軍攻占巴格達後，電視台播放的一個新聞片段顯示，一個歡欣鼓舞的伊拉克裔美國人在堪薩斯市對著攝影機說：「謝謝你，小布

希！謝謝你，美國！」但實際上這是美國國務院在幕後「導演」的。

　　VNR 能夠有效滲入電視媒體的原因很多：首先，電視台每天需要的報導量非常多（特別是在二十四小時頻道出現後，需求量更大），VNR 的廣泛供應剛好可迎合這個需求；其次，播放 VNR 的收費很便宜，多半是免費，甚至還有付費希望播放的，對有成本壓力的電視業者而言，這種誘惑委實不小；第三，所有 VNR 的製作水準基本上都符合專業，內容具有可看性且不會產生任何爭議，相對地，製作一個調查採訪不僅花錢、風險高，還有可能引發訴訟（Pavlik 2006：18）。

　　李文遜（Barry Levinson）所執導的 1997 年好萊塢電影《桃色風雲搖擺狗》（*Wag the Dog*），展現了 VNR 可以運用到怎樣的極致。這部電影主要是描述美國總統鬧出性醜聞，面對醜聞成為頭條新聞的壓力，及兩週後的總統大選，勞勃・狄・尼洛（Robert De Niro）飾的白宮危機處理專家受命替總統解圍，轉移民眾注意力，他很快想出一條對策：製造一場世界性的危機，轉移公眾的注意力。白宮採納了他的建議，於是，危機處理專家找來達斯汀・霍夫曼（Dustin Hoffman）飾的好萊塢名製片人，虛擬一場在阿爾巴尼亞的戰爭，但這場戰爭不是發生在真實的戰場，而是在攝影棚當中。他們召來一批專業技術人員，借助來自白宮的大筆資金，利用先進的數位攝影技術製作了一部名為「飽受戰爭蹂躪的阿爾巴尼亞」的視訊新聞。視訊影帶被送到了各個電視台，在新聞頻道播放後，「阿爾巴尼亞危機」果然讓大眾信以為真，他們製造各種有關戰爭的新聞片段，甚至趁機推出愛國歌曲大撈一筆。這一切雖然只是電影，但它卻預示在實踐操作上的可能性。

7 認識閱聽人與媒體的效果

　　混沌理論（chaos theory）中有一個很著名的說法叫「蝴蝶效應」（butterfly effect），出自美國氣象學家勞倫茲（Edward Norton Lorenz）於 1960 年代所提出的一篇論文，名叫〈可預測性：一隻巴西蝴蝶拍一下翅膀會不會在德州引起龍捲風？〉（Predictability: Does the Flap of a Butterfly's Wings in Brazil Set Off a Tornado in Texas），意指亞馬遜河流域的一隻蝴蝶拍動翅膀，它產生的空氣流動改變了數百公里外一群大雁的飛行速度及方向，繼而引發數千里外的美國形成一股巨大的龍捲風，並掀起密西西比河流域的一場風暴，最終令數千多棟房屋被毀。勞倫茲把這種現象戲稱做「蝴蝶效應」，意即一件表面上看來毫無關係、非常微小的事情，卻可能帶來巨大的改變。如果蝴蝶拍翅膀可隱喻成媒體的報導，那麼它的啓示就是永遠不要低估媒體任何報導的效應，哪怕是最微不足道的小媒體，或是被刻意淡化稀釋的報導，它都有可能掀起莫大的風暴，產生難以預期的危機。

　　以下整理若干傳播學者在二十世紀所提出的若干命題，這些經驗命題已被許多實證研究所證實，雖不至稱爲定論，但對政治公關而言，這些命題是有相當參考價值的：

7.1 媒體僅可強化民眾既有的信念，而非改變民眾的信念

　　儘管媒體的效果經常被誇大，但不少經驗研究證明，媒體其實並不能改變民眾的政治信念或立場。換言之，美國的電視或報紙並不能將共和黨人變成民主黨人，也不能將贊成墮胎者變成反墮胎者，早在 1940

年代美國政治學者貝勒森（Bernard Berelson）與拉札斯菲德（Paul Lazarsfeld）等曾對總統選舉行為進行研究，後來出版《人民的選擇》（*The People's Choice*）一書，書中的主要結論即是：媒體只能強化在選前就存在於閱聽人身上既有的傾向（predisposition），換言之，只能強化原來的偏好，並不能改變它們。

　　學者會發現媒體的影響不在改變民眾的信念，而在強化民眾既有的信念，主要還是透過實證研究發現，一個人的信念模式與他所選擇接觸的人事物關係密切，而非其所接收的訊息，一般人對訊息的接收其實是具有選擇性的。亦即人們在資訊篩選過程中，會傾向選擇他們所想要知道的。換言之，態度與意見的形成是建立在「因信而見」而非「因見而信」之上（Kalpper 1960：15）。這種選擇可分為選擇性接觸（selective exposure）、選擇性認知（selective perception）與選擇性記憶（selective retention）。選擇性接觸指一個人對媒體新聞的收視選擇是建立在他的偏好上，當一則新聞報導的題材、角度或立場不合他的胃口，他會立即選擇轉台；選擇性認知指出人會傾向主動選擇他們喜歡看的東西，甚至會自己審查內容，檢視是否符合其立場；選擇性記憶則是指每個人所記得的訊息內容，經常是自我審查下的結果，亦即每個人都會選擇符合自己觀點的資訊，然後記憶下來，其它的不是遺忘就是刻意忽略（Kalpper 1960：19-25）。這種「因信而見」的選擇性篩選資訊，由於已排除對立的資訊與觀點，自然只有強化既有信念的效果。

7.2 媒體或許不能改變民眾信念，卻可決定民眾該關注哪些議題

　　如果媒體根本不能改變民眾的信念，那麼媒體的效果又表現在哪裡？早在 1920 年代，著名的專欄作家李普曼即指出「新聞機構能夠決

定公眾注意什麼」，亦即媒體不只是一個訊息與意見的提供者，很多時候，它可能並不能成功地告訴人們該怎麼想，卻可成功地告訴人們該想什麼，換言之，媒體可以向閱聽人賦予某一議題重要性。譬如共同收看電視新聞的政治意義，在於它讓數百萬人同時關注某一特定議題。媒體有很多方法可提示議題的重要性：如議題是否居顯著位置（prominence），亦即它是位於報紙頭版最上方，還是深埋於版面內頁某處，它是晚間新聞頭條，還是結尾附帶的教導？另一個則是議題的份量（extensiveness），包括某一天的報導及某段期間的報導，亦即它是一則報導，抑或是一條主新聞搭配附帶報導新聞，有否配圖等。這種差異當然會決定一個訊息受關注的程度。在傳播理論上，這即是著名的「議題設定理論」。換言之，媒體能夠有效喚起民眾關注某些議題，並忽略其它議題。

7.3 媒體針對特定議題關注的頻率與強度，會進一步強化該議題受關注的程度，並擠壓其它的議題

媒體既然可以決定閱聽眾關注哪些議題，當然也可以加重其受到關注的程度，一旦某項議題被媒體鎖定，往往會形成所有媒體跟進的效應，造成某些議題被過度報導，某些議題則被刪除捨棄；同樣地，某些公眾人物被不斷重複地報導，而非公眾人物永遠進不了媒體的空間，這種議題效果與人物曝光的「大者恆大、小者恆小」現象，其實就是美國科學史學家莫頓（Robert K. Merton）所謂的「馬太效應」（Matthew effect）。這種說法來自在《聖經》馬太福音第二十五章中的一句話：「凡有的，還要加給他叫他多餘。沒有的，連他所有的也要奪過來。」莫頓在 1973 年即用這句話來概括一種社會心理現象：「對已經有相當

聲譽的科學家做出的科學貢獻給予的榮譽越來越多，而對那些未出名的科學家則不承認他們的成績。」他將這種榮譽追加的社會心理現象命名為「馬太效應」。

曾經擔任過美國總統卡特副手的孟岱爾曾感慨地說：「我國有數以百計的男女天才，其中有許多人極可能成為很好的總統，但由於他們實際上沒沒無聞，是永遠不會受到重視的……我們的媒體通常信奉『明星體制』，把主要版面都給予那些已經頗富盛名的人物，它們這樣做是可以理解的。因為它們彼此都在爭取同一類聽眾、觀眾或讀者。它們為什麼要報導一個前途未卜、無論如何也引不起公眾興趣的人，危及自己的競爭地位呢？它們可以理直氣壯地說，它們的職責是採訪新聞，不是培育新的國家領導人。」（趙維 2006：45）

7.4 民眾即時的政治評價與判斷，會受到媒體最近關注議題的影響

媒體如果能夠影響民眾關注哪些政治議題，當然也就能進一步影響民眾的評價。如前所述，媒體當然不能直接決定民眾要怎麼評價政治，但媒體卻可以對民眾提供評價這個政治議題的素材與觀點。美國史丹佛大學政治傳播學教授艾英戈（Shanto Iyengar）透過對美國電視觀眾的實驗研究，提出媒體的「鋪墊效果」（priming effect），即人們對政治現象進行評價時，並不會運用所知的一切知識進行判斷，而是會考慮突然湧上心頭的東西，包括容易想起來的政治記憶碎片，而電視可以具有很大的力量決定什麼東西湧上心頭，什麼東西被遺忘或忽略。例如競選期間，若是電視特別強調國家經濟狀況、朝野經濟政策時，那麼選民在投票時，就會傾向將經濟議題作為主要判準。

「鋪墊效果」來自實驗心理學的研究，也有學者譯之為「提示效應」，即認為一個人的判斷會受到近期接收的刺激所影響。這種研究的論點是，人們不可能對所有事物都給予同等的關注，對事物的關注基本上是有高度選擇性的，而人們對所選擇事物的關注，往往是以最容易得到（accessible）的訊息做判斷（Iyengar and Kinder 2004：94-95）。亦即當民眾被要求對總統或政黨進行評價時，並不會仔細考慮他們所知道的一切，也不會考慮各個相關議題，而是以自己所熟悉的事例，特別是當時立即湧現腦際的事例做推論。艾英戈透過研究發現指出，在一般情況下，民眾對政治人物或政績的評價都相當草率，因為這種判斷過程很少會「追求精確性」，也很少考慮自己的全部知識，反而是很容易把腦中恰好出現的東西作為參考基準。1982 年美國的一項研究發現，如果先向美國人提出一大串關於政府運作的難題，讓他們感到自己的政治知識非常有限，那他們就會認為自己對政治不感興趣，但若是在問這些問題之前先問他們對政治是否感到興趣，結果就會完全相反（Iyengar and Kinder 2004：95）。

7.5 民眾多半傾向認為媒體對其它人的影響要比對自己大

媒體傳遞訊息的效果之所以會被誇大，有時很可能是民眾本身對效果的判斷所致，而這個不經意誇大媒體效果的邏輯是：「我個人不會受到影響，但其它人卻會受到影響。」換言之，多數人都傾向認為媒體對其它人的影響要比對自己大，在傳播理論上，這種說法稱為「第三人效果理論」（third person effect）。它是美國哥倫比亞大學教授戴維森（W. P. Davison）在 1983 年所提出，他分析二次大戰期間以及戰後一些心理戰的實例，探討為何對手的傳單總是會這麼有效，因而提出了上述「第

三人效果理論」，即主張傳播會達到效果，並不是因為閱聽眾表面而直接的反應，而是那些他或他們自認可以察覺到其它人會做出的反應，這種見解建立在兩個假設上：一是人們傾向認為媒體對其它人（即第三人）的影響比對他們自己要大；二是這種觀念的結果會對他們的行為產生顯著影響。可以這麼說，對評估傳播效果的人而言，媒體最大的影響對象不是「你」或「我」，而是「他們」──第三人──而媒體所傳達的訊息，實際上是透過影響其它人的途徑操縱這些第三人的行為。第三人效果理論有助解釋為何宗教領袖對異教宣傳有那般的恐懼，為何統治者對異議者的宣傳有那般的害怕，思想審查者何以會合理化他們的行為。一個審查者在監控信仰、觀念等訊息時，絕不會承認自己會受到影響，要保護的是一般大眾，尤其是普通公眾中的年輕人或那些思想可塑性強的人。

7.6 民眾對媒體訊息的接收，是有接近與解讀差異的

媒體固然提示民眾該關注哪些議題，但也必須承認民眾並不是一個同質的群體。同樣的訊息，閱聽眾並不享有同等的接收機會，也不具有同等的解讀能力。換言之，民眾對訊息的接收與解讀，是有社經與知識背景差異的。這個命題即是部分學者所提示的「知溝假設」（knowledge-gap hypothesis），係傳播學者奇納（P. Tichenor）、唐諾休（G. Donohue）與歐里恩（C. Olien）在 1970 年的一篇論文〈大眾傳播的流動和知識差距的成長〉（Mass Media Flow and Differential Growth in Knowledge）中所揭出的。他們透過研究發現，隨著大眾媒體對社會傳播的訊息越多，社會經濟地位較高的人將比社會經濟地位較低的人以更快的速度獲取這類訊息，因此這兩類人之間的知識鴻溝將呈現擴大而非

縮小之勢（Tichenor et al. 1970：159-160）。這項研究提示了在資訊時代中，民眾對知識的獲取與理解是不平等的。而且與財富的貧富差距一樣，這種因資訊傳遞所擴大的知識差距也越來越大。對傳統公關實務人士而言，這個發現的啟示是，如果媒體傳遞資訊所使用的語言是專業術語，那麼恐怕也只有少數高學歷的菁英與專業人士才會接收或理解，多數草根大眾連資訊內容都看不懂，更不用說是予以理會。政治訊息的傳遞更是這樣，如果所使用的語言是淺顯易懂的白話，那麼所能發揮的影響力也會越大。

7.7 立場鮮明的民眾傾向認為媒體會偏袒對手陣營

政治立場越是鮮明者，面對任何立場標榜中立客觀的媒體，都會傾向認定其是偏袒對手陣營的，這種傾向稱為「敵意媒體效應」（hostile media effect），簡單地說，即是認為主流媒體都是不客觀、不公正的。在美國這種效應最常表現在保守派的閱聽眾，他們經常指控媒體全都傾向自由派的意識形態，而自由派的閱聽眾卻認為媒體是在為資本家服務，換言之，即使完全不同的政治立場，都可能指控同一家媒體傾向敵對陣營。1985 年若干傳播學者研究有線電視報導以色列入侵黎巴嫩的報導時即發現，親以色列的團體與親阿拉伯的團體都認為媒體的報導不公，他們稱這種現象為「敵意媒體現象」（hostile media phenomenon），而研究也同時發現這類閱聽眾都認為這種報導會影響其它立場較不明顯的民眾，學者亦稱這種現象為「敵意媒體效應」。一般而言，這類民眾認定媒體的內容既不公正也不正確，所以根本不信任媒體的任何報導，當然也不會受到媒體的影響。以選舉為例，越是質疑媒體偏袒不公的民眾，也就越不會受到媒體民調與預測的影響，相對地，越是信任媒體報

導的民眾，也就越會相信媒體對選舉的報導與預測。敵意媒體效應對政治公關最大的意義在於，有效理解政治立場堅定者對媒體訊息的認知，以及媒體在說服這類民眾上的限制。換言之，對過分高估媒體效果的人而言，敵意媒體效應提示了媒體效果的侷限。此外，敵意媒體效應的另一個重要啓示是：同樣的媒體內容，對不同立場的閱聽眾而言，可能會識讀出完全不同的意義。

　　從上述列出之傳播效果研究的七個命題，大致可以得到一個簡單的結論，即媒體效果確實不能低估，但卻也有可能被誇大。媒體所產生的效果經常是透過引導民眾「想什麼」而不是「怎麼想」來發揮作用，同時也永遠不要期待媒體能對所有人發揮相同的效果。

第七章
民調、公關與政治

當代政治人物沒人敢忽略民調的力量。所有現任或在野的政治菁英，可說無時無刻都面臨日復一日「聲望調查」與「支持率」的考驗，任何一場重要演說、政策作爲與辯論、政治醜聞等，也都會面臨民調的立即反應。而且升降的速度越來越快，民調起伏最鮮明的例子，可以舉 2008 年兩個總統的際遇爲例，一個是法國總統薩科齊（Nicolas Sarkozy），他在 2007 年 5 月當選時的民調聲望曾高達八成，就任一年後他的聲望已經跌到三成八，成爲法國第五共和聲望下跌最快的總統；另一個例子則是南韓總統李明博，他在 2007 年年底當選時的聲望曾高達六成多，但才半年就跌到了二成八，同樣也是南韓第六共和聲望下跌最快的總統。到了選舉期間，民調更成爲每日選情升降的晴雨計，特別是民調的「支持率」與「看好率」，由於具有預卜選情的作用，早成爲選舉公關中不可或缺的一環。因而對當代專業從事政治公關的人士而言，民調已是不可或缺的工具之一，更成爲當代政治操作上不可或缺的一環。

1 民調與公關政治

作爲當代政治運作的機制之一，民調可以說整個改變了當代政治領袖的領導風格。往昔沒有民調的年代，政客無法測知民意是否站在他這邊，因而必須具備揣度民意以及政策說服的能力，如今就算再堅定的立場或信仰，只要民調顯示多數民意並不站在他這邊，任何政客都會立即修正他的立場。美國總統雷根在 1970 年代擔任加州州長時曾大力倡議志願性的社會安全計畫，然而當他發現民調中多數民意並不支持此議題，在他投入總統大選後，就完全沒有再提這個議題（Erikson and

Tedin 2001：12）。也可以說，民調早已脫離傳統單純反映民意的功能，而滲入政治操作中的各個領域，扮演較以往更複雜的功能。

　　當然，政客會那麼在乎民調的原因，是一般大眾也在乎民調，甚至相信民調。在今天，民調事實上已取得「被認定爲眞理」（perceived truth）的位置，曾經擔任美國華府國家民意實驗室（Public Opinion Laboratory）主任的杜德（Stuart Dodd）即認爲，民調已被合理化爲當代共同信仰之一，他將之簡化成四個元素，簡單地說，民眾相信民調的原因如下：首先，這是「他們說的」，所以有這回事；其次，因爲是「以數字表達」，所以有這回事；再其次，因爲是以「書面表達」，所以有這回事；第四，「它聽來很像是心理學的語言」，所以就有這回事。換言之，就算「他們說的」可能只是「路人甲的胡說」，它照樣可以以數字、書面與心理學的形式表達（Frankovic 1998：163）。另一個民調專家米爾曼（Mark Mellman）也曾這樣形容民調：「民調是種誘惑，所有民調都會生產答案，這些答案通常都是以數字表達，所以看起來很科學，如果再添加些小數點，就更像名符其實的科學了。」（Johnson 2001：96）

　　民調風行的結果，讓從事民調的專家也立即晉身成爲當代公關政治運作上的要角之一，而且分量越來越重。他們不僅成爲政治領袖主要徵詢的對象，更逐漸在媒體上搶奪往昔資深評論人的角色，成爲新興政情分析的寵兒。要擔任一位深諳公關操縱技巧的民調專家，不僅要熟稔民調操作的專業，更要能掌握深度解讀民調數字的內涵，並提供決策建議。曾著書探討民調現象的專欄作家羅賓遜（Matthew Robinson）認爲，民調專家對政客的助益，在於他們知道民調結果究竟透露了哪些訊息、民調的限制在哪裡、媒體最在乎什麼樣的民調數字、怎樣的問卷設

計可以影響民意的走向等，最重要的是在媒體與政客都陷入權力角逐的輸贏遊戲之際，民調專家是少數能從民調的灰色地帶中，清醒識讀訊息的角色（Robinson 2002：255）。這一點可以藉由比較尼克森與柯林頓兩位美國總統對待民調的態度來加以闡釋。

2 兩種操作民調的模式：尼克森與柯林頓

1960 年代以後，民調專家逐漸成為美國總統決策與諮詢的重要智囊之一，不少原本在民間從事競選民調的專家，先後被白宮延攬成為重要策士，一直到小布希時代為強調與柯林頓時代做區隔，才刻意公開貶抑民調的角色，但究其實民調的操作只是隱身幕後而已（Tenpas 2003）。因為民調專家的參與，使得歷年來不少美國白宮的重要決策都看得到民調專家的身影，如尼克森政府時代的越戰政策與中國政策、卡特政府時代的以色列政策與伊朗人質危機、雷根政府時代的伊朗門事件與黎巴嫩轟炸等，都在相當程度上依賴民調做出決策，老布希政府時代曾委託民調專家提特（Robert Teeter）與史提柏（Fred Steeper）負責整個波灣戰爭期間的民調與焦點團體訪談。除了重大決策外，美國總統依賴民調的範圍也越來越大，包括重要政策法案的民意意向徵詢、期中選舉與總統能否連任的民意走向，甚至是總統重要演講的措詞等，都參考民調的資料（Tenpas 2003）。

當然，不同年代的政治領袖，對待民調的態度並不一樣，在這裡可以用尼克森與柯林頓做一個對比，透過他們兩人如何處理民調的手法，更能生動呈現民調在公關政治中的角色，儘管美國總統從羅斯福時代開始就對民調產生興趣，但多半都不願意讓外界有依賴民調的印象，詹森

被媒體所塑造的負面形象之一，就是其過分依賴民調數字。因而曾擔任尼克森白宮幕僚的海德曼（H. R. Haldeman）回憶尼克森曾因報紙刊登他依賴民調的標題而沮喪許久（Heith 2000）。但尼克森確實很重視民調，甚至不惜以政治力介入民調的運作。這一部分的事例，一直到白宮檔案解密後才被學者發現。

研究民調的學者加博（Lawrence R. Jacobs）與謝皮歐（Robert Y. Shapiro）曾透過對尼克森政府時代的白宮檔案、白宮高級助理海德曼的日記以及對兩家民調機構負責人的深入訪談，發現了當年白宮直接影響甚至介入民調的證據（Jacobs and Shapiro 2002）。尼克森主政的 1960 年代末與 1970 年代初，媒體民調尚不發達，主要民調係由兩大民間的民調公司哈里斯（Harris）與蓋洛普包辦。而尼克森上任不久後即發現，這兩家民調公司所發佈的任何結果，都會立即影響到國會議員、友邦元首及媒體評論，進一步影響到他的施政。意識到民調的這種威力，尼克森決定透過政治力影響這兩家民調公司。一開始尼克森採行的是較強硬的制壓策略，包括向報社施壓令其撤下民調公司發佈的民調結果、收回政府相關部門的民調委託，甚至促使國會對民調公司調查等手段。1969 年尼克森下令不再委託哈里斯做政策民調，理由是認為其太傾向民主黨，1971 年在保證會讓共和黨獲得公平的待遇後，哈里斯才又重新獲得大筆的民調委託；1971 年白宮資深助理柯森（Charles Colson）甚至還以英國大選民調失眞爲由，促使國會召開聽證會對民調公司進行調查。1970 年代以後，尼克森逐漸改採懷柔的合作策略，爲了讓民調公司降低戒心，白宮將雙方的合作定位爲一種「公共服務」（public service），是愛國心與責任感的展現，初期這種合作關係是從擴大政府委託政策民調開始，1971 年 6 月以後，白宮逐漸將許多重大政策議題

都委託哈里斯做民調，儘管名義上這些委託案只是政策的民意諮詢，但有時也挾帶了不少涉及政治或意識形態的調查，除了付費的委託案之外，民調公司的老板也開始接受白宮公關的招待，例如白宮曾促使美國駐莫斯科大使協助哈里斯訪問蘇聯。政策民調委託與公關招待還不算是嚴重的，真正值得爭議的是白宮對兩家民調公司的直接干預。為了有效影響這兩家民調公司，白宮佈建了繁複的人脈網絡與之進行互動。白宮資深助理柯森專門負責哈里斯，而另外兩位官員錢平（Dwight Chapin）與倫斯斐則負責與蓋洛普的資深負責人戴維斯（John Davies）與蓋洛普（George Gallup）建立關係。尼克森的指令很清楚，以「公共服務」的名義，讓這兩家民調公司的操作能夠符合白宮最大的政治利益。

　　根據加博與謝皮歐的歸納，白宮藉由與兩家民調機構密集的接觸，至少取得三項非常重大的政治利益：首先，事前取得民調策畫與製作的資訊，並據之以在實際施測前進行影響。白宮往往在調查施測的前一週就已取得問卷題目，並在結果公佈前的一週就已取得調查數據的結果，這意味白宮擁有充裕的時間可以因應。例如 1969 年 10 月錢平在提給白宮的報告中，就提示蓋洛普有關越戰民調的資料摘要，對白宮有相當的參考價值；哈里斯經常在調查結果公佈十天前就交給白宮相關資料，並詢問錢平的看法，甚至還與尼克森會面討論民調數據。利用這種事前掌握訊息的優勢，白宮往往在訊息發佈前就掌握機先，採取必要措施。其次，事前掌握資訊的另一個好處是，白宮可以在施測前直接影響問卷題目，例如海德曼就曾在日記中記載柯森向他提出與兩大民調機構討論問卷題目的備忘錄，加博與謝皮歐曾比對白宮檔案中若干對民調問卷題目的建議與當時實際施測的題目，發現兩家民調公司幾乎都接受白宮的建議。1969 年 11 月 3 日尼克森發表越戰政策的重要談話，並指示錢平與

民調機構先溝通，錢平隨即建議蓋洛普在總統發表談話後做即時民調，並提示若干問卷題目的建議，結果尼克森在電視聯播網發表演說後，蓋洛普隨即在二十四小時內完成民調，不僅藉由民眾第一時間的感受顯示對總統立場的支持，也藉此民調的發佈突顯反越戰者與沉默大眾間的區隔。

　　白宮不僅干預調查的題目，也干預調查後的數據呈現，甚至影響某些調查結果要不要公佈。當尼克森尋求競選連任時，面臨穆斯基（Edmund Muskie）與華萊士（George Wallace）的競爭，哈里斯所做之三人民調支持比率分別是 42：42：11，但在哈里斯的分析中，華萊士對尼克森票源的影響遠大於對穆斯基的影響，於是錢平促使哈里斯根本不要公佈這份民調結果。有時白宮甚至干預民調機構提供給媒體的內容，如 1971 年 9 月哈里斯做的一份民調顯示，尼克森其實不必獲得過半民調支持即可當選，換言之，尼克森民調聲望就算低於百分之五十也無顯著意義，然而白宮還是擔心此一調查結果如果交到媒體手中，會做成「尼克森無法過半」的新聞標題，於是在白宮的壓力下，哈里斯立即致電《芝加哥論壇報》（*Chicago Tribune*），刪掉前面的段落，將標題改成「尼克森毋需過半即可當選」。白宮有時還會影響調查數據的呈現，哈里斯在 1971 年 10 月底與 11 月初分別做了尼克森的聲望調查，支持與反對的比率分別為 56：43 以及 49：48，由於數據顯示尼克森的支持率正在迅速下降，柯森要求哈里斯將兩次民調平均後公佈，讓支持者與反對者的比率在 52：45 之間，結果媒體確實是公佈經平均後的數據，但哈里斯在後來所出版的年報中，卻是將兩次民調分開公佈。可以說，加博與謝皮歐透過對解密檔案的研究，確實證明政治力是可以介入並影響民調操作的（Jacobs and Shapiro 2002）。

　　柯林頓崛起的 1990 年代，與尼克森的 1970 年代大相逕庭，尼克森年代的民調操作集中於蓋洛普與哈里斯等少數幾家民調中心，媒體尚未廣泛投入民調，但柯林頓擔任總統的 1990 年代，隨著調查科技的日新月異，民調的發展已是風起雲湧，不僅主要媒體都有自己的民調部門，政治人物本身也都擁有專屬的民調團隊，政客與民調的關係當然不能再採行尼克森時代的控制與操縱手法，柯林頓的作法是他將民調操作整個融進他自己決策與公關運作的一環，柯林頓建立自己的民調團隊，經常諮詢民調專家，甚至自己學會解讀並設計問卷，曾擔任柯林頓顧問的莫理斯曾回憶：「在阿肯色州的歲月，柯林頓經常花好幾個小時的時間親自研究問卷的題目。」換言之，柯林頓不僅運用民調，也讓自己懂得民調的專業。

　　談到莫理斯，就不能不提他在 1996 年所出版的回憶錄《選戰大謀略：柯林頓二度入主白宮之路》。民主黨在輸掉 1994 年國會期中選舉後，柯林頓 1996 年的連任之路出現危機，於是找來莫理斯擔任他的諮詢顧問，這部著作主要就是他記錄 1995 年到 1996 年怎麼規畫打贏總統選戰的過程，更重要的是記錄了柯林頓怎麼將民調運用到他公關政治的操作中，包括國情咨文、競選廣告、重要政策演說、選舉議題設定、與國會間的重大法案角力等，無一不依賴民調專家的諮詢，在柯林頓時代，民調在總統決策中的角色被提高到史無前例重要的地位。

　　莫理斯在他的著作中曾這樣形容柯林頓對民調的態度：「對他來說，民調幫助他了解誰不喜歡他，以及為什麼他們不喜歡他。由民調數字裡，他見到自己的缺點與潛能、成功與失敗。在柯林頓看來，民調得到正面結果，不僅是工具，也是一個肯定。即便是負面結果，也是一種學習過程，可強迫他深刻反省。就知性而言，民調使柯林頓得以了解百

姓的想法。他運用民調來調整他對某一議題的看法,也調整其認知架構,以便契合全民思考。」(Morris 1999:12)莫理斯也以駕駛帆船來形容柯林頓運用民調的方式:「帆船沒有馬達,因此駕帆船不能直線前進,正如同民主政體不能逕行下令執行重大方案,駕帆船必須要結合兩個因素來判定如何由甲地到達乙地:你要往何處去?以及風向(即民意)要你往何處去?一位煽動家不需要這樣盤算,只要隨著民意風向走即可,一位不適任的政客則不理風向,只定好方向舵就出發,然後翻船滅頂。」莫理斯形容柯林頓知道見風轉舵,他會參考民調數據,調整方向;再請教民調專家幫助他選擇哪一道水流,以便迅速抵達目的地(Morris 1999:113)。

莫理斯加入柯林頓顧問幕僚群之後,首先遭逢的是 1994 年 11 月民主黨在期中選舉大敗,喪失參、眾兩院的主導權,柯林頓決定要藉由發表重要政策演說打開困境,他有意擷取部分共和黨的政見,推出他自己的減稅方案,而且希望不致增加赤字,或危及重要施政。於是在莫理斯主持下做了一個民調,將柯林頓考量的各重減稅項目,如資本利得稅、所得稅乃至大學學費可否列入扣除額等,通通列入問卷題目中,結果民調發現民眾希望減稅能使應該獲得減免或需要撫育子女上大學受教育的人受惠。莫理斯立即將民調發現帶入柯林頓要發表的全國演說內容中,並將這個減稅方案稱為「中產階級權利方案」,莫理斯並在演講後立刻做了一個民調,發現柯林頓的支持率上升了百分之九(Morris 1999:119)。

為了準備 1996 年的大選,柯林頓決定在 1995 年的國情咨文採納部分共和黨的主張,而為了準備這篇國情咨文,柯林頓在 1995 年年初指示莫理斯做了一項規模空前的民意調查,針對共和黨訴求的每一個面

向，鉅細靡遺地測試民眾反應，調查列出兩百九十五個問題，並將之分作五個單元進行，調查完成後莫理斯花了五個小時向柯林頓簡報這個民調結果，透過民調的發現，柯林頓採納了部分共和黨的方案，並以之作為研擬國情咨文文稿的基礎，在柯林頓發表完這篇中間路線的演講後不久，他的民意支持度也進一步小幅上升（Morris 1999：126-127）。

　　為了營造 1996 年大選聲勢，柯林頓在 1995 年 7 月開始推出一系列的電視廣告文宣，沒有多久共和黨也開始反擊，在這個過程中民調就成為評估這些廣告效果的最好工具。每一次的民調都在測試不同階段中民眾對總統立法方案及共和黨方案的反應。例如透過民調發現，做了廣告的州，比沒有做廣告的州，有鉅大的差異；柯林頓的幕僚也藉由民調檢視民眾對共和黨所提出的削減預算案的看法，結果發現民眾對其中健保、醫療補助、教育及環保等項目之削減最感不滿，於是柯林頓藉此推出多項抨擊共和黨削減預算方案的廣告文宣，同時也藉由廣告宣傳柯林頓提出的平衡預算計畫，事後證明這個依據民調數字製作廣告的策略是成功的，從 1995 年 8 月起，柯林頓的民調團隊發現柯林頓的聲望不斷緩步上升，支持柯林頓預算方案的民意是共和黨的一倍，莫理斯認為這是柯林頓能贏得大選的重要因素之一。

　　1995 年 9 月至 12 月，柯林頓與國會展開預算案的拉鋸戰，共和黨力促大幅削減預算，柯林頓則有意提出平衡預算的替代方案。在草擬這個預算方案的期間，莫理斯隨時利用民調探詢相關預算構想的效應，譬如柯林頓確實想削減預算赤字，並在七年內達成預算平衡，但又不願因此大幅刪減福利政策，於是莫理斯利用民調探詢民眾對預算平衡的時程有何看法，他發現多數民眾確實希望能在一定年限內達成預算平衡，但並不介意一定要在幾年內完成，這個發現使柯林頓決定分年削減預算，

不必一次大幅削減。至於究竟該刪減哪些項目，才能夠減少政治效應？
同樣也藉由民調數字的導引，莫理斯與其它民調團隊都建議不要刪減教
育與環保經費，同樣也透過民調的發現，民眾願意看到包括住宅及都會
開發的住宅津貼可以減少、獎勵能源生產項目可以廢除等。在這些民調
的幫助下，柯林頓提出他的一套平衡預算方案，透過全國電視網發表演
講，並在演講後民調中獲得民眾一面倒的認同。

　　藉由平衡預算的演講，柯林頓成功修補了他予人自由派的形象，有
助聲望提升，但莫理斯還是從民調裡發現，民眾固然認同總統的主張，
但依舊認為他太軟弱、太沒效率，於是針對柯林頓予人的若干刻板印象
進行修補，並在與國會共和黨的預算鬥爭上採取強硬的立場。1995 年
11 月白宮與國會的預算大戰升到最高點，華府許多政府機關因此被迫
關門，這一段期間柯林頓的民調團隊幾乎天天做民調，以了解民眾的反
應，結果發現民眾較同情白宮的立場，於是柯林頓在 11 月 13 日否決了
共和黨所提出的平衡預算法案，雖說此舉擴大了朝野的僵局，但柯林頓
也利用預算之爭展現他意志堅定、不怕考驗，而民調也顯示柯林頓在
1995 年年底已走出期中選舉失利的陰影。

　　預算案爭議告一段落之後，柯林頓在民調競逐上僅略為領先杜爾，
因而柯林頓急於在 1996 年大選年銳意經營，拉開他與杜爾的距離，
1996 年的國情咨文究竟要強調什麼就成了重點。藉由民調的幫助，柯
林頓的民調團隊發現民眾在經歷預算大戰之後，對經濟議題的論辯也呈
現疲態，於是莫理斯建議改而強調價值議題，這對民主黨傳統而言，是
個重要的挑戰，畢竟從小羅斯福推動新政以來，民主黨一直是以經濟議
題為號召，莫理斯於是提出民調數據作為說服柯林頓幕僚的理由，民調
顯示：百分之六十五的選民認為犯罪、學校紀律、電視暴力、禁止香菸

廣告等價值議題最重要，只有百分之三十的選民認為工資、福利、工作、工資停滯和進口失衡等經濟議題比較重要。民調也顯示，認為經濟議題較重要者本來就是民主黨的鐵票，反倒是重視價值議題的選民還有待爭取。確立了這個大方向之後，民調團隊再透過民調找出哪些價值議題最重要，並將這些議題發展成政策方案，透過民調發展出的價值議題，包括限制對青少年做香菸廣告、禁止出售手槍給曾因家庭暴力而被判輕罪或重罪定讞者、限制電視的暴力與色情節目、大學學費抵稅、彈性上班制度等，這些議題只要受到多數民意支持，就立即推動。儘管媒體批判這些措施都是「芝麻小事」，但民調的反應卻是正面的。莫理斯發現共和黨不習慣開發新議題，但柯林頓卻樂於開發新領域，大量利用民調找出民之所欲，並測試各種解決方案有多少支持率。透過對價值議題的掌握，柯林頓在選戰的過程中，一直主導議題，也一直維持領先的優勢。

　　莫理斯自己甚至認為 1996 年的總統大選是美國政治史上的分水嶺，其中最重要的變化，就是重新界定民調在美國民主政治上的新角色。他甚至直接追問：「民意調查是否取代了領導能力？」他認為選民其實並不喜歡候選人凡事都聽信民調專家提示，專挑民眾喜歡聽的話說，這太過投機主義。莫理斯認為柯林頓將民調作為治理政務的工具以及加速民主黨進步的技術：「對柯林頓而言，民調不僅是對輿論做一次測試，而是與民眾進行廣泛對話的一種方式；就領導而言，他沒有藉民調來決定某個議題他該採取何種立場。他主要是在選擇立場時利用民調，找出哪個立場較孚人心。當民調顯示，他對某價值議題的立場不孚人心，他通常會要部屬研究，如何說服百姓接受他的觀點。」（Morris 1999：457）

莫理斯在 1996 年總統大選前夕，因爲被媒體報導他的婚外情而被迫去職，但到了 1998 年年初當柯林頓陷入與白宮實習生魯文斯基的緋聞風暴之際，莫理斯再度被柯林頓找來協助他進行危機處理。當時替柯林頓獻策的顧問意見並不一致，多位白宮幕僚都主張柯林頓應誠實以對，但莫理斯在做過民調後所做的建議卻完全不同，民調顯示民眾可以容忍總統私生活有不謹愼的行爲，但民眾卻不會容忍總統爲掩蓋自己的性醜聞而做出僞證，看到這份民調後，柯林頓的反應是：「既然如此，那麼我們只好打贏了。」接下來柯林頓除了接受特別檢察官的詢問外，在公開的場合對緋聞與彈劾絕口不提。而當時媒體的民調也確實反映柯林頓的聲望並未因這椿緋聞的衝擊而大幅跌落，《華盛頓郵報》與《時代》雜誌都發現柯林頓的支持率甚至呈現上升趨勢，維持在六成上下。某種程度而言，這個民調現象讓柯林頓有效擺脫了他任上的最大危機。

3 民調的知識考古學

民調在當代公關操作與民主競爭受到重視的原因之一，是它被認爲可以呈現民意政治，亦即只有民調結果才能眞正回答，某一時空下的「民意」究竟是什麼？然而在概念上，民調與民意當然不能完全等同，比較精確的說法是，與民調同步操作的所謂「民意」，其實是一種透過總和性（aggregation）去定義的民意觀，這種民意觀念設定「公眾是一種原子化個體的總和，每個個體都有一組意見」，換言之，認爲民調可以測出民意，先得接受以總和性來定義的「民意」觀爲前提。

在媒體論述中，民調經常被認爲是與民意等同的。早在 1948 年就有學者在爲民意下操作定義時，主張民意是由民調所組成的，甚至民調

結果經常被視爲是民意的同義詞，沙蒙（Charles Salmon）與葛拉瑟（Theodore L. Glasser）提醒我們注意，隱藏在民調背後的，其實是一套特殊的民主論述觀，其可追溯到 1895 年布萊斯（James Bryce）的著作《美國共同體》（*The American Commonwealth*），主張美國所實踐的民主哲學是每個人知道他自己就是政府的一部分，並自認對其獻身部分時間與思想是其義務，所謂「正統」的民主是每個公民都應有意見，一般人與菁英的判斷是一樣的（Salmon and Glasser 1995）。

當然，若欲落實這種民調與民意幾近乎等同的信仰，還是需要一套完整的論述作爲預設，李派瑞（Lisbeth Lipari）稱其爲民調的「民粹觀點」（populist view），在這裡「民意」被巧妙地化約成個體層次的心理學議題。李派瑞一共提示了四種預設：首先，在傳播流動的方向上，基本上都是由下而上，由被治者流向統治者的；其次，民意可以被視作與政治體制完全無關，而全然以個體的態度、信仰與偏好的加總取而代之；再其次，這種由個別加總所得出的結果可以塑造出一種「公眾」；最後，只要這些個體的價值、態度與信仰具有某種一致性或是矛盾不大，就可藉調查工具測量出來（Lipari 1999：84-85）。

這種論點的極致，就是將民調視爲標誌民主社會的符號化儀式（symbolic ritual）之一，畢竟在民主國家惟一能讓政治權力取得正當合理性的來源，就是民意的認可，而民調正是提供這種正當合理性的方式之一。研究民調的學者李派瑞是倡議用儀式去檢視民調功能的學者之一，她認爲在今天的美國，諮詢最新民調的儀式，與古希臘諮詢先知的儀式是一樣的。這套民調的儀式，從主持民調的專家（祭師）、訪問的展開（祭典）到訪問結果的發佈與引述（神喻）等，幾乎包含了儀式的所有質素（Lipari 1999：85）。

這種將民調等同於民意的觀點，當然受到不少論者的質疑。譬如法國的後現代學者布希亞就認為，民調實際上是在公眾已經消失的時代才會成為輿論，他認為自印刷文化衰落以來，個人意見形成的空間，已被透過民眾傳達的諸種過程所吞沒，民調正是這種過程之一。在布希亞看來，民調其實是一種問題／回答的遊戲，這種遊戲在科學（統計、機率、控制論）的外表下虛構了所謂的民意，確切地說是它將自身當作是民意。然而在這個擬像中，訊息傳達是受到控制的，以某種二元邏輯的角度觀之，民調其實是一種需要事先安排的回應，施測者引導受訪者再生產調查機構正在尋求的某種東西，受訪者並不會生產他們自己的意見。它的主導性規則就是「是」抑或「不是」以及「贊成」抑或「反對」的規則。訊息在這種操作下，不僅將人的意見大為簡化了，對想法不確定的人也有操縱作用，也可以說，對一個直接的提問，除了再生產這個問題外，想要獲得非模擬的答案是不可能的。因而從民調中所產生的種種「民意」符號只是對民意的模仿，在民調中受訪者不能表達他們的「民意」，他們只是再生產施測者所預定的東西。因而，布希亞認為民調的問題不是像一般人想像的那樣對公眾有何影響，而根本就是一種「操縱性模擬」。

4 民調「問題」的辨識與操縱

民調由於在操作與呈現上都有一套嚴謹的作業程序與語言，無形中也區隔了專業與非專業的分野，對民調外行的政治人物與政治顧問都必須藉由民調專家的協助，才能獲得並解讀民調的數據與圖表。對非專業人士而言，儘管民調的操作技術與語言有些深奧，但還是應具備若干民

調知識與辨識能力，特別是他起碼得清楚拿到手上的民調，除了數字外，他還應追問什麼？有哪些「誤差」是他該辨識的？一個對民調技術層面一無所知的政治人物，很可能被民調專家帶著走，或是無法從重要民調中識讀他該注意的重要訊息。

　　一份民調的標準作業程序，基本上是藉由一套科學的方法，透過近代統計抽樣理論的協助，從所欲研究的母體（population），抽取具有代表性的樣本（sample），再針對此樣本，以問卷的方式，探求樣本中的受訪者（respondent）對某一或某些特定議題的觀感、態度或意見等，最後再根據對樣本的資料分析結果，推測母體中一般民眾可能會有的態度、意見、行為等。在公關的實務上，儘管事實上處理的多半是民調的數字結果，但也必須瞭解在調查實務上，從抽樣的操作，電訪的誤差，問卷設計的問題（引導性語句、傾向性語句、問題排序），施測的時機，統計分析的問題，調查結果的解釋（未表態選民部分），調查結果的發佈時機，直到調查結果發佈的形式等，每一個環結都有可能出現「誤差」（error），任何一種誤差都會造成調查所得數據與真實數據間的差距，而民調操作者如果沒能有效控制，民調結果很可能只是一堆誤差的總和而已（劉念夏 2002：182）。

　　隨著民調被廣泛使用，儘管民調專家致力發展更精準的調查技術，但問卷編製的語言向度卻一直是引發爭議最多的一環，當然也就是公關操縱者最易介入的一環。在民調專業上，這種現象一般稱之為工具誤差（instrument error），即問卷問題表達的方式與安排的次序對意見配置所可能產生的影響。事實上早在 1939 年民調業者就發展出一種「分割投票技術」（split-ballot technique），以測示同樣問題在不同問法下是否會有不同的結果，例如當時為測知美國是否該介入歐戰的民意，便設計了

兩組問題，一組是問「您認為美國會在歐戰結束前即參與歐戰嗎？」，另一組則是問「您認為美國能避免介入歐戰嗎？」，第一組答「是」的為百分之四十一、答「非」的為百分之三十三，第二組答「是」的為百分之四十四、答「非」的為百分之三十二，兩組都有百分之二十六未決定；第一組答「是」者與第二組答「非」者的立場其實是一致的，同樣都認為「美國會參戰」，但卻有百分之十的差距，理由只是問法不一樣而已（Moore 1995：325-326）。美國兩位學者在 1969 年曾就問卷題目的措詞進行一項實驗，他們首先以如下的措詞詢問受訪者的態度：尼克森總統下令在未來三個月內從越南撤軍兩萬五千名，您認為撤軍的速度應該加快些或是應該放慢腳步？結果百分之四十二的受訪者認為應該加快些。這兩位學者再將題目重新措詞如下：一般而言，您認為我們的總統此次從越南撤軍的速度，應該再加快些還是放慢腳步？結果只有百分之二十八的受訪者認為應該加快些。換言之，同一個問題只因問法不同，即可產生差距頗大的調查結果（吳齊殷 1996）。

　　1980 年代中葉，為了減少偏見對問卷設計的影響，美國衛生統計局（The National Center for Health Statistics〔NCHS〕）特別在 1985 年 4 月成立一所問卷設計研究實驗室，專門致力對問卷語言使用進行研究，而在他們投入相當心力研究後，他們依舊不得不承認無論調查技術發展得如何精進，「問卷仍是測量過程中最弱的一環」，同樣地，他們也承認無論調查程序（抽樣或量化技術）如何符合科學性，問卷設計本質上還是一種藝術（Rubenstein 1995：209）。換言之，一個民調或許方法論上是精確的，然而或許只是幾個字眼、一句引導性的問題，或是一個暗示字眼，就可能扭曲結果或改變受訪者的答案（Robinson 2002：14）。

　　事實上，嚴謹的民調研究者很早就針對問卷設計的規範，提出許多

禁忌，希望實務工作者能盡量避免，然而這些規範究竟是偏重倫理層面，是否為實務者切實遵守並非提出規範者所能掌控。相對地，對於若干有意藉由問卷題目的設計來操縱結果的人而言，這些規範或禁忌恰好可以被轉化成一種技巧，特別是如果其它部分都謹守調查方法的戒律，問卷題目就成為最好操作的一環。羅賓遜建議姑且不論是誰做的民調，或是調查方法是否精確，都最好先追問下列問題：（1）問題是怎麼被排列的？是否有引導問題？（2）是否有任何字眼可能帶有偏見或影響受訪者？（3）相關的字眼、術語或觀念是否受到最近新聞的影響？（4）對可能影響結果的術語、問題是否有特別加以界定或解釋？（Robinson 2002：14）要避免民調結果受到題目的影響，最起碼要提防以下幾種效應：

（1）語句引導效應：在問卷問題設計中置入引導性語句與傾向性語句。前者刻意引導受訪者選擇某一答案，後者則是在問題上加點技巧，使受訪者表達意見的空間被壓縮，因而傾向選擇某些答案。在所問的問題當中，不論透過「句子的結構」或是「語句的內在技巧」，都有可能帶來引導性的效果（陳膺強 1994）。「難道您不認為……」即是一種引導性語句，譬如「為了鞏固領導中心，難道您不認為應當提名某某為總統候選人嗎？」、「為了政治的世代交替，難道您不認為某某應該退下來讓中生代接班嗎？」（賴世培 1995：35-58；陳膺強 1994）。

（2）語意暗示效應：在問卷問題陳述中使用某些特定概念、專有名詞、術語等不經意塑造某些暗示的效果。例如使用具有吸引力之欺騙性語句來增進贊成或不贊成之看法，或利用對專家或權威人物的信任感、知名人物的話語，使受訪者贊成某些意見，譬如「大多數的醫

生均認為……，您同意嗎？」、「大多數專家學者均認為……，您同意嗎？」、「美國某大學某某教授指出……，您同意嗎？」等，又例如使用現況描述或社會期望的引述方式，提供受訪者肯定或否定之答案，如「大多數的人均贊成……，您贊成嗎？」，也不宜假定受訪者已經熟悉某些特定的知識，如「您有聽說／讀過……？」等。1980 年代為了改善民調品質，學界與民調實務人員曾合作研究語詞字彙的選擇，對民調結果會產生什麼影響，結果有不少有趣的發現，學者以不同語詞在問卷中置換進行調查，例如將「福利」與「協助窮人」相互置換後進行調查，發現僅有百分之十九的受訪者認為「福利」預算太少，但卻有百分之六十三的受訪者認為「協助窮人」的預算太少，差了百分之四十四，顯然可能「福利」會喚起若干負面的聯想。不同語詞置換會產生不同，甚至同一字眼對不同的人也可能有不同的意義，例如 1980 年代初有學者經過研究發現「大政府」一詞會被分別解讀為「福利國家」、「聯邦掌控一切」或「官僚」；又例如「信賴」這個詞可以被不同的人解讀為「信任」、「能力」或是「專注於共同目標」（Rubenstein 1995：218）。

（3）語法陳述的扭曲效應：設計問題中的語句，不宜使用複合句，避免使用普遍性的字詞（如全部、經常、無人、從不等等），避免使用雙重否定的語句，避免設計幾乎為所有人所接受或拒絕的問題。且語句盡可能不超過二十個中文語詞或二十個英文字（但是屬於解釋性的語句例外）。亦即在設計問卷時應力求簡單、清晰而直接，不宜將很多意思集中在一個問題。其主要目的是避免語意模糊，或者語句內容易滋生多重不同之解釋。因為這種不當的設計問題不僅不會節省訪問時間，反而會給受訪者帶來困難，而使答案的效度及信

度降低。

（4）題目排列的效應：不少研究問卷製作的學者都指出，題目的編排順序可以影響結果。學者哈特（Peter Hart）曾指出，「問卷問題的配置眞的可以決定被問問題的答案」。譬如，在前面的問題中先問了不少有關貪污收回扣之事，接著問是不是要具體地嚴格執行陽光法案，或成立某政治領袖所提之廉政公署。這樣的題目之提出與題目的編排方式，很容易由前面題目的關係而影響作答，魯賓斯坦（Sondra M. Rubenstein）曾舉出如下的例子，三個問題如果次序不同，調查的結果也會跟著不同：「您給柯林頓總統的施政表現打幾分？」、「您同意／不同意總統的聯邦醫療照顧計畫？」、「您同意／不同意總統承諾參與聯合國在波士尼亞的和平部隊？」。亦即如果受訪者對其中任何問題有特別的好惡，次序的安排就會影響他對其它問題的態度（Rubenstein 1995）。再例如將問題與受歡迎或不受歡迎的人物或團體連在一起，例如「您支持柯林頓的某政策嗎？」與「您支持政府的某政策嗎？」，前者答案可能受到柯林頓不同時期的聲望的影響。

（5）答案設定效應：好問卷必須依據的準則包括：（i）必須使用受訪者可以立即理解的詞語。（ii）不能刻意引導受訪者指向特定答案，特別是暗示或引發受訪者負面反應的語詞。（iii）一次問一個問題。（iv）答案最好設定在有限的類目內，以免「不知道」與「無意見」過多。一般而言，最古典的詢問方式是：「假如今天就是投票日，您會投給候選人甲或候選人乙？」第二種詢問的形式是：「假如今天就是投票日，您會投給候選人甲？候選人乙？還是尚未決定？」第一種形式等於是強迫受訪者一定要二選一，在選戰

最激烈的時候，往往就會採取這種形式，畢竟許多受訪者會有很多理由選擇「未決定」。

民調發佈的內容，通常是大量表格與數字，一般閱聽大眾所接觸的民調主要都是經過再製與詮釋後的產物，因而民調專家、學者、媒體究竟怎麼詮釋這些民調數字，也是不能忽略的課題。由於這些民意調查的詮釋者（包括記者、學者和民意調查機構）往往具有很大的詮釋空間，有時甚至過度延伸民意調查所提供的證據，很可能會嚴重影響民意調查的客觀性。經常因詮釋過度所造成的偏差如下：

（1）拿不同時期與不同機構的民調做對比：理論上，不同民調機構在不同時空下所做的民調是不能並置加以比擬的，理由並不複雜，不同的時空背景、不同的問卷措詞、不同的抽樣方式，如何可以做比較？然而媒體在處理政治人物的聲望消長或競選支持度升降之際，經常喜歡拿不同機構在不同時期所發佈的民調結果，並置在一起製成同一張表格加以對比，而完全不論其各個民調脈絡上的差異，有沒有哪個條件可以一起做比較？再加上民意調查所做的發現很少被放在整體的論述中，因此不同的民意調查之間的差異或不同時期所做的民意調查的相異點，經常會被忽視。

（2）怎麼處理未決定選民：詮釋選舉民調的一項最大挑戰，就是怎麼處理比例不在少數的「未決定選民」，特別是面對高度敏感的課題，或是越接近投票日的前夕，民調數字經常呈現大量的「不知道」、「未決定」、「不清楚」的受訪者。如同前面所提到過的受訪者可能出現的「社會贊許度」效應，在選戰最激烈的時刻中，要受訪者表明對某一政黨或政治人物正面或負面的偏好，可能會有某種「有偏見」、「不客觀」的標籤，為了避免在訪員面前當「壞人」，乾脆就

說「不知道」、「無意見」來逃避（吳齊殷 1996）。若干民調單位有時會利用題目設計來解決這個難題，例如碰到大選民調受訪者回答「未決定」時，立即在下一題追問是否「傾向」支持哪一位候選人，有時則詢問看好率或根據受訪者的政黨認同等項目加以推估，而其間的比例怎麼配置，還眞要看其詮釋技術。

5 民調與媒體效應

民調會影響公關操作的關鍵主要在其發佈後的影響力，而能夠讓民調發揮這種影響力的當然就是媒體，所以比起了解民調本身，公關實務者恐怕更須知道媒體怎麼處理民調的發佈。畢竟民調早就是新聞報導建制化的內容之一，任何機構所發佈的民調，對媒體而言都是有價值的消息來源，這也意味任何民調只要被媒體報導就會產生影響力。

媒體爲何喜歡報導民調？特別是政治性的民調？首先，由於民調多半披著中立客觀的外衣，特別是由於滲入許多測量與統計的專門術語，能夠塑造出一種神祕的氛圍，報導民調的結果，能增加媒體本身的客觀性；其次，報導民調也可讓媒體與政治人物間維持必要的距離，記者可以利用民調所包裝的專業客觀外衣，合法地對政治人物進行評論與質疑，例如在採訪時直接詢問政治人物「最近民調顯示您已居於劣勢，已經降到第三位了」，然後再追問「您接下來要怎麼辦？」。這種藉由民調數據對政客的質疑，可以充分突顯媒體自主於政治的位置。第三，民調數據本身即可吸引閱聽大眾的注意，特別是碰到重大新聞事件時，即時民調本身就是新聞的一部分，特別是不間斷調查的追蹤式民調（tracking poll），能隨時立即配合政策辯論、政治衝突、政治醜聞等做

出即時的民意回應，甚至讓民調的波動形同股票起伏般，對任何媒體而言，這絕對是吸引閱聽大眾的重要工具。第四，競選期間民調高低起伏的變化，經常是閱聽大眾矚目的焦點，其中實力相近的選舉競爭對手，更是特別受到關注。以美國媒體處理民調新聞爲例，通常「兩人民調支持率的縮小就是新聞」，因而凡是差距越是接近的民調，媒體報導的也就越多。

　　當然，民調的發佈與媒體對民調結果的報導經常出現張力。專業的民調工作者絕對在乎民調操作的每一個環節，都必須符合專業的準則，不論是問卷製作、抽樣程序、進行訪問、統計結果等都有各自的規範，畢竟調查過程中任何的疏失造成民調失眞，等於是搬石頭砸自己的腳。而在民調最後結果的發佈上，民調專家也有一套標準作業程序，問題在於這套程序並無從規範媒體該怎樣報導。對媒體而言，任何民調的結果都是有價值的消息來源，媒體也確實需要民調機構或民調專家的專業性來提升報導內容的正確性，問題在於媒體製作新聞的邏輯與民調發佈的邏輯並不一致，甚且有時還是彼此矛盾的。民調機構與專家在乎的是在發佈任何數字的同時，必須交代相關細節與要素（如調查時間、調查人數、抽樣誤差等），但媒體基於新聞需要、截稿壓力、版面配置等考量下，卻經常將關鍵數據以外必須交代的事項悉數刪除，造成民調專家小心翼翼得出的部分結論或判斷，被媒體刻意斷章取義地大幅強調，特別是由於新聞報導的特性，侷限了記者對於民意調查的報導方式，這使得民調發佈與媒體的再製過程，出現幅度不小的落差。

　　1991 年美國全國民調評議會（The National Council on Public Polls〔NCPP〕）與美國民意研究協會（American Association for Public Opinions Research）曾試圖編製民調的「發佈準則」，明白規定哪些調

查上的要件必須在民調發佈時同步交代，例如調查贊助者、訪問日期、訪問方式、母體、樣本大小、問卷措詞、結論各項百分比等，如果民調發佈單位違反這些準則，該評議會可以加以處分（賴世培、丁庭宇等1996：342-343），問題是這些準則僅能規範該會的會員。媒體因爲受到憲法「第一修正案」對言論自由的保障，不僅這些準則對媒體沒有任何強制性，甚至多數媒體根本不理會這些準則。換言之，除了民調專業組織的批判與教育外，民調專家對媒體怎麼處理民調發佈的數據，其實是沒有任何影響力的。例如 1998 年美國哥倫比亞大學學者謝皮歐與密蘇里大學民調專家加博在檢視兩百九十六家報紙、雜誌、電視的民調報導後發現，其中約百分之八十的民調新聞內容沒有標明問卷題目、回答選項、抽樣誤差及其它可能產生誤導的因素（曾萬 2000：256）。

6 民調與選舉操作

在當代選舉公關的操作中，民調一直是不可或缺的一環。候選人與選戰策士都越來越依賴民調資料做判斷，特別在掌握選情上，「做個民調」可說是時時刻刻都存在的誘惑，這中間民調專家要顧慮的課題，包括民調怎樣與競選策略相結合，以及民調會不會對選舉結果造成影響？

民調要怎樣與競選策略相結合？對一個有經驗的選戰策士而言，要替候選人規畫一個具體可行的選戰策略，很大一部分要依賴民調所提供的資料，特別現今民意瞬息萬變，固然有時依據個人的經驗、感覺或一般的印象可能會與實際結果恰好吻合，但完全企圖憑藉直覺揣度民意趨勢則可能出現重大落差，所以其風險極高。因而透過民調所提供的資訊就非常重要。在選舉公關上，這類在選戰早期所進行的民調有時稱之爲

「基準民調」（benchmark poll），它多半在競選前半年或是候選人正式宣佈參選後即進行。基本上，這類民調多半問卷規模較大（美國的經驗多半包含七十多個題目）、費時較長（美國經驗約要二十至三十分鐘）、花費成本也較多，主要目的在資料蒐集。而必須藉由民調所蒐集的資訊包括：

（1）選區與選民的資料：除了歷史性資料（選區內各投開票所的開票資料）是基本需要外，藉由民調要分析的，包括各地區選民結構、選民心態、推估選民投票行為（包含中間選民的動向以及不投票選民的可能比例等），並藉以判定候選人的基本票源與潛在票源在選區中如何分佈、候選人支持者與反對者的票源組成分析等，以便作為鞏固既有票源、擴展新增票源並進行分眾行銷之重要參考依據。

（2）候選人資料：包括不同新進候選人的知名度高低，不同資深候選人的滿意度、支持率的升降，比較候選人之間的優劣，並評估所有參選人的後續票源開發潛力。當然也包括不同選民群體對候選人的滿意度分析，以及影響滿意度的因素分析等。這類資訊是早期判斷選情及確立形象定位的重要依據。

（3）議題資料：包括選區選民對不同議題關切的順序、強度、立場，以及針對重大時事，了解選民之認知與反應，藉以掌握關心時事之中上社經地位游離選民的反應與態度，這類資料多以用來確立文宣主軸、尋找選戰的攻防議題等。

　　藉由基準民調所提供的資料確立競選策略之後，在進入正式選戰的階段，還需要藉由若干較小規模的「跟進民調」（follow-up poll），以檢視候選人所設訂的相關議題、所規畫的競選主軸，乃至競選過程初期所突發的若干事件，在選民中產生何種效應，特別是候選人若有獨特訴

求，則可檢視是否已與其它競選者形成區隔，以評估選戰初期的經營效果。柯林頓在打連任選戰時，曾設計出一系列選戰標語，透過民調以測試選民的反應，包括「搭起與第二任的橋樑」、「搭起與未來四年的橋樑」、「搭起與 2000 年的橋樑」、「搭起與二十一世紀的橋樑」，並以民調反應選擇其中之一作為文宣的訴求（Rademacher and Tuchfarber 1999：204）。這一階段的民調最能檢討選戰初期所規畫的選戰策略是否確實有效。

到了選戰後期（通常是最後六週），民調專家還要進行若干次「追蹤式民調」，以監控選情的變化，特別是與對手之間領先或落後的差距，如果已經是領先，那麼就意味選戰訴求是正確的，可以暫時不理會對手的攻擊，但如果出現落後局面，就必須要藉由追蹤式民調找出弱點了。在美國長期替共和黨做民調的威斯寧公司（Wirthlin Group）公司副總裁布雷克曼（Bruce Blakeman）曾指出不能忽視追蹤式民調的三個理由：首先，確定其選戰策略是否真的有效；其次，確定選戰末期究竟要訴求什麼；第三，確定主要對手的策略是否有效（Friedenberg 1997：48）。候選人最經常使用追蹤式民調的時候是在電視辯論結束後，用以檢視辯論的成績以及評估對選情的影響。因為已經是選戰後期，因而追蹤式民調至少每週要進行一次，當然隨著民意調查科技的進步，某些候選人甚至不計成本，願意透過二十四小時不間斷的「滾動式民調」（rolling poll）追蹤選情每日的變化。每次樣本起碼不能低於七百人，問卷題目力求精簡，除了檢視支持率的波動外，也檢視少數特定議題的民意反應以判定是否要調整選戰策略，例如還要不要強化電視文宣、某些議題是否要強化或淡化等。

至於民調會不會對選舉結果造成影響，對候選人或民調專家而言，

為配合選戰策略所做的民調多半不會對外公佈，相關資料甚至還是只能作為內部參考的業務機密，而可能會產生效應的民調，主要是媒體所發佈的民調資料，媒體民調的特性很清楚，就是視民調的發佈為新聞的一部分，既然是新聞，它就可能會產生影響，而這種影響多半是民調專家與候選人完全無從掌控的。媒體處理選舉民調的立場很清楚，它基本上會將之區隔為「我們的民調」、「別人的民調」以及候選人／政黨與相關機構所發佈的民調三種。可想而知，「我們的民調」即是由媒體自行製作並發佈，因此自然會提供相當的媒體空間，報紙會放在頭版，電視則會花上一、兩分鐘以上報導，內容包括重要數據、圖表、分析以及當事人回應等一應俱全，當然這種篇幅只會呈現在單一媒體上，對其它媒體而言，這都是「別人的民調」，基於媒體競爭的考量，除非民調數字特別突出或有特定價值，否則多數媒體其實是不予理會的。對於政黨或候選人所發佈的民調，由於認為有文宣意圖，多數媒體會選擇忽略，就算要報導也會集中在發佈動機上，甚至要求發佈單位交代發佈時機、數據呈現的內涵等（Mitchell and Daves 1999：182-183）。雖說媒體處理民調新聞標準不一，但由於當代民主國家主要媒體都設有民調部門，且報紙與電視都進行策略性的結盟，因而在選舉期間每家媒體都發佈民調的情況下，媒體民調的威力還是相當可觀。基本上媒體民調所產生的效應包括以下幾項：

首先就是透過民調新聞頻繁的出現，選舉很快會被媒體轉化成一場賽馬，民調新聞甚至被稱為「賽馬新聞」。亦即在處理民意調查的新聞時，往往專注報導是誰領先或落後多少百分點的訊息，而忽略其它更具意義的分析，特別是隨著選舉日逼近，媒體經常以排名方式報導候選人支持率的升降。這種類似賽馬式的民調，讓民眾產生類似賽馬時，在場

邊呼喊叫囂、宣洩情緒的快感。民調新聞之所以會走上賽馬化，與新聞書寫風格有關，由於就可見的靜態議題進行選舉報導，通常顯得平淡而枯燥，但民調卻立即將之帶入動態的「賽馬式政治」（horse-race politics），候選人所訴求的議題經常被忽視，取而代之的是誰先誰後的賽事，再加上這類新聞可以完全由媒體主控，附加的新聞標題必須很短、新聞內容又必須有吸引力和即時性、問題必須精簡等，因而在大選期間經常取代了其它的新聞，成為選舉新聞的主軸，這類所謂「賽馬式」的報導傾向，候選人乃至政黨都是無能為力的。政治學者派特森曾針對《紐約時報》從 1960 年到 1992 年的選舉新聞做一個統計，發現討論候選人政策的報導急速減少，從 1960 年的過半到 1992 年的不到五分之一，相對地，頭版刊載賽馬新聞的比例卻從百分之四十躍升到百分之八十（Robinson 2002：89-90）。

　　賽馬新聞盛行所造成的效應是顯而易見的，選舉新聞的報導除了候選人領先落後的賽事外，媒體報導也逐漸導向候選人競選策略而非政見，候選人本身所提供的新聞反而越來越少，媒體記者與評論家不再就候選人本身進行報導或評論，記者對候選人競選的內幕調查越來越沒興趣，反而直接就抓著升降的民調數字做發揮，甚而直接就候選人的競選策略做應然性的評論，不少媒體記者甚至認為此舉讓他們與候選人保持距離，站穩更中立客觀的位置（Robinson 2002：91-92）。然而，問題就在於賽馬新聞或許讓媒體看起來更客觀，但對候選人卻不一定公平，派特森在研究媒體賽馬新聞的標題與報導內文時，就發現凡是民調領先的候選人，經常被描繪為「堅韌」、「辯才無礙」、「深思熟慮」與「幹練」等，相對地，若是在民調中落後，則候選人會被描繪成「笨拙」、「猶豫不決」或「軟弱」等（Robinson 2002：92）。例如在美國大選年時，

當 7 月間民主黨舉行黨提名大會時，民主黨候選人的民意聲望往往會衝高，報導與評論也一片看好，但幾週後當共和黨也舉行黨提名大會時，民調情況可能倒轉過來，屆時報導與評論也會跟著翻轉。對候選人而言，除了努力在民調上居於領先外，幾乎是無能為力的。

　　民調中的領先者與落後者被媒體發佈後，是不是會進一步影響選民的看法，甚至影響選舉的結果（其實已經是在設定議題），影響記者對政客的認知以及判斷？在民調的影響面向之中，學者曾提出兩種截然相反的效果：樂隊花車效果（bandwagon effect）與哀兵效果（underdog effect）。前者假定當某一政客的聲望升高，通常所謂的樂隊花車效果就會出現，許多人跳出來支持，變成支持者，希望站在贏的一邊。奧地利裔美籍學者拉札斯菲德在研究 1940 年代美國總統大選時發現，在競選的後期，意見氣候還是會發揮若干影響力，出現百分之三至百分之四的「最後一分鐘跟隨者」，倒向意見氣候中的預測贏家，好像跟著隊伍最前端的樂隊花車跑，即所謂的樂隊花車效果（Noelle-Neumann 1994：22）。後者假定民意調查公佈後，會因為選民「反西瓜偎大邊」的心理，而使排名在前的候選人因被預期可以得到較多的選票，導致票源移轉，反倒落選；抑或反而引發選民的同情心與危機意識，而挽回排名在後者的頹勢。就選舉的結果而言，這對某些政績型的候選人並不公平。

　　截至目前為止，究竟是否確有樂隊花車效果這回事還是有爭議的，有些研究者就認為最後跳出來支持的人，都是那些早已有支持傾向的人。但「民調領先」有宣傳價值倒是肯定的，一般而言在媒體中民調領先者通常更易募集到競選資金，也在媒體空間上亨有更高的曝光率（Robinson 2002：124）。當記者認知到某一個候選人聲望開始下跌，一些相對負面的新聞傾向也開始出現了，這有如新聞工作者的「看門狗承

諾」（watchdog commitment），即所謂「監看功能」（surveillance function），鼓勵記者不僅要傳達公眾不支持的情緒，還要爲公眾冷酷的理由提供證據，同樣地，當他們發覺某一候選人孚眾望，媒體通常在傳達負面訊息時會較爲審愼（Rubenstein 1995：15-16）。

　　儘管學界對樂隊花車效果與哀兵效果確實存在與否意見並不一致，但德國學者諾艾爾－紐曼（Elisabeth Noelle-Neumann）透過多項實證研究結果，卻發現由民調所塑造的意見氣候，確實可以影響最後結果，她稱這種現象爲「沉默的螺旋」（spiral of silence）。這個現象旨在說明，在勢均力敵的競選情境中，主動表達意圖、信念與立場者也許只占少數，但卻會在意見市場上形成優勢地位，並形成一種意見氣候，不敢表達自己立場者可能占多數，但因選擇沉默而在公開意見市場上消失，結果形成一種「沉默的螺旋」，使得選民中自覺被孤立者，或是沒有自信以及對政治不感興趣者，會在最後一刻屈從聲勢較大的意見氣候。諾艾爾－紐曼曾以 1965 年的西德大選爲例說明，當時兩大陣營的支持民調一直呈現五五波，但在「您認爲誰會贏得這次大選？」的看好率民調上，基民－基社聯盟卻一直占上風，超過社民黨，並持續增加，到最後有百分之三到百分之四的選民受這種意見氣候影響，將票投給了基民－基社聯盟（Noelle-Neumann 1994：15-23）。

　　在不同的選戰階段，選民通常會以不同的方式加以因應。諸多研究顯示，樂隊花車效果可能發生在選戰晚期，沉默螺旋效果則較可能發生於選戰早期。不同特質的選民對於選舉民調也有不同的反應：對於具有強烈政黨傾向的選民而言，短暫的民調效果較爲無效；對游離選民亦即所謂的中間選民而言，傳播媒體對排名較優勢者的報導可能形成較大的影響。

　　媒體民調對選舉造成影響最明顯的例子之一，是美國 1988 年的總統大選中，一份媒體民調對老布希與杜凱吉斯對決所造成的影響。就在兩人第二場電視辯論的前一天，美國廣播公司夜間新聞資深主播詹寧斯公佈並評論了一項民調。詹寧斯在銀幕上展示一幅美國全圖，並宣佈根據美國廣播公司—《華盛頓郵報》的民調顯示，共和黨的候選人已經掌握了絕對多數的選舉人團票，他指出在堅定支持的選舉人團票中，老布希以兩百二十票勝過杜凱吉斯的三十票，而在傾向支持的選舉人團票中，老布希以一百八十票勝過杜凱吉斯的五十九票，加總等於老布希是以四百票絕對領先杜凱吉斯的八十九票，詹寧斯因此宣稱勝負已定。事實上當時 CNN 幾乎同時公佈的民調顯示杜凱吉斯僅落後老布希五個百分點，但美國廣播公司這項宣佈當然對杜凱吉斯造成致命的一擊。甚至老布希的競選策士艾特華特（Lee Atwater）後來都承認，在整場選舉下來，他惟一對杜凱吉斯感到歉意的就是美國廣播公司的那篇民調報導，這個事件也促使媒體本身開始檢討媒體民調在選舉中扮演的角色（Moore 1995：247-250）。

第八章
政治造勢與事件管理

在公關政治的操作中,有很大一部分是以提供公眾觀賞或由公眾直接參與的「活動」所進行的,在公關的術語使用上,通常稱之為「事件」(event)。在政治競選中,有時則將這種活動稱之為「造勢」。廣義言之,舉凡政治慶典、元首出訪、政見辯論、集會遊行、競選造勢等都稱得上是公關政治的「事件」。這些事件事前都經過精密的規畫,也需要媒體大量的曝光,因而也有人以「媒體事件」(media event)稱之,它們除了是當代政治人物操作動員的重要手段外,也是實現形象政治、議題政治的重要手段。

1 古典事件:擺盪在廣場政治與劇場政治之間

以動態活動的形式來實踐政治生活的歷史,可以追溯到相當久遠。從空間的觀點言之,可以約略將之區隔為「劇場政治」(theatre as politics)與「廣場政治」(square politics)兩種,相較於不見天日、祕密進行的「密室政治」(closet politics),劇場政治與廣場政治都具有公開性與展示性的特質。當然這兩者之間還是有很大的區隔。劇場政治正如其名稱所揭示的,具有一定的「表演」特質,譬如在操作上它一定有一個舞台,這個舞台可能是宮廷、神廟或議場;它也一定有事前就擬好的腳本,不論是東方帝王的登基朝儀、祭天儀式,或是西方國王的加冕典禮等,事前都有細緻場景與情節安排;當然它也有演員,包括帝王、祭司、朝臣等,分別藉由不同的語言、服飾、肢體語言呈現其不同的位階與角色;最後,也跟所有的劇場都有觀眾一樣,它也需要公眾充當「觀者」的角色,但並不直接參與劇場展演的一切,民眾亦是透過這種「觀看」,識別政治權威的所在,同時也建立起對統治者正當性的認同。

　　相較於劇場政治強調菁英與儀式性的特質，廣場政治則是強調大眾參與的特質，它通常以政治中心外圍的室外廣場作為活動空間。最古典的廣場政治就是希臘城邦政治的公民大會，在古希臘的語彙裡，公民大會就叫做廣場（agora）。在雅典城裡有巨大開放的廣場，供人們聚集討論各種公共問題，某種程度上，廣場代表雅典人實踐直接民主的一種公共空間，在那個空間中雅典人彼此就各種議題進行辯論。然而這種以理性言說、平等參與為基礎的廣場政治，在整個人類政治史上畢竟只是曇花一現。在邁入羅馬時代後，雅典廣場政治中那種公民理性辯論的特質幾乎全部褪盡，取而代之的則是政治菁英對群眾的民粹式動員，而原本在廣場上尋求理性對話的辯論學，也被情緒煽動性的修辭學所取代。

　　在莎士比亞（William Shakespeare）的著名歷史劇《凱撒大帝》（*Julius Caesar*）中，即生動記載了這種廣場政治的顛覆形式，這其中包括凱撒率領軍團進入羅馬城接受群眾的歡呼，進而鞏固了他作為執政官的地位，換言之，那一刻凱撒的權力不再來自元老院的授與，而是來自廣場群眾的擁戴。同樣地，當凱撒在元老院被刺之後，布魯特斯（Brutus）與安東尼（Antony）也是藉由在廣場上先後對群眾進行演說來競逐權力，殺死凱撒的布魯特斯企圖以「吾愛凱撒，但吾更愛羅馬」的論證來說服廣場的群眾，但捧著凱撒屍體的安東尼卻以「吾是來埋葬凱撒，不是來讚美凱撒」的感性訴求來煽動廣場的群眾，結果布魯特斯被廣場群眾聲討，安東尼取得了廣場群眾的相挺，接任執政官，這意味誰能夠掌握廣場的群眾，誰也就能取得政治權力（熊易寒 2004）。值得一提的是，布魯特斯與安東尼的演說還涉及修辭操縱的議題，關於這一點，第九章將會進一步加以闡釋。

　　十七世紀法國波旁皇朝的路易十四可謂將劇場政治發揮到了極致。

他在 1682 年逐漸將權力重心移到他親自督工的凡爾賽宮，凡爾賽宮的
工程動員了三萬六千人、六千匹馬，花掉兩億法郎，整個凡爾賽宮彷彿
就是一個碩大劇場的舞台。置身凡爾賽宮的大廳裡、花園中，就如同在
公共的舞台上，每天都在上演著關於王權的精彩劇目。路易十四自己喜
歡觀賞戲劇，有時甚至還親自粉墨登場。他在宮廷處理政務就彷彿是在
演一齣戲，路易十四是當然的主角，他自己都曾說過他不只是在做國
王，他甚至是在演「國王」。歷史學者柏克在其所著的《製作路易十四》
一書中，即提到路易十四如何將他的宮廷生活轉化爲一場表演，從他早
上起床到晚上就寢這些最普遍的起居開始，都轉化爲晨起與就寢的儀
式，他的進餐也一樣如同一種儀式，是「一種在觀眾注視下的表演行
爲」，而能「目睹國王進餐，是一種榮耀，進餐被國王提到，是更高的
榮耀，能爲國王端菜或是與他同桌，則是最高的榮耀」（Burke 1997：
109）。此外，路易十四的每週彌撒、他與顧問間的會議、他的打獵方式
以及在花園散步等所有行爲，甚至連「最枝微末節的姿態」，都是事前
計畫好的（Burke 1997：113）。

　　十七世紀的政治哲學家盧騷（Jean-Jacques Rousseau）曾清楚表白
他憎惡「劇場」卻彰顯「廣場」的立場。在盧騷看來，廣場代表的是一
種自然狀態，是光明、透明、公開、無隱蔽的，而劇場所反映的卻是文
明虛飾、陰暗、污濁、隱蔽的；廣場沒有演員、沒有觀眾，群眾自我表
演、自我觀賞，表演與觀賞合而爲一；劇場則是演員表演他人的欲望，
觀眾讓渡自己的實踐；廣場的政治是直接民主的體現，劇場的代議則是
主權與主權者的分裂；廣場能解消人與人之間的差異、距離與衝突，成
爲精神上的一體，而劇場卻是使個人突出、人群分離與渙散。盧騷這種
對劇場的深惡痛絕，以及他對廣場的過度推崇，深刻影響了後來的法國

大革命。法國大革命時期不論是群眾攻陷巴士底獄，或是處決路易十六（Louis XVI），都是在塞納河北岸的協和廣場上進行，這個廣場本來是路易十五（Louis XV）下令興建，原是為展現王權的至高無上，但法國大革命時期卻成為革命份子展示王權被毀滅的舞台，在 1792 年到 1794 年有上千名的皇室成員與保皇黨被處決，廣場政治也成為民粹政治動員的重要形式（朱學勤 2003：149）。

　　儘管劇場政治與廣場政治在內涵上有諸多差異，但在政治史的進程中，它們之間的界限並不是截然對立的。許多帶有劇場性質的儀式慶典，是與民眾在廣場狂歡的嘉年華混同在一起的，至於當代許多活動造勢，更是經常兼具廣場與劇場的特質，從而出現廣場劇場化或是劇場廣場化的現象，這種既有劇場表演又有群眾參與的活動，也就成為當代的「事件」或「特殊事件」（special event）。

2 當代事件管理：特殊事件、假事件與媒體事件

　　「事件」成為一個公關上被實踐與探討的術語，可以從迪士尼（Walt Disney）的經驗談起。1955 年，迪士尼在美國加州開辦迪士尼樂園中的第一主題樂園，開幕當天的下午，為了讓遊客不致陸續離開，迪士尼要他的公關顧問傑尼（Robert Jani）設法留下遊客，傑尼於是設計了一場晚間的盛裝遊行。那晚吸引了上百萬的遊客，更增添了數百萬的收入，當地媒體要傑尼為這個活動命名，他以「特殊事件」來描述這個活動，他說：「我想這是一個與日常生活迥異的事件吧。」按照傑尼的說法，晚間盛裝遊行不可能無緣無故出現在世界其它任何地方。只有在迪士尼樂園，經過事件管理者的精心研究、設計、籌畫、管理、協調與

評估，遊客才有夜夜的遊行美景可以觀賞。

當代探討「事件」的學理視角，主要來自管理學與傳播學。從管理學界的角度探討「事件」的相關議題，即是所謂的「事件管理」（event management）。1990 年高德布拉特（Joe Jeff Goldblatt）曾在其所著《現代事件管理經典案例》（*Special Event: The Art and Science of Celebration*）一書中廣泛地討論「特殊事件」，他將「特殊事件」定義爲「人類生活中透過特殊典禮與儀式以滿足特殊需要的獨特活動」。按照高德布拉特的定義，爲了慶祝、教育、營銷、宣傳、娛樂所進行的各種公眾聚會都是事件管理行業的產品。事件管理行業涵蓋了所有精心策畫的文化、娛樂、體育、政治和商業事件：從奧運會、世界盃、世界博覽會、跨國公司全球巡迴展到城市藝術文化節，從公園、廣場和歷史名勝地的演出到政府的公眾聚會，從小型會議、婚禮到萬人觀賞的比賽，從公司促銷節目到旅遊，從社區活動到慈善籌款等等，全都包含在內。目前全球有越來越多的政府部門、私人企業、非營利組織、家庭等，都逐漸聘請事件策畫經理來管理其社會生活中的各種特殊事件，包括重大慶典、生日、婚禮、葬禮、同樂會、宴會等，這使得對事件管理的專業技能要求越來越高，事件管理經理人必須同時是行銷專家、財務專家與人力資源專家。他們的職位包括：事件行銷經理、事件策畫經理、專業會議策畫經理、國際展覽經理、慶典專家、社會活動規畫者、募款專家、競選策畫經理、特殊旅遊顧問、公司事件行銷經理、體育事件行銷經理、娛樂事件策畫經理、整合行銷顧問、國際事件協調主任、特殊事件運作經理等（Goldblatt 1990：1-12）。

高德布拉特認爲如何有效地「將公眾聚集」已經是一種專業，換言之，雖然任何人都可以管理自己的事件，但個人事件與成千上萬人參與

的複雜事件完全不能相提並論，怎麼讓一定規模的人群完成某個事件，絕對需要相當的專業知識。一般公眾生活中最常需要專業管理的事件包括：（1）慶典事件：這種活動以集會、節日、社交典禮為標誌。通常是指正式的儀式和歡慶的遊行，包括民間盛事、節日、宗教典儀、政治事件、齋戒、婚禮、周年慶典、其它具重大歷史意義的事件等。（2）教育事件：標誌經驗傳遞與智慧成長的所有活動，包括學術會議、畢業典禮、校友聚會、企業培訓、含有特別教育內容的會議等。（3）行銷事件：透過活動以有效地喚起公眾注意，說服潛在消費者購買財貨和勞務。例如，在購物中心表演肥皂劇以吸引消費者購買產品。（4）娛樂事件：能給人們生活帶來輕鬆與休閒的事件，包括音樂會、化裝舞會、電影、喜劇表演、魔術表演、特技展示，以及被創造出來以娛世人的所有活動。（5）團聚事件：為了回憶、再續友情、再聯合或為了重建昔日團體而聚在一起的活動（Goldblatt 1990：1-4）。

　　休伊（Auton Shone）與柏瑞（Bryn Parry）在其所著的《成功的事件管理：實用手冊》（*Successful Event Management: A Practice Handbook*）一書中藉由管理學的角度，歸納了特殊事件的幾個重要特徵，這些特徵也都同樣可以用來理解政治上的特殊事件，這些特徵包括：（1）獨一無二：事件一定有其特殊性，而且永遠不能複製，造成事件獨一無二的因素可能是參與者、現場地點或可能造成其獨特的任何因素。（2）一次了結：任何事件都只能發生一次，永遠不可能倒回或重複，就算依樣葫蘆重演一遍，也是另一個獨立事件了。（3）無形而不可觸摸：所有人對活動參與的重點在於經歷、享受、互動與記憶，這些都是無形而無從觸摸的。（4）儀式與典禮：所有事件一定具有長期歷史與傳統所傳承的若干儀式與規制。（5）氛圍與格調：多半是刻意藉由若干項目

（如舞台、燈光、音樂、司儀、腳本等）加以有機組合所塑造出來的。
（6）高度人際互動：它需要將許多人聚集在一起共同參與。（7）專業
人力資源投入：從事前的規畫到直接控制運作進程等。（8）時間限
制：它持續的時間已預先設定（Shone and Parry 2001：17-23）。

　　如果規畫一椿特殊事件是要吸引人們注意，那麼怎麼讓一椿事件吸
引媒體注意也同樣重要。美國著名的歷史和傳播學者布爾斯汀在 1961
年所出版的《形象》一書即是藉由傳播的角度探討「事件」，他認爲要
取得媒體的曝光，必須先「塑造事件」吸引媒體，而這種「編造的事件」
他稱之爲「假事件」（pseudo-event），pseudo 源於希臘語，意思是「假
的或有意欺騙」，因此假事件所指的就是「製造出來的新聞事件」，是
「刻意安排產生的」，它對應的是「自然發生的新聞事件」。不論是政府
機構、新聞界或是企業界，爲了打造形象、推銷產品，都在不斷地運用
人爲的活動所製造的事件，藉由媒體的報導，達到自我設定的宣傳目
的。布爾斯汀歸納了假事件的幾個特徵：（1）它不是自然發生的事
件，而是經過設計、安排才存在的。（2）安排假事件的主要目的，是
爲了受到立即的新聞報導，以達到宣傳的目的，因此安排時會特別注意
到是否方便於新聞的採訪和報導。（3）假事件和事實之間的關係是模
糊的，因爲它是刻意製造出來的，本來並無這一事實的存在，但是，製
造出來以後，它又變成了一項事實，有實體的存在，而非虛幻。（4）
假事件是自我完成的預言，它可以提出預告，而又能自力去實現。（5）
假事件可以激發其它的假事件（Boorstin 1961）。

　　布爾斯汀甚至認爲假事件經常比自然發生的事件更具有吸引力，因
爲：（1）假事件較具有戲劇化的特徵。（2）假事件的安排，原本就是
爲了要達到傳播的目的，因此，它的設計一定是清晰悅目而易被媒體傳

播報導。（3）假事件是被刻意安排或製造出來的，因此可以依據需要和意願重複出現，以增強效果。（4）假事件的可見度高，而且可以先做預告，以引起廣泛注意。假事件可以重複發生，同一件事情可以一波又一波地在媒體上出現，頻率越高越能加強閱聽人的印象，從而達到傳播的目的（Boorstin 1961）。

　　電視時代興起後，不論是「特殊事件」或是「假事件」，都已不再強調「現場參與」或是「編造事件」，而是強調電視的「現場直播」效應，這正是廣場政治劇場化的具體而微。傳播學者戴揚（Daniel Dayan）與卡茨（Elihu Katz）在 1992 年所出版的著作《媒介事件：歷史的現場直播》（*Media Event: The Live Broadcasting of History*）中指出，電視出現後，使得許多針對事件的現場直播已成為一種世界性的儀式，戴揚與卡茨稱其為「媒體事件」，「事件」在這個範疇裡已不僅限於關注現場活動與會場的設計、腳本的規畫以及媒體的參與，而是更關注電視媒體的全程轉播，當代有越來越多的事件，是在提前規畫與宣傳下成為「媒體事件」，如電視辯論、皇室婚禮、奧運開幕式、超級盃決賽等，這些媒體事件通常強調威嚴與敬畏的氛圍，如演奏國歌、軍樂隊吹奏哀樂、機場外交儀式、教堂或國會的禮儀規則等，這種媒體事件與日常媒體事件不同，尋常的新聞較強調聳動性與衝突性，但媒體事件卻往往是強調衝突糾正、秩序恢復與祥和氛圍，這些媒體事件往往能同步讓全球數億人同時觀看並受到感動。而從電視出現後，已經出現過幾次重大的媒體事件，如在 1969 年近兩億人觀看了登陸月球，超過五億人觀看了 1981年的查爾斯（Charles）與黛安娜的婚禮，近二十億人觀看了黛安娜的葬禮，近八十億人觀看了各國邁入千禧年的慶祝時刻，在這裡「媒體事件」不僅征服了時間與空間，更成為邀請「大眾」參與的儀式與文化表

演（Dayan and Katz 1996：1-3）。

3 事件策畫：公關造勢的操縱

不論一些古代的祭禮、儀式，或是當代的造勢活動，無一不需要事前縝密的規畫。而許多討論「事件管理」或是「事件行銷」的學術著作，亦是大部分從怎麼「規畫」來發揮，其中甚至會觸及相當細節的部分。例如美國邁阿密大學公關教授邁特拉（Fran R. Matera）在她的《公關造勢與技巧》（*Public Relations Campaigns and Techniques*）一書中即以專章討論特別事件的策畫過程，包括訂定目標、成立策畫小組、確立行動步驟等，她在行動步驟中還特別列出一長串的策畫項目，包括挑選地點、預算編製、人員邀請與動員、交通管制、視聽材料、新聞供應、事前排練、應急措施等（Matera and Artigue 2005：245-252）。儘管這些項目都牽涉了許多技術細節，但從下面若干政治實例的探討即可得知，事前的策畫與相關技術項目的完備，往往關係到整個「事件」造勢的最後成敗。

1934 年希特勒爲了替他自己與納粹黨造勢，特別選定紐倫堡的齊柏林飛船基地（Zeppelin Field）舉辦年度大集會。爲了製造效果，他徵召了著名建築師施佩爾（Albert Speer）設計舞台背景，他徵募了一百三十具防空探照燈，分別安裝在場地四周，每十二公尺即安裝一台，這些龐大光束射上六千公尺的高空，極易煽起一種宗教的情緒。根據施佩爾自己的說法，「那種感覺就像是在一間廣闊的房間，光束就像是龐大的柱子，撐著聳入天際的外牆……這是天堂之光」。在那種場地、舞台與燈光的烘托下，連負責設計的施佩爾都承認，他自己在集會現場，對

希特勒的演講深受感動，而多年後重讀演講稿內容，連他自己都不解當時為何會如此欣賞（Rushkuff 2002：148）。

　　隨著營造舞台效果的氛圍受到重視，政治集會的「會場管理」逐漸成為一種專門技術。曾擔任英國首相柴契爾宣傳顧問的布魯斯在他所著的《權力形象》一書中，曾特別提到規畫演說場地的兩個原則，一個是讓呈現者更容易呈現自己，一個是讓參與者更容易感到被接納。為符合這兩個原則，「會場大廳的入口處必須仔細規畫，讓觀眾感受到一種被接納的氛圍，讓他們在這樣一個陌生或可能產生不安的環境中感受到舒適和受到歡迎」，由於媒體對會場的設計通常都相當敏感，因而「一個好的會場可以造就一場好的演說，但一個雜亂不淨的會場則會破壞一場好演說」（Bruce 1994：153）。

　　尼克森因為電視辯論失敗的經驗，讓他深諳電視媒體的威力，於是他開始延聘媒體與公關專家擔任幕僚，1972 年共和黨提名尼克森的大會，即是悉心竭力安排下的產物。當時擔任尼克森媒體策士的葛根，即向當時華府資深記者史密斯說明他們針對大會的規畫：「我們事先設計好了腳本，甚至連歡呼鼓掌的時機都列入規畫之中，因此我們才能在最嚴密控制的基礎上順利執行腳本。我們認為提名大會最重要的，就是為了表演，讓人們集中注意力，留下深刻印象，因此我們用製作電視節目的方式來規畫提名大會的活動，使電視畫面絕無冷場，也使觀眾能有興趣觀賞，我們準備了許多精彩的『短劇』穿插其中，新聞大概只會播出三分鐘的現場實況，同時也安排一些特別報導及專訪，並主動和電視台導播聯繫，給他們　些機會做深入報導……這使得電視不斷有各種活動報導，甚至尼克森在會場外的一些特別活動時間表，都和大會節目配合，只要大會進行到有些冷場時，尼克森就會有一些特別活動來吸引電

視記者報導。」也可以說，整個共和黨的提名大會是經過精密安排的腳本所呈現的節目，是個特殊事件，並非自然發生的事件（Smith 1991：364-365）。

這種根據腳本所策畫的事件，到 1980 年代的雷根更是到了極致。他的總設計師狄佛將雷根出現在公眾前的每一分鐘，都用電影的手法處理。狄佛的角色彷彿已成為電視新聞的幕後製作人，他不斷為白宮設計可供全國廣播網報導的故事。由於電視新聞一向偏好動態新聞的播出，因此狄佛也不斷安排雷根在不同場合活動的新聞，特別是為雷根設計各種迎合潮流的正面形象，好在新聞影像中表達出來。1982 年美國經濟陷入不景氣，雷根被批評為不關心失業的工人，狄佛就安排拍攝雷根訪問失業碼頭工人的照片，或是雷根和接受轉業訓練的人在一起的畫面。在經濟好轉之後，狄佛安排雷根及所有採訪白宮的記者飛到房屋興建工地，以建築工人及興建的鷹架林立作為背景，再宣佈新屋開工率上升的好消息。這種電視畫面，自然會留給人民經濟已開始好轉的深刻印象。

例如在 1984 年的共和黨提名大會會場上，華府資深記者史密斯就發現佈置會場的工作人員將會場的所有景物都用相機拍下來，總共拍了數千張的相片，用以做細緻的規畫，結果會場的講台與背景都被設計成圓滑的曲線，沒有直角，所有背景顏色都換成大地色以免刺眼，並塑造出某種平和的氛圍。由於會場充滿了吵雜與活動，因而就將講台設計成沉穩冷靜的中心，可吸引人們的目光轉向舞台，同時也讓雷根在這種背景烘托下相對突出（Smith 1991：373）。

1984 年雷根到兩韓邊界的軍事區訪問，同樣是配合精密的腳本演出。當時狄佛有意安排雷根在美軍最前線的碉堡遙望北韓，以便和1963 年甘迺迪在柏林圍牆的景況呼應。但是安全人員卻加以反對，主

要是擔心雷根若在接近邊界時太過於曝露，有可能會受到北韓狙擊手的攻擊。在多方協調後，由軍方人員在邊界上拉起了三千碼保護網來減少雷根受到攻擊的危險。爲了達到效果，韓克爾（Bill Henkel）要美軍在碉堡外建了個高台，以便拍攝雷根被沙包圍繞的照片，另一個攝影平台則在雷根身後，同時也拍到了雷根舉起望遠鏡遠眺北韓的鏡頭，類似麥帥（Douglas MacArthur）的戰場表現。爲了提高戲劇效果，韓克爾希望碉堡的沙包能夠低於雷根腰部，使照片能夠更爲完整地拍到雷根身著戎裝的鏡頭。但是安全人員希望沙包最好高到雷根的頸部。最後同樣是雙方妥協，韓克爾讓步讓沙包升至雷根肚臍上四英寸之處，一如演戲般，韓克爾還在地上貼了紅膠帶標明雷根該站的位置，以留下歷史性的鏡頭。韓克爾說：「這代表美國的總司令站在反共的第一線，有力地爲雷根的立場及決心做了最佳的說明。」這裡所有的成果都是經過白宮幕僚人員的精心設計與安排：白宮副幕僚長狄佛在事前帶領大批工作人員和媒體代表，先往板門店觀察現場，安排好一切的細節。

　　當然，再好的腳本也一樣是會出狀況的，在外交出訪上一向順利的雷根，1985 年 5 月訪問西德畢德堡（Bitburg）德軍公墓時，竟幾乎釀成政治危機。本來此行是爲了要慶祝盟軍在歐陸勝利四十年，西德總理柯爾（Helmut Kohl）邀請雷根往訪，以象徵這兩個在二次大戰的對手化敵爲友，原先計畫要拜訪一個二次大戰時期的集中營和德軍陣亡將士公墓。但問題出在後來第一夫人南茜取消了訪問集中營的行程，相對地畢德堡德軍公墓中並沒有美軍屍體，卻可能有黑杉軍的部隊，這回問題嚴重了，這意味雷根專程去向德軍陣亡將士致敬，卻不去憑弔納粹暴政殺害數萬人的集中營，這個訊息公佈後受到輿論的抨擊，猶太人團體的反應特別激烈，這導致雷根一度陷入困境，一方面國內施壓要雷根取消

出訪，但另一方面西德方面卻不願取消行程，儘管雷根幕僚想換一個地點作為替代，但柯爾對畢德堡德軍公墓的行程卻很堅持，結果雷根還是付出媒體抨擊、聲望下挫的代價，硬著頭皮出訪（Smith 1991：336-342）。

　　傳播學者戴揚與卡茨曾根據事件樣式的敘述形式，將媒體事件管理的類型或腳本區分為「競賽」（contest）、「征服」（conquest）與「加冕」（coronation）三種，這種分類方式非常有助於公關政治事件的討論，後面即根據這種分類依次加以論述（Dayan and Katz 1996：35-41）。

4 競賽事件：電視政見辯論會

　　競賽事件主要是讓勢均力敵的個人或團體按嚴格的遊戲規則進行相互對抗與競爭。從遠古年代開始，英雄對決就一直是饒富趣味的古典敘事主題，希臘詩人荷馬（Homer）著名的史詩《伊里亞德》（*Iliad*）中最常被人提起的段落之一，就是希臘英雄阿奇里斯（Achilles）與特洛伊英雄赫克托（Hector）的決鬥，許多藝術創作就是以這場決鬥作為母題。這顯示人們喜歡觀看勢均力敵的對決，這種偏好讓它在希臘時代發展成一種體育運動競技。到了羅馬時代更發展成鬥士（gladiator）在競技場的決鬥，羅馬統治者便藉著這種鬥士競技的公共集會宣示自己擁有掌握生殺大權的絕對權力，戰敗武士是重獲新生或遭屠戮身亡，都要看統治者的大姆指是指向何方。處於高昂情緒中的群眾，所有目光都集中在帝王或行政長官身上等候裁決，君王也藉此讓群眾團結，化為順民（Rushkuff 2002：143）。

　　根據戴揚與卡茨對競賽事件的歸納，一般而言所謂競賽事件一定是

週期性的，有嚴格的商定規則，有一個提供競技的廣場或舞台，它的主角一定是勢均力敵的兩個對手，也必須嚴格遵守規則，競技輸贏的判定是強者爲勝，它的戲劇性在於「誰最終會贏？」，因而它的時間也指向當下的「現在」（Dayan and Katz 1996：41）。

　　當代代表競爭事件最典型的範例，就是電視政見辯論會。在這裡古羅馬的競技場轉成了政見辯論舞台，鬥士則換成了候選人。由於電視政見辯論可以說是競選過程中候選人之間惟一正面交鋒的場合，也是選民惟一可以將候選人置在同一時空下加以對比的機會，因而它也幾乎成爲競選活動中最被關注的事件。因而在美國有人將之稱爲「政治的超級盃」。在多數民主國家中，電視政見辯論已經是競選中不可或缺的一部分，任何候選人若是想擺脫政見辯論，等於形同宣佈棄選，它甚至還成爲選舉最後成敗的關鍵，例如甘迺迪自己都承認，如果沒有 1960 年的那場辯論，他根本進不了白宮，卡特在 1976 年當選與 1980 年落選，都與他在政見辯論上的表現有關（Farah 2004：2）。

　　也因爲電視政見辯論成爲所有政治競選中的主要事件，因而怎麼讓一場政見辯論「競技場化」就成爲主要的考量。於是從遊戲規則的訂定、現場舞台的設計、候選人申論與答辯的程序等，都規畫成如同一場情節緊湊的戲劇。以美國辯論爲例，從 1980 年代以後總統電視政見辯論幾乎都是由總統辯論委員會（Commission on Presidential Debates）所主導，在這個組織的強力介入下，總統辯論也成了名符其實的「競爭事件」。譬如說該委員會規定有資格參與總統辯論者，必須爲民調支持率百分之十五以上的候選人，表面上這是爲了能讓眞正有機會當選總統的人進行辯論，實際上卻是圖利了民主、共和兩黨，要知道每屆美國總統選舉至少都會有兩百個以上的候選人參與競選，民調支持率百分之十五

的門檻限制其實就是排斥了兩黨以外的所有參選人,歷屆辯論下來也只
有 1992 年的獨立參選人斐洛因爲掀起聲勢,而讓該年的總統辯論變成
由三個人進行,而到了 1996 年的競選,斐洛還是在柯林頓與杜爾的聯
手抵制下被排斥參與辯論,2000 年的綠黨候選人納德(Ralph Nader)
與改革黨候選人布坎南在聲望與支持率上都有與兩黨候選人一搏的實
力,當時也有六成四的民調支持他們參與辯論,但同樣他們還是都被排
斥在競選辯論之外(Farah 2004:49-69)。這種對候選人的刻意排除,
是否違反民主理念早已不是重點,而是刻意將總統大選塑造成兩人對決
的競爭情勢。

　　除了排斥兩組以外的候選人參與辯論外,由於參與總統辯論的候選
人可以就辯論議題表示意見,美國的電視辯論還刻意排除掉許多議題。
近幾屆總統辯論所選擇的議題,除了少數特殊議題(如水門事件、伊朗
人質危機、雷根年齡、奎爾擔任副手等),幾乎都一面倒地集中在租
稅、領導經驗、國防安全與醫療保險等相關議題上,而這些議題通常也
不會出現太大的歧見,再加上時間的限制,根本很難出現建設性的討
論,雙方的脣槍舌劍經常是落在修辭上,而非政策本身,那種在 1858
年林肯與道格拉斯(Stephen A. Douglas)的參議員競選辯論中,可以就
一個奴隸問題便辯論七場、一場辯論數小時的場景早已不再。而許多實
質上相當重要的議題,如聯邦政府浪費、公民自由權、組織犯罪、貿易
赤字、環境保護、毒品戰爭、競選經費改革、媒體集中、都市更新等,
幾乎都很少出現在辯論議題中。這也使得政見辯論的「政見」性質越來
越淡。這也難怪多年來致力推動總統辯論改革的開放辯論組織(Open
Debates)發起人法若(George Farah),將他討論總統辯論的著作就訂
名爲《沒在辯論:共和黨與民主黨如何祕密操控總統辯論》(*No*

Debate: How the Republican and Democratic Parties Secretly Control the Presidential Debates）。

　　二十世紀的美國電視政見辯論中，最常被提到的競爭事件，當是在 1960 年 9 月 26 日舉行的甘迺迪與尼克森的電視政見辯論。儘管後來許多的討論都集中於兩人形象上的對比，但雙方幕僚針對這場辯論的若干前置作業，一定程度上也主導了整個辯論的成敗。甘迺迪的媒體顧問威爾森（Bill Wilson）在辯論前花大半天的時間確定燈光、講台及所有狀況是否都適合甘迺迪，當他發現甘迺迪黃褐色的皮膚在燈光下會有汗光反射，他立即就到化裝品店買一瓶粉條敷在甘迺迪臉上，當電視製作人提醒甘迺迪的白色襯衫在光下會刺眼時，他也馬上就換上藍襯衫。同樣地，尼克森的媒體顧問羅傑（Ted Rogers）一直擔心尼克森的深眼眶會在臉上投下陰影，因此要求加裝兩盞小的照明燈直接投射到眼簾（但稍後這兩盞燈被碰離原來的位置），羅傑並要求攝影師不得拍攝尼克森的左側面，也不得拍攝其拭汗的鏡頭。問題是辯論前夕羅傑一直找不到機會與尼克森交換意見，他並不知道尼克森因膝蓋意外撞傷而體重輕了十磅，衣服顯得鬆弛，臉色蒼白又拒絕化裝，而攝影棚的燈光又使尼克森流汗，兩眼的黑眼圈亦相當明顯，這種顯著的對比當然也決定了後來的結果（Bruce 1994：43-44）。

　　曾經擔任過柯林頓民調顧問的莫理斯在評論這場著名的辯論時指出，在這兩人準備辯論的過程中，甘迺迪幾乎做對了每一件事，而尼克森卻犯了一個又一個的錯誤，這包括：（1）甘迺迪在辯論前不厭其煩地複述基本情況；尼克森卻從未恰到好處地進行準備。（2）甘迺迪為辯論而調整作息，把自己晒成古銅色的皮膚；尼克森看上去則「臉色蒼白」。（3）甘迺迪穿一身深色西裝，同背景形成鮮明對比；尼克森的淺

灰色西裝與背景混淆,致使「輪廓模糊不清」。(4)甘迺迪進行過化裝,臉刮得很乾淨;尼克森拒絕使用化裝品,試圖用一種叫做「懶人刮臉」的產品蓋住他的鬍鬚,但效果不佳。(5)甘迺迪看著電視攝影機,直視選民慷慨陳詞;尼克森則恢復他的大學辯論風格,眼睛直盯著甘迺迪,全然不顧攝影機。(6)甘迺迪看上去很酷而且控制著主動權;尼克森在攝影機燈光照射下熱得大汗淋漓。(7)甘迺迪十指交叉,雙手互握擺在膝上,兩腿交叉;尼克森坐立不安,他的手似乎牢牢地固定在腿上。(8)甘迺迪看起來像年輕姑娘夢想中的約會對象;尼克森則像站在門口因女兒晚回家而大發雷霆的父親(Morris 2002:276-277)。

也可以說,電視政見辯論作為一種競賽事件,其實是受到高度操控下的結果,這也使得其劇場政治的性質越來越濃,從甘迺迪與尼克森首次辯論開始,它就越來越朝一場直播的「媒體事件」方向規畫,從程序安排到各個層面都以符合一個現場節目的節奏為考量。因而在 1992 年在柯林頓建議刻意納入若干「廣場」質素時,反而塑造了很大的效果。那一年的電視政見辯論打破傳統,刻意安排了一場可以與現場民眾互動的議程,亦即在總統候選人發表完政見後,可開放現場民眾自由發問,當時有一位黑人婦女問到出身上流社會的候選人能否體會到社會底層的痛苦時,老布希在回答時只是玩弄一些政治語言來敷衍,但柯林頓卻是走下台,深情地注視這位黑人婦女,對她(也對全體民眾)說他感受到了這種痛苦,他對此很在意,一定會努力工作,振興經濟,改善每個人的生活。而在這場辯論中,老布希卻一直顯得心不在焉,甚至表情上有些不耐煩,中間還在看手錶,似乎迫不及待這場辯論能早點結束。這種對比讓柯林頓取得了優勢,但也讓這種辯論形式成了絕響。

5 征服事件：巡視、出訪與遊行

征服事件主要是指一連串對未知的征途，旅程充滿凶險，最後在歷經艱辛後凱旋而歸。古代神話中充滿了這類冒險故事，希臘神話中傑遜（Jason）王子航海尋找金羊毛、英雄海克力斯完成十二考驗，都是以「征服」為母題的冒險故事，荷馬史詩《奧狄賽》（Odyssey）中的主人翁奧德修斯（Odysseus），在流浪十多年後才從特洛伊返鄉。古典的征服事件只能以英雄凱旋歸來的勝利遊行來表達，例如著名歌劇《阿依達》（Aida）第二幕中的凱旋進行曲，即是歌誦埃及大將軍拉達美斯（Radames）凱旋回國的盛大遊行場面。二十世紀的美國飛行員林白（Charles Lindbergh）穿越大西洋的凱歸受到群眾歡迎場景亦是一例。到了電視時代，這種征服事件已經可以現場直播，例如 1969 年 7 月的美國登月之旅，即現場呈現在電視銀幕上。當代的主要征服事件則包括元首出訪、外賓參訪、首長巡視、慶典遊行等。

根據戴揚與卡茨對征服事件的歸納，征服事件不同於競賽事件，它發生的時間不固定，也沒有任何週期性，它不具有任何既定的規則，也沒有既定的舞台，它運作的空間是要超越邊界、極限，主角的對手是未知的自然、艱困的信念或已知的凶險，主角的處境多半相對弱勢，征服的過程中隨時可以改寫規則，以克服種種凶險，它的時間主要指向「未來」（Dayan and Katz 1996：41）。

葛根曾在他的回憶錄中，特別提到尼克森在 1972 年訪問中國大陸，不僅改變整個冷戰形勢，也吸引全球目光，而這次出訪白宮助理錢平花了好幾個月精心策畫，讓尼克森在整個出訪的行程，完全按照策畫

好的劇本搬演，特別是回國的時刻，好使尼克森能有效占領電視的黃金時段：首先讓直升機戲劇性地降落在首都，然後是尼克森對國會發表演講。而這一切的安排，也都是爲了七個月後的總統大選（Gergen 2004：60）。

　　美國總統雷根任內的幾次外交出訪，就經常被塑造成類似神話中的征服旅程，利用電視轉播總統出訪旅行的機會，製造群眾的想像空間。雷根總統了解白宮繁文縟節的重要，他喜歡「向元首致敬」的表達方式，特別是有王室風格的總統架式。他在大場面中總是威風十足，他自信及威儀地踩著地毯走向記者會或是向歡迎的群眾致意。他進出國會及到國外旅行也努力表現出元首的風範，他愛煞了飛揚的旗幟、整齊的儀隊、莊嚴的國歌等裝飾儀式，享受著總司令的身分。前文所提之巡視板門店便是一例。

　　在 1985 年雷根與戈巴契夫在日內瓦舉行高峰會議前一個月，狄佛及韓克爾先到日內瓦去了解狀況，以決定表現高峰會議象徵意義的適當場所。韓克爾找到一座典雅的古堡。其中最吸引韓克爾的是一個古堡花園中的一條小路，蜿蜒地連結著一幢有個大壁爐的小屋，這大壁爐正可象徵溫暖的聚會。韓克爾說：「我一看到那個有古典風味的壁爐，就覺得這是一個適合高峰會議的地點。我了解雷根夫人十分贊同這選擇，但雷根在起初卻不太願意接受這地點。但是雷根夫人及麥克法蘭（Robert McFarlane）都請求雷根接受這個地方和戈巴契夫舉行面對面的爐邊會談，所以在雷根與戈巴契夫碰頭之前，公關人員便決定了大眾新聞媒體會將這個會談描寫爲『爐邊高峰會議』（fireside summit）。」日內瓦高峰會議使得雷根終於打破和蘇聯的冰凍關係，但除此之外雙方並無任何協議，也沒有化解彼此歧見，更沒有實質的進展。雷根的助理知道這次

高峰會談沒有重要的突破，因此很技巧地降低大眾對會議的期望。事先的記者會都預示將不會有任何突破，新聞界及大眾都受到巧妙的誘導。會議期間禁止採訪的措施，更大大提高了會議的神祕性。在缺乏實質內容的情況下，新聞便轉向突顯報導兩位領袖會面的象徵意義：高齡美國總統和年輕蘇聯領袖在壁爐邊對話（Smith 1991：379）。

　　而在高峰會談結束後，雷根立刻飛到布魯塞爾，對外的說法是向北約國家元首進行會談簡報，實際上是拉長行程，以便回國時恰好趕上晚間新聞實況報導。狄佛及韓克爾安排的盛大報導，其效果足以讓好萊塢製作人羨煞：英雄式的歡迎場面迎接雷根回國，向全國報告會議的結果。一連串精彩的劇情，製造出成功的氣勢，將這場「征服事件」的效果發揮到極致，然而在實質上，這場會議所達成的成果其實極為有限。

　　狄佛的最另一項成就，是在 1983 年年中以兩個月的時間成功扭轉了雷根政績上忽視教育的盲點。狄佛電視戰術的高明之處，是雷根並未改變他教育方面的基本政策，但是人民對雷根忽視教育的不滿態度卻獲得改善。本來公立教育預算的不足，是雷根的一個施政弱點，雷根政府因為節約政府開支，大幅削減對各州初級及中級教育的補助經費，導致教育品質低落。當時的民調顯示已有百分之四十八的美國人認為雷根的教育政策不當，而且不滿意度還在持續上升中。於是狄佛就設計出一連串的場面，採取一連串的持續性行動，一再強調同一個主題，並不斷地透過民意調查來追蹤該主題的進展，民調指出民眾的心理有幾個重點和雷根的哲學相符合，諸如嚴格的教學標準、加強學校紀律、強調基礎課程，還有提高教師的素質等。因此雷根只要在這幾個方面做重點及深入的發揮，即可立於不敗之地，且避開大家對於聯邦政府提高教育預算的要求。

　　當時民主黨的候選人孟岱爾宣佈將提出一百一十億美元的聯邦預算，來改善大學的數學及科學研究、協助智能不足學生、提供更多的獎學金及助學貸款；但雷根卻從另外一個方向出發，將學校問題歸罪於華府「被誤導」的政客，強調學校問題應由學生家長來推動，如提高教學標準、爭取素質好的老師，而地方政府也應加以配合。雷根於是發動旋風式的旅行演說，在電視及報紙上發表談話，使公眾覺得雷根相當重視教育問題，而改變人民對雷根疏忽教育的印象。他先到紐澤西州的南奧倫治（South Orange），提出對教師獎勵的政見；按著轉到明尼蘇達州，說成人應負起解決學校問題的責任；在堪薩斯州，雷根批評法庭對廢止混合種族的教學制度的不良影響；在田納西州，他和一群家政老師午餐，參加學校上課，並宣佈美國學校教學標準「太低」，而造成對「基礎課程的疏忽」；在亞伯科奇市（Albuquerque），雷根嚴屬警告教育不能成為「政治足球」，要求對素質好的教師給與獎勵；在洛杉磯，他批評國家教育聯合會（National Education Association），即教師工會，對美國學生洗腦。在這些行動中，雷根並未改變其教育政策，然而公眾卻改變了對雷根教育立場的印象。首先，他的高曝光率，使得人民覺得雷根是一位關心教育的政治領袖，這對上百萬名美國人民是一個非常切身的政治訴求。同時他的政策受到保守派共和黨人的衷心支持。《新聞週刊》在六月中旬所做的民意測驗，顯示百分之八十的選民依然贊成增加教育經費，但是有百分之九十的選民支持提高教學要求及提高教師素質，另有百分之八十的人民贊成雷根的教育獎勵政策。而在人民對雷根教育政策的支持上，也由 3 月的百分之四十一提高到 6 月的百分之五十三，這種改變要歸功於雷根虜獲了群眾的注意力及強力地推銷他的觀點（Smith 1991：375-376）。

6 加冕事件：政治儀式與祭典

加冕事件主要是個人或團體所經歷之各種階段的過渡儀式，如誕生、週年、成長、結婚、死亡、追憶紀念等等。相較於競賽事件與征服事件所具有的古老神話與戲劇形式，加冕事件則瀰漫著濃厚的宗教與儀節形式，例如受洗典禮、登基儀式、皇室婚禮、國家葬禮、追思儀式、週年紀念等，這些事件固然也有若干表演性質，但由於其深染宗教儀節上的背景，使其在操作上擁有一套嚴格的儀式規制，這套儀式規制通常都是經過長時間發展而成，但一經形成就成為一種「被發明的傳統」，具有一定的神聖性格，也對特定社群具有一定的象徵與約制力量。當代最具代表的加冕事件包括國慶日慶典、就職典禮、登基大典、皇室婚禮、政黨提名大會、國葬、歷史事件週年紀念等。

根據戴揚與卡茨對加冕事件屬性的歸納，加冕事件與征服事件一樣沒有固定的週期，它的規則不是經過協商，而是經過長時間的習俗與傳統形成的，它的場地必須是經特別選定而未經沾污的，主角所面對的就是儀式與象徵，所體現的就是一種傳承與連續的象徵，因而相較於競賽事件與征服事件，它的整個時間指向是「過去」。它整個操作的戲劇性，即在於主角是否夠格與相關的儀式搭配，而主角也是藉由這種虔誠儀式的加持，建立起他作為某種傳承的正當性（Dayan and Katz 1996：41）。

伊利莎白一世（Elizabeth I）1559 年所舉行的加冕，可謂這種加冕事件的原型，當時國家財政負擔沉重，國庫空虛，加冕儀式的耗費又相當可觀。然而伊利莎白一世依舊決定要擴大舉行，認為此舉在塑造對皇

室的忠誠與支持上相當重要。整個典禮總共四天，第一天以女王遊河揭開序幕，一路沿著泰晤士河向倫敦塔的方向緩慢前進，隨行包括大批的護衛、皇室官員、演奏樂師，以及舉著旗幟的儀仗隊伍等。接下來兩天更大規模的遊行展開，從倫敦塔向西敏寺及白金漢宮以馬隊及步行前進，進行過程相當緩慢，遊行途中並不時停下來讓新女王可以觀賞表演或讓畫師作畫，並接受民眾各式各樣的獻禮。加冕儀式於 1559 年 1 月 15 日在西敏寺大廳眾人的注目下舉行。整個典禮是由皇室貴族與宮廷官員共同策畫完成。至於英國皇室的加冕儀式本身，則是經過數百年逐漸形成的。典禮包括宣誓、塗抹聖油、接受權杖及加冕。君王穿著皇袍、佩帶皇家項鍊及戒指，手握權杖，杖上有十字架及象徵權力的珠寶。大主教用聖油壺及湯匙在國王的手、胸及頭上塗抹聖油。這些儀式本身成為一種人為的「傳統」，也成為加冕事件中不可或缺的一部分（Shone and Parry 2001：12-14）。

　　二十世紀上半葉最常被人提及的加冕事件，即是德國導演雷芬斯坦為納粹德國所拍攝的紀錄片《意志的勝利》。1934 年，雷芬斯坦被選中拍攝希特勒及其黨羽在紐倫堡所舉行的閱兵典禮，紀錄片歷史上的傑作《意志的勝利》於是誕生。當時的納粹黨為她提供了極佳的工作條件：無限制的經費，百人以上的攝製小組，三十六架以上的攝影機同時開工，再加上無數的聚光燈隨時聽候調遣，為的就是要把納粹黨變成銀幕上最美和最有力量的形象。《意志的勝利》具有一種宗教氛圍。影片一開始，便是希特勒的座機從愁雲慘霧中緩緩地顯現出來，銀幕上頓時一片光明。字幕上呈現：「元首」正前往紐倫堡，去「看望他的戰友」。接下來，畫面就帶到歡呼的人群、慈祥的領袖、昂揚的軍隊、振奮人心的演說等。

　　雷芬斯坦在影片中使用了多種表現手法，例如在希特勒驅車檢閱遊行隊伍的場景中，就打破了一直被奉為金科玉律的完整構圖原則，希特勒的頭部在畫面中被切去三分之一，這樣就使他的背影占據了整個畫面的一大半，而遊行隊伍則變得相對渺小，而且彷彿是從希特勒舉起的手臂下面魚貫而過。她又用華格納（Richard Wagner）歌劇的手法來表現這場龐大閱兵的主角，音樂魅力與畫面和剪輯技巧的相互配合，使得希特勒和納粹士兵看來十分神聖、莊嚴，整個儀式也因此更加真實、感人。例如影片中對戰死烈士的致敬儀式，其主要人物是由希姆萊（Heinrich Himmler）和黑衫隊頭子魯茲（Viktor Lutze）陪同的希特勒。幾千名參加儀式的士兵儘管列隊整齊、軍容嚴整，在記錄片中只不過是用作構圖和線條的背景，他們的臉孔是看不見的，但我們從他們站立的姿勢和隊伍的紀律看出，他們籠罩在對領袖的崇敬和參與歷史重要時刻的光榮感中。三個領袖在士兵的簇擁下走向擺著花圈的陣亡將士紀念碑。此時，畫面已經營造出哀悼的氣氛。構圖上，隊伍向畫面上方延續，堵滿了畫面，幾個人舒緩而堅定的步伐與無聲肅立著的幾千人的對比，強有力地傳達了宏偉莊嚴的印象。這時，一首軍歌響了起來，這是一首根據烏蘭德（Ludwig Uhland）在 1809 年 9 月 5 日所寫的詩〈好戰友〉（Der gute Kamerad）譜寫的德國軍旅歌曲。攝影機緊盯著希特勒的臉龐，他面露哀傷，以堅定的眼神向上凝視，隨後鏡頭追隨希特勒的目光，切換到他注意的地方，他並非凝視花圈，而是上方的納粹象徵（Rushkuff 2002：150）。不論雷芬斯坦這部影片的後世評價如何，在當時已經被公認為是納粹黨最有力量的宣傳紀錄片了。

　　而當代可以比美《意志的勝利》的加冕事件，首推美國官方 2002 年在紐約舉行的「九一一週年紀念」。當天幾乎絕大多數的新聞頻道都

轉播了這場儀式。

先是在 9 月 8 日，由代表美國五十一個州的五十一架小型飛機，飛抵世貿大樓廢墟，悼念那些在此次恐怖攻擊事件中的遇難者。這些飛機沿著哈德遜河飛行，飛至世貿大樓遺址，然後飛到自由女神像上空。在完成這些飛行儀式後，這批飛機又降落到費爾菲爾德機場（Fairfield Airport），代表各州的旗幟將由一架直升機運至停泊在哈德遜河的一艘軍艦存放。

從 11 日凌晨一點起，穿著傳統服飾的龐大蘇格蘭風笛隊與鼓樂隊已在紐約市曼哈頓、皇后、布魯克林、布朗士、史泰登島等五個區遊行，步行到世貿雙塔遺址，參加在世貿廢墟旁三一教堂（Trinity Church）的晨禱，為九一一紀念揭開序曲。上午八點四十六分，即前一年當第一架美航班機撞上世貿北塔時，紐約市長布隆伯格（Michael Bloomberg）宣佈，在美國總統小布希的帶領下，舉國默哀一分鐘。當時，小布希與夫人蘿拉（Laura Bush）在白宮南草坪參加了這一儀式。同時，英國首相布萊爾在倫敦聖保羅大教堂、美軍駐阿富汗士兵在巴格拉姆空軍基地（Bagram Airbase）集體默哀。默哀前，風笛首先奏響〈奇異恩典〉（Amazing Grace）和《新世界交響曲》（*New World Symphony*）的第二樂章，拉開了紀念活動的序幕。全紐約市此刻進入默哀。紀念儀式在原世貿雙塔遺址舉行，前紐約市長朱利安尼（Rudy Giuliani）在大提琴低沉伴奏下，帶領宣讀兩千八百零一名罹難者的姓名，罹難者家屬與在場的各界人士並一起念出罹難者的名字。當現場宣讀九一一罹難者的姓名時，許多拿著親人生前照片的家屬，在晨風中忍不住頻頻抹淚，現場氣氛肅穆哀傷。九點零三分時，當第二架美航班機撞上世貿南塔時，世貿遺址現場再度敲響鐘聲。現場並且有志工發放國旗給川流不息的人群。

　　十點二十九分，當前一年世貿北塔倒塌的那一刻，全紐約市進入第二次默哀，此刻三一教堂鐘聲響起，全紐約市的教堂、聚會所、寺廟不分宗教，都一起鳴鐘響鈴，市民共同為罹難者祈禱。在上午的紀念儀式結束後，罹難者家屬受邀到世貿雙塔原址附近的坡道，每一個家庭在花瓶內放置一枝玫瑰花，所有的玫瑰花將永久保存在紀念館裡。

　　美國總統小布希在七點四十五分先參加不公開的宗教儀式，並於八點四十六分在白宮默哀後，即轉往五角大廈參加追悼儀式，禮成後趕往賓夕法尼亞州田野、前一年九月十一日第四架遭劫客機墜毀地點山克斯維爾（Shanksville）。當天也是小布希首度造訪當地，隨行約有一百五十名的白宮人員；咸信劫持第四架客機的恐怖份子是打算用來撞擊白宮，但因機上乘客起身反抗，恐怖份子才無法駕機抵達華府遂行攻擊，而墜毀賓州。

　　賓州之行結束後，小布希轉往紐約，在世貿遺址獻花。晚間九點零一分，小布希在艾利斯島以自由女神像作背景透過電視發表演說，白宮人員不惜血本，租了三套運動場用的穆斯可（Musco）大型照明系統，以駁船運進紐約港，固定在自由女神像的周圍。當小布希站在艾利斯島上對全國發表演講時，眩目的燈光照亮了這座三百零五英尺高的美國自由象徵，讓愛國主義情緒沸騰到最高點，強烈營造出小布希的形象與演講主題。整個演講持續了大約六分鐘。小布希在演講中指出：「這個國家打敗過獨裁者，解放過死亡之地……我們不會放任和姑息這股歷史上最大的、妄圖透過殺戮獲得權力的狂熱份子……」

　　小布希的聲望在九一一之後不斷攀升，除了反恐的操作，藉由紀念九一一週年所進行的成功事件規畫與操作，恐怕也扮演不可忽視的角色。

第九章
說服公關與政治修辭管理

　　政治公關無可避免地涉及政治說服，而政治說服即是透過政治語言修辭的一種操作，也可以說，公關操作的本身即與說服活動密切相關，美國密西根大學研究公關的教授米勒（Gerald R. Miller）在論述「說服」與「公關」兩者關係時，即指出這兩個領域在內涵上有很大一部分是重疊的，某種程度上它們都企圖藉由操作某些符號以達到掌控環境的目的，但「說服」由於經常與宣傳連在一起而被賦予負面的意涵，因而在實際運用上，很多時候根本就以「公關」的說法加以取代，米勒曾以西方一句形容「同一個模子印出來的」或「雙胞胎」的諺語「如一瓣豆莢中的兩粒豆子般」來比喻公關與說服間的親近關係（Miller 1989：46）。而政治公關藉由操作修辭以達到說服目的的情況非常多，形象與議題操作的最終目的之一即是說服公眾，尤其是口語修辭的操作，從政治人物的公開演講、政見辯論、政治交互攻訐、政治辯護、接受媒體採訪的答辯等，無一不與之有關。

　　當代政治人物都不敢低估修辭操作在公關政治中的分量。畢竟，因為政治修辭操作不當而造成反效果的例子太多了。美國總統柯林頓在擔任阿肯色州州長期間，在 1988 年民主黨提名大會上替杜凱吉斯造勢時，由於發言過於冗長，讓現場觀眾幾乎無法聽下去，當時擔任美國廣播公司主播的布林克利（David Brinkley）描述柯林頓講個不停，還沒講到一半，現場觀眾就開始不耐，「他們都不願等到結束，就紛紛離開座位在現場握手寒暄，有的在座位上看報，有的在打瞌睡，還有兩個在現場打起撲克牌，代表們只對柯林頓鼓一次掌，那是他在講『總之……』的時候」（Brinkley 1996：281）。而這個例子後來就一直跟著柯林頓，許多學者或記者後來討論相關問題時也不斷舉這個例子，讓柯林頓相當困擾。

1 修辭政治的古典範例

在政治中強調修辭的操作，可以追溯到非常古早的年代。古希臘人即對運用語言修辭的技能極為重視，他們將善用修辭的技能，作為判定一個人有無智慧的標誌。早在西元前五世紀，希臘即已出現一批專門以教授修辭為業的人，一般稱為「智者」（sophist），他們以雅典為中心周遊希臘半島各地，訓練年輕人論辯和演說的技能，亦傳授他們處理公共事務的本領。在柏拉圖《高爾吉亞篇》（Gorgias）的對話錄中，蘇格拉底（Socrates）曾給這群精於修辭的智者下了一個定義，稱他們是「能說服聽眾靈魂的人」。不過在柏拉圖的著作中對這類人的評價並不高，認為修辭與哲學兩者背道而馳，哲學是在探討真理，而修辭卻是在教人「花言巧語」，只不過是為贏得辯論而已。

柏拉圖的弟子亞里士多德則賦予修辭相當高的位置，他曾專門撰寫《修辭學》（Rhetoric）一書，將「修辭」界定為「在特殊的事例中發掘出可用於說服的本領」，主張成功的修辭必須包括「言說者的信譽」（ethos）、「動之以情」（pathos）和「說之以理」（logos）三種手段：「言說者的信譽」意指演說者本身所具有的道德形象，使聽眾認為他是個值得信任的人；「動之以情」指的是演說者能針對不同對象召喚起其感情，使其在愉悅的情緒中接受所述論點；「說之以理」則是指藉由邏輯推論與辯證的方法，從實質或形式上證明其所論述的觀點為正確。用更簡單的說法即是，一個成功的修辭家必須同時具備人格、情感與邏輯三種修為。亞里士多德也非常強調演說者的修辭佈局（disposition），即如何將論述的觀點、層次做有效的安排，以達到說服的目的。他主張演

講應依序言（preom）、論點（thesis）、論證（support）、結論（epilogue）的次序來加以佈局。當然，他同時也強調如何配合生動的文詞、音調、表情來增強說服的功效。這些主張甚至到今天都是許多演說家所遵守的原則。

羅馬時期強調政治修辭的代表，即是著名的演說家西塞羅（Cicero），他深受亞里士多德思想的影響，曾到希臘學習修辭和演講術，晚年曾在羅德島（Rhodes）上教授修辭技藝。在演講的佈局與結構上，西塞羅除引用亞里士多德的四個佈局步驟外，還加入一項反駁（refutation）的步驟，這部分後來即成為對質（delate）的前身。他演說的特點是不斷地運用反問的技巧，把對方逼到難以回答的境地。他著有《論演講學》（De Oratore）一書，留下的演說稿有五十八篇，一部分是法庭演說，另一部分則是政治演說。他的每篇演說均按照修辭技巧加以組織，每一個句子都給予適當的排列組合，段落局部之間經常透過對稱以累積說服力，文句間則經常運用提問、質詢、比喻、諷刺等修辭技巧，結束的地方則特別注意語音的抑揚頓挫，被稱之為「西塞羅式的語法」。在他看來，演說主要是打動聽者的感情，而不是訴諸理性判斷，他的演說風格被後代不少演說家奉為典範。

莎士比亞在他著名歷史劇《凱撒大帝》中，重現了羅馬年代的一場針鋒相對的演說。在劇中凱撒在元老院被刺殺，他所最親信的朋友布魯特斯補上了最後一刀，也是致命的一刀。布魯特斯於是步上講壇，為他親手殺死凱撒辯護：

　　……並不是我不愛凱撒，而是我更愛羅馬。你們寧願讓凱撒活在世上，大家做奴隸而死呢，還是讓凱撒死去，大家得自

由而生呢？因為凱撒愛我，所以我為他流淚；因為他是幸運的，所以我為他欣慰；因為他是勇敢的，所以我尊敬他；因為他有野心，所以我殺死他。

這段利用「愛凱撒」還是「愛羅馬」的只能二選一辯護策略，立即獲得了群眾的肯定，甚至呼喊：「讓凱撒的一切光榮都歸於布魯特斯！」但隨後上台的安東尼，卻同樣利用演說改變了整個情勢：

我是來埋葬凱撒，不是來讚美他的。人們做了錯事，死後還免不了遭人唾罵，可是他們做善事，往往隨著他們的屍骨一起入土；讓凱撒也這樣吧！尊貴的布魯特斯已經對你們說過，凱撒是有野心的；要真是這樣，那當然是重大的過失，凱撒也已經為它付出慘痛代價了。現在我得到布魯特斯和他同志的允許──因為布魯特斯是正人君子，他們也都是正人君子──到這兒來為凱撒的喪禮說幾句話。他是我的朋友，他對我是那麼忠誠公正；然而布魯特斯卻說他是有野心的，可是布魯特斯是個正人君子。他曾帶許多俘虜回羅馬，他們的贖金充實了國庫，這能說是野心家行徑嗎？窮苦的人哭嚎的時候，凱撒曾為他們流淚；野心家是不應這樣仁慈的。然而布魯特斯卻說他是有野心的，可是布魯特斯是一個正人君子！你們大家看見盧缽萬節（feast of Lupercal）那天，我三次獻給他王冠，他三次都拒絕了，這難道是野心嗎？然而布魯特斯卻說他是有野心的，可是布魯特斯的的確確是一個正人君子！……

在這裡安東尼巧妙拿「然而布魯特斯卻說他是有野心的」與「可是布魯特斯是一個正人君子」兩者加以對比，逼群眾在「凱撒是野心家」與「布魯特斯是正人君子」兩者之一做抉擇，結果群眾喊出「他們是叛徒；不是正人君子！」情勢立即完全逆轉。這段修辭很巧妙地運用了邏輯學中的排中律，所謂一個論點不是對的就是錯的，不可能既是對的又是錯的。這段著名的修辭交鋒，生動說明善用修辭操縱所可能產生的力量。

在當代政治公關中，政治修辭管理已經是一項相當專門的學問，它除了承繼傳統希臘、羅馬以降的修辭學傳統外，還整合了包括新的語言學研究資源，包括語意學、語音學、語法學、辯論學等，另外還結合包括傳播學、行為語言學等學科，形成了所謂口頭傳播學（oral communication）、公共傳播學（public communication）或是修辭傳播學（rhetorical communication）等新的領域，它們以口語表達為基點，探討主題包括公共演講學（public speaking），特別是對政治演說的修辭分析、政治說服的研究與訓練等。而整合演說、修辭與說服三者又產生了許多相關的科目，如政治傳播學（political communication）、辯論學（debate、forensics、argumentation）、口頭闡釋學（oral interpretation）等。如今替政治人物撰寫演講稿、訓練政治人物口語表達、接受媒體採訪、參與政見辯論等，老早就是一項不可或缺的專業了。

2 媒體採訪問答的攻防修辭

身為公眾人物，政治菁英根本沒有躲閃媒體鎂光燈的權利，相反地，接受媒體無窮盡的追逐與採訪本來就是政治生活的一部分，從非正

式的半路攔截採訪、正式記者會的輪番提問，再到一對一的個人專訪等，記者所拋出的問題往往五花八門，有時可能會有系統，但多數時候則是直指即時最敏感的話題，或是當事人最不願意公開表態的問題，這些提問經常讓政治人物感到無從招架。突發性的攔截採訪還可以藉由安全人員加以阻隔，但正式記者會或專訪則是完全無從閃躲，因而怎麼在修辭操作上面對媒體，已經是當代所有政治人物的必修課之一。

　　問題是隨著媒體競爭的白熱化，以及政治與媒體關係的質變，媒體記者對政治人物的提問不僅越來越直接，也越來越尖銳，相對地，政治人物面對詢問也被迫必須越來越迂迴、越來越閃避，結果讓許多採訪不再是事實真相的澄清，而是空泛語言修辭的操弄。記者經常竭盡所能地在問題設計上讓受訪者無從閃避，掉入顧此失彼的語意陷阱，或是陷入左支右絀的困窘境地。在這裡不妨對比美國的兩個例子。同樣都是「減稅」的問題，在 1950 年代與 1980 年代所呈現的是兩種完全不同的提問方式：在 1954 年 10 月 27 日美國總統艾森豪所舉行的白宮記者會中，有名記者提到減稅的問題：

　　總統先生，您在日前的一場演講中曾提到將持續減稅，並在國
　　防預算可以允許的範圍內削減支出。對於未來的減稅，您可以
　　在現在說得更清楚些嗎？

類似的問題在 1981 年 6 月 16 日美國總統雷根所舉行的白宮記者會，記者所提問的修辭就完全不一樣了：

　　總統先生，幾個月前您說過不會修正您的減稅計畫，結果您修

了。當企業都在抱怨，您又改了您的計畫。我想不論政府或特殊利益團體得知此訊息有否歡呼，您會再修改您的減稅計畫嗎？

對比上述兩個年代的記者提問風格，不難看出其鮮明的差別，兩者都是就減稅議題希望總統做說明，但詢問艾森豪的問題明顯維持著禮貌與尊重，問題的修辭風格是中立的，僅就總統的說法加以延伸，也給總統很大的空間去發揮。但到了 1980 年代詢問雷根時則完全不同，提問修辭明顯採取對立的形式，同樣是引述總統說過的話，但卻刻意突出其言行的不一致，甚至已預設了總統可能回應的答案。而後者顯然也意味著當代政治人物接受媒體採訪時的共同處境。

　　曾長年擔任哥倫比亞廣播公司主播的拉瑟在他的全球採訪回憶錄《現場‧開麥拉》（*The Camera Never Blinks Twice: The Further Adventures of a Television Journalist*）一書中，曾這樣解釋記者爲何經常採取攻擊式的修辭來進行「提問」：

　　　　對美國新聞記者而言，獨立代表一切；當與新聞來源接觸時，不提問題便罷，一提便沒有一件事是舒服的。你取得政府發言人所給的東西，但不可能就此認定已包括了所有新聞來源。於是你沿著電話線和行人，展開採訪，繞開權力的走廊，和有問必答的人相互交談。有時候，你所得到的和政府發言人所提供的一模一樣，但多數情形是還有下文，這就得進行逼問，不能中立。你的基本立場應該是：提問題絕對不會錯，錯在所得到的回答。

當發生回答不得體的嚴重錯誤時，提問題和答問題的雙方將各執己見，更要命的是，很少人敢有問必答，於是受訪者會當場受窘。訪問不可能是科學，更不必看成藝術，常常是彼此互相胡扯，但由事實顯示，提問題最不守章法者，所得的資訊最為豐富。

加州大學洛杉磯分校社會系兩位教授克萊門（Steven E. Clayman）與哈瑞提吉（John Heritage）曾在 2002 年 12 月號的《傳播季刊》（*Journal of Communication*）中共同發表了一篇研究報告，這篇題為〈質詢總統：美國總統艾森豪與雷根記者會中的尊重與對立〉（Questioning Presidents: Journalistic Deference and Adversarialness in the Press Conferences of U.S. Presidents Eisenhower and Reagan）的論文，主要在比較艾森豪與雷根兩個時代中，記者在總統記者會中不同的提問風格。在討論記者會攻防修辭中，這兩位作者對記者在質詢總統的修辭策略上的整理，提示了一套很有用的分析類型，顯示政治記者如何藉由不同程度的對立式詢問，讓受訪者陷入窮於應付的局面。

依對立程度的劃分，克萊門與哈瑞提吉將政治記者對立式的提問修辭區分為四個模式，分別為（1）主動（initiative）、（2）直接（directness）、（3）斷言（assertiveness）、（4）敵意（hostility），亦就是從對立程度最低到對立程度最高加以區隔。先談主動式的提問策略，這種提問模式主要是讓受訪者回答的自由度相當低，或是受訪者已被預設了可能的答案，例如 1983 年 10 月雷根被記者問到一個問題：

總統先生，最新的數據顯示上個月的房市正在急速下降，而新

　　屋開工率也在下降，分析家認為這意味經濟復甦正在減緩，甚
　　至到明年情況將會更糟，而已經有越來越多人關切利率過高的
　　問題，再加上您的政府已經面臨嚴重的赤字問題，是不是已經
　　到了要採取降低利率的行動的時候了？

在上述提問的模式中，記者刻意選擇若干負面的資訊背景構築成一個脈
絡，迫使問題的背景都不利於受訪者，也讓受訪者在回答上的彈性空間
很小，以上述問題為例，受訪者幾乎被預設了只能朝答「是的」的方向
走。其次一種模式是直接式的提問策略，這種提問修辭是直接以記者第
一人稱的方式提問，例如「我認為……」、「我懷疑……」、「我想問的
是……」，如 1953 年 10 月艾森豪被記者問的問題如下：

　　總統先生，我會問這個問題是因為我們許多人都不認識米契爾
　　先生（James P. Mitchell），我可否問一個華倫大法官（Earl
　　Warren）上週問過的同一個問題，米契爾作為一個勞工部長，
　　讓您最受到吸引的條件是什麼？

這種提問模式主要是記者不再隱藏自己的意圖，直接了當地告知受訪者
自己的想法與意見，讓受訪者無從閃躲其間的敏感性。第三種斷言式的
提問模式，在對受訪者施壓的程度上更加重，在提問上逼迫受訪者幾乎
只能在「是／否」兩個選項中擇一，例如 1981 年 6 月雷根被訪問的問
題：

　　總統先生，十天前您的幕僚長在一項電視訪談中指出您將競選

連任，您另一位幕僚也提到同樣的看法，您可以告訴我們，您
是否已決定競選連任？

上述提問的方式很明顯就是要雷根直接表態，不能再模糊應對。至於第
四種提問就明顯帶有敵意，問題的內容甚至已經帶有指控的意味了，它
通常以「您怎麼可以……」、「您怎麼能夠……」的質疑方式加以提
問，以 1982 年 1 月雷根被記者所問的問題為例：

> 總統先生，從您去年上任以來，已有多達九百萬人失業，衰退
> 現象日趨嚴重。兩位共和黨的眾議員指出您的加稅方案將進一
> 步傷害窮人，同時還圖利大企業。我的問題是，您要怎麼去幫
> 助那些目前正生活在貧窮線以下的民眾，而在目睹他們困境的
> 同時，您怎麼還會提案大幅削減幫助他們的福利計畫？

政治人物究竟該當如何回應這些帶有攻擊性的提問呢？第一種策略
是「重構問題」（reformulating the question），這是前述探討提問策略的
克萊門所提出（Clayman 1993），即不直接針對問題作答，而是重新將
問題組裝，再就組裝後的問題作答，這種策略通常是先將問題中必須被
迫表態或敏感的部分給拆卸掉，然後就剩下的部分重置成一個新的問
題。在 1973 年 10 月 3 日的美國總統記者會中，正好碰上副總統安格紐
（Spiro Agnew）爆發在州長任內漏稅五萬美金的弊案，總統尼克森在接
受記者就副總統安格紐涉及案子的提問時，即運用了這個策略：

> 記者：您曾就安格紐問題的涉案證據接受過簡報，您個人又有

　　　律師經驗，您可以告訴我們……

尼克森：確有不少人在質疑……

記者：就是質疑這次針對安格紐被指控的調查根本就是在虛應
　　　故事，它其實是個陰謀，也是個污點。

尼克森：摩倫賀夫先生（Mollenhoff），您提到我已經就這項指
　　　控接受過簡報，我必須針對這一點進行回應，我並未聽到
　　　任何證人直接的證詞，我所聽到的只是就證人可能會提出
　　　哪些證詞的簡報。以目前所指控的部分而論，是既不嚴重
　　　也沒有虛應故事。

尼克森在回答記者這個帶有敵意的問題時，就先將簡報與指控的調查切
割，將有關簡報的部分重組成另一個問題，再就這個問題進行回答。某
種程度說，這種不直接回答的方式，也就是根本不跳進記者所設定的框
架中，下面的例子即顯示尼克森的新聞祕書在與記者問答中不僅避免跳
入記者所設定的「衰退」框架，同樣也重組了問題：

記者：您認為這次衰退會持續多久時間？

答：嗯，它不會持續多長時間，因為我們並不認為這是經濟衰
　　退。

記者：這怎麼說？

答：嗯，我們並不想把經濟形勢視為衰退。因此，它不會持續
　　很長時間。

記者：但是，那你們怎麼界定當前的經濟形勢呢？

答：在我們看來，這只是經濟週期中一次相當正常的波動。您

> 要知道，「衰退」是一個政治性相當強的詞。我們的反對
> 者很願意把它歸罪在我們頭上，我們當然不願意被它黏
> 住。因此，除非一些災難性情況發生，我們都不會稱之為
> 「衰退」。

在這裡的回應不僅避免做有無「衰退」的論斷，甚至進一步跳出這個框架，以「正常波動」的框架加以取代。再舉一個重組問題的例子：1972年，美蘇舉行關於簽署限制戰略核武器協議的高峰會談，國務卿季辛吉曾向美國代表團的隨行記者簡報：「蘇聯生產飛彈的速度每年大約兩百五十枚。先生們，如果在這時把我當成間諜抓起來，我們應該怪誰呢？」美國記者立即接過話頭發問：「我們的情況呢？我們有多少潛艇飛彈裝置多彈頭？有多少民兵導彈配置多彈頭？」 面對這個兩難之問，說不知道，那是撒謊；說出實情，那是違法，季辛吉的回應是：「我們有多少潛艇，我知道；我們有多少飛彈裝置多彈頭，我也知道。」記者以為得計了，不料季辛吉一轉話題：「我的苦處是，我不知道這些數字是不是保密的。」記者馬上回應：「不是保密的，不是保密的！」季辛吉隨即反問：「不是保密的嗎？那你們說是多少呢？」在這裡的反問，使得記者無法再追問。在這裡飛彈數目的問題，被巧妙地轉成國防機密的問題。

　　除重組問題之外，還有一種是以模糊焦點甚至模稜兩可的方式以對，這種回應方式主要是採取口頭傳播研究者貝佛拉斯（Janet Bavelas）所發展出來的「模稜兩可理論」（theory of equivocation），這種理論又稱為「拐彎抹角的溝通」（nonstraightforward communication），即刻意採取一種模糊、隱晦、迂迴或是矛盾的表達方式，甚至「故意的誤用語

言」，它意味受訪者在遭遇提問者所拋出的問題後，非常清楚他根本不可能直接就問題加以回答，於是選擇不直接回應，改以模稜兩可的方式回應，這種狀況即是「避免—避免的衝突」（avoidance-avoidance conflict），之所以是雙重的「避免」，一方面是直接回應很可能造成立即的傷害，不回應或虛應可能被質疑誠信，爲避免這兩種負面後果，乾脆採取雙重避免的回應方式（Bavelas et al. 1990）。就如同一個人收到一個極不恰當的禮物，送他的人問道：「你喜歡這禮物嗎？」他怎麼說都不對，他說喜歡等於是在說謊，他說不喜歡一定會傷害對方的感情，於是乾脆採取模稜兩可的方式，如：「你的心意我收到了！」完全避掉喜不喜歡這個禮物的問題。紐約大學心理學家布爾（Peter Bull）曾透過研究發現，記者所採取的攻擊性提問程度越高，政治人物回答時採取模稜兩可的策略情況也越多。他曾研究英國 2001 年選舉期間政治人物上電台接受訪問的回答內容，發現凡是接受一般選民提問時，這些政客通常以實質的內容加以回應，但只要遇到是記者發問時，回答的內容馬上就變成模稜兩可。換言之，「避免—避免的衝突」的修辭策略，已經成爲政治人物因應記者強勢提問的重要方式（Bull 2003）。

　　貝佛拉斯的研究團隊發現，政治人物之所以易在受訪時採取模稜兩可的策略，在於避免讓他自己陷入某種矛盾的情境中，例如政黨立場與選區立場的衝突、政黨立場與個人立場的衝突、先前承諾與當下現實的衝突、個人以前立場與當前立場的衝突等，任何一種衝突情況的出現，政治人物都要避免陷入給人「前後不一致」的印象，但記者通常也專門喜歡挑這種矛盾來提問，迫使政治人物也只能選擇模稜兩可的策略加以應對（Bavelas et al. 1990：246-247）。

　　以英國首相布萊爾在 2001 年大選期間赴英國國家廣播公司（BBC）

第一台《問題時間》（*Question Times*）接受記者迪布雷（David Dimbley）的訪問做一個對比：

> 觀眾：政府既然鼓勵我們不要開小汽車，但為什麼執政四年來
> 　　　我們國鐵運輸的服務品質卻更差？
> 布萊爾：因為我們已經好久沒有投資改善我們的國鐵系統了，
> 　　　　如果我們還是不投資金進去，我們的國鐵服務還是只有二
> 　　　　流或三流的水準。
> 迪布雷：您會以英國國鐵為恥嗎？
> 布萊爾：我不會以英國國鐵為榮，我認為您那樣的說法有點怪
> 　　　　……

從上述兩種回答即可發現，觀眾的提問雖然直接，但布萊爾並不選擇迴避，甚至直接承認他的內閣忽略了對國鐵的投資。但面對接下來記者的提問，布萊爾馬上祭出「避免—避免的衝突」的策略，他畢竟不能承認「以國鐵為恥」，那絕對有損自己與工黨政府的顏面，但面對國鐵的事故頻傳、服務低劣，他也不能不有所表示，於是他就以迂迴的「不以國鐵為榮」加以回應。

　　重組問題之外，運用「避免—避免的衝突」的策略也可將問題導引至對自己有利的議程上，曾擔任老布希顧問的共和黨策士艾利斯曾提出一種「Q=A+1」的公式，即「針對問題先給一個簡單的答案，然後立即加上一個對你有利的議程」，例如下面的例子，一位眾議員面臨記者採取前述斷言式的方式詢問，眾議員隨即採取的回答策略如下：

記者：您是受到化學廠商的重大壓力才撤回法案的，對不對？

眾議員：我接觸過涉及這個議題的所有相關人士，包括環保人
　　　　士、消費者保護團體與產業人士，根據我與他們的溝通，
　　　　各方都一致同意，讓產業自己訂定新的標準比國會通過一
　　　　項法案要更恰當。

在上述問答中，眾議員藉由與「所有相關人士接觸」來避開就「施壓」
質疑的表態，然後還加上一個論點來試圖轉移焦點（Trent and
Friedenbery 1995：197）。

　　再看下面的例子，為了澄清魯文斯基的醜聞，白宮官員貝格拉受邀
上羅瑟（Tim Russert）在國家廣播公司的節目《會見新聞界》（*Meet the
Press*），這場訪問成了一場激烈的攻防戰。在這場攻防戰中，羅瑟直接
挑明柯林頓總統與魯文斯基的關係，要貝格拉回答，貝格拉不可能直接
回答他們之間是什麼關係，但在許多人指證歷歷後，他也不能否認他們
之間毫無任何關係，於是交互採用「重組問題」與「避免─避免的衝突」
的策略，不斷轉移焦點，但羅瑟卻不願放過，一直重複再將焦點帶回
來，雙方一路針鋒相對：

羅瑟：問一個最簡單的問題：「柯林頓總統與魯文斯基究竟是
　　　什麼關係？」

貝格拉：嗯，那是一個正待調查的課題，像我這樣的人是不被
　　　　容許讓自己介入這種調查的，而有參與調查的人也不容許
　　　　任意對外洩露。過去這段期間，我們已經經歷了大量爆料
　　　　與各種謊言，坦白說，我認為早就該予以澄清與調查了，

不少議員與評論家也都在呼籲，我認為現在是追查這些爆料來源的時候了。

羅瑟：為什麼美國總統不乾脆站出來，對著美國人說：「這回事就是這樣，這就是為何她送我六次禮物的原因，這就是為何她能先後在白宮、五角大廈甚至聯合國任職的原因，而這也是為何我送她禮物的原因。」但白宮什麼也沒說。

貝格拉：就是因為這項調查已經拖了四年多，而我必須坦白說，如果獨立檢察官是真的「獨立」，調查本身也是真的「公平」的話，您恐怕會得到一個完全不同的結論。

羅瑟：這就是白宮的防禦模式：改變主題。

貝格拉：不，不……這才是主題！

羅瑟：攻擊史塔、攻擊媒體。讓我回到先前的議題。為什麼美國總統不願意直接而坦率地面對這個課題？並沒有任何法律、限制或法院指令綁住他，惟一的理由，如同您剛才講的，是他害怕讓自己陷入司法指控的風險。

貝格拉：因為我們面對的是一場正在進行中的鬥爭，它的對象不僅僅是白宮。讓我告訴您，魯文斯基的律師告訴媒體一段話：「獨立檢察官辦公室正在對魯文斯基小姐施壓，好讓她作偽證。」已經有阿肯色州的法律教授宣稱受到過威脅，如果不簽署一份偽造的聲明，他的母親將會被調查。

羅瑟：再一次，讓我……我們等一下會討論史塔。

貝格拉：而我可以舉出更多受到威脅的證人，這就是為何……

羅瑟：我們會談到史塔的，但讓我們回到總統身上吧，三週前他說過：「你們會得到你們要的答案。」

貝格拉：一點都沒錯。

羅瑟：「合法與否的問題，我們會盡快給予交代。」

貝格拉：對。

羅瑟：結果什麼都沒有。

貝格拉：因為這一切還在調查中，他的律師已經提出很好的理由，聲明為何他現在不能評論任何事。

羅瑟：理由是什麼？那個很好的理由是什麼？

貝格拉：因為，我已經很直接地講過了，甚至比律師允許我所能講的還直率，整個問題就出在這個調查上，提姆，我相信史塔已經陷入如阿克頓爵士（Lord Acton）所謂的「絕對的權力導致絕對的腐化」。

羅瑟：我現在可以理解為何柯林頓的祕書柯里（Betty Currie）要推翻她先前指總統曾送魯文斯基禮物的證詞。

貝格拉：我對這一點是否屬實沒意見，因為那是有人洩露。

羅瑟：那麼她又是從哪兒得到的呢？

貝格拉：這又是從哪兒洩露出來的？

羅瑟：為何總統不乾脆……

貝格拉：我不能證實那一點，而我也未參與這些洩露，讓我很快地問您一下……

羅瑟：但是總統……等一下，總統可是有承諾要做歷史上最遵守倫理的一個政府。

貝格拉：絕對是。

羅瑟：那麼為何他不站出來提升美國人的水準？我問您……

貝格拉：他有。他說過這些是錯誤的指控，只要是公平的調查

都可以證實那一點。如今這項調查的部分內容已經因為洩露而導致不公平。而我必須反問您，國家廣播公司是否已經收到來自史塔非法洩露的訊息？

羅瑟：我們不要討論這些洩露究竟是來自白宮、史塔、國務院還是五角大廈。我們做我們自己的事，同時我們做得很好。

⋯⋯

羅瑟：好吧，貝格拉，我們不要再談洩露，也不要再談史塔了吧⋯⋯

貝格拉：我希望我們可以。

羅瑟：⋯⋯所有的臆測，只有一個人可以站出來告訴美國人民：「這就是事實發生的全部經過。」

貝格拉：絕對是。

羅瑟：再一次，為什麼總統拒絕站出來向美國人解釋這一切？

貝格拉：因為我們所面臨的情境，正如同許多有見地的評論者所謂，是「全面失控」，容我引述一段：「來自史塔辦公室的來源告訴國家廣播公司記者表示：魯文斯基律師所提供的證據並不完全，史塔辦公室相信這是來自白宮的指示。」現在，當史塔辦公室的消息來源被引述時，請原諒我這樣說，這根本就是違法！

⋯⋯

羅瑟：最後，就如同我先前所指的，總統三週前說很快就會對司法問題提供解答，總統究竟會什麼時候完整回答？

貝格拉：那還是大半要靠史塔檢察官來決定。當我們知道有四

位證人宣稱他們因受到恐嚇而必須作偽證，我們已經陷入
麻煩。

羅瑟：所以我們何時會聽到總統說話？

貝格拉：當調查允許他這樣做時，提姆，但那時他的律師……

羅瑟：不，不，這沒有……

貝格拉：……已經將法律解決。

羅瑟：沒有任何規定禁止總統現在講話。

貝格拉：一般而言，他的律師會判斷其法律爭議，我也同意這
　　　一點；政治上我也希望有關他的調查能盡快結束，但當面
　　　對的是失控的調查，最好就要聽從律師的建議，決定怎麼
　　　做對美國人最好，包括您所關注的焦點，而不是將時間全
　　　耗在評論所有史塔那邊洩露出來的訊息上。

羅瑟：這就是您最後一句話了，貝格拉，稍待繼續。

在這場對話中，羅瑟詢問了大約十二次為何柯林頓不願交代他與魯文斯基的關係，而貝格拉都以特別檢察官史塔在幕後操作為理由加以回應。羅瑟一路追擊，貝格拉則一路重組問題並閃躲，在誰也沒有退縮的情況下完成了這次的採訪。

　　如果根本不願迂迴作答，受訪者又覺得採訪者的提問存有敵意，有些受訪者就乾脆採取第三種策略，即直接攻擊媒體，質疑提問者的動機，甚至直接否定媒體的公信力，儘管這種策略有時會引來受訪者與媒體間的脣槍舌劍，但有時反而可能讓媒體陷入被公眾質疑的境地，於美國華府長年擔任評論家的克勞福（Craig Crawford）在所著的《攻擊信差：政客如何讓你轉向與媒體對立》（*Attack the Messenger: How*

Politicians Turn You Against the Media）一書中即論述政治人物在受到媒體有敵意的採訪時，與其被媒體的問題逼得左右爲難，不如根本不理會問題，選擇直接攻擊媒體的策略，如此反而有可能在輿論攻防中贏得公眾的相挺，原因在於今日媒體的公信力不如以往，攻擊媒體至少可以取得部分民眾的共鳴，甚至讓媒體陷入被質疑的境地（Crawford 2006）。

　　拉瑟在他的回憶錄中有一章題爲〈修理老布希〉，那一章生動記錄了他在 1989 年 1 月間於《CBS 晚間新聞》（*CBS Evening News*）中訪問當時的副總統老布希，那場採訪的激烈攻防一直被視爲電視新聞史上的經典案例之一，也非常值得作爲政治修辭研究的範例之一。爲了因應這場重要的採訪，當時哥倫比亞廣播公司與白宮在事前都做了相關佈署與沙盤推演。哥倫比亞廣播公司希望專訪老布希，是因爲他們在調查探訪「伊朗軍售及援助尼加拉瓜游擊隊」醜聞時，發現老布希就是這項決策幕後的關鍵人物，有太多的疑點需要他本人澄清。老布希這邊則有完全不同的考量，他當時正在爭取共和黨總統的初選提名，但他在黨內形象一直不突出，甚至被媒體形容爲「軟弱而膽怯者」，於是老布希陣營決定要利用這次訪談的機會改變老布希的形象，由於拉瑟一直被視爲自由派媒體的象徵，也一直被認爲對保守派不友善，若能塑造強硬的老布希與自由派媒體對抗的場景，絕對有助其扭轉軟弱的形象。由於戰略目的不同，雙方都在議程上做了對自己有利的安排，哥倫比亞廣播公司這邊整理了許多有關老布希涉及伊朗軍售的關鍵且敏感的問題，希望老布希給個說法，同時在開場白的部分，採用了一項民意調查結果，播放一段事前剪輯的影片，並交代了有關伊朗軍售涉及老布希的相關疑點，指出許多檔案紀錄都顯示老布希事前知情，但老布希卻都一直未做交代，這種安排形式當然對受訪的老布希較爲不利。而老布希陣營這邊則堅持訪

談全程必須現場立即播出，換言之，他們根本不允許哥倫比亞廣播公司可以在事後再就訪談內容做任何刪節剪輯，替布希規畫這場訪談的主要是其競選公關顧問艾利斯，他們的戰術是一開始就主動出擊，根本不理會拉瑟的問題，反過來還要質疑拉瑟的立場。由於兩者間的戰略目標完全不同，也使得這場現場播出的訪談過程非常火爆（Rather 1995：85-127；Crawford 2006：1-13）。

以下是這場訪談的部分內容：

拉瑟：副總統先生，感謝光臨現場。葛萊格（Donald Gregg）
　　　是您所信賴的顧問，他介入了運送武器給尼加拉瓜游擊隊
　　　事件，卻不向您報告。雷根的國安顧問龐達克斯特（John
　　　Poindexter）海軍上將曾因不向總統報告而遭革職，為什
　　　麼葛萊格還在白宮任職，繼續受到您的信賴？

老布希：因為我對他有信心；同時，丹，您所提的這事，您知
　　　道的很清楚，國會正在調查，經費高達一千萬，許多針對
　　　證詞的報導在我看來都違反常情，許多證人都宣誓從未與
　　　我談過運送武器給尼游的事，但你們還是做出報導，或是
　　　說，是你們想這樣報導。如果說這是趁大選進行政治性抹
　　　黑，我非常不苟同。葛萊格沒有做錯事，即使有錯，國會
　　　也會調查明白。而你們對本人人格誠信提出質疑，你們媒
　　　體對本人的許多質疑，我認為都是舊調重彈，而且顛倒黑
　　　白，請原諒我這樣講。

拉瑟：副總統先生，我們彼此的分歧可以用其它方式處理。此
　　　刻我們談的是紀錄，我們的報導哪裡顛倒黑白？

老布希：讓我們來討論全部紀錄。

拉瑟：紀錄？我們就來談全部紀錄。

老布希：對！

拉瑟：如果您認為紀錄有任何顛倒之處，現在就有機會加以更
　　　正，譬如……

老布希：對！本人在一件事上可使黑白不再顛倒：您對我的諷
　　　喻，說我未說實話。我們現在就來談談這個，其實這是我
　　　最不想聽的舊調重彈。

拉瑟：我在哪裡諷喻？副總統先生！

老布希：您灌輸一種觀念，即布希既不講支援尼游的事，也不
　　　承認供應武器的事。

拉瑟：副總統……

老布希：羅德格萊斯（Félix Rodríguez）的證詞已經證明他未
　　　告知我任何軍援尼游的事，你們至少要引述一下，我要求
　　　的是「公平」。我今天來這裡是想談教育，或是怎麼降低
　　　預算赤字的。

……

拉瑟：副總統先生，您訂了一項規矩，在接受訪問時一切得照
　　　這規矩來。您主張現場錄音，您應該明白時間有限。

老布希：對，這就是為何我盡本分只談一些事情，除非您還想
　　　談別的。

拉瑟：總統已表明了立場，我問您……

老布希（打斷）：問吧！

……

拉瑟：您可否讓我先提問題呢？我並不想與您爭辯，副總統，
但……

老布希：我相信，丹。

拉瑟：我真的不想和您爭辯。

老布希（打斷）；但您的確是在和我爭辯，拉瑟，今晚的氣氛
並不好……

這場錄影總共耗費了九分鐘，比預期時間長很多，最後幾乎是在驟然的
情況下終止。從前面所引述的訪談過程即不難發現，老布希很顯然是有
備而來，從一開始就採取主動攻擊的策略，幾乎不理會拉瑟的提問內
容，問答過程中老布希數度刻意打斷拉瑟的詢問，開始辯護與抱怨，不
僅讓拉瑟沒有機會問完一個問題，而且讓拉瑟被迫停留在許多枝節的問
題上打轉。結果拉瑟所整理出有關老布希涉入伊朗軍售與援助尼游的若
干疑點，幾乎完全沒有獲得澄清。拉瑟另一項不利的處境是，他訪問的
對象是副總統，措詞上他必須維持一定的禮貌，相對老布希的身分是來
客，加上副總統身分的優勢，在修辭上幾乎完全沒有這個顧忌。這場訪
問結束後立即成為第二天的媒體新聞，拉瑟本人都成為媒體追逐的對
象，拉瑟在他的回憶錄中承認：「那晚我犯了錯，錯在以為老布希會面
對問題；我甚至認為他會對問題答覆得十分快速，而後再來談其它的題
目。我最大的錯誤，是未能預見一些陷阱，使得一場訪問引發如此強烈
的反應，舉國震驚。」（Rather 1995：106）拉瑟沒有預期到的是，這個
結局就是老布希要的效果，這場訪問從一開始就是老布希用來形象操作
的工具，老布希這次採取攻擊的策略是成功的，他的表現讓他贏得黨內
保守人士的歡心（Stahl 2001：305）。

　　某些老練的政客也會靈活運用多種策略，一方面跳脫記者所設定的框架，另一方面也溫和地質疑提問者的動機，例如哥倫比亞廣播公司資深記者司徒訪問英國首相柴契爾，柴契爾即善用這兩種策略加以因應（Stahl 2001）：

司徒：在麥克法蘭和諾斯（Oliver North）將一整機的武器送往德黑蘭進行人質交換時，雷根當時曾向英國政府保證，絕對沒有這樣的交換條件，所以您認為這是否傷害了英美兩國間的互信？

柴契爾：我不會對此有任何評論，我若回答這個問題，將會是相當不禮貌的舉動。您可以用一百種的方法來問這個問題，但仍會得到相同的答案。

司徒：您對已發生的事是否覺得遺憾？

柴契爾：不，我覺得您實在是太消極了。振奮起來吧！美國是一個擁有偉大總統、偉大人民和偉大未來的強國。

司徒：您的意思是希望我們把這事看輕鬆點嗎？

柴契爾：振奮起來！更積極些。

司徒：您很像替美國加油的啦啦隊長，但這事還是使美國的信用因此受損。

柴契爾：為何像您如此出色的一位新聞人，只會期望最壞的情況，為什麼？美國是個了不起的國家……拜託，您對美國應該和我有一樣的信心才對。

在這場訪談中，司徒幾乎已經靈活運用了前面提過的主動、直接、斷言

等三種提問策略，轉換不同的方式追問，但柴契爾完全不為所動，不僅閃避司徒所設定的所有框架，也反過來質疑司徒的愛國心。結果哥倫比亞廣播公司次日接到許多民眾讚揚柴契爾同時抨擊司徒的電話。

3 政見辯論與框架修辭的競逐

　　政治「辯論」同樣也是修辭管理中不可或缺的一環，絕大多數的政治人物只要投入選舉，就必須面臨與對手的公開辯論，這種辯論很可能是政治意識形態路線的攻防、公共議題的立場、政治人格與形象的詆毀與辯護等，它的平台通常是經過刻意安排的舞台，最常見的形式就是電視政見辯論，藉由資深記者的現場提問，參與者臨場作答，同時與對手進行攻防。基本上這種辯論的重點不僅僅要闡明自己的論證，更重要的是必須突顯自己與對手的不同，進一步在修辭的論理與氣勢上勝過對手。

　　政見辯論之所以會受到重視，當然與 1960 年 9 月 26 日甘迺迪和尼克森的首場辯論有絕對的關係，那不僅是選舉史上首次舉行的電視辯論，也是許多研究者眼中的經典辯論。據估計，當時美國約有九成家裡裝有電視的民眾都觀看了那場辯論，而在辯論舉行之前，尼克森的聲勢與民調原本壓倒性地勝過甘迺迪，而這種優勢在第一次辯論後明顯出現改變，至此以後電視辯論就成為選舉中不可或缺的一部分。一般而言，所有參與辯論的政治人物都一定會絞盡腦汁研擬他們的修辭，畢竟一次成功的修辭操作，不僅會得到媒體的關注，也很有可能是翻轉氣勢勝負的關鍵。辯論修辭操作的主軸有很多，在這裡就其中最重要的四點加以討論：

3.1　價值訴求策略

在辯論修辭的操作中，透過價值訴求包裝論證是論辯者最常使用的策略。這種修辭策略最常出現在政策議題的攻防中，操作方式是將議題立場的分歧，上綱到基本價值理念上的分歧，學者寇克（T. E. Cook）曾在一篇討論政治辯論的論文中提示若干價值訴求策略，例如藉由重新詮釋情境，拆解對手的立場與特定價值的相關性的重組策略（reconstrscting），或是刻意忽略某一組價值，同時訴求另一組價值的忽視策略（bypassing）等。能夠清楚識別自己與對手價值訴求的政治人物，在辯論中往往能取得有利的優勢。

價值訴求最古典的版本應該就是 1858 年林肯與道格拉斯的辯論。1858 年林肯在伊利諾州和道格拉斯參議員競選美國參議院席位。他向現任的道格拉斯提出挑戰，邀他在整個州的範圍內進行一系列的辯論，辯論僅集中一個主題：蓄奴制。道格拉斯當時是民主黨全國性的風雲人物，而林肯在當時則是政壇新人。道格拉斯隨即接受林肯的挑戰，同意進行七次面對面的辯論。這一系列的辯論在美國歷史上曾被廣泛討論。在當時也有成千上萬的民眾湧入設在七個不同城鎮的露天會場去聆聽這一系列的辯論。當時他們兩人就是各自採取了不同的價值訴求策略。道格拉斯訴求民主價值，主張人民主權原則賦予美國各州居民決定要不要維持蓄奴制的權力。林肯則是訴求人權平等的價值，主張蓄奴制是社會道德和政治的敗壞，應阻止它進一步擴大。以下的修辭交鋒發生在 1858 年 10 月 15 日伊利諾州的阿爾頓（Alton）：

　　道格拉斯：……我經常重申，現在再次強調，照我看來，我們

的政府能夠按照我們祖先將國家分為部分自由州、部分蓄
奴州的方式繼續維持下去，即每一州都有權根據自己的意
願決定是禁止、廢除還是保存蓄奴制。這個政府是建立在
各州主權的堅實基礎上的，各州有權調整自己的地方體制
以適應其具體情況。這項權利根據於這樣的理解和希望，
即各地有其各自的利益，也各有其特殊與差異之處，因而
各地體制也應符合其利益與差異。……這個國家建立的基
礎就是：每一個州都有權根據自己的意願對蓄奴制及任何
其它問題做出決定；而各州不應指責兄弟州的政策，更不
應對此橫加干涉……。

林肯：……這場爭論的真正問題在於，一派的觀點將蓄奴制視
　　　為邪惡，而另一派並不把它視為邪惡。視奴隸制度為邪惡
　　　的是共和黨的觀點。他們的一切行動、一切論點都圍繞這
　　　個觀點而展開，他們的所有主張都由這個觀點而延伸。他
　　　們將奴隸制度視為道義、社會和政治上的邪惡；……由於
　　　有正確的認識，他們渴望透過制度確保蓄奴制不會產生更
　　　大的危險。他們堅持蓄奴制應作邪惡來處理，而如此處理
　　　的一個方法就是規定它不能擴大。……我曾經說過，這裡
　　　還要重申，如果我們其中有誰認為蓄奴制不是邪惡的，他
　　　就站錯了位置，不應屬於我們這邊。……

從引述的段落即可知，道格拉斯採取的價值策略是「主權在民」框架，
而林肯則是「人權平等」。2000 年 10 月 3 日共和黨提名的小布希與民
主黨提名的高爾所舉行的第一場政見辯論，很明顯地呈現了他們兩人在

政治價值哲學立場上的差異，小布希傾向個人主義，強調「自由」的價值，而高爾重視弱勢者的福利，強調「平等」的價值：

> 高爾：……在這次大選中，美國必須做出重大抉擇：我們的繁
> 榮是只要富足少數人，還是要富足所有的家庭？……
> 小布希：……我們的觀點截然不同，我的對手認為財政盈餘是
> 政府的錢。我可不那麼認為。我認為那是美國人民用辛勤
> 勞動換來的錢，我準備把財政盈餘中的一部分錢分給你
> 們，讓你們有更多的錢創建家庭、累積財富、實現家庭夢
> 想。這是一個完全不同的觀點，其不同在於，是政府為你
> 們做決定，還是你們獲得更多錢以後自己做決定。

3.2 形象訴求策略

這種修辭策略主要是以自己的領導風格、人格特質與自我認同加以訴求，或是刻意與對手加以對比，也是參與辯論者經常訴求的策略。

在 1988 年 10 月 5 日的美國副總統辯論中，共和黨的奎爾曾試圖將他自己比擬為甘迺迪，此一類比立即遭到對手民主黨的副總統候選人班森的痛擊：

> 奎爾：……重點不光是年齡，還包含了成就以及經驗，我比許
> 多人都更適合擔任這個職務。我的國會經驗甚至比甘迺迪
> 競選總統前的還要豐富……。
> 班森：參議員，我曾與甘迺迪共事過，我認識甘迺迪，甘迺迪
> 是我的朋友，參議員，您不是甘迺迪！

儘管這次選舉最終老布希擊敗了杜凱吉斯,但班森那幾句話卻令人印象深刻,甚至八年以後,在替共和黨總統候選人杜爾造勢時,奎爾還套用了這個公式:

> 杜爾是我最親近的老友,我們一塊奮鬥了二十年之久,我們曾一塊在參議院共事,而我要在今晚告訴你們,談到領導特質,我認識杜爾,杜爾是我的朋友,而柯林頓,你不是杜爾!

再例如 2004 年 9 月 30 日民主黨提名的凱瑞與小布希總統的政見辯論會,雙方即就個人決策失誤與領導能力進行攻防,提問人詢問在反恐戰爭上,小布希犯了哪些錯誤?

> 凱瑞:……這位總統在伊拉克沒有找到大規模殺傷武器,所以他就把總統變成「大規模欺騙武器」。其結果是你們會遭受競選廣告的轟擊,說什麼我改變了立場,一會兒這樣,一會兒那樣,一會兒另一個樣。……
>
> 小布希:我明白了,為什麼你們會認為他經常改變立場,因為他就是這樣。……他曾說他認為海珊是一個巨大的威嚇,現在他又說把他趕下台是個錯誤。我明白了為什麼人們會認為他經常改變立場,因為他就是這樣做的。

在這場政見攻防中,小布希與凱瑞都採取了負面形象訴求的戰略,凱瑞集中訴求的是小布希的決策與判斷能力,而小布希所訴求的則是凱瑞立場的前後搖擺。

3.3 隱喻修辭的操作

　　這個策略主要是動員語言資源，選擇一個鮮明的隱喻來突出現在／未來、彼此的差異、彼此人格特質與領導能力的對比等，一個運用成功的隱喻或類比往往會強化某些意象。例如 1960 年 10 月甘迺迪在與尼克森辯論時，即不斷重複運用「停滯不前」與「重新運轉」的修辭操作來突出他的論點，並迫使尼克森運用同一組修辭來辯護：

> 甘迺迪：我認為，共和黨的美國一直停滯不前，在全球也一樣
> 　　　　是停滯不前。……如果我們依然停滯不前，我們任命的大
> 　　　　使與華府官員就不會意識到我們正處於變革的年代。……
> 　　　　我認為下一任美國總統有責任讓這個國家重新運轉起來，
> 　　　　發展我們的經濟，向美國人民明確指出美國的目標和未完
> 　　　　成的事業。
>
> 　　　　我認為這個黨——共和黨——二十五年的領導一直停
> 　　　　滯不前，它反對小羅斯福和其它總統提出的所有計畫，如
> 　　　　最低工資、住房、經濟成長……
>
> 　　　　我相信，作為民主黨領袖的我有責任提醒美國人民，
> 　　　　1960 年是決定性的一年，我們不能再停滯不前了……我
> 　　　　要讓美國重新引起全球人民關注，讓他們意識到我們運轉
> 　　　　起來了……。
>
> 　　　　我相信，我們有義務成為美國和自由的守護神，為了
> 　　　　做到這些，我們必須給這個國家正確的領導，我們必須讓
> 　　　　美國重新運轉起來！

尼克森：甘迺迪在今晚辯論和整個競選過程一再說美國停滯不
　　　　前，美國沒有停滯不前……我們可以直接檢視數據，把話
　　　　說清楚……那些說美國過去七年半裡停滯不前的人沒有好
　　　　好看看美國，他彷彿在外國。

　　　　　　我們必須弄清楚這一點，那就是美國沒有停滯不前。
　　　　但美國不能在原地踏步，我們之所以不能原地踏步，是我
　　　　們正在進行競賽……。

　　　　　　如果我們始終輕忽美國的各項成就，我們就不能讓美
　　　　國運轉起來……。

3.4 空泛語詞的操作

　　這種修辭操作策略不只在辯論中經常使用，在演講中也是一樣，它的策略是述說中刻意挪用若干抽象的專業術語、隱晦推諉的字眼，或是人人叫好的字詞，讓聽眾覺得說者相當專業、無從批評，甚至一定同意而不可能反對說者，但究其實都是空話（Whyte 2004：63-79）。

　　而在辯論與政治訴求中，操作最多的是討好與叫好的字眼。例如所有人都喜歡正義，都不喜歡不義，在政治論述中倡議要實踐正義，試問有誰會反對？類似的語詞其實很多，如民主、人民、自由等，而這也正是美國著名語言學家杭士基（Noam Chomsky）在他著名的小冊子《媒體操控》（*Media Control*）中所謂的「摩霍克山谷公式」（Mohawk Valley formula），這種公關對語言的操弄，即是在說服中動員一大堆乏味空洞的概念，譬如美國精神，誰能反對？或者和諧融洽，誰能反對？或在波灣戰爭中所喊的「支持我們的部隊」，誰能反對？任何東西都行，只要沒有意義的就可以（Chomsky 1991：20）。

　　1972 年有部由多位選舉專家擔任顧問所拍攝的好萊塢電影《候選人》（*The Candidate*），片中由著名影星勞勃‧瑞福（Robert Redford）飾演有意競選參議員的律師馬凱，他原本一直倡議若干實質福利政策政見，但幾乎沒人理會他，最後他的競選語言越來越空泛，反而聲勢大起，他在片中不斷複誦的一段空話如下：

　　　　想想看，一個最有錢又最有權力的國家，竟無法提供人民工作、無法照顧所有生病民眾、無法餵飽飢餓民眾、不能提供人民像樣的住宅、不能讓想受教育的人民接受教育，我說，是該有「更好的方法」了！

這個「我說，是該有『更好的方法』了！」是整段話中最空的一句話，卻也是電影中那位主角在競選中複誦最多次的一句話。英國首相布萊爾在 1996 年的黨大會中宣佈工黨的教育政策時，宣誓說他的政府最優先的三件事就是「教育、教育與教育！」，同樣是什麼也沒說，但卻也是誰都無法反對。

　　最善於運用這種空泛語言策略的是美國總統雷根。1980 年 10 月雷根在與卡特的總統辯論結語中，透過一連串詢問式的空泛修辭，向美國人民進行召喚：

　　　　……我認為在做出選擇前，你最好問一下自己，你比四年前過得更好嗎？你到商店購物感到比四年前更寬裕了嗎？美國失業人口比四年前多了還是少了？美國還像過去一樣得到全世界的尊敬嗎？你感到我們和四年前一樣安全、一樣強大嗎？如

果你對這些問題的回答是肯定的,我認為你選擇投誰的票就很明顯了……。

四年後雷根競選連任,在 1984 年 10 月間與民主黨的孟岱爾辯論時再度提出類似的詢問,但孟岱爾卻用同樣的方式批駁:

> 雷根:在四年前像這樣的一個場合,我問美國人民一個問題:你們比四年前更好嗎?答案顯然是否定的,最後我當選總統,並許諾一個新的開始。現在,也許人們期待我再問一次,我不想問了,因為那些生活在貧困中、生活尚未改善的人不會給我一個我希望聽到的答案。但我相信大多數美國人會說:「是的,我比四年前更好了。」……

> 孟岱爾:這位總統的口頭禪就是:你們好起來了嗎?那麼,如果你富有,你是好起來了;如果你是中等收入者,你是一切如故;如果你是低收入者,那麼你是更糟糕。這是經濟學家告訴我們的,那不是要問的實際問題,實際問題是:我們將會好起來嗎?我們的孩子將會好起來嗎?我們正在建設的美國需要美好的未來嗎?我認為,如果問和未來有關的問題,這就給如何解決提出了挑戰,你們就會發現我們需要更換領袖了。

4 感性政治訴求:恐懼與希望的生產

古典修辭學家都提及了公開演說要有效果,一定要「動之以情」,

激發聽者的感性，這種修辭操作通常運用感性的語言，希望激起大眾感性的反應。換言之，一套成功的修辭操作，不僅僅是在理性上說服聽眾，還要在感性上讓聽眾感動。有些研究論證的學者稱之為「嘩眾取寵的論據」（argumentum ad populum）（Eemeren and Grootendorst 1992：143-144）。修辭操作中最常激起的感情包括正向感情與負向感情，正向感情如愛、安全、希望、信仰、熱心、忠誠等，而負向感情則如恐懼、貪婪、恥辱、憤怒、妒忌等。

　　政治人物若在修辭操作上低估感性的影響力，往往會將自己推到不利的境地上。1988 年老布希與杜凱吉斯的總統大選辯論中，死刑問題成為雙方交鋒的焦點之一，杜凱吉斯一貫維持他自由派的立場，堅決反對死刑。但辯論過程中提問者問了杜凱吉斯一個問題：「州長，如果尊夫人基蒂（Kitty Dukakis）被姦殺了，您會贊成對這名殺人犯執行死刑嗎？」面對這個問題，杜凱吉斯完全以沉著冷靜的修辭回答：「不，我不贊成。我認為您知道，我一生都反對死刑。我沒有看到任何證據證明死刑是一種威懾……」這回答固然維持他立場與信仰的一貫性，卻完全忽略了他所面對的六千兩百萬的電視觀眾，結果杜凱吉斯立即被媒體抨擊為「冰人」，辯論後不久《時代》雜誌曾這樣評論：

　　　　針對這樣一個假設性的問題，被問者可以隨意做出任何答辯。杜凱吉斯很可以藉機發洩自己的憤怒，或者動情地表示他父親被搶劫時他會多氣憤，這樣就可完美表達他的觀點，因為他認為法律是為緩和人們進行極端報復的衝動。但當他的政治願望還未清楚表達之際，杜凱吉斯卻強烈壓抑自己的情緒，將他妻子遭強暴和殺害這個問題轉向召開跨部會緝毒會議的議題

上。在辯論開始僅兩分鐘內，杜凱吉斯或許已經失敗了。

　　在政治修辭操作中最具效果的感性反應，就是恐懼與希望。事實上古典政治思考的起源之一，就在於追求特定理想的希望，以及免於特定的恐懼。十七世紀的政治哲學家霍布斯（Thomas Hobbes）在其經典著作《巨靈》（*Leviathan*）一書中，即將避免恐懼與解除恐懼視為政治的重要任務（許國賢 2000：81）。霍布斯認為人的行為意圖主要是受欲望所驅動，而在滿足欲望的同時，亦避免受到傷害與侵犯，而對傷害與侵犯的嫌惡即是恐懼。在霍布斯看來，死亡的恐懼為人類恐懼感的首位；他即是據此論證，人們為何要選擇生活在特定國家底下，以避免此一最大恐懼（許國賢 2000：82）。而十九世紀以降的各種意識形態，正是以各種形式的擺脫恐懼與揭示希望加以訴求的，例如自由主義旨在追求個人自由與民主政府的實現，另一面則在擺脫對專斷權力的恐懼；社會主義旨在實踐平等與分配的理想，同時也免除對基本生存不保的恐懼；保守主義維護熟悉感與安全感的另一面，即是擺脫對變革與激情的恐懼。除了這些理論家揭示的恐懼感外，在群體生活中所運行的恐懼感，往往呈現一種「恐懼感之間相互恐懼」的狀態，例如在國族與族群認同分歧的社會中，一方的想望正是另一方的恐懼，又例如在政府介入經濟與社會福利保障的程度上，同樣也是一方的想望伴隨著另一方的恐懼，這種不同恐懼感的對立與互斥，正是政治動員的基礎。恐懼與希望的情緒瀰漫於現代生活中，不少產業即是透過廣告訴求恐懼，再提供希望來販賣其商品。販賣政客也一樣，例如向選民訴求犯罪與暴力的恐懼，而一名昂然挺立、充分掌握情勢的領袖身影就提供了希望。對一般人而言，政治意味我們對政客及其觀念的內在反應，我們見到一名政客的情緒反

應，是整合在我們對這名政客的評價當中的。

在塑造「希望」上，雷根在 1984 年競選總統時所推出的一支電視廣告最具代表性，這支廣告題爲《這又是美國的黎明》（*It's Morning Again in America*），由著名廣告巨匠瑞內（Hal Riney）所製作。畫面由沉靜的晨曦配合優美的音樂開始，由一個低沉男聲道出下面的口白：

> 又是一個美國的黎明。
>
> 今天上班的人數會破紀錄。
>
> 利率是 1980 年的一半。
>
> 近兩千家庭要購買新屋。
>
> 四年來最多的時候，中午有六千五百對新人步入禮堂。
>
> 通貨膨脹率只有四年前的一半。
>
> 他們能瞻望美國的遠景。
>
> 又是一個美國的黎明。
>
> 在雷根總統的領導下，我們的國家更驕傲、更強盛了！

配合上述口白的畫面，包括匆忙上班的景況、家人相聚暢談的畫面、婚禮的喜慶場面、家人相擁的畫面……等，它們一再重複出現，最後以雷根照片與美國國旗並置收尾。典型的是以希望作爲主調，將若干基本價值如生活、就業、市場、家庭、安定等串連在一起。

另一個以希望爲主題的著名例子，是競選 1992 年總統的柯林頓所製作的傳記影片。由於柯林頓的競選團隊透過民調發現，美國人民多數認爲身在華府的政治領袖並不能眞正了解民生疾苦，他們就決定將柯林頓定位爲中產階級代言人，來自平凡家庭、有管理地方事務的豐富經

驗、能充分體會人民的切身需求;他們製作了定名爲《來自希望之人》
(*The Man from Hope*)的柯林頓自傳錄影帶:柯林頓來自阿肯色州一個
叫「希望」的小鎮的貧窮家庭,繼父酗酒,哥哥吸毒,他靠著獎學金讀
完大學。顯示柯林頓如同多數美國人一樣,心中抱持著希望,不斷力爭
上游,克服種種困難,終能卓然屹立。影片中完全不曾提及柯林頓任公
職的部分,例如他擔任阿肯色州州長的政績等。影片的最後是甘迺迪與
柯林頓握手的慢動作畫面,當畫面逐漸淡出後,則停格在阿肯色州希望
鎮火車站站牌。柯林頓在影片中以溫馨的語氣訴說:

> 有時深夜時分搭乘赴各地競選的班機,我凝視窗外並想像
> 我究竟距離阿肯色州那個小鎮有多遠。無論如何我確定知道我
> 來自那裡。一個曾經夜晚不必關閉門戶的地方與年代,所有的
> 居民在嘉年華的時候湧上大街遊行,而像我那樣身在其中的孩
> 子可以擁有不平凡的夢想……我希望我們每一個人都能確認我
> 們國家裡的每個孩子都與我們同等重要。我依舊篤信這個信仰
> 是可能的。我依舊相信美國的許諾。同時我也依舊相信那個叫
> 做「希望」的所在。

透過廣泛發送,這支影片成功地扭轉了柯林頓權貴子弟的形象,直接將
平民色彩展示給民眾。

　　以訴求恐懼爲政治對手塑造形象的最經典例子,就是 1964 年廣告
影片專家史華慈(Tony Schwartz)爲詹森總統企畫,打擊競選對手共和
黨籍高華德(Barry Goldwater)的《小雛菊》(*Daisy*)競選廣告。由於
高華德曾在競選時提及不排除對克里姆林宮投核子彈,於是就針對他可

能發動核子戰爭下手。這支廣告的畫面主要是拍攝一名小女孩沿著紐約亨利‧哈德森公園（Henry Hudson Park）的林蔭大道漫步採摘小雛菊花瓣的鏡頭，畫面中的女孩正在數她所採的花瓣「一、二、三……」，但背景音卻交錯著發射核子彈前的倒數聲，男人的聲音透過擴大機說出「十、九、八……」，畫面以小女孩眼睛裡驚恐的瞳仁特寫鏡頭停格，突然跳接核子彈大爆炸，火光爆裂，蕈狀雲迅速增長擴張的特寫畫面。背景則傳出詹森的聲音：「這是危急存亡的賭注關頭——是創造一個上帝兒女生命蓬勃的世界，或是進入萬劫不復的黑暗世界。除非人類彼此相愛，否則必定全部滅亡。」最後則是播音員的聲音：「11 月 3 日，請投票給總統候選人詹森，如果您在家而不去投票，那您所冒的風險太大。」這支影片也稱為「請將和平安祥帶給小女孩」（Peace, Little Girl）。

　　這支影片在播出後的反應非常大，不少觀眾看了影片後打電話至共和黨競選總部抗議，也被許多論者認為是高華德最後落選的主因。當時高華德其實只有在論述如何結束戰爭時討論核子武器的戰術用途，他從未主張將使用核子武器。但顯然這支廣告發揮了效果，高華德稱這支廣告為「超乎常理、不可思議的政治廣告」。他認為選民已被教育到對他當選總統存著恐懼感。在幾年後所出版的自傳中，他提到這支影片時曾寫道：「每次，當我看到這支讓小女孩恐怖懼怕的詹森競選總統廣告，就讓我感到悲傷；它讓我認清了所有人，包括記者、廣告公司以及現任的美國總統，他們重視政治的勝利遠遠超過誠實的人格。」

5 政治修辭與論證的操縱

不論是政治辯論或是修辭攻防，都經常會濫用若干修辭技巧與邏輯謬誤（logical fallacys）來塑造出某種語言現象，對政治人物而言，濫用邏輯學家所揭示的若干邏輯謬誤來進行政治攻擊似乎是理所當然，很多時候若干邏輯謬誤的成功濫用不僅既能捕捉到公眾的共鳴與認可，也能符合濫用者本身的利益。這種濫用主要在刻意阻斷若干訊息與觀點，讓公眾無法接收，同時將注意力轉移。換言之，政治人物濫用邏輯謬誤，當然不是在追求真理，而是在贏得勝利。

5.1 人身攻擊

人身攻擊（argumentum ad hominem）的修辭策略是躲開對方的論點，直接指向對方的人格、操守、能力、態度、立場等加以醜化。人身攻擊的修辭策略大約可以分為三種：第一種是攻擊對方的技能、才智、品性或人格，這是最直接的人身攻擊形式，可以稱之為「污名化形式」（ad hominem abusive）。第二種是質疑對方提出某種論點的動機，認為其牽涉某種特殊的利益或權力考量，這種人身攻擊形式可以稱之為「訴諸情境的機會形式」（ad hominem circumstantial）。第三種則是突出對方的言行矛盾，以摧毀其可信度，可稱為「彼此彼此論證」（tu quoque），它的形式通常是「你也是……」，即指對手質疑的論點正是他以前所遵循的觀點，或是對手現時主張的論點正是他以前所反對的論點，它的重點不在強調其論點不正確，而是泛指言行不一、雙重標準、不斷食言，進而前後矛盾。

　　以人身攻擊來摧毀對手的修辭操作可以追溯到相當久遠，1864 年 9 月號的《哈潑週刊》（*Harper's Weekly*）曾列出林肯競選時遭到對手所加諸的一些封號，包括「齷齪的饒舌之徒，暴君，騙子，小偷，吹牛大王，小丑，篡位者，妖怪，老滑頭，土匪，江湖郎中，獨裁者，惡魔，屠夫，陸地上的海盜，以及一頭細長扁平、下巴如罩、顴骨高聳、疾手殘足的公馬」等（Jamieson 1992：43）。而除林肯外，許多名列教科書美國史偉人者，如華盛頓、傑佛遜等，都曾遭受過類似的攻擊。

5.2 族群或愛國主義的操作

　　族群或愛國主義的操作（distraction by patriotism）指的是，將傳統上的人身攻擊與花車謬誤（bandwagon fallacy）放大到整個國家，一方面訴求族群或民族的榮耀與記憶，另一方面強化對愛國情緒的渲染，特別是透過忠貞與背叛的對立所產生的恐懼或嫌惡來加以明示或暗示。

　　例如在美國競選中，最常被拿來進行愛國主義操作的，就是服役問題。例如在 1984 年何姆斯（Jesse Helms）與杭特（James Hunt）競選北卡參議員的政見辯論中，杭特指責何姆斯在法案投票紀錄上有損退伍軍人的權益，何姆斯即巧妙運用了此策略：

　　杭特：參議員先生，現在我把您每一項投票紀錄都攤在眼前
　　　　　了，您是騙不了我的，而且您也騙不了北卡老百姓……
　　何姆斯：請問您參加過哪一場戰役？
　　杭特：我沒有打過仗。
　　何姆斯：好的。
　　杭特：等等，何姆斯參議員，您既然問了這個問題……

何姆斯：沒有，我只是……

杭特：主持人，韓戰發生時我正在大學念書，等到越戰爆發時我年紀大了，也有了兩個小孩。參議員先生，我對您以這種方式質疑我的愛國心深感不以為然。

何姆斯：我並沒有質疑您的愛國心。

杭特：有的，剛才這個問題有何算計，您自己心知肚明。

何姆斯：我只是剛好想到……

5.3 稻草人修辭技法

稻草人修辭技法（straw-man rhetorical technique）刻意塑造對手薄弱且破綻百出的論證，並予以強勢批駁，它在運用上並非證明對手的論證有邏輯上的謬誤，而是先替對手設定一個論證，再宣稱這個論證是錯的，宛如先紮一個根本不堪一擊的稻草人，再集中火力打擊這個稻草人。稻草人修辭技法有幾種運用方式：（1）刻意突出對手論證最薄弱的部分，反駁它，並佯裝已反駁了其整個論證。（2）刻意將對手的論證塑造成較弱的形式，反駁它，並佯裝所反駁的就是對手的主要論證。（3）刻意歪曲對手的立場，反駁它，並佯裝所反駁的就是對手實際的論證。（4）刻意突出對手未以充足論證捍衛的立場，反駁它，並佯裝已經反駁關乎那個立場的所有論證。（5）虛構一個行動與信仰都有爭議的人，並以其作為批判的代表。

第四章曾提及的荷頓，便是老布希在 1988 年用來猛烈攻擊民主黨對手杜凱吉斯的稻草人。杜凱吉斯在麻州州長任內所推動的「週末離監准假外出」政策，使得一萬一千多個人犯獲得七千三百多次的休假機會，其中逾假未歸者只有兩百六十多人，當中有四人是以一級謀殺定罪

且不得假釋者，而這四人中只有荷頓在外犯下綁票與強暴的罪行。如果純從統計數據論，杜凱吉斯這項政策應算是成功的，但荷頓的個案剛好是加害者為黑人、受害者為白人夫婦，這給了老布希一個機會，藉由「以偏概全」的效果來打擊杜凱吉斯。老布希接受廣播訪問時說：「據我所知，杜凱吉斯州長至今仍不肯承認他的人犯休假制度是一項悲劇性的錯誤……當麻州這位民主黨籍州長允許一級殺人犯可以在週末外出休假時，他知不知道自己在做什麼？在其它州裡，沒有人會讓荷頓這樣的冷血凶犯逍遙法外，而傷害到無辜的民眾。」（Jamieson 1992：26）

5.4　替罪羊的操作

所謂替罪羊的操作（distraction by scapegoat），即是將稻草人修辭與人身攻擊的謬誤加以結合，將鎖定的對象視為本質上的「邪惡」，並將政治、社會一切病徵亂源都歸咎其上。替罪羊的說法主要來自猶太教。根據摩西制定的法律規定，在贖罪日那天，在古代的宗教儀式中，原來有兩隻山羊，一隻是「獻給上帝的山羊」（Lord's goat），在儀式中要充當祭品，另一隻羊將承擔所有人所犯下的罪惡，被逐之荒野，它象徵著所有罪惡都被牠帶走，每個人都可以重新開始，思考悔過。後者這隻幸運的羊免於充當祭品，就被叫做 escape goat 或 scapegoat，而這個詞在英文中首見於 1530 年代丁道爾（William Tyndale）的《聖經》譯本。十九世紀早期，scapegoat 才發展出非宗教方面的用法，指替別人承擔罪惡和過錯的意思。諷刺的是，scapegoat 在原來的宗教儀式中本來被放生，可以免於懲罰；而在現代英語中，scapegoat 卻是意指承擔所有別人犯下的過錯。

例如在小布希發動攻伊之際，有許多國家表示反對，但法國表現得

最明顯，且利益取向最重，於是小布希就將批判焦點鎖定於法國。又例如美國許多城市都會將治安敗壞與經濟衰退歸咎於外來移民，特別是來自拉丁美洲的移民。在討論九一一事件發生的原因時，美國不少的保守派政客除了歸咎於伊斯蘭原教旨主義派之外，也將責任歸咎於美國的「自由派」，最顯著的例子就是在美國保守智庫胡佛中心（Hoover Institution）任職的學者迪蘇薩（Dinesh D'Souza），他在著作《內部的敵人：文化左派與他們在九一一事件上的責任》（*The Enemy at Home: The Cultural Left and its Responsibility for 9/11*）中直指：「激怒伊斯蘭世界的火山口對著美國爆發的因素，主要即是那些文化左派以及他們在國會、媒體、好萊塢、非營利組織與大學的盟友。」他的論證在於：激進伊斯蘭原教旨主義派之所以會崛起，可以追溯到卡特總統時代撤回對伊朗國王巴勒維（Mohammad Reza Pahlavi）的支持，間接幫助了伊朗什葉派的興起，柯林頓總統也從不對伊斯蘭的激進勢力採取行動。而自由派支持墮胎、同志人權以及避孕等，也讓伊斯蘭激進派的攻擊有了合乎他們教義的正當性。換言之，自由派在部分美國保守派眼中，成了九一一事件的替罪羊。

1991 年的路易斯安那州州長選舉中，共和黨提名的杜克（David Duke）即巧妙地將黑人當成濫用社會福利、製造犯罪問題等的替罪羊，將白人所面臨的許多問題都歸給黑人，他因而斬獲大多數白人選票，進而當選。他在獲勝的演講中說：

> 你們不知道我有多愛你們大家，這次的勝利不是我個人的勝利，而是那些相信真平等、而非以保障制度遂行種族歧視之假平等者的勝利；這次勝利是苦幹實幹、而非濫用福利政策者

的勝利；是那些希望將毒販和吸毒者逐出廉價住宅並遠離自己
孩子的窮人的勝利；是那些飽受生活壓力的納稅者和擁有房子
者的勝利……這是一次受害者、而非罪犯的勝利；這是一次路
易斯安那州年輕人的勝利，他們有要求就讀社區學校的權利，
有獲得安全與照顧的權利，有接受教育發揮所長的權利。

演講中完全沒有明說，但聽者很容易識別，飽受生活壓力的納稅者所指
的就是白人，而濫用社會福利者與罪犯則是黑人（Jamieson 1992：86）。

　　面對政治對手的攻擊，該不該反駁呢？有許多謀士與專家都認為不
必理會，認為若輕易加以回應等於替對手造勢，形同讓對手主宰形勢，
承認「自己被對手玩弄於股掌之間」，但也有論者認為必須反駁，柯林
頓的策士莫理斯在他的著作《新君王論》中提醒遭受攻擊的政治人物，
面對負面廣告或攻擊如果置之不理，很可能會付出很高的代價。相對
地，適當的反駁可以突出對手說謊或做不實陳述。莫理斯在書中曾提及
柯林頓在 1990 年競選阿肯色州州長連任時，即靠著一則反駁廣告挽救
了他的政治生命。當時柯林頓的共和黨對手尼爾遜（Sheffield Nelson）
推出一則廣告，剪輯了一段柯林頓的聲音「加稅與加錢」，將之編入畫
面中，強調柯林頓在州長任內加稅。廣告中以詢問的口氣說：「他在
1979 年為我們做了什麼？」柯林頓的聲音回答：「加稅與加錢。」廣
告又問：「他在 1983 年為我們做了什麼？」柯林頓的聲音回答：「加
稅與加錢。」廣告最後問：「如果我們再選他，明年他將為我們做什
麼？」同樣是柯林頓的聲音：「加稅與加錢。」（Morris 2000a：187）
　　這則廣告在投票日三天前推出，對柯林頓的選情影響可想而知，他

的民調立即下跌了百分之九,於是他趕在投票日前一天推出他的反駁廣告,焦點集中在對手說謊,他的廣告詞是:「各位可能聽到尼爾遜的負面廣告,用我的聲音說我將要加稅。這是我兩年前在州議會裡的演說,我說:『我們不是華府,戶頭裡已經沒有存款,還可以開支票,我們不能這樣做。在阿肯色州,我們必須加稅才能花錢,否則我們沒有錢可以花。』我是在推動平衡預算,不是要加稅。但是尼爾遜斷章取義,說我要加稅,給各位錯誤的印象。像尼爾遜這種人實在不能相信。」這個反駁廣告推出後立即發揮效果,柯林頓恢復領先,最後贏了八個百分點(Morris 2000a:187-188)。

有不少政治人物採取幽默的方式回應攻擊,有時反而收效很大。譬如雷根一向予人一種不是智慧型政客的印象,但經常在大選辯論過後,選民卻一面倒地支持雷根,主因在於雷根面對攻擊時所展現的雍容、坦蕩及沉穩,被認為足以將治國重任託付於他。例如他被問到年紀太大的問題時,他回答說年紀大不是問題,總比「少不更事」要好得多。在面對卡特一會兒攻擊他是「種族主義者」,一會兒又指責他「好扣扳機」(指喜好發動戰爭)時,雷根以不慍不火的語氣回答:「您又來了!」

或許是這句話影響太大,到了 1984 年的總統候選人辯論,民主黨的孟岱爾甚至用這句話來攻擊雷根:

孟岱爾:總統先生,您曾說「您又來了」,對嗎?還記得您上
　　　　次說過的這句話嗎?

雷根:嗯……

孟岱爾:您在卡特總統說您要削減醫療預算時,您說:「喔
　　　　不,您又來了,總統先生。」那次選後您做了什麼?您企

圖削減兩百億的醫療預算，所以，當您說「您又來了」，
人們會記得的，您知道嗎？

　　儘管如此，在這場辯論中，孟岱爾還是不經意地露出大破綻給雷根；孟
岱爾提問道：「是誰在主控，誰在料理事情？」結果雷根回答說：「孟
岱爾先生可能想不到，但主控的人是我。」針對對手批評他年齡過大，
雷根更妙言：「我不會拿年齡問題來打選戰，我不想利用我對手的年輕
識淺，來達到政治目的。」孟岱爾後來承認，當時他就曉得輸了。

　　1986 年的菲律賓總統大選，執政黨的總統候選人馬可仕批評在野
黨候選人柯拉蓉是「沒有經驗、不懂政治的家庭主婦……」，柯拉蓉隨
即做了巧妙的反擊：「是的，對於政治，我是外行，但作為圍著鍋台轉
的家庭主婦，我精通日常經濟。您對政治內行，然而菲律賓工廠的開工
率只有百分之四十，全國有百分之六十的人口失業或半失業，外債驚
人，物價飛漲，民怨鼎沸，經濟衰敗導致政治惡化，而政治的動盪，又
進一步加劇了經濟的惡化，你的『政治』高明得糟糕透頂！」

　　1988 年民主黨的候選人杜凱吉斯與共和黨的候選人老布希舉行最
後一次辯論時，杜凱吉斯抨擊老布希不過是雷根的影子，根本沒有自己
的政治主見。理由是 1960 年代初老布希追隨過保守的高華德，1980 年
代初又追隨過溫和的洛克菲勒（Nelson Rockefeller），後來再依附雷
根。作為一個政治家，其自身的標記不明顯，杜凱吉斯用嘲弄式的口氣
發問：「布希在哪裡？」老布希輕鬆反駁：「噢，布希在家裡，同夫人
芭芭拉（Barbara Bush）在一起，這有什麼錯嗎？」

　　可以說，從古至今，善於操作修辭的政治人物不一定受到歡迎，也
不一定能因此掌握權力，但不善於操作修辭的，非常容易變成輸家。

第十章
危機公關與政治

　　處理「危機」一直是公關與管理領域的核心顯學之一，如今它也是政治領域不可或缺的範疇。當代絕大多數的企業主管或政治菁英，不論是否曾經面對過危機，都不敢低估危機發生的機率，因而他們幾乎也都備有一套危機處理的標準作業程序，一旦面臨突發性的危機，不僅立即啓動處理機制，也願意借助專家進行「損害控制」。或許也就是這種實用價值，使得圍繞「危機」的研究非常多。

　　五百多年以前的政治思想家馬基維里，曾對君王提出這樣的忠告：「醞釀中的邪惡若能盡早察覺，反而能輕易解決，可是，因爲缺乏這個觀念，等到所有人都察覺時，恐怕已無藥可救。」以當代的美國總統爲例，任內幾乎都曾面臨過性質不同的危機，例如甘迺迪的古巴飛彈危機、尼克森的水門事件危機、卡特的伊朗人質危機、雷根的伊朗門危機、柯林頓的白水案與白宮實習祕書緋聞案危機等，有些危機會讓總統的聲望更加提高（如甘迺迪），有些則讓總統狼狽下台（如尼克森），也有些讓總統在任滿前一直處於困窘的境地（如卡特與柯林頓等），而檢視這些危機的性質，並探究他們處理這些危機的策略，在理解公關政治危機上是有相當助益的。

1 危機與公關政治危機

　　公關政治危機與大部分企業組織面臨突如其來的危機一樣，包括「危機」的爆發總是突如其來，開始都面臨資訊不足，許多意外頃刻發生在眼前，謠言漫天飛舞，觀察家紛紛展開評論，不明眞相的公眾開始猜測，官方的說法不斷被質疑，形勢越來越難以駕馭和控制，媒體要求立即公佈眞相。主事者感覺陷入包圍之中，各部門人員恐慌的情緒在蔓

延，多半都很難確定該立刻採取什麼行動，也很難清楚地向外界傳達正在發生的一切。更麻煩的是它與一般企業公關不同，它的解決還面臨輿論壓力，它的處理還觸及了既有權力與資源分配的改變，因而一旦危機發生，各黨派政客一定趁機介入擴大事端，包括來自敵對政黨的攻擊，甚至是同黨陣營的扯後腿，不論來自哪一方，都是在企圖擴大危機效果以獲取最大利益，因而他們可能透過任何有效的手段，如國會的質詢權、調查權等機制加以介入；同樣地，媒體在處理政治危機時，在態度上也遠比一般危機更積極，畢竟對媒體而言，任何的「危機」都意味著「新聞性」，任何政治內幕、弊案、醜聞、政策失當甚至災難等對媒體而言都是絕佳的新聞題材。他們可能競相尋找各種洩密管道，公佈任何他們認為有價值的「事件真相」，只要危機一天不落幕，他們就會一直努力維持「危機」渲染的熱度。這使得許多在位的政治人物幾乎時時刻刻都面臨大小危機，而任何稍一處理不慎，很可能就陷入全盤皆輸的結局。

　　理論上，公關危機屬於政治危機的一種，但並非所有政治危機都與公關有關。由於政治涉及集團間政治權力與資源的分配，運作上本來就處於競爭與衝突的狀態中，這種衝突有時循體制內的機制在操作，如議場的法案攻防、議案的表決、競選的競爭等都會引發某種危機；體制外的衝突如罷工、示威遊行、政變、革命等群眾集體式的動員也會引發危機，而對於面臨這些「危機」的當事人，公關操作可能只是諸多危機處理機制的一環而已。

　　某種程度說，政治危機與公關危機間的差異，很微妙地與社會集團參與及動員的幅度有關。假如一場政治危機激起一定數量的政黨、利益團體及民間部門的參與，就已經不是「危機公關」能獨立處理的範疇

了，例如執政聯盟面臨在野黨發動不信任案倒閣的挑戰，它的危機處理焦點在於議會席次的掌握，而非形象公關的修補，「公關」則是爭取公眾輿論支持的工作，僅是整個危機處理中的一環而已。相對地，如果危機所牽動的幅度僅限於一小部分領導菁英，危機公關所能介入的空間反而很大，例如領導菁英突然爆發弊案、醜聞或重大決策失誤時，爭議與渲染多半是在媒體上進行，操作形式往往是循媒體揭露與政客爆料的形式進行，民眾則多半只作壁上觀，並不會直接參與，僅僅透過民調或網路表達看法，而危機公關即在這個階段扮演重要的角色。

公關政治危機的發生多半循一定的週期加以展開。開始多半都是肇因於一場突發性、不確定性而且出乎決策者意料之外的「事件」，這些事件的發生事前多半沒有徵兆，或是有徵兆但事前完全沒有察覺，例如水門事件發端於一樁普通的竊案，伊朗門事件在一架美軍軍機在尼加拉瓜上空被擊落後爆發，而白水案則是在白宮官員福斯特（Vince Foster）在公園自殺後曝光。而依事件發生的源頭，可以約略區分為來自外環境的事件與來自內部組織或個人的事件：外環境事件可能是以全球為範圍的，像是金融風暴，傳染性疾病蔓延，恐怖主義攻擊，國際外交衝突等；內部組織或個人事件則包括決策失誤（如伊朗人質危機、伊朗門危機、對美外交政策），人格操守瑕疵（白水案、緋聞案），組織管理問題（水門案、戴妃車禍案）等。這些突發事件之所以會醸成危機的共同因素，主要在於其受到媒體關注，亦即媒體掌握了事件構成危機的定義權（Clare 2005：200）。

無論哪一種危機事件發生，都可能給領導人或政府部門帶來嚴重的形象損害。由於事件多半是突如其來地爆發，如果既有危機處理機制來不及反應，或是反應不當，例如時機不恰當、資訊不準確，還是使用了

不適宜的語言等，都有可能引發更大的輿論危機，這時媒體多半扮演推波助瀾的角色，特別是在渲染危機上，還夾雜著大量的傳聞和虛假消息混淆視聽，造成人心恐慌和社會騷亂，相關部門因應的方式又是荒腔走板，結果就是政府威信的下降和形象的損傷。一旦形象危機擴大，很可能就是走向政權本身的正當性危機，包括在野黨啓動制衡機制、司法介入調查、相關官員下台或是遭逮捕、民間群起動員抗爭等，形勢一旦發展到這個階段，就邁向政治危機了。

2　危機公關的第一課：危機識別

　　對所有研究「危機」的專家而言，當代史上最大的危機，莫過於發生在 2001 年的九一一恐怖攻擊，面對紐約雙子星大廈傾倒的那一刻，許多人不禁會問：「這一切究竟是怎麼發生的？」但更令人震撼的還是在於，根據事後的調查，參與攻擊的十九名恐怖份子，其實情治單位事前早有掌握，從他們入境美國、學習飛行課程到策畫恐怖攻擊，不僅美國盟國的情治單位早有提醒，聯邦調查局也早有預警報告，但顯然美國國安單位全然忽略，爲什麼有了徵候還會被忽略？荷蘭萊頓大學教授波因（Arjen Boin）與其它三位學者從 1993 年起即從事危機處理的跨國研究，在 2005 年出版了《危機管理的政治：壓力下的公共領導》（*The Politics of Crisis Management: Public Leadership Under Pressure*）一書，討論在危機管理中領導者所擔負的任務，他們認爲領導人面對危機的首要任務，即是能夠在第一時間對「危機」的徵候予以「意識掌握」（sense making）（Boin et al. 2005：10）。在波因等人看來，危機的初始並不一定都能清楚被辨識，換言之，危機通常並不會自鳴警笛，然而究

竟是哪些徵候預示了危機的發生，卻又是一個判斷與估計的問題。然而多數時候既有組織的運作機制並不具備辨識這些危機的能力，甚至還可能在識別上設下障礙，這些障礙有些來自於組織本身過濾訊息上的漏洞，有些則是來自觀念上的盲點，特別是過度低估許多徵候所預示的風險（Boin et al. 2005：18-28）。

　　而包括政治菁英在內的許多人之所以無從識別危機，在於執著一種信仰，總是認為「危機是別人的事，不會落到自己的頭上」，記者出身的危機顧問克萊爾（John Clare）在其所著的《媒體操縱：媒體宣傳操作指南》（*John Clare's Guide to Media Handling*）中提示了兩種「危機」的建議，一個是彩券商經常用的口號「可能就是你！」，其次則是馬丁尼酒沿用數十年的廣告用語「無論何時、無論何處、無論何地」，這兩句口號意味任何人在任何時空都可能會發生媒體記者蜂擁而至的事件（Clare 2005：201）。這種對「危機識別」的忽略，使得研究危機傳播的學者庫姆斯（W. Timothy Coombs）在其所著《危機傳播與溝通：計畫、管理與回應》（*Ongoing Crisis Communication: Planning, Managing, and Responding*）一書中，特別開闢專章討論「承認危機存在」，他認為「我們通常一廂情願地相信可以輕易發現危機，所有危機就如同北大西洋巨大冰山，在晴朗無雲的夏日裡，可讓人一覽無遺地輕易閃避」，事實上，多數時候「危機表現得既抽象又具體，所以人們可以主觀地否定危機存在，尤其當牽扯到外界的矛盾與衝突時，會更難認定它是危機與否」，也許「說來不可思議，許多公司往往已身處危機而不自知」（Coombs 2001：129），因而庫姆斯認為「一個問題是否被確認是一項危機，所代表的意義十分重大，如果一個問題被認定屬於危機的範疇，則處理問題的方法會大不相同」（Coombs 2001：131）。

　　問題是辨識危機並不容易，許多研究顯示，處在強大壓力下，許多決策者對危機的「意識掌握」多半不足，他們判斷上的盲點包括：首先，只願短線因應而不顧長程思考；其次，往往倒退到以往的成見與固定的行為模式中；第三，只關注鎖定核心問題，周邊問題則完全擱置；第四，越來越依賴刻板印象與想像，甚至受情緒影響（Boin et al. 2005：30）。這些盲點都可能阻礙決策者辨識危機，因而庫姆斯認為更關鍵之處不在辨識危機，而是在於怎麼將所識別出的危機「徵候」，有效說服組織內的其它成員接受，特別是懷有盲點的領導階層（Coombs 2001：144）。例如尼克森初期就一直低估水門案的嚴重性，根據其回憶錄中自己的說法：「如果說我對竊聽這事抱著玩世不恭的態度，那是我閱歷過多所致，我從事政治事務多年，從骯髒詭計到選舉舞弊，不一而足，對一切竊聽案，我都不會感到氣憤填膺。」同樣地，白水案爆發初期，柯林頓顯然是低估了這個危機，在他自己的回憶錄《我的人生》（*My Life*）中，他把自己這段經歷形容為「民眾怒氣衝天，說穿了，不過就為了一筆失敗的投資、沒入袋的貸款以及沒申報的財產損失……」（Clinton 2004：595）。這些輕忽，事後都證明情況顯然沒有那麼簡單，諸多疑團在輿論不斷聲討下，加上國會在野黨議員的乘機發難，都使得事件不斷擴大形成危機。

　　當然，對危機識別的敏感度，並不意味必須對所有的徵候都做過度反應，造成時時刻刻身處「草木皆兵」的狀態。美國資深公關顧問萊斯禮（Philip Lesly）在他所編的《萊斯禮公關與溝通手冊》（*Lesly's Handbook of Public Relations and Communications*）一書中，就特別提示領導人，要清楚識別所碰到的情況，究竟是「議題」、「危機」，還是「突發狀況」：如果是敵對團體間出現歧見，或是對解決方式的看法不

同，那麼它只是一個有爭議的議題；如果是出乎預期的突發事件，而且必須立即處理，則屬於突發狀況；如果所發生的事件足以造成個人或組織出現戲劇性的改變，萊斯禮認爲這就是危機了。相較於議題與突發狀況，萊斯禮認爲危機的重要性大多了，他認爲若不能識別出這三種狀況，很可能會引發更多後果，甚至導致危機處理不但沒有有效解決危機，反而讓危機進一步加深（Lesly 1991：23）。在萊斯禮看來，議題需要觀察，突發狀況需要立即處理，危機更要解決，這其間潛在的議題可能會引發突發狀況，突發狀況也可能會引發危機，但這並不意味處理上需要一體對待，如果未能辨識其間的差別，例如把突發狀況當成危機處理，反而會引發更糟的後果（Lesly 1991：23-24）。

　　戴安娜王妃在 1997 年車禍逝世後對英國王室的衝擊，即清楚呈現低估危機識別的後果。當時首相布萊爾很快即識別出其對英國社會與王室的衝擊，但王室卻礙於諸多盲點，明顯低估此一衝擊，造成王室一度陷入正當性危機。1997 年 8 月 31 日戴安娜在巴黎遭車禍遇難，英國的民眾都非常哀痛，紛紛主動赴白金漢宮獻花哀悼，才短短幾天鮮花就堆滿白金漢宮四周，當時布萊爾立即識別出人民非常在乎他對戴安娜的評價，於是利用被媒體採訪的機會，公開稱許戴安娜是「人民的王妃，她在我們的心中和記憶中將永遠是人民的王妃」，這一評價立即讓布萊爾的聲望快速提升。但英國王室的態度顯然有別於布萊爾，畢竟對英國王室來說，戴妃之死並不是什麼光彩的事情──她是在和查爾斯王子分手之後與情人一起死在座車上。但這種冷漠卻與公眾的悲傷情緒落差太大，進而導致英國人民悲慟的心情轉而變成對王室的不滿。

　　當時英國公眾的批評，主要集中在皇室對戴妃死亡的冷漠：戴安娜的遺體被擱置在倫敦，而王室成員，包括查爾斯王子及其兩個兒子威廉

（William）和哈瑞，卻都一直待在蘇格蘭的渡假莊園。同樣引起公眾不滿的是，自戴安娜在車禍中喪生以來，王室只發表了兩份簡短的聲明，但沒有一份聲明是以查爾斯或女王個人名義發佈，也沒有一份聲明向戴安娜致以個人哀悼。公眾不能理解的是：英國大部分公共建築所懸掛的國旗都降半旗致哀，惟獨白金漢宮拒絕這麼做。

在當時英國所有報紙幾乎以前所未有的一致立場，批評女王不願用富有人情味的方式哀悼戴安娜。例如《每日鏡報》（*The Daily Mirror*）即在頭版刊登了哭泣的婦女和兒童的照片，並把女王的一幅小畫像夾在中間，標題說：「您的人民沉浸在悲痛之中，您也說句話吧，夫人。」發行量很大的《太陽報》（*The Sun*）在頭版以這樣的標題質問：「女王何在？國旗安在？」甚至連平常忠誠於君主地位的《泰晤士報》（*The Times*）也警告說：「任何制度的歷史都有這樣的時候：它的規則不比其本身存在的理由更重要。英國君主制度現在就處於這樣的時候。」《獨立報》（*The Independent*）上的專欄更呼籲查爾斯王子放棄王位繼承權，並建議英國在女王逝世之後結束君主制度。為了平息逐漸高漲的議論，查爾斯的高級新聞官破例上電視，向公眾解釋王室成員為什麼逗留在蘇格蘭的巴爾莫勒爾莊園（Balmoral Castle），但英國王室的說法，顯然不能說服民眾，結果對王室的不滿聲浪越來越高，民調已顯示每四位民眾中有一位贊成廢除王室。

首相布萊爾當然識別出這項「危機」，據英國媒體報導，布萊爾先後三次給女王打電話，提醒她重視戴妃喪葬的處理，要求女王為戴妃主持一場公共葬禮，以挽救王室在公眾心目中的形象，但女王都回應「這是一場家庭葬禮，不是吸引人的展覽會」。最後布萊爾親自趕到王室的渡假莊園，和王室成員共同商議謀求對策。最後女王終於讓步，除了親

自赴白金漢宮廣場瀏覽鮮花慰問廣場民眾外，也在 9 月 5 日向全世界發表講話，表達對戴妃的敬意和哀悼。在這篇重要的談話中，女王不僅表達她「痛失至親的哀痛」，也表達她與全國民眾一樣都是從「起初感到驚愕，繼而百感交集、難以置信、無法理解、悲憤到擔心活著的人該怎麼過」，她也特別「表彰戴妃」，讚揚她「是一位卓越出眾的英才，不論是處於順境或逆境，她永遠帶給人歡笑，並以她那顆溫暖的愛心啓發他人，我欣賞並敬重她的能力」。在發表完這篇講稿後，不僅王室的危機立即解除，女王的聲望也立即提升。

戴安娜是在 8 月 31 日在巴黎遭車禍遇難，女王則是一直到 9 月 5 日才發表哀悼談話，儘管時間上只差距五天，但這短短的五天卻差一點讓王室陷入前所未有的正當性危機，這中間的關鍵即在於王室對危機識別的錯估，特別是若干盲點讓王室不願承認危機的存在，結果原本只是一篇聲明即可化解的危機，竟是遲到讓情況差一點失控才處理。

3 遭遇伏擊與主動出擊

當代的公關政治危機，有很大一部分其實是遭到媒體或政敵「伏擊」的結果。受到這種伏擊的當事人或組織，很可能是眞的犯了自己也未清楚察覺的錯誤，或是內部確實存有被刻意掩飾的若干弊端，它們往往藉由媒體記者透過調查採訪被挖掘出來，或是內部人士對外爆料，或是相關事證爲政敵掌握。通常事情的爆發往往都是突如其來，可能是一份早報的醒目頭條，或是一場未曾事先告知內容的記者會，造成當事人往往在毫無準備的情況下，立即面對蜂擁而至的記者詢問，甚至是鋪天蓋地的媒體報導。這種伏擊往往可以在很短的時間內，在商界直接擊垮一間

公司，在政治上則可能擊潰一個政治人物的形象與政治生命。

　　受到伏擊的政治人物或組織，最直接的反應除了驚惶失措外，就是不打算採取任何積極的行動，期盼問題會自己消失，採取這種「駝鳥政策」最常見的邏輯就是：「假如我不理會這個問題，它大概會自己消失吧。」問題是，所有媒體或政敵所發動的伏擊，都是媒體眼中的「好新聞」，逃避並不會讓媒體降低興趣，就如同媒體顧問麥希斯所說：「當記者禮貌地只想占用你一點時間，因為傲慢而忽略他們就是很愚蠢的錯誤。不幸的是，犯這種錯誤的人遠比處理妥當的人要多。」（Mathis 2004：251）事實上多數記者吃了閉門羹後，多半會採訪局外人的意見，並藉由這些人的意見來拼湊故事，換言之，逃避或是拒絕與記者溝通，危機絕不會自動消失，它的代價通常反而是危機持續擴大。

　　媒體顧問麥希斯在評論這種後果時，點出了其中關鍵：「每天都有很多聲譽被媒體摧毀，就是因為總有些自以為是的人不願抽出幾分鐘，與記者談一談。從最低限度來講，這些人自己放棄從他們角度陳述事實的機會。他們甚至愚蠢到去激怒記者。有時出現更壞的狀況是，這些大忙人迫使記者公開責難他們，原本這都是可以避免的。而官員是最容易犯這類錯誤的。」也可以說，面對遭逢危機的當事人，媒體攻擊是不會留情的，麥希斯說：「只要你因為稍有過錯並造成遲延，媒體巨獸就會找到機會對準你的臉部反覆重擊，直到你認錯為止。在每篇報導中，你的名譽和組織的形象都會被侵蝕。倘若你撒了謊或是隱瞞了重要的信息，媒體報導會自己長出腳來，因為真相遲早會浮出水面。這又激起了媒體巨獸的嗜血欲望，現在你真的有麻煩了。相關報導會出現在各種媒體上，報導的頻率也會增加，你將淪為一只被人反覆擊打的沙袋，這恐怕很不妙。」（Mathis 2004：251-253）

美國歷史上兩位曾面臨國會彈劾的總統尼克森與柯林頓，在他們遭逢媒體伏擊時都採取相應不理的態度。面對媒體的指控，他們都嚴詞否認，也都堅決聲稱自己無辜，甚至不斷抨擊媒體。結果他們都在媒體持續揭發新的事證下，陷入焦頭爛額的境地，尼克森的第二任期有近一年的歲月陷在水門事件的風暴中不能脫身，最終還是不能免於下台的命運。而柯林頓的第一個任期一直擺脫不了白水案的糾纏，第二任期更是被魯文斯基的緋聞案纏繞了 1998 年裡的大半年，最終還是得公開認錯並道歉了事。

面對這種狀況的對策，所有公關顧問的立場幾乎是一致的，那即是「主動出擊」，以積極的態度面對並主動及時溝通，該公佈的事實不要掩蓋，確實犯下的錯誤更要即時承擔。在美國政壇頗具影響力的偉達公關公司的危機公關主任克拉克（Paul Clark），在 2005 年美國南部遭受颶風襲擊釀成災害時對白宮提出的建議是：「最重要的是接受所有的批評，如果批評是對的話。人們會原諒失誤但不會原諒藉口。把事實充分地曝光，但不要推測你不知道的事實。」（沈國麟 2007：122）

2004 年 4 月間，美國哥倫比亞廣播公司取得了美軍虐待伊拉克戰俘的照片，美國軍方事前立即掌握訊息，並要求延遲公佈。在拖延兩週後，哥倫比亞廣播公司終究在 4 月 28 日於《週三六十分鐘》（*60 Minutes Wednesday*）中公佈了這些照片，隨後《紐約客》、《華盛頓郵報》、《紐約時報》及英國《每日鏡報》也都相繼公佈了美軍虐待戰俘的照片、文字和圖片。可想而知，這些照片公佈後立即引發全球媒體的跟進報導，當然也激起輿論一致的譴責，伊斯蘭世界各個國家的反應更是激烈。美國政府可以說面臨嚴重的國家形象危機。美國政府立即主動出擊，國防部下令所屬的陸軍與空軍新聞處（Army and Air Force

Hometown News Service）立即製作影片，分送給三十四家電視台。這部影片交代了軍方每年怎麼訓練五千個獄卒，要求他們如何以人道及公平的精神對待囚犯與俘虜。發送這部影片的主要目的，是為了要平衡對美軍一面倒不利的報導。總統小布希也在事發後在白宮接受兩家阿拉伯電視台的採訪，嚴詞譴責了美軍的虐囚行為，並認為「這樣的行為並不代表美國的價值觀，也不代表美軍的高尚行為，美國向來尊重所有人，對他們一視同仁」。除了總統親自溝通外，所有的高層官員，包括國務卿、國家安全事務助卿、國防部長等，也都選擇與較親近美國的媒體進行溝通，以保證訊息完整的傳遞（沈國麟 2007：120-121）。在這種主動出擊的操作下，一場本來可能引發莫大風暴的政治危機，終於獲得有效的控制。

4　封鎖消息抑或公佈真相的辯證

　　所有危機公關的教科書，都會交代處理上的幾項標準作業程序：包括立即成立危機處理小組、盡快掌握並公佈事實真相、慎重選擇新聞發言人、及時澄清流言蜚語、掌握議題主動權等。這中間最難做到的或許就是即時公佈真相的部分，換言之，儘管在危機處理上，所有公關專家都建議正陷入「危機」的當事人，應「掌握資料並盡快公佈事實真相」，甚至認為危機資訊的公開，是整個危機管理的核心，特別是危機爆發的初期，若不能向公眾公開真相，各種流言甚至謠言就會透過各種非正式的管道乘虛而入，引發媒體的關注，甚至是公眾憤怒與恐慌的情緒。問題是在實際政治的領域裡，政治人物或組織選擇封鎖消息甚至否認到底，是遠遠超過選擇公佈真相的。換言之，幾乎所有政治人物在面

對質疑或指控時，第一時間的制式反應都是「否認」，包括否認指控者所宣稱的事實，或是強調沒有做過這件事。如果這些質疑或指控確實是子虛烏有，那麼當然應該立即澄清；但假如這種「否認」是在掩飾某些內幕、瑕疵或惡行，而質疑或指控的出現就意味若干「冰山的一角」已經顯露，那麼這種「否認」還很有可能會誘發出另一場危機，甚至「否認」的本身都可能會帶來「誠信的危機」。

反對即時公佈事實真相的論述在於：首先，當事人所掌握的「真相」，與媒體或政敵所取得的所謂「內幕」，可能是完全不同的版本，公佈事實真相並不一定會達到澄清的效果；其次，即時公佈真相有時並不一定能促使危機迅速落幕，反而可能淪為媒體與政治對手藉以擴大事端的「燃料」；第三，即便公佈所有真相，媒體與政治對手也會認定這只是「選擇性的揭露」，一定還有更爆炸性的內幕被掩蓋，因而要求更多的「公佈」。基於上述的種種理由，讓許多陷入危機的政治人物儘管會收到幕僚「公佈真相」的建議，依舊還是會選擇「封鎖消息」。但選擇這種策略的最大風險在於：他必須保證自己團隊對訊息的封鎖，猶如鐵板一塊，完全密不透風，一旦訊息的洩露出現缺口，「危機」的程度將不減反升。

記者出身的作家哈伯斯坦，曾在他所著的《媒介與權勢》一書中這樣形容尼克森政府不斷否認水門事件報導的窘境：「一開始的時候，官方可以輕而易舉地否認新聞媒體的指責，現存機制照常運轉，占據強勢位置的領導人可以使自己的部隊步調一致，所有的優勢都被一方占盡；像伍華德與伯恩斯坦這樣的記者只是極少數，相形之下顯得弱小可憐。但是趨勢正在變，政府的否認慢慢變弱，新的事件否認政府的否認，所以政府又不得不做出更多的否認，每一個新的否認又比前一個否認更軟

弱。人們發現當權的機制原來並不是那麼可畏，它被鑿下幾小片，而每一片的下落又使下一片更爲容易。不斷否認事情的人逐漸失去別人的信任，而記者則開始贏得信任。一開始他們受到官方以及自己同事的嘲笑、奚落，但事實卻證明他們是對的。他們開始建立自己的聲譽，他們獲得自信，他們獲得社會的承認，越來越多的知情者膽敢向他們提供消息，他們這時好像擁有有關報導的版權。力量的平衡已經轉換，現在體制變得越來越不受尊敬，越來越搖搖晃晃……」（Halberstam 1994：803）

　　美國柯林頓總統任內處理白水案的危機時，所面臨的選擇是：到底是該將眞相和盤托出，還是聽任體制內的調查機制來處理，結果他選擇了後者，從而也決定了白水案的後續發展。1978 年初，柯林頓擔任阿肯色州司法部長，爲了籌集競選資金與朋友麥克道格（Jim McDougal）合作，在阿肯色州白水河畔購買了兩百多英畝的土地。1978 年秋，柯林頓當選州長，隨即任命麥克道格出任州商務部和公路處高級官員，並成立白水房地產開發公司（Whitewater Development Corporation），專營房地產，在整個開發過程中，柯林頓夫婦並未出資，全部資金皆是從麥克道格所經營的銀行借得，而柯氏夫婦也沒將這筆收入申報所得稅。1989 年，麥克道格因金融詐騙入獄，他的公司隨之倒閉。1991 年，在律師事務所的協助下，白水房地產開發公司宣告破產，最後徹底倒閉，合法地逃脫了全部債務，此時正值柯林頓二度擔任阿肯色州州長任內。1992 年 3 月，柯林頓宣佈出馬競選總統後，《紐約時報》首次披露了白水案的種種內幕和疑點。但此案當時並未引起人們注意。

　　白水案是在 1993 年的夏天突然爆發。當時希拉蕊的好友白宮法律副顧問福斯特突然於 7 月間在華府一座公園內舉槍自盡，留下字條說：

「……公眾絕不會相信柯林頓夫婦以及他們忠心幕僚的清白了。」由於福斯特是希拉蕊法律事務所的合夥人之一，曾一手處理與柯林頓夫婦有關的白水房地產開發公司的諸多業務，了解許多財務祕密。福斯特的自殺使得沉寂一陣的白水案立即爆發。媒體開始質疑柯林頓夫婦在「白水事件」是否有不當內情，由於整個爭議焦點是外界認為白水案有不可告人的內幕，如果柯林頓認為自己清白，和盤托出即可。在他幕僚的沙盤推演下，柯林頓面臨兩種方案的選擇，一是將他在白水案的所有交易紀錄全交給特定媒體（例如《華盛頓郵報》），藉由「公開」來化解爭議，但這個方案律師群多半反對，認為其反而會提供媒體藉機擴大事端的材料。第二個方案就是暫不將資料公佈，乾脆回應各方呼籲，全部交給獨立檢察官調查。這兩種方案的抉擇也在柯林頓的幕僚當中引發爭論。

柯林頓本人對是不是要對媒體和盤托出感到遲疑，並不是沒有他的邏輯，他說：「你必須努力回答問題，但你畢竟無法做到在幾天之內說明所有情況。當然，那樣他們會指責你有所隱瞞。你又不能全盤托出，因為你必須小心不說錯話，這樣你會受到兩次指責，而就算要全盤托出，也要小心一點，不要說得過細，否則你必須逐一證實，經驗告訴我們，證實消息要比公佈消息痛苦得許多。」（Kurtz 1998b：51-52）

當時力主應將資料全部公開的，是曾經先後擔任過尼克森與福特幕僚，被柯林頓特別請來擔任政治顧問的葛根。1993 年年底《華盛頓郵報》總編主動與葛根接觸，要求能讓《華盛頓郵報》查看一系列與白水案有關的文件，葛根立即與白宮其它幕僚接觸，但遭到反對，反對的理由一是白宮的文件不完整，二是《華盛頓郵報》一向對白水案報導不公，交出資料只會助長負面報導。但葛根仍力主公佈資料，他的理由一是認為只要讓《華盛頓郵報》掌握有價值的調查資料，應該會做出公正

的報導；二是水門案已經讓《華盛頓郵報》建立起了公信力，與之較量
非常冒險；三則是《華盛頓郵報》對白水案的調查已經在進行，不可能
再打退堂鼓，其它媒體也會跟進追蹤，反而會讓白宮陷入絕境。在他的
回憶錄《美國總統的七門課》一書中，葛根記錄了他的想法：「在《華
盛頓郵報》有機會查到文件並報導之前，我們應先讓白宮向所有媒體公
開這些材料。當然，記者查閱檔案之後，火力密集的負面新聞報導很可
能會襲擊我們，但如果『水門事件』對我們有所啟示的話，那無疑是指
作為總統必須放下身段，接受指責，而不是隱藏事實，任由媒體一件件
地揪出曝光，進而給對手可乘之機，發動邪惡的調查⋯⋯」（Gergen
2004：388）

　　這兩個方案柯林頓本人顯然較鍾情於交給獨立檢察官調查，他跟他
的幕僚說他「行得正，不怕調查，也不怕資料紀錄全都露」，更何況他
夫婦兩人「已被白水案抹黑太多次，還不都挺了過來」。所以「直覺」
叫他公佈一切資料給檢方，選擇跟檢察官奮戰到底（Clinton 2004：
597）。於是正在歐洲訪問的柯林頓，宣佈批准由司法部任命一名獨立檢
察官負責調查「白水事件」。

　　而從白水案的後續發展，證明柯林頓的這個決定影響相當深遠。
1994 年 8 月美國聯邦法院任命前聯邦法官史塔接任獨立檢察官調查白
水案，史塔立即向小岩城（Little Rock）派出近一百名聯邦調查局探員
專事調查，同時要求白宮馬上交出與白水案有關的所有檔案，包括希拉
蕊在法律事務所工作時的賬務紀錄。1995 年 7 月共和黨在參議院成立
特別調查委員會，開始對白水案舉行聽證。同年 8 月間出史塔組成的大
陪審團認定柯林頓夫婦當年在阿肯色州的合夥人麥克道格與他的妻子犯
有銀行詐欺罪，先後被判刑入獄。10 月間參議院特別調查委員會向捲

入此案的四十九名白宮助理與政府官員及相關人士發出傳票，要他們到國會接受質詢與作證。一系列聽證會使白水案的調查達到高潮。1996年1月獨立檢察官史塔向希拉蕊正式發出傳票，要她向大陪審團作證，這是美國歷史上第一個在位總統的夫人接受傳票，引起全美輿論關注。柯林頓也應獨立檢察官的要求，兩度以現場錄影的方式私下為白水案作證。整個調查在1996年柯林頓連任成功後都沒有結束。

一直到2002年3月，這時柯林頓已經卸任，負責處理白水案的獨立檢察官才宣佈最終報告，宣稱沒有足夠證據證明柯林頓及希拉蕊本人從事不正當活動，所以放棄起訴。這份長達五卷的報告，是耗資七千萬美元並經過六年時間調查的結果，因此也被稱為是「歷史上最昂貴的」一次無罪宣告報告。可以說，在白水案這個案例上，事先公佈全部真相是否能解除危機並不確定，但柯林頓讓調查白水案的主動權落入政敵之手，卻讓他在整個總統任期中吃盡了苦頭，白水案的陰影在他兩任總統任期內如影隨形。當初力主公佈資料的葛根，事後在他的回憶錄稱柯林頓的這項選擇為「一項重大的決定」，他認為如果白宮當時公佈資料，將會大幅削弱獨立檢察官所造成的重大壓力，甚至以後的一連串緋聞調查可能都不會出現（Gergen 2004：392）。這個決定也讓柯林頓悔恨交加，用他自己的話說，他「總統任內最糟糕的決定，莫此為甚。整個決策既不符事實、不符法律、不符政治操作，也與總統職權抵觸。……若能重來，我會選擇公開資料、反對指派特別檢察官、清楚向有意釐清真相的民主黨人士說明始末，並尋求他們支持。當時我之所以無所懼，是因為自認所作所為一切合法，加上我對新聞界有信心，相信他們在乎的是真相」（Clinton 2004：598）。

5　編織真相與損害修補

　　當許多身處「危機」情境的當事人不願即時澄清並交代真相，他們多半就選擇「編織」真相，在這裡編織真相並非指捏造事實，而是怎麼將事實真相的內容做更符合當事人利益的「重組」，包括重新定義情境、刻意突出某些事實、淡化某些爭議的部分等。曾長期從事公眾爭議調解的美國學者沙士堪（Lawrence E. Susskind）與費爾德（Patrick T. Field）在其所著的《群眾公關：「雙贏」的危機處理與媒體溝通》（*Dealing with an Angry Public*）一書中指出，許多企業與政府部門在遭遇危機時，通常「不僅不承認大眾憤怒，而是祭出一些對抗性質的『事實』，或藉由立場偏頗的專家和不科學的民調舉出反證或抗辯」，他們在書中列出了若干在因應危機上不當的作法，包括：（1）阻擋（stonewall），即在面臨危機時保持安靜，拒絕表達任何意見；（2）漂白（whitewash），藉由各種手法轉移注意力，將損害效應降至最低；（3）煙幕彈（smokescreen），提出一些表面公正客觀的研究報告或民調，以否定或扭轉造成危機的「事實」；（4）假戰線（false front），藉由成立某些外圍的民間團體，以公民參與的名義加以倡議或遊說；（5）封鎖與指責（block-and-blame），和問題保持距離，盡量撇清責任，並找出其它的「替罪羊」加以指責；（6）砍倒再放火燒掉（slash and burn），即直接對批評者展開全面宣戰（Susskind and Field 1997：21-26）。儘管多數正統公關人員都不一定會鼓吹這些作法，但多數時候政治人物遭遇危機時，都會選擇採取上述的途徑。

　　事實上，當代公關學界在探討危機公關時，已逐漸將注意力轉到危

機當事人如何加以辯解的修辭策略上，即政治人物在不願交代真相的前提下怎麼進行操作以擺脫危機，他們的論點有很大一部分是從「策略」的角度出發的。例如美國密西根州大學長期鑽研公關與溝通的教授希瑞特（Keith Michael Hearit）即認為，企業在處理危機時經常會採取某些辯解策略，他將之歸納成三點，包括：（1）重新定義名詞，以扭轉指控者對危機的詮釋；（2）對事件表達關切或遺憾；（3）區隔事件真相與表面的差距，例如強調其只是特例、個案或個人行為（Hearit 1994：113-125）。再例如研究政治傳播與公關的密蘇里州立大學傳播系教授班諾特（William L. Benoit）則將這種面對危機的辯解策略稱之為「形象修復策略」（image restoration strategy），他將之歸納為五種策略，包括：（1）否認（denial），分為簡單否認和轉移焦點兩種。轉移焦點主要在於把個人或組織責任轉移成不當環境的犧牲品，以引起人們對「替罪羊」的直接追究。（2）推諉責任（evasion of responsibility），即將責任轉嫁成環境或偶發因素等。（3）降低衝擊性（reducing offensiveness of event），即是減少敵意，包括六種戰術，分別是援助、淡化、區分、超脫、反擊、補償。援助是為彌補受害者的損失而採取的補救措施。淡化包括減輕或將錯誤行為輕描淡寫，使負面影響降到最低。區分是把人為錯誤與社會大環境的影響區別開來。超脫是描繪一種美好願景或新的發展機會，而不是侷限於危機事件。反擊就是進行申辯和分散公眾注意力。補償是直接向受害者提供幫助以減輕其痛苦。總之就是從各個方面減少錯誤行為傳播的範圍和程度。（4）後悔自責（mortification），包括道歉、懺悔和尋求公眾的寬恕。（5）修正補救（corrective-action），就是亡羊補牢，即透過制定相關法律、規定來減少以後類似事件的發生（Benoit 1997）。

例如英國在 2003 年時為介入伊拉克紛爭尋找合理的理由，不得不編織某種「事實真相」，最後卻陷入更大的危機。本來布萊爾算得上是歷任英國首相中相當精通公關操作者，但怎麼都沒想到他最後會栽在支持美國發動伊拉克戰爭上。布萊爾自 1994 年 7 月起出任英國工黨黨魁，在 1997 年大選中取得了壓倒性勝利，結束了保守黨長達十八年的執政，不僅是工黨歷史上在任最長的首相，也是惟一一位帶領工黨連續三次贏得大選的首相，卻因過度奉行對美國一面倒的外交政策，特別是追隨美國出兵伊拉克，不僅造成布萊爾與工黨政府聲望危機，更促使他被迫提前下台。

由於當時聯合國找不到任何所謂大規模殺傷武器，這使得美英都陷入「師出無名」的困境，於是在首相布萊爾的公關顧問坎培爾（Alastair Campbell）的規畫下，提出了一份「情報檔案」，證明伊拉克境內確實存有大規模殺傷武器，但卻被媒體英國國家廣播公司指出該情報檔案大部分是從一篇博士論文中抄來的。而洩露這項訊息的學者凱利（David Kelly）事後卻離奇自殺，這使得英國政府遭到媒體嚴厲的抨擊，要求布萊爾辭職的呼聲開始高漲，布萊爾的聲望也在這次醜聞中直線下降，甚至陷入前所未有的危機。加上在伊拉克戰爭問題上的一意孤行，事後又被證實「師出無名」，使得曾經威望甚高的布萊爾在英國媒體和廣大選民中變成了一個「撒謊者」的角色，甚至背上了「布希哈巴狗」的罵名。

6　另類的否認政治學：轉移焦點

為了擺脫「危機」的糾纏，有不少政治人物面對危機所選擇的策略

是不直接面對，而是另闢戰場來「轉移焦點」，即藉著創造新議題的方式來分散公眾和媒體的注意力。以研究形象修復策略著稱的學者班諾特曾將這種轉移焦點的策略列為形象修復的策略之一，即在操作上「將責任歸咎於他人」：藉著指出是他人造成的危機，切斷了自己與危機的關連性，將負面的形象轉移到代罪羔羊身上。換言之，即是把公眾關注的焦點轉移到那些可以擺脫責任或者對其有利的問題上去。通常的作法是「製造」新聞事件以引起公眾新的關注，從而轉移他們對危機的注意力，擺脫對原有事件無休止的糾纏。作法上通常是先藉由議題置換轉移公眾視線，以有效擺脫危機議題，再靠事件策畫，自主設置新議題，並借力外部輿論議題或事件，營造全新的氛圍，以便能完全從危機中脫身。

轉移焦點絕不是由危機公關論者最早提出，西方俚語中一直有將紅鯡魚（red herring）當成轉移焦點代名詞的說法。這個詞起源於英格蘭，典故可追溯至十七世紀，當時上流社會的人們喜歡騎馬放出獵犬追捕狐狸，有人不忍看到狐狸被殘酷捕殺，於是將鯡魚煙燻製成紅色魚乾，再把它們掛在樹林與原野，使得刺鼻的紅鯡魚味與狐狸的氣味混在一塊，讓獵犬聞不出狐狸的去向。另外一種說法則認為是監獄逃犯為了誘騙追緝的警犬，所以在逃跑的路程外放置紅鯡魚，藉此順利逃脫。這也使得「紅鯡魚」成了推理小說中「意圖欺騙蒙蔽」的同義詞，是「真凶用來混淆視聽的假線索」。這種紅鯡魚的隱喻也被引申到政治宣傳與公關上，即利用新的事件或議題轉移焦點與注意力，將群眾的注意力移開原先關注的議題上，特別是在危機發生的時候拋出另外一個不相干的議題，混淆群眾。

而在中國的孫子兵法中，「轉移焦點」即是三十六計中的「聲東擊

西」，它的本意是藉由擾亂敵軍注意力或企圖營造一種幻象，藉由忽東忽西，即打即離，製造假象，引誘敵人做出錯誤判斷，然後乘機殲敵的策略。爲使敵方的指揮發生混亂，必須採用靈活機動的行動，本不打算進攻甲地，卻佯裝進攻；本來決定進攻乙地，卻不顯出任何進攻的跡象。似可爲而不爲，似不可爲而爲之，讓敵方無法推知己方意圖，被假象迷惑，做出錯誤判斷。

不少政治領袖都曾藉由「轉移焦點」來擺脫個人的政治危機。例如1995 年的南韓總統金泳三即藉此來轉移他總統任內的一次政治危機。他在 1993 年 2 月繼盧泰愚當選總統，由於盧泰愚對他的當選幫助甚大，因而儘管社會輿論呼籲要對 1979 年的軍事政變和 1980 年的光州事件重新進行調查，他依舊堅持讓這兩起事件交由「歷史審判」。但兩年後他態度就完全改變了，1995 年 5 月盧泰愚突然爆發祕密政治獻金的爭議，迫使他在 10 月間公開承認曾收取了大約五千億韓元（約合六億五千萬美元）的政治獻金，主要用於政黨運營和各種政治活動，此事立即在南韓引起軒然大波，在野黨新政治國民會議總裁金大中立即宣佈，他在 1992 年總統競選時曾接受過盧泰愚提供的二十億韓元（約合兩百五十萬美元）的政治獻金，接著他指控金泳三總統所接受的政治獻金更多。這就將現任總統金泳三也扯進去了，金泳三當然聲明否認，但金大中卻直指金泳三在總統大選中所花費的十二億美元大多來自盧泰愚。在輿論壓力下，金泳三承認他在 1992 年的總統競選中可能得到過前總統盧泰愚的資助，但他否認當時知情。在輿論的強烈要求下，1995 年 11月 16 日檢察機關拘捕了盧泰愚，並指控其接受賄賂和藏匿鉅額政治獻金。這樁祕密政治獻金醜聞的曝光，使得金泳三陷入他就任後最大的政治危機。如果盧泰愚提供了任何具體證據，必將給金泳三致命的打擊。

　　1995 年 11 月 24 日，距離盧泰愚剛收押一個禮拜多，金泳三突然改變以往的立場，宣佈要制訂「五一八特別法案」，重新調查 1979 年 12 月 12 日的軍事政變和 1980 年 5 月 18 日的光州事件。金泳三的這一決定，出乎各方人士的意料。因爲這不僅推翻他先前的承諾，也意味他要同時清算前兩任總統，特別是全斗煥。整個輿論焦點也轉向對金泳三極爲有利，學運團體立即展開示威，要求立即逮捕全斗煥。律師界也主張對於叛亂、非人道罪行，憲法沒有規定追究時效的限制。1995 年 11 月 30 日南韓檢察機關宣佈重新調查全斗煥等人的歷史問題，當年 12 月全斗煥遭逮捕並審訊，1996 年 3 月 11 日，全斗煥與盧泰愚被控以軍事政變和內亂罪同時出庭受審。這場世紀大審受到全球的矚目，儘管原本政治獻金的調查並未結束，但卻被大幅度的淡化，換言之，金泳三利用重新清算歷史的策略，有效轉移了政治獻金議題對他所釀成的立即性危機。

　　柯林頓也曾在任內兩度藉由發動對外軍事攻擊，來轉移國內對他個人政治危機的焦點。1998 年 8 月 17 日，就在柯林頓在電視上對與魯文斯基的緋聞向全國發表道歉聲明後的三天，他在電視上宣佈對蘇丹首都喀土木和阿富汗境內據稱是國際恐怖主義的據點進行飛彈轟炸，當天有六十枚飛彈射向阿富汗，二十枚則射向蘇丹，這項行動據稱是針對十天前美國肯亞大使館遭恐怖主義攻擊的報復行動。由於道歉聲明與飛彈攻擊兩椿事件的時間實在太過接近，因而反美的伊斯蘭國家紛紛指責這項行動是爲轉移國內對他性醜聞關注的蓄意行爲，甚至稱那些飛彈爲「莫妮卡長程飛彈」。第六章曾提及的電影《桃色風雲搖擺狗》恰好在當時推出，由於時機巧合，使得轟炸後數分鐘記者就直接問國防部長庫恩（William Cohen）：「您看過《桃色風雲搖擺狗》嗎？」

一年以後，同樣戲碼再度上演。此時柯林頓是要轉移眾議院彈劾他的危機。1999 年 11 月 11 日眾院司法委員會通過了對柯林頓彈劾的提案，指控他對聯邦大陪審團說謊、作偽證、阻撓司法、濫用職權等，彈劾可說已經迫在眉睫。一個月後的 12 月 15 日，柯林頓突然以伊拉克未履行摧毀大規模殺傷武器的承諾為由，宣佈將對伊拉克採取軍事行動，12 月 16 日柯林頓宣佈對伊拉克發動名為「沙漠之狐」（Desert Fox）的軍事行動，對伊拉克發動為期四天的轟炸，正在進行彈劾的國會當然認為他是在轉移焦點。參議院共和黨領袖洛特（Trend Lott）即指控「這場軍事打擊的時間和政策都可能有問題」，共和黨眾議員所羅門（Gerald Solomon）則表示「永遠不要低估一個絕望的總統……還有什麼其它招數可以把彈劾的日程取消或推遲呢」？

7 最激進的危機公關策略：正面攻擊指控者

在處理政治危機上最激進的自我防衛手段，即是「扩擊原告」（attack the accuser）的策略，這種策略是在面對指控時，不僅是消極否認，還進一步反擊任何宣稱有危機存在的個人或團體。作法上包括公開反駁、指控，不但否認指控者的所有質疑，而且指責他們作為不正當。同時也操作行政工具加以制壓，動員政治盟友或其它媒體反制，甚至不惜祭出訴訟等任何可能的反擊手段。

美國柯林頓總統在參加 1992 年民主黨初選時，遭一家八卦雜誌《明星》（*Star*）指稱他曾與一名阿肯色州夜總會歌星馥羅兒有長達十二年的戀情。柯林頓隨即採取直接攻擊的策略，他和希拉蕊一塊接受哥倫比亞廣播公司《六十分鐘》的訪問，在節目中柯林頓肯定地說他未與馥

羅兒發生過性關係，而攻擊的發動則由希拉蕊擔綱，她直指「馥羅兒的故事是右派想要搞垮柯林頓的陰謀」。但這個攻擊策略也立即引發馥羅兒的反擊，她在《明星》雜誌上公佈她與柯林頓的電話錄音，用以指責柯林頓蓄意欺騙，但柯林頓持續以攻擊防禦，他派他的女性政治顧問哥倫沃德（Mandy Grunwald）上電視消毒，她接受美國廣播公司晚間談話節目《夜線》（Nightline）的專訪，在節目中她嚴詞詰問主持人科佩爾（Ted Koppel），為什麼不就柯林頓的經濟政策製作一個節目，卻一味追隨《明星》雜誌這種在超市販售的八卦小報來糾纏柯林頓的私生活？當場問得科佩爾無言以對。這個主動出擊也暫時幫助柯林頓渡過難關（儘管六年後他承認確與馥羅兒發生過性關係）。

美國總統尼克森在處理水門事件時，亦是採取此一手段作為危機傳播的主要策略。由於水門案一開始的調查主要是平面媒體的《華盛頓郵報》獨家在進行，其它媒體跟進尚不多，因此尼克森處理這樁危機的方式，也是直接攻擊《華盛頓郵報》。

《華盛頓郵報》發行人葛萊姆在她的個人自傳《個人歷史》（Personal History）中，曾記述水門事件期間，尼克森政府對《華盛頓郵報》的攻擊。隨著《華盛頓郵報》針對水門事件的調查報導一篇篇刊出，尼克森團隊所採取的危機傳播方式，除了否認之外，就是攻擊，而攻擊主要的手法就是指控其不實，接下來再對其扣上某種「新聞界陰謀論」。1972 年 10 月間擔任尼克森競選總幹事的麥葛瑞格（Clark MacGregor）召開記者會，不回答問題，僅宣讀一聲明：

> 《華盛頓郵報》聲譽今天降到比麥高文更低。利用影射、
> 第三手傳聞、查無實據的指控、不明消息來源，以及嚇人的大

字標題，《華盛頓郵報》惡意要把白宮與水門事件扯在一塊。《華盛頓郵報》明知此指控不實，已有六、七份調查證明其偽。《華盛頓郵報》作為的標誌就是偽善，其奉行不渝的「雙重標準」今日已為人所洞悉（Graham 1998：201）。

政客當然也立即加入戰火，當時的共和黨參議員杜爾公開指控《華盛頓郵報》有關水門事件的報導是「全無根據、無實質的指控，是麥高文和他的夥伴——隨口詆罵人的《華盛頓郵報》——一起搞出來的」。他更進一步扯出了陰謀論：「從麥高文競選陷入的困境看來，他可能已經授權《華盛頓郵報》，代他進行媒體攻擊，而該報編輯之蹩腳，正如其總統候選人。」到了 10 月 24 日，杜爾在一場演講中的指控更露骨：

《華盛頓郵報》客觀可靠的聲望已經降至幾乎完全不見。麥高文陣營與《華盛頓郵報》主管及編輯有文化與社會上之密切關係，他們都屬於同一菁英團體，你會發現他們屋宇相連，全住在同一高級社區，在同一派對上勾肩搭背。

葛萊姆在她的自傳中承認，那段期間政府對《華盛頓郵報》的攻擊確實有效，許多讀者寫信給《華盛頓郵報》指責其另有動機、不守新聞規範、不愛國等。而這種攻擊在當時確實產生效應，水門事件初始不僅沒有影響到尼克森的選情，甚至讓尼克森在 11 月 7 日的大選中贏得了百分之六十‧七的選票，大勝民主黨的麥高文。尼克森顯然認為他的高票當選，證明選民已經為他背書，所以危機已經完全渡過，於是他開始採取一連串對《華盛頓郵報》報復的動作，包括抵制《華盛頓郵報》的

採訪、遊說財團收購《華盛頓郵報》、威脅要扣住《華盛頓郵報》所屬電台與電視台的執照等，這些動作都導致《華盛頓郵報》的股價直線下跌，公司資產被削掉一半以上（Graham 1998：204-211）。

1973 年 5 月 18 日參院水門事件委員會開始進行全國電視轉播的聽證會。1973 年 6 月後水門案爆發重大發展，成為此事件的轉捩點。原來白宮有一套聲音啓動式錄音設備，因而總統在橢圓形辦公室的談話大都有錄音紀錄，檢察官發現這些談話的錄音帶有十八分鐘又三十秒被洗掉。這個事件使得整個形勢為之逆轉，而最早揭發水門事件的《華盛頓郵報》記者伍華德形容此一發展是「不可思議的事件，是我們的好運、尼克森的惡運。錯誤的決策、錯誤的道路，都在一根脆弱的線頭導引下揭開真相，而這根線頭，原可以老早給剪成千千段，消失不見」。於是整個事件的焦點，立即從尼克森是否知情或涉案，變成錄音帶的內容與應否公佈上。

1973 年 10 月 23 日，美國眾院決定由該院司法委員會負責調查、搜集尼克森的罪證，為彈劾尼克森做準備。11 月 17 日尼克森聲明：「我不是騙子。」堅持他是無辜的。但白宮無法解釋為何錄音帶有十八分鐘又三十秒空白。1974 年 6 月 25 日，眾院司法委員會決定公佈與彈劾尼克森有關的全部證據。1974 年 7 月 24 日聯邦最高法院一致判決尼克森必須交出錄音帶。7 月 27 日至 30 日眾院司法委員會通過三項彈劾：妨礙司法、濫用權力和違反宣誓及不遵從眾院的傳喚。1974 年 8 月 9 日尼克森辭職，成為美國史上首位辭職的總統。副總統福特接任。

水門事件在美國政治危機事例中占有非常重要的位置，在水門事件之後，每當國家領導人遭遇執政危機或執政醜聞，便通常會被國際新聞界冠之以某種「門」（gate）的名稱，如「伊朗門」、「情報門」、「虐

囚門」等。對尼克森而言，他很明顯在水門事件爆發一開始就低估了它的破壞力，認爲只須藉由行政掩飾與主動攻擊媒體即可渡過危機，他終究不能阻止媒體對任何有新聞價值的內幕進行調查報導，這種危機公關策略的前提是他必須保證自己的團隊有如鐵板一塊，而且也必須保證事實眞相永遠不會被揭露，只不過事後證明，這兩個前提從一開始就不可能做到。

8 認錯與道歉策略：最後選擇？

危機專家經常建議在傷害已經無從彌補的情形下，不如就直接採取「後悔道歉」的策略，積極承認錯誤並祈求原諒，包括道歉、懺悔和尋求公眾的寬恕等，原因是惟有如此，才能讓主事者藉由認錯來面對問題，也藉由道歉來負起責任。但政治人物很少一開始就採取這種策略，這中間的理由可能是所有享有聲望與權力的領導人物都不願公開示弱，而道歉在他們看來正是示弱的一種形式；其次，領袖人物多半認爲道歉宛如在認輸，因此不願擔起責任；也有人對溝通技巧沒信心，認爲不可能得到公眾的諒解，還有人認爲道歉只會將情況弄得更糟。結果經常都是在錯誤無法掩飾、損害無法彌補、困境無法挽回的情況下，才勉強選擇認錯與道歉。

例如尼克森即使到最後一刻，都未對水門事件道歉，他在辭職演說中說道：「沒有打完仗就下戰場，對我而言是件困難的事，我如果繼續打下去，國會對我顯然缺乏支持，那就會使國家大事發生癱瘓……我越來越清楚看到，我在國會裡已沒有足夠強有力的政治基礎來繼續進行這種努力……因此，我將辭去總統職位，當天中午生效。」這其中沒有一

句提到他是不是該爲水門案負責或道歉。

美國雷根總統在伊朗門事件上本來一路都堅持未犯錯,但在國會所組成的調查小組直指雷根必須爲伊朗門事件負責之後,雷根在 1987 年 3 月 4 日向全美國發表談話,承認對伊朗採取主動行動演變成以武器交換人質的交易是「一個錯誤」,他自我解嘲:「人到了這般年紀,容易犯錯。」雷根承認他應對整個伊朗門事件負有全部責任,他表示他不知道售給伊朗武器所得款項轉移給尼加拉瓜游擊隊一事,但「作爲總統,我不能逃避責任」,這個道歉聲明雖在短期內讓雷根聲望受挫,但伊朗門對雷根的傷害,也就暫時止住了。

1998 年 8 月 17 日,柯林頓在白宮,發表了四分鐘的電視談話,這段告白或許可以視爲道歉表白的經典:

> 晚安!今天下午,坐在這個房間的這張椅子上,我對獨立檢察官和大陪審團作了證。我誠實回答了他們的問題,包括大部分美國公民都不願回答的私生活問題。儘管這樣,我還是要對我自己的行為,不論其於公還是於私,負完全的責任,這是我今晚對你們談話的原因。
>
> 你們知道,在 1 月份的一次作證中,我被問到一些關於我和魯文斯基關係的問題。我當時的回答在法律意義上雖然是真的,但我沒有自動提供與這些問題有關的其它情況,確實,我和魯文斯基女士有過一種不適當的關係。事實上,這種關係是錯誤的,我的這種作法導致了(對我的證詞)嚴重的誤解,也構成了我本人的失誤——我對這個失誤負完全責任。
>
> 但是,今天我告訴大陪審團,現在也告訴你們:我從來沒

有要對任何人說謊、隱藏或銷毀證據或者採取其它違反法律的行動。我知道我關於這件事的公開說法以及我對這件事情的沉默造成了錯誤的印象。我誤導了人民，甚至包括我的妻子。我對此深感遺憾。

我只能對你們說，我這樣做有幾個動機。首先，出於使我自己免於因自己行為而造成的尷尬的願望。同時，也出於保護我的家庭的憂慮。我當時還考慮到，那些問題是在一個由政治動機而挑起的訴訟中提出來的。除此之外，我那時對獨立委員會就我二十年前的私人企業的調查，確實懷有嚴重的關切。關於這個調查，請允許我說明，兩年多以前，一個獨立的聯邦機構已經做出不存在我與我夫人有任何犯行的證據。其後，這個獨立檢察官把調查目標轉移到我的工作人員和我的朋友，而後又進入我的私人生活。現在，這個調查本身也受到調查。

這事已經進行很長的時間，耗費太多的金錢，傷害太多無辜的人。現在，這事是我本人和我最愛的兩個人　一我妻子和我們的女兒——以及我們的上帝之間的事。我必須和她們把話講清楚，我將不惜任何代價來做這事。沒任何事比它更重要，但這是私人的事。為我的家庭，我一定要恢復我的家庭生活。這是我們家庭的事，不是任何其它人的事。即使是總統也有自己的私生活。

這是停止對個人進行打擊和窺探隱私，繼續我們生活的時候了。我們國家已經被這事攪擾得太久了。我對其中屬於我的責任完全負責。這是我能做的一切。

現在，實際上已經晚了些，是向前看的時候了。我們有重

要工作要做，有真正機會要把握，有真正的問題要解決，有真
正安全問題要面對。所以，今晚我要求你們把過去七個月來的
事件放在一邊，修補我們國家被干擾的生活，全神貫注面對下
一個美國世紀所面對的挑戰。

柯林頓道歉之後，妻子希拉蕊公開表示原諒了他。民眾對柯林頓的
支持度也上升了六個百分點。但緋聞案的調查並未因此而畫上句號，柯
林頓繼續受到眾議院的彈劾和參議院的審查，但他並未因此下台，而是
繼續完成了第二任的總統任期。1999 年 2 月 13 日，柯林頓在白宮玫瑰
園再次發表了一項道歉聲明，他說：「對自己引發這些事件的所作所
為，和因此而給國會和美國人民增加的沉重負擔，我是如此深深地感到
抱歉。」可以說，柯林頓道歉了，美國人也原諒了這個緋聞總統。

9 危機公關不能取代危機處理

在學術論述上，危機處理、危機管理、危機傳播與危機公關等經常
混同在一起討論，但在實務上還是有不少差異。一般而言，危機管理的
主要目標在解決危機，讓損害獲得修補，最後讓一切恢復正常運作，因
而在實踐操作上主要包括即時建立危機管理小組、設計危機策略、監控
環境等；而危機公關或危機傳播的主要目標則在尋求與大眾對話、與媒
體溝通以及形象維護等，因而在操作上主要是集中於建立訊息發佈機
制、設計危機修辭、回應社會質疑等。實務上，危機處理主要著重事件
本身損害的彌補，而危機公關或傳播則是著重大眾對「危機」的認知掌
握，程序上危機公關或可視為危機處理機制中的一環，一樁危機要能處

理成功，絕對不能輕忽「危機公關」這個向度，亦即一椿成功的危機處理，如果沒有配合成功的危機公關，很可能依舊是功敗垂成，但這也不意味危機公關可以完全取代危機處理。換言之，危機公關的限制在於，就算其功效發揮到極致，也不可能扭轉一椿失敗的危機處理。在實際政治案例中，危機公關操作成功、但危機處理卻操作失敗的最典型例子，是美國總統卡特在處理伊朗人質危機上的操作。

1979 年初，伊朗什葉派宗教領袖柯梅尼（Ruhollah Khomeini）所領導的勢力推翻了親美的巴勒維政權，巴勒維前往美國避難。柯梅尼要求美國引渡巴勒維進行審判，美國政府拒絕，美伊之間的緊張情勢逐漸升高。1978 年 11 月 4 日，伊朗首都德黑蘭的四百餘名學生占領美國大使館，扣留六十六名使館人員，作為要求美國交出巴勒維的人質。事件發生後，伊朗外交部立即嚴厲譴責美國，不僅認為其「反映了伊朗民意」，更將之視為是「美國收留巴勒維所引起的」。對美國而言，這當然是一椿典型的危機事件。

在危機處理上，總統卡特立即採取了所有危機處理的標準作業程序。國務院即時成立伊朗工作小組，為解決人質危機擬定各種策略，從最溫和的外交協商到較強硬的經濟制裁、甚至軍事行動等，都有完整的行動方案。外交協商當然是第一優先，在人質被扣的第二天，國務院即循外交途徑向伊朗派出兩名特使，期待能將美國對人質危機解決的立場傳達給伊朗，但就在啟動這些步驟之際，柯梅尼和伊朗政府正式宣佈支持學生的行動，伊朗內部各政黨和團體亦紛紛響應，並在德黑蘭舉行了萬人示威遊行，高呼「引渡國王」、「處死卡特」的口號。這使得情勢升高為美伊的全面對抗，外交協商途徑遂告中斷。

在外交協商之路中斷後，美國隨即採取強硬的外交孤立與經濟制裁

措施，包括中止向伊朗提供武器和運送軍事裝備零件，凍結伊朗在美國的所有官方資產，停止與伊朗的石油貿易，禁止伊朗學生在華府舉行示威，並宣佈對留美的伊朗學生進行特別移民審查，凡是不符條件的一律驅逐出境。另外，美國還號召西方盟友對伊朗進行制裁，試圖透過外交孤立途徑來解決人質問題。然而這些措施反而更加升高伊朗對美國的敵對情緒，伊朗同樣宣佈停止向美國出口石油，禁止在伊境內放映美國影片，禁止美國飛機、船舶進入伊朗領空和領海等，至此美伊雙方陷入僵局，誰都無法提出和平解決的方案。

在此同時，卡特當然沒有忘記利用這個機會啓動他的危機公關。在此之前，他的若干政策失誤（特別是在處理經濟與失業問題上），導致他的聲望不斷下墜，伊朗人質問題的爆發，反而給了卡特一個扳回聲望的機會，換言之，這等於是一個向全世界展示他處理國家危機能力的機會。他在政治修辭上，巧妙地將伊朗人質危機轉化成一種他與所有美國人的熱情、團結與堅忍的共同試煉。在 11 月 9 日的一篇公開聲明中，他直指德黑蘭美國大使館被俘的人質，「已經激起美國人強烈的憎惡、挫折與憤怒的情緒」，而作爲總統，他「感同身受」，並將「不計任何困難，採取任何可能手段來解救人質」，同時他也呼籲，不論美國人的情緒有多強烈，「絕不能讓任何作爲危及人質的安全」，因而「所有美國人應自制，以至高無上的心靈與熱情維護人質安全」（Kiewe 1994：143-144）。這種因應初期頗爲成功，從國會到民調都反映了對他的支持，用他自己的話說：「我已經說出美國人民的憤怒，如果我說出他們的憤怒的時候，他們感覺我是強硬的，或許我們將能處理這件事。」（Skowronek 2003：449）他隨後刻意取消了在民主黨初選中與愛德華‧甘迺迪辯論的計畫，以顯示從黨派政治撤出，將整個政府投入人質危機

解決惟一的焦點上。危機發生後的第十二天，他在向美國勞工及產業工會聯合會（American Federation of Labor and Congress of Industrial Organizations）演講時，將在伊朗的人質稱頌爲「國家英雄」，他們「讓我們想到一個民族，想到了一個對我們來說極爲重要的基本事實和原則」，他並發誓要做到「強硬、耐心和堅定，爲他們爭取自由」（Skowronek 2003：450）。這些召喚讓卡特在短短的一個月內聲望上升了二十多個百分點，也可以說，在伊朗人質危機初期的公關訴求上，卡特的操作是相當成功的。

但公關操作得再成功，實質問題終究還是要解決的。當幾個月過去，人質問題依舊還是膠著狀態，媒體的質疑又開始了。特別是在此同時，民主黨的總統黨內初選已經開始進行，若干公關操作行徑很可能被聯想成初選造勢，4 月初威斯康辛州進行初選，當天白宮發佈人質事件報告，結果並沒有新的發展，導致白宮與卡特都遭到媒體的圍剿。同樣的情況在那一年的 11 月再度出現，在大選前的週日卡特突然暫停所有競選活動匆匆趕回白宮，讓媒體期待人質問題會有什麼突破，結果卻還是沒有什麼新進展，這使得白宮受到媒體嚴厲的抨擊，也迫使卡特自己都在電視上承認：「被拘禁的美國人質實際上不可能在近期獲得自由。」（Skowronek 2003：451）

這其間卡特還做了一個風險極高的決策，1980 年 4 月間卡特認爲外交和經濟制裁解決人質問題的前景十分渺茫後，祕密批准採取軍事營救活動，這可謂是一項成功或毀滅的賭注，該計畫在五角大廈設一間祕密指揮室加以規畫。1980 年 4 月 24 日下午，卡特下達了執行營救計畫的命令。然而實施過程中因爲一架直升機液壓系統裝備突然失靈，導致整個營救行動取消，撤離過程中又發生運輸機和直升機相撞的意外，使

得這椿夭折的危機處理更形雪上加霜。營救行動失敗次日，美國政府向新聞界公佈了在伊朗進行營救作戰的消息，並宣告行動失敗。卡特對營救人質的失敗當然非常沮喪，他不得不向全國聲明：「爲了營救被伊朗扣留的五十三名美國人質，我們進行了極其祕密的作戰，但由於直升機的技術故障，不得不放棄……這次作戰是人道的，沒有與伊朗人發生戰鬥。」而後他又說道：「實施作戰也好，中止作戰也好，都是出於我的決定，一切責任都由我負責。」這椿營救行動以得不償失的結果告終，不僅令卡特難堪，美國人臉上也無光，更遭到全球輿論的譴責。而美伊關係進一步惡化，伊朗把人質祕密轉移到全國各地分散關押，使美國的營救人質行動徹底無望。

伊朗人質危機處理的失敗，讓卡特輸掉了 1980 年年底的總統大選，擊敗卡特的雷根被當時媒體形容是取得「絕對壓倒性、橫掃般的勝利」。美國大使館人質一直到雷根總統就職後幾分鐘才宣佈釋放，總共被關四百多天，期間卡特一直束手無策，包括其下令的營救行動亦完全失敗，造成八名美軍陣亡。伊朗人質危機亦使得卡特總統成爲美國歷史評價最差的總統之一。然而卡特在危機公關上的操作並不能算失敗，他一度成功地藉由政治修辭的召喚贏得民意對他的支持，他的新聞祕書（發言人）包威爾（Jody Powell）從頭到尾參與卡特在人質危機上的對策密商，並積極提出建議作法，也積極與新聞界溝通。然而危機公關的成功，終究無法彌補其在危機處理上的失敗。

第十一章
公關政治學：公關、媒體與民主政治

前面章節的討論，可以說爲政治學研究提供了一串全新的類目，政治學門的內容不再侷限於傳統政治學所探討的制度、政策、意識形態、民主、正義、人權、福利等主題，而是將焦點轉向形象管理、議題操作、媒體操縱、活動造勢、危機處理、民意調查、修辭運用等主題，這種公關政治學並非不關注公共事務的討論與治理，而是更關注民意正當性的取得、權力的包裝與權力的維持，但這種對「權力」的關注又非建立在傳統現實主義的觀點上，而是偏重如何藉由公關操作贏得公眾的好感與支持上。在漫長的政治思想史上，這種關注可以追溯到馬基維里的政治學傳統，而不是亞里士多德的政治學傳統。儘管相關主題在政治學的範圍中並非沒有位置，但卻被嚴重低估，許多當代的政治學經典都未處理這個主題。而本章即嘗試處理公關與政治間所涉及的若干課題，包括在當代公關的操作下，對政治運作的影響、政治倫理的爭議以及政治內涵的改變等，這種「公關政治學」是該作爲一種嚴肅的課題加以討論了。

1 政治顧問引導下的當代政治操作

公關政治在當代所揭示的全新運作趨勢是：圍繞在政治菁英周遭的幕僚，正由一群熟稔形象包裝、媒體操作、民調技術、危機處理等技藝的政治顧問，取代傳統的法律顧問、預算顧問與政策專家，而這群政治顧問也正在悄悄地改寫民主政治的面貌。法律與政策專家的專業角色當然不可能被取代，但他們在權力核心被倚重的程度卻大幅降低，政治顧問被領導菁英倚重的程度則相對升高。但他們在政治學的研究上，卻是被嚴重忽視與低估。

確實，這批政治顧問的面貌，某種程度說迄今為止依舊是模糊的。美國賓州富蘭克林與馬歇爾學院教授米迪威克（Stephen K. Medvic）曾嘗試為這群政治顧問尋找一個操作型定義（operational definition），將那些花錢雇來在選舉期間提供諮詢與服務的專業人士定義為政治顧問（Medvic 2003：124），然而實務上，政治顧問並不只存在於選舉期間，他們有時置身體制內的權力核心，以各種正式或非正式的角色為領導人提供諮詢或建議，但這些角色多數時候都不是正式體制上的角色。以美國為例，在體制上政治顧問當然沒有國務卿、國家安全顧問、白宮幕僚長、國防部長等這些角色來得顯眼，但多數時候這些政治顧問的影響力甚至超過他們。有時這些專家也置身體制外，以提供競選或遊說的專業諮詢與服務待價而沽。美國華盛頓大學公共管理教授強森（Dennis W. Johnson）認為政治顧問的角色是高度專業化的，他以「業餘者已毫無空間」來形容這種政治顧問主導政治操作的年代（Johnson 2001）。然而這批政治顧問究竟是掌握了哪些專業，卻又不是完全清晰的課題，實質從事政治公關實務的佛蘭茲（John Franzen）即指出，大多數的政治顧問，根本沒有所謂學術的專業訓練，若干大學也許附設有短期訓練課程，但實際上並不存在有所謂專門的知識社群，也沒有一套系統的理論體系，實務上也沒有所謂專業的證照，因而一個政治顧問究竟該具備什麼樣的專業與資格，其實一直是模糊的（Perlmutter 1999：295）。

　　若要比較具體地描繪政治顧問在政治運作中的角色，倒是可以參考澳洲學者奎登（Michelle Grattan）的說法，她在一篇題為〈政治顧問政治學〉（The Politics of Spin）的論文中，花了許多篇幅討論政治顧問的角色。在奎登看來，政治顧問最主要的工作，即是操作特定政治訊息的定義與發佈，同時也要促使政治人物維持對這種特定政治訊息的專注，

當然更要影響媒體對特定政治訊息的處理及其反應，換言之，奎登認為透過對媒體極致的管理與操縱，將特定政治訊息傳遞出去，即是當代公關政治操作的核心（Grattan 1998：34）。

　　究竟該怎麼評價這批新崛起的政治顧問，一直是有爭議的。美國資深政治顧問艾倫（Rob Allyn）曾在一篇專文中，列舉了若干政治公關顧問的貢獻（Allyn 1999：304-310）：

（1）獲取公眾的關注。

（2）將複雜的政策議題轉化為簡單易懂。

（3）推銷優質候選人並淘汰劣質候選人。

（4）揭露體制掩蓋的真相。

（5）讓競選維持熱度。

（6）察明事實。

（7）說服公眾做正確的選擇。

　　儘管艾倫提示了政治顧問諸多的正面功能，但也有不少論者認為政治顧問對實際政治也有不少負面影響。例如政治評論家坎柏（Victor Kamber）就認為政治顧問大幅惡化了金錢政治。他們最關切媒體曝光度，但要贏得媒體曝光度惟一的手段就是花錢，導致不論知名度、形象等全部取決於財力。另一方面，坎柏也認為當前的政治顧問正日趨明星化與名流化，選舉不再是候選人的對決，而是政治顧問的對決，甚至攻擊對手的顧問團隊都成為一種政治鬥爭策略。因而坎柏認為政治公關的影響力不應被誇大，他們是有某些能力，但終究不是全能。政治學者希德森曾引述一名政治顧問的自述：「我們其實是藝術家，嘗試以一種戲劇化的方式抓住公眾的注意並驅使他們下決定，但我們無法掌握的地方依舊很多，如果我們知道的更多，我們其實是還滿危險的。」（Kamber

1997：179-196）

　　儘管學界截至目前的關注並不多，但政治顧問的角色確實開始被注意。例如曾擔任柯林頓政治顧問之一的莫理斯（Dick Morris）在其所著的《選戰大謀略：柯林頓二度入主白宮之路》一書中，即生動記錄了他在 1994 年到 1996 年之間，如何藉由民調解讀與議題操縱，協助柯林頓打贏總統大選的過程，這中間特別還包括他與柯林頓的許多互動細節。用莫理斯的話說：「我們兩人對政治都有一股狂熱之情，可以通宵達旦，秉燭暢談議題，撰寫廣告文宣腳本，解釋民調資料，抬槓辯論和一起作夢，當然差別在於他是由老百姓選舉出來，而我卻是受雇的槍手與鏢客。」（Morris 1999：11）莫理斯所呈現的政治顧問面貌，是他永遠隱身幕後，他從不曾在白宮擔任過任何正式的職位，卻因為擁有解讀民調數據的專業，取得柯林頓的信任，並定期向他諮詢了將近兩年，透過這種非正式的互動關係，莫理斯可說在幕後主導了柯林頓在 1996 年大選的議題操縱。

　　但莫理斯這種隱身幕後的角色並未維持很久，1996 年民主黨提名大會前夕，《時代》雜誌在封面上刊登了一幅柯林頓微笑的照片，他的左肩即是頭部照片被切掉的莫理斯，圖片上說：「這就是全球最有權勢的人，他從逆境中再度獲得勝利，在他左肩之後就是答案。」這使得原本位居幕後的莫理斯成為媒體注目的焦點。但莫理斯的主要爭議並不在此，在柯林頓大選後期，莫理斯被八卦小報《明星》報導在外召妓，並傳出他將柯林頓的競選機密透露給妓女，更傳出他已經與出版社簽約，將他自己與柯林頓這段共處期間的內幕高價出售，這些傳言不僅使得莫理斯退出柯林頓的團隊，也讓他成為所有輿論關注的焦點（Johnson 2001：4-5）。

　　莫理斯之外，另一位藉由著作透露政治顧問身影的是葛根。不同於
莫理斯的是，葛根曾先後擔任過白宮四位總統的顧問，而且都有正式的
職稱。尼克森時期，他負責演講撰稿；福特時期，他擔任特別法律顧問
並負責聯絡小組工作；雷根時期，他擔任聯絡處主任兼管新聞處和演講
撰稿人；這三位都是共和黨籍的總統，1993 年春天他再度受聘為民主
黨柯林頓的顧問，一度引發外界廣泛的議論。這個爭議當然也觸及到政
治顧問這種角色的性質，亦即如果一個政治顧問先後為不同黨派的政治
人物提供諮詢，那他到底算是沒有意識形態包袱的機會主義者，還是超
越政黨界限的愛國主義者？葛根本人雖然低姿態避過了媒體的質疑，但
這也讓政治顧問這種遊走灰色地帶的特徵被突出。

　　葛根在 1996 年出版他的著作《美國總統的七門課》一書，在這本
書中他以近身觀察的經驗，依次討論包括尼克森的領導為何會走偏、福
特的領導能力為何一直被低估、雷根為何能成為一個「偉大的溝通
者」、柯林頓為何會摔那麼大的跤等。葛根在共和黨擔任政治顧問的專
業主要是演講撰稿，但到了柯林頓時期，他的諮詢專業已轉向媒體。葛
根曾回憶他擔任柯林頓顧問時期的一項經歷，當時《華盛頓郵報》主動
連繫葛根，希望白宮能對白水案提供說明以及進一步的資料，葛根立即
向柯林頓建議應與《華盛頓郵報》合作，但最後希拉蕊拒絕了葛根的建
議，這個決定對白水案日後的擴大有相當大的影響，葛根對他的建議未
被採納也相當沮喪（Gergen 2004：386-396）。

　　莫理斯所呈現的政治顧問面貌是體制外的幕後客卿，葛根所呈現的
面貌則是體制內提供諮詢的專業幕僚，但另外兩人的角色就更突出了。
一個是曾被媒體稱為英國首相布萊爾首席策畫師、化裝師以及推銷員的
坎培爾，他曾經讓「政治顧問」的角色，一度成為英國政治學界的話

題。他一手設計了英國工黨的新形象，曾被媒體視爲是英國除首相外最有權勢的人物，甚至有人說他是英國「眞正的副首相」。從 1994 年布萊爾當選工黨黨魁起，坎培爾就伴隨布萊爾左右，1997 年工黨大選獲勝，他又隨布萊爾進入唐寧街十號，先後曾擔任首相的新聞祕書、公關和戰略辦公室主任等，無論身居何職，他都是布萊爾的主要顧問和助手，他們之間的彼此信任與默契，曾被形容是英國近代政治史上最行之有效的首相與助理關係。

坎培爾深知在政治包裝和推銷中，必須講究揣摩民眾心態，政府要推行政策、推進改革，必須要讓媒體和公眾站在自己這一邊，否則無論政策如何妥善周全也不能實現。1994 年布萊爾當選爲工黨黨魁之後不久，決定刪除反映工黨社會主義國有化理念的黨章「第四款」（Clause Four）。布萊爾演講前，坎培爾臨時把演講稿中包含宣佈廢除「第四款」的內容抽出之後才發給記者，記者一直到布萊爾親自做出宣告時才得知這一重大政策轉變，大感意外，而這也成爲媒體的頭條新聞，達到了最大的媒體效應。1997 年 8 月，英國王妃戴安娜在巴黎撞車遇難，消息傳來，坎培爾建議布萊爾用「人民的王妃」來形容戴安娜。結果與英國王室冷漠的反應相比，布萊爾大受好評。然而由於坎培爾位不高但權極重，經常使得他的角色出現爭議。2003 年他和英國國家廣播公司在英國政府有無伊拉克大規模殺傷武器的報告上出現爭執，導致化學武器專家凱利博士自殺，這使得作爲布萊爾新聞主管的坎培爾受到質疑，最後還是被迫辭職。

能與坎培爾之於布萊爾相提並論的，則是美國小布希總統的重要政治智囊羅夫，他一直都是小布希的核心幕僚，先後擔任總統的首席政治顧問及白宮辦公室副主任，但他的影響力經常被媒體視爲僅次於總統和

副總統，有的媒體甚至用「羅夫的總統任期」來形容他的影響。小布希稱羅夫爲「設計師」、「天才小子」，美國媒體則喜歡稱羅夫爲「小布希的大腦」。

羅夫曾在 1994 年幫助小布希當選德州州長，1998 年再幫助小布希連任；2000 年他出任小布希總統競選委員會首席戰略規畫師，幫助小布希當選美國總統，2004 年再度幫助小布希贏得總統連任。可以說羅夫在小布希兩屆總統選舉中都是關鍵人物。在美國媒體的描繪中，羅夫最擅長利用容易引起爭議的議題如墮胎、同性戀權益以及槍枝管制等來替共和黨爭取選票，畢竟這些社會議題一直是美國大選的熱門話題，選民容易在這些話題上找到各自的立場。但羅夫更善於開闢新的戰線，特別是在九一一事件後，國家安全已然成爲美國大選熱門議題，羅夫立即在安全問題上出招，強調九一一事件給美國造成的鉅大傷害，並樹立了共和黨在安全問題上毫不妥協的形象，將安全議題牢牢掌握在共和黨這一邊。

而給羅夫帶來最大榮譽的，還是他在歷次選舉征戰過程中，爲小布希和整個共和黨打下的「羅夫烙印」（Rove's stamp）。所謂「羅夫烙印」，就是「攻敵弱點，全面動員」。2000 年小布希首次參選總統，羅夫綜合彼此的優劣勢，決定不在民主黨優勢的經濟議題上糾纏，而注意到民眾對柯林頓時期醜聞的不滿，遂強化共和黨以及小布希本人在個人道德方面的優勢，並因此打造出一種不同於以往共和黨的「有同情心的保守主義」（compassionate conservatism）形象。之後，依靠羅夫在選舉上的操盤，共和黨更在 2002 年奪回對國會兩院的控制權，成就了繼 1934 年後美國歷史上第二次出現同一黨在贏得政府後獲得國會多數的局面。

英國學者費登伯格曾在他的一本討論政治顧問的專著中，預測政治顧問在未來政治發展上的角色，他預言政治顧問將會扮演越來越吃重的角色，這其中的若干趨勢包括：首先，未來對政治顧問的需求只會增加不會減少；第二，政治顧問的專業分工將更趨精密；第三，政治顧問對議題的包裝與倡導將扮演更吃重的角色；第四，傳播科技的日新月異將促使政治顧問受到更大依賴；第五，政治顧問的膨脹也預示未來負面政治訊息的生產將會更多；第六，政治顧問將生產更多的政治爭議與對立；第七，對政治顧問的批判與限制也會逐漸升高（Friedenberg 1997：199-209）。也可以說，不論承認或喜歡與否，政治顧問都將會在未來的政治中扮演重要且具爭議的角色。

2 公關政治的倫理信守與倫理困境

在前面的章節中，一直未曾正面觸及倫理的議題，但相關的主題隱隱然已經牽動了倫理學的爭議，這些爭議人多數的時候是被忽略的，甚至在大多數討論公關的著作中是被略去的，對許多研究公關的學者而言，這個課題似乎並不是那麼緊迫，甚至是不重要的。儘管討論政治倫理與政治哲學的專著很多，但很少會有學者闢專章去討論政治公關或公關政治背後所觸及的倫理問題，造成這種現象的緣由多端：首先，專業公關是二十世紀的產物，真正介入政治也是二十世紀後半葉，它尚未成爲政治學領域中被廣泛關注的課題；第二，相較政治舞台上的角色，公關人士多半選擇低調隱身幕後，他們的重要性很容易被忽略或低估；第三，公關巧妙地附著於資本主義與民主政治的價值體系上，它服膺市場法則，也在形式上捍衛所有民主多元的價值，如公共利益、言論自由

等，這種政治正確的自我包裝讓它迴避了不少的質疑；第四，公關理論在二十世紀後半葉的發展主要在管理學與行銷學的領域，公關在這些學科中，「功能」思考凌駕其它立場之上，倫理課題則被邊緣化。儘管如此，這也絕不意味政治公關所涉及的倫理爭議不值得討論，事實上，政治公關所涉及的倫理爭議反倒非常複雜。

在社會意象上，「公關」所傳遞的形象一直都有爭議，有不少政治顧問根本不願意承認他們所從事的是「公共關係」，原因就在於「公關」在當代民主社會中所被建構的形象並不全是正面的，有時公關被與「宣傳」等同，而它的前身也確實與政府宣傳脫不了關係，有時公關甚至被與「說謊」等同，一些單純的媒體傳播活動，都經常被冠上「不過就是公關罷了」的標籤，而任何事物一旦被這樣形容，就等於被賦予負面的意涵了。而就算不是負面意涵，公關也多半被簡化爲「爭取曝光」或是爭取媒體的報導，而大多數媒體在報導與評論中提及「公關」時，也多半帶有批評或嘲諷的意涵（Coombs and Holladay 2007：7）。就算在日常會話修辭中，「公關」的使用也很少是正面的，如「那不過是堆公關垃圾！」、「我敢打賭這就是公關操縱」、「只要搞好公關，我們就能讓它實現」、「那可眞是場公關災難」（Baker 1993：1）。這些日常用語中的「公關」，其實也反映了社會對公關的刻板印象。這種意象的形成並非只是偶然的，公關的角色與功能會遭質疑，絕對與倫理爭議有關。經濟學者海布納（Robert Hellbroner）曾生動地描繪這種公關的「形象危機」，他指出：「沒有人會懷疑公關的首要工作是替人傳達眞實的構想與資訊；沒有人會否認許多公司、學校、策畫各種活動的公關人是很誠摯地在傳遞一些有價值的資訊。但也沒有人會原諒公關人在傳播中製造了太多的噪音，使我們看到新聞時不禁會懷疑這些報導的前身是不是

『新聞稿』，是不是宣傳所致？而更糟糕的是，我們不再相信嘉言懿行的背後，有善良純正的動機，而將之貶爲『公關高招』。」（Schramm 1994：456-457）

　　美國公共關係協會曾在 2000 年制定了適用所有會員的專業倫理守則，並宣稱這些價值觀是指導所有公關人員「行爲和決策過程的基本信念」，就應然面而論，這套倫理規範其實非常嚴格，以下是它所列出來的倫理守則：

倡導

- 作為所代理客戶之負責任的倡導者，我們所服務的是公共利益。
- 我們在觀點、事實和意見爭辯的市場上提供一種聲音，協助公眾在辯論時參考。

誠實

- 在推廣所代理客戶的利益和公眾進行交流時，我們力求準確與真實。

專業知識

- 我們努力學習並以負責任的態度使用各種專業知識和經驗。
- 我們透過不斷提高專業水準、研究和學習來推動公關業的發展。
- 我們在眾多機構和受眾群體中建立相互理解、信譽和關係。

獨立

- 我們向所代表的客戶提供客觀的諮詢。
- 我們對自己的行為負責。

忠誠

· 我們忠誠於所代表的客戶,同時承擔我們為公共服務的義
  務。

公平

· 我們公平地對待客戶、雇主、競爭者、同行、賣主、媒體和
  一般大眾。

· 我們尊重各種意見,並支持言論自由的權利。

　　上述美國公共關係協會所列出的倫理信守,其實已經透露了公關所
可能引發的倫理爭議。上述列出的公關倫理信守,不斷反覆提及他們所
代理「客戶」或「雇主」以及「公眾」兩個角色,他們所謂的誠實、公
平、忠誠倫理,似乎是同時及於他們所代理的客戶以及他們所訴求的公
眾。問題就出在這裡,假如客戶利益與公眾利益出現衝突時,公關該對
哪一方誠實與忠誠呢?是致力調停兩者間的差距,還是將客戶利益轉化
成公眾利益?如果客戶利益明顯有害公眾利益,公關的忠誠與誠實又將
如何體現?掩蓋客戶利益去迎合公眾利益,抑或是將客戶利益包裝成公
眾利益?這明顯是公關的倫理困境,而其肇因於公關在操作上特殊的跨
界角色(boundary spanning role)(Coombs and Holladay 2007:35-36),
理論上這種跨界的角色是要同時滿足客戶與公眾的需求,但實質上這種
跨界角色不可能是對稱的,付費給公關的是客戶不是公眾,資源與資訊
的掌握也多半在客戶的這一端,一旦兩者利益出現衝突,期待公關能在
客戶與公眾之間維持獨立與公平,恐怕很困難。

　　曾先後擔任美國參議員高華德及副總統安格紐公關的高德(Vic
Gold),在他的回憶錄《當我對的時候,我就不再需要你:一個華府公

關的告解》（*I Don't Need You When I'm Right: The Confessions of a Washington PR Man*）一書中，就曾直接了當地說：「事實眞相是，公關就是美國企業在餵食的，他們對意識形態的眞理毫無興趣，只在乎利潤多寡，公關人是不談哲學的，他們只替客戶販賣理念，客戶要他們販賣什麼，他們就販賣什麼。」（Gold 1975：105）

　　事實上，從公關業開始發揮影響力起，倫理的爭議與困境就一直如影隨形。有公關教父之稱的柏奈斯，在 1920 年代受雇替美國菸草公司的老板希爾（George Washington Hill）做公關，當時該公司的幸運牌（Lucky Strike）香菸，急於打開女性的市場，這明顯牴觸女性不吸菸的傳統。柏奈斯的作法是一方面將吸菸的理念與瘦身觀念結合，香菸被描繪成能夠滿足飢餓感又沒脂肪的產品，他大量散發女性纖瘦的圖片，並發佈各種調查與報告，企圖改變婦女的飲食習慣，宣稱「飯後的食品應是水果、咖啡和一根香菸」，這種公關操作雖有效打開了女性香菸的市場，但也只能讓婦女在室內吸菸。而爲了進一步促使婦女願意在戶外公開吸菸，柏奈斯於是再將婦女吸菸與婦女解放運動結合，1929 年復活節他在美國紐約第五街策畫了一個由知名女性所組成的遊行，名爲「自由火炬」，宣揚婦女可以公開地吸菸，主張婦女只能在室內吸菸是落後、愚蠢的偏見，這個遊行從頭到尾都是精心策畫，但媒體都以「女性解放」加以取角報導，活動並陸續在波士頓、底特律、舊金山等地展開，整個活動完全未提及柏奈斯與菸草公司的幕後角色（Tye 1999：50-55）。

　　柏奈斯另一項極具爭議的事例，就是他受雇替美國聯合水果公司（United Fruit Company）做公關，甚至策畫了一場戰爭推翻了一個民選政府。聯合水果公司在加勒比海沿岸的中南美洲擁有相當廣大的果園，

1940 年代柏奈斯受雇替該公司推銷香蕉，除了將香蕉有效打進美國市場外，他主動向媒體發送各種中南美洲的新聞。1950 年代，瓜地馬拉民選領袖阿本斯‧古斯曼（Jacobo Arbenz Guzman）開始推動改革，其中許多土地徵收、勞工福利、稅收與交通建設等，幾乎都是衝著聯合水果公司而來，於是柏奈斯以「保護商界在美洲利益」名義，開始發動媒體攻勢，更在主流媒體就共黨勢力在拉丁美洲擴張展開討論，他大量提供媒體有報導價值的題材，並在 1952 年率記者團訪問瓜地馬拉，逐漸引發美國社會大眾對中南美洲的興趣，柏奈斯不斷提供「權威消息」給媒體，指瓜地馬拉正陷入赤化危機，這種對媒體的加溫在持續一段期間後，終於促使美國應介入瓜地馬拉的輿論氛圍形成，也促成了 1952 年流亡海外的軍官卡斯提洛‧阿馬斯（Carlos Castillo Armas）在美國中情局的支援下進入瓜地馬拉發動軍事政變，推翻了阿本斯‧古斯曼的政府。可以說，就憑著柏奈斯公關的操作，一個民選政府就這麼被顛覆了（Tye 1999：274-282）。

再以曾在全球名列前茅的偉達公關公司為例，它經常面臨跨界角色的困境，美國調查報導記者特倫托（Susan Trento）1992 年出版《權力之家：葛雷與華府資訊管道與影響的販售》（*The Power House: Robert Keith Gray and the Selling of Access and Influence in Washington*）一書，就透露了不少偉達公關公司在政治公關操作上違反倫理的事例。例如在 1990 年美國偉達公關公司接受羅馬天主教的委託，進行反墮胎的媒體宣傳運動，就立即面臨跨界角色的困境。當時不論在公司內部與社會都引起軒然大波。羅馬天主教的公關目標是希望在三到五年之內，以三百萬到五百萬美元的預算，說服社會大眾（包括教徒與非教徒）反對婦女墮胎。偉達公關公司接受這個委託所引發爭論的焦點之一，在於羅馬天

主教利用公眾的捐獻與政府的免稅優惠進行爭議性議題的遊說是否允當。當時的美國公共關係協會主席丹頓（Jerry Dalton）為羅馬天主教提出辯護，引用美國憲法第一修正案，認為主教所進行的遊說屬於言論自由的範疇，理應受到保護。然而，同為天主教系統的芝加哥羅耀拉大學心理系教授甘迺迪（Eugene Kennedy）卻很痛心地指出，這些宗教領袖選擇了一個「非常具有操控性且不道德到近乎麻木不仁」的策略。最感尷尬的大概是美國偉達公關公司的員工，雖然老板屢次在媒體為其客戶的立場辯護，但是卻有一百六十名員工簽署陳情書，抗議老板置員工價值觀（有多位公關業務執行明白支持婦女墮胎權）與客戶利益相衝突於不顧。此時，社會輿論開始批評公關人員是「騎牆派」、「兩面人」，接受什麼樣的個案委託就會採取什麼政治立場，公關人員的形象至此面臨重大考驗。

　　1990 年代初，偉達公關公司更以近乎欺騙的手法，有效塑造了波灣戰爭的氛圍。1990 年秋天，伊拉克把軍隊開進科威特，由於科威特國防力量薄弱，占領過程中未遭遇任何抵抗，而美國是否應派兵教訓伊拉克，在當時的輿論尚舉棋不定，結果在 1990 年 10 月 10 日，一名自稱納瑞雅（Nariyah）的十五歲科威特少女，突然出現在美國國會眾議院人權小組委員會上，聲淚俱下地講述了她所目睹伊拉克軍隊在科威特的暴行：「我在阿丹（al-Addan）醫院做義工……看到伊拉克士兵持槍進入醫院，然後走入一間房間，那裡有十五個嬰兒還在育嬰箱中，他們把嬰兒拿出育嬰箱，使嬰兒留在冰冷的地上死去。」這名科威特少女在國會作證的畫面，出現在當日國家廣播公司的晚間新聞中，在美國各地也立即成為夜間新聞頭條，數百萬美國電視觀眾義憤填膺。幾天之後美國眾院即以極大差距的表決通過出兵，美國總統老布希在科威特少女國

會作證之後一個月的各種演說中，連續引用此一「殘酷事件」八次之多，多位參議員也在演說中提到這椿慘案。當時的民調顯示，支持美國出兵伊拉克的民眾急劇上升，此一媒體事件不久後，美國即獲得了聯合國安理會的軍事制裁授權，在 1991 年 1 月 12 日對伊拉克發動以「沙漠風暴」（Desert Storm）為代號的波灣戰爭，先後打死三十多萬伊拉克軍民，並在無安理會授權的前提下，把部分伊拉克領土劃為禁航區。

當時很少有人追問：那個自稱納瑞雅的科威特醫院義工究竟是什麼人？為何一個十五歲的少女能夠不遠萬里，從科威特來到美國國會作證呢？後來經過美國《哈潑雜誌》（*Harper's Magazine*）的發行人麥克阿瑟（John R. MacArthur）在 1992 年 1 月 6 日出刊的《紐約時報》揭露，大家才知道從頭到尾這都是美國偉達公關公司所編寫的劇本，該公司接受科威特流亡王室所成立的自由科威特公民（Citizens of Free Kuwait）組織委託，執行了一項一千一百萬美金的計畫，這位在國會聽證會出現的十五歲科威特女孩，正是科威特駐美國大使阿爾沙巴（Saud Nasir Al-Sabah）的女兒，這位女孩在美國長大，多年來從沒到過科威特（MacArthur 1992）。而美國眾院人權小組委員會事先也知道納瑞雅的真實身分，儘管後來偉達公關公司公開提出道歉，也宣稱不再介入，但這也已經不再重要，因為在營造美國出兵伊拉克的輿論氛圍上，偉達公關公司已經完美達成使命了。

公關公司另一項容易發生跨界與專業倫理爭議的，即是「收買媒體人員宣傳公共政策」。例如 2004 年美國教育部支付十八萬六千美元給凱旋公關公司（Ketchum），要該公司在報紙專欄與電視節目宣揚小布希政府的教育政策「不放棄任何孩子法案」（No Child Left Behind Act）。凱旋公關公司於是以每年二十四萬一千美元的費用，收買保守派政論家

威廉斯（Armstrong Williams）在其主持的脫口秀《保守派》（*The Right Side*）、每週撰寫的專欄和電視政論節目中，宣揚小布希政府的這項教育政策。美國發行量最大的報紙《今日美國》（*USA Today*）於 2005 年 1 月披露了這件事，引發政界、媒體界一片譁然。除了民主黨政客抓到機會，對小布希政府的這種「隱形宣傳」手段大加鞭撻之外，新聞傳播界人士和學者也紛紛就新聞從業人員「道德意識淪喪」的問題提出深入探討。在輿論的一片討伐聲下，威廉斯不得不承認他犯了判斷上的錯誤，報紙也停掉了他的專欄。

　　從前述事例的討論即不難發現，政治公關的倫理困境，主要就是出在客戶利益與公共利益出現矛盾或衝突時，前面所列的公關倫理能否發揮作用？而公關經常跨界遊走於私利與公益之間，要公關在兩者衝突時願意放棄私利以符合公益，只有依賴倫理規約，而現實上這不可能使所有公關人都遵守，但也因為這樣才使得公關的社會形象一直不高。因而資深公關人貝克（Lee W. Baker）曾在他的一本著作中召喚公關人重新將「信譽」作為公關實務的重要倫理，貝克認為公關人一旦喪失信譽，根本不可能在社會立足，惟有認真對待「信譽」，才能重建公關的形象（Baker 1993）。

3　公關政治的特徵

　　極其明顯的是，當代政治在公關的操作影響下，已經出現異乎尋常的變化，這些變化有很大一部分是指向民主政治的運作。公關操作並未意圖要改變任何民主運作的制度機制，它也很小心地從不挑戰任何民主的基本價值信守，但公關卻巧妙地利用民主運作之種種機制，逐漸整個

改寫民主政治的實質內涵，以下即是討論公關介入政治後的幾項後果：

3.1 務虛凌駕實質

　　公關操作介入政治過程的第一個後果，是它讓政治人物不再致力於對實質政策的規畫從事說服與辯論，而是讓空泛華麗的標語與修辭取而代之，這種現象英國學者帕莫（Jerry Palmer）將之形容爲是「煙幕與鏡像」（smoke and mirrors）的政治，「煙幕與鏡像」原意是形容魔術師用煙霧與鏡子的反光分散觀眾的注意力，藉以展現各種魔術幻象，引申到政治上即是藉由虛假的訊息惑人耳目，讓人看不清眞相，只看到操作者希望人們看到的部分（Palmer 2002：346）。透過公關的操作，使得民眾之所以會選擇支持某一政策，並不是在理性判斷或利益取向上支持其政策內容，而是在感性上認同其所塑造的虛像。爲達成這個目的，政治治理重點逐漸不再是怎麼研議一個更適切的公共政策，也不是怎麼在不同利益團體間的交涉中取得平衡，而是怎麼讓政策的訴求強占每天的報紙頭條或晚間電視新聞黃金時段，怎麼藉由不間斷的民調掌握民眾對政策的動態反應，怎麼藉由負面的包裝將政治對手醜化等，它讓形式上的風格、形象、包裝等完全凌駕實質政策的規畫與資源配置，政治成爲一種務虛而非務實的事業。

　　美國華盛頓大學教授班尼特在他一本討論政治新聞性質的著作《新聞：政治的幻象》中，一開始就指出當代政治其實運行著兩個世界，一個是政治人物赤裸操作的實際政治，另外還運行著一個經過粉飾、精心設計的政治世界，這個政治世界也是被呈現在大多數公眾面前的世界，在這個世界中，政治被轉化成一幕幕炫目的新聞畫面，同樣地，在這個世界中，也充滿了精心編寫的故事，不僅能喚起公眾的感情與價值情

緒，更能營造出一種美好的幻象，這個幻象不斷藉由自我複製、自我放大，創造出一種實然上並不存在的世界。更重要的是，班尼特認為不論這個塑造過程中曾出現如何的扭曲與簡化，都一樣會使公眾對這種幻象深信不疑（Bennett 2004：78）。藉由這種幻象政治的營造，政治人物可以取得一定的政治優勢，也就是說，藉由公關的操縱，政治菁英努力的焦點全集中在如何堵住漏洞，預期民眾可能產生的誤解，並嚴密控制訊息的釋出，只要掌控成功，政治幻象就完全可以凌駕政治實質，政治人物本身的意圖，甚至若干政策失當，都可以在媒體所塑造的完美幻象中被掩蓋或稀釋。

「務虛凌駕實質」（style over substance）表現在政治人物行程滿檔的媒體事件上，如接見外賓、參訪巡視、電視專訪、出席活動等；「務虛凌駕實質」也表現在選舉上，例如候選人的電視辯論上，候選人的政見主張為何從不是重點，候選人的穿著、手勢、聲調以及在辯論過程的口才、機智表現才是主軸。「務虛凌駕實質」並不意味實質不復存在，也不意味虛幻能完全取代實質，但它卻能讓實質被忽略，虛幻被放大，特別是它讓公眾陷溺於虛幻的誘惑，而撤出對實質的關注與參與。

3.2 永恆的選戰

當公關完全滲入政治操作，原本僅適用於選舉期間的公關手法，也同時入侵日常政務的決策領域。曾擔任美國總統卡特民調智囊的凱帝爾（Patrick H. Caddell），在 1976 年 10 月寫給卡特的一份備忘錄中，提到過這樣一句話：「基本上我認為要獲得公眾的高支持度，就必須要打一場持續的選戰。」這個「永恆的選戰」（permanent campaign）的概念，事實上就是公關介入政治過程所形成的一種狀態，換言之，「選戰」的

操作已經不僅只在競選期間，它更進一步延伸到日常的治理過程中，新當選的總統或閣揆並不僅將自己定位為「國政領導人」，還同時持續以「候選人」的身分加以自我定位，日常政務的處理完全是以操作選戰的方式在進行。他必須時時刻刻依賴民調來監測民眾的反應，他必須保證他所釋出的訊息都能傳達給所有的民眾，他必須不斷分析各個選區的需要，他必須確定相關情報資訊都能傳達給所有的意見領袖，他必須引導民眾接受他所塑造的形象，同時還能引導民意輿論的走向（Newman 1999：110）。

而當執政的一方將日常的公共事務轉化成一場「永恆的選戰」之際，在野的政治人物也同樣將他們的制衡行為轉化為另一種「永恆的選戰」的形式，亦即是一種「責難的選戰」（impeachment campaign），包括對政策的批判、形象的責難等都延用競選期間負面選戰的手法加以操作，即便是普通瑕疵都有可能被渲染成全面的政治危機，如果鬧出的是緋聞或弊案，更會積極全面發動輿論攻擊。例如 1998 年美國總統柯林頓在陷入魯文斯基緋聞案時，聯邦特別檢察官史塔不斷將不利柯林頓的訊息洩露給媒體，國會在野黨派議員也不斷就是否要彈劾柯林頓進行辯論，這使得 1998 年有大半年柯林頓都陷入與國會及特別檢察官的對抗中。

這種「永恆的選戰」的效應當然影響了正常政治的運作。曾經擔任共和黨策士的史提芬普洛斯（George Stephanopolous）評論這種現象時說：「政治與政府已經不再有分野，每週都會有若干故事處於無休止的『選戰』狀態中，完全無從迴避，特別是如今有二十四小時的新聞，隨時隨地都得即時回應……」同樣擔任策士的克里斯托（William Kristol）說：「面對層出不窮的選戰，加上政黨作用的下降，所有事物都處於一

種變動不居的狀態中，身在白宮你必須比過去更有掌握力，白宮必須每天強占夜間新聞的頭條，我們鼓勵整個內閣團隊都要做這種努力，我們也為此付出龐大的代價。」（Newman 1999：120）

「永恆的選戰」將選舉與非選舉的界限加以模糊，日常施政的操作手法逐漸與競選看齊，競選團隊變成執政團隊，所有的治理作為都以「連任」、「選票」作為思考中心，政治公關化意味著政治選戰化。

3.3 製造共識

政治公關的重要意圖之一，當然就是促使政府所推動的所有政策都能獲得公眾的支持，但這種共識是藉由公關操作的說服與建議所「製造」出來。換言之，所謂「共識」不是循理性互動的討論所自然形成的，而是有意識「生產」出來的，而這種「生產」是藉由語言修辭的操作工程所完成的，這種工程包含若干語言操縱的技巧，例如打造一種集體概念的「我們」，將社會所有正面價值賦予其上，一旦這種「共識」有效製作成功，也就能有效控制社會。

而學界曾就「製造共識」（manufacturing consent）加以發揮的，主要是美國語言學大師、政治評論家杭士基。他對公關的批判主要出自他的兩部著作，一部是 1988 年他與赫爾曼（Edward S. Herman）所合著的《製造共識：大眾媒體的政治經濟學》（*Manufacturing Consent: The Political Economy of the Mass Media*），另一本則是他本人在 2002 年所出版的《媒體操控》。在這兩部著作中，杭士基將美國的政治公關直指為是一種「宣傳模式」，他認為美國公眾對公共政策的支持，主要是美國政府和商業集團利用它們所控制的媒體宣傳工具，對公眾施加影響的結果，透過媒體的宣傳，政府和商業集團掩蓋了政策的真相，並引導公

眾支持政府的行動。杭士基用了不少篇幅討論政府、企業、廣告業、公關專家等如何相互合作來達成媒體宣傳。但或許是杭士基的語言學背景，他對公關最具洞察力的批判就在語言部分的檢視。在他看來，政府的公關操作能夠達成一種非常微妙的思想控制效果，亦即國家一方面鼓勵自由討論，但另一方面又將這種討論預設在某種思想框架內，而這個思想框架從未在宣傳體系的操作中得到充分的說明。

　　杭士基曾在《製造共識》一書中以美國輿論對越戰的辯論為例加以說明。他認為在表面上，美國輿論對越戰的立場分為「鷹派」與「鴿派」，「鷹派」認為越戰的失利是戰術出現錯誤，因為美國過分重視正義和無私的奉獻，未能採取有效措施以阻止北越部隊向南越進行滲透；「鴿派」則認為越戰的錯誤是期望越南能依美國模式建立一個民主國家，但這只不過是無法實現的幻想而已，因為這種錯估，美國不論採取何種辦法都很難獲得勝利。杭士基認為這兩種立場都預設了一個前提：美國對越南的干涉是為了某種無私的理想，保護越南避免外來侵略，維護越南人民的民主與自決權利，這個就是越戰辯論所預設的框架，其它的觀點都被排除在外，例如有關「越南戰爭的合法性」問題的討論，許多和平人權團體所主張的「越戰從根本上就是錯誤與不道德」、「是侵略的罪行」等相關觀點，根本就不會被納入討論的範疇（Herman and Chomsky 1988：170-175）。

　　在《媒體操控》一書中，杭士基更直指美國公共關係產業一年大約要花上千億美元的經費，而它一切目標就是要「控制大眾心智」。它最早是在 1930 年代若干大企業面對日益蓬勃的工會運動，投入大量金錢與精力研究如何透過公關來解決相關問題，由於勞工已有合法的組織工會權利，不能再以鎮暴警察鎮壓，於是轉由公關手法，以更細緻的宣傳

手法，讓民眾從同情轉而反對這些罷工者。透過公關，罷工者看起來像是對大眾有害的破壞份子，是有損公共利益的一群。公共利益是指「我們」的利益，商人、工人、家庭主婦，這些都是「我們」。「我們」想要團結在一起，想要共同努力達成和諧並實現美國精神，。那些搞罷工的壞人，他們會造成分裂，破壞和諧，違反美國精神。「我們」得阻止他們，大家才能生活在一起。不論企業人還是苦力，都有共同的利益，一起為美國精神奮鬥。這些訊息透過媒體大量呈現，杭士基稱之為「摩霍克山谷公式」，並形容其為「破壞罷工的科學方法」。它在作法上，其實是動員輿論支持一些乏味空洞的理念，即可運用得很有效率。比如美國精神，誰能反對？或者和諧融洽，誰能反對？或者在對外用兵時喊「支持我們的部隊」，誰能反對？任何東西都行，只要完全沒有意義即可。

杭士基舉例說（Chomsky 1991：20-21）：

　　如果有人問你：「你支持愛荷華州的人嗎？」這句話是什麼意思？你只能說：「是啊！我支持他們。」或是：「不！我不支持他們。」這句話甚至構不上是個問題。它不具任何意義。這就是重點。類似「支持我們的部隊」這樣的公關口號，它的重點就在於不具任何意義。其不具意義的程度，和人家問你是否支持愛荷華州的人不相上下。當然，這裡面還是有個議題存在。這議題是：你是否支持我們的政策？但你不要人民思考這個議題。這正是好宣傳的要點所在。你得創造一個沒有人會反對、大家都贊成的口號。沒人知道那是什麼意思，因為它不具任何意義。它最關鍵的價值在於，將你的注意力從確實有

意義的問題上移轉開來：你是否支持我們的政策？但這問題是
不允許談論的。所以你讓人民討論：你是否支持我們的部隊？
「我當然不會不支持他們。」然後你贏了。這就像美國精神與
和諧融洽一樣。我們全部團結在一起，空洞的口號，讓我們加
入，讓我們確保沒有壞人會高談什麼階級鬥爭啦、權利啦，以
及諸如此類的玩意兒，藉此破壞我們的和諧。

3.4 訴諸公眾

如果公關操作能夠有效「製造共識」，那麼對政治人物而言，特別
是對領導人而言，他根本不需要再理會體制內的決策機制，直接就可以
跳過官僚、國會向民眾直接訴求，一旦取得了民眾的認可，體制內的制
衡壓力亦可有效化解。按「訴諸公眾」（going public）這個詞在商業金
融上的用法，即是指股票「上市」，即是將私人股權加以切割拿到公開
市場交易，引申到政治上即是將體制內的政治交易搬到體制外操作。美
國總統威爾遜在一次世界大戰結束後，一手促成國際聯盟的成立，但國
會卻抵制，使得美國無法加入，當時威爾遜只有向公眾訴求，但當時媒
體並不發達，並未使他的訴求成功。但接下來小羅斯福卻利用「爐邊談
話」（fireside chat）的廣播向民眾直接訴求，藉以向反對他新政的國會
施壓，小羅斯福「爐邊談話」操作成功後，隨著媒體科技的發展，特別
是電視媒體的興起，越來越多的民主國家領袖寧可藉由媒體公開的操作
直接向民眾訴求。政治學者卡奈爾（Samuel Kernel）在 1986 年出版
《訴諸公眾》（*Going Public*）一書，正式將這種操作理論化，用來解釋
總統與國會部門對抗所採取的策略。

　　卡奈爾在其 2007 年第四版的《訴諸公眾》一書中，更深入地討論

「訴諸公眾」策略對美國總統領導模式的改變，在卡奈爾看來，「訴諸公眾」的操作，讓總統大部分的時間待在白宮外，公開的行程越來越多，惟一的目的就是爭取媒體的曝光度，以及公共議題先占的發言位置。卡奈爾歸納領導人所採取的「訴諸公眾」形式有三種：第一種就是公開演講，這包括全國性的演說，如甘迺迪在 1962 年透過演講宣佈蘇聯將飛彈佈署在古巴，直接就取得了議題的主導權；還有就是針對局部選民的小型演說，例如卡特就是到愛荷華州才直接在農民面前宣佈他最新的農業政策。第二種形式就是大量增加公開露面頻率，包括利用各種公開曝光的時機發表看法等。第三種形式則是出訪，藉由頻繁的國內外旅行來操作媒體的曝光。根據卡奈爾的統計，二十世紀後半葉的幾任美國總統，運用「訴諸公眾」策略的頻率大幅增加，總統的時間有大量耗費在各種公開曝光的行程上（Kernel 2007：114-129）。

　　這種「訴諸公眾」為主軸的領導策略，當然不是沒有代價，在卡奈爾的分析中，沉浸於「訴諸公眾」的總統，由於習慣性跳過官僚與國會直接向民意訴求，無形中也降低了總統在體制內「討價還價的能力」，那種傳統上總統與議員間頻繁的交易、折衝與妥協等運作的模式，在「訴諸公眾」下被大幅壓縮，這也使總統與國會之間少了可資迴旋的空間，彼此對立的形勢反而加大（Kernel 2007：3）。這種形勢有時反而讓總統所急欲推動的重要法案，因為被總統轉向公眾訴求後，被國會認為未受到尊重而極力抵制，柯林頓任內推動的醫療保險改革法案會失利即是顯例。「訴諸公眾」的另一項顯著影響就是「迎合政治」大興其道，多數公眾的意向朝向哪一邊，政策意向就倒向哪一邊，完全不問政策埋念是否一致，柯林頓在面對共和黨所控制的國會要強推社會福利改革法案時，他原本要加以否決，但當他發現多數民意傾向支持該法案時，他

立即就改弦更張，跳到力挺法案的第一線；同樣地，國會有時也會向總統讓步，原因也是發現總統訴諸公眾的政策獲致支持，這種「迎合政治」造成朝野政黨經常競相透過政策加碼來討好選民（Kernel 2007：229-232）。

3.5 犬儒主義的惡性循環

公關長期涉入政治的另一項後果之一，就是將政客、媒體與公眾都導入一種政治犬儒主義的惡性循環（vicious cycle of cynicism）。政客沉浸於務虛的政治操作，對馬基維里式的權謀完全不以為意，如同學者坎柏所揭示的，他們對負面政治的操作，甚至都還有一套自以為是的辯護邏輯，例如認為「他們不這麼做，對手也會這樣做」、「他們是受僱這麼做的，他們的工作是要影響他人，不是要交朋友」，甚至根本主張「政治本來就是『黑心事業』，誰也不可能在『公平競爭』中取勝」（Kamber 1997：179-196）。而媒體則是認定所有政客都在說謊、掩飾，都有私心自用的動機，都隱藏有不可告人的弊端，因而不論報導評論都瀰漫著對動機的懷疑與指責，刻意放大背後的權謀計算的揭露。在這種氛圍下，公眾不論對政客或媒體，都充滿著不信任。

一個很典型的例子是，2001 年 10 月 10 日英國報紙曝光了一封電子郵件，是由政府負責宣傳策畫的媒體顧問摩爾（Jo Moore）在九一一紐約世貿中心遭受攻擊幾分鐘後所撰寫的，在這篇發給她媒體辦公室同仁的電子郵件中，出現了這句話：「今天是擺脫我們想埋葬的一切壞消息的好日子。」（Cottle 2007：63）這個訊息曝光後當然引起輿論爭議，然而某種程度上它確實反映政治顧問這種角色的犬儒性格。

按所謂犬儒主義源自西元前四世紀到前五世紀希臘的一個哲學流

派，通常將它理解爲譏誚嘲諷、憤世嫉俗、玩世不恭，其代表人物是迪歐吉尼斯（Diogenes）。演變到當代，政治犬儒主義所表現的往往是以「不信任來獲得合理性」，亦即徹底不相信外在世界的一切，甚至不相信還有什麼辦法可以改變這個世界，犬儒主義者對既有秩序不滿，但不致會反抗，他們願意與現實妥協，但絕不會衷心認同，因而最經常的表現，就是對一切都持懷疑或是冷嘲熱諷的態度。政治顧問正帶有這種犬儒主義的特質，此一特質當然會影響到政客，再影響到媒體。在這種氛圍下，公眾也會陷入犬儒主義中，選擇與整個政治過程疏離。換言之，媒體慣常會懷疑政客所有作爲的動機，政客也確實經常因環境氛圍而改變曾經做過的承諾，結果導致民眾既不信任媒體，也不信任政客（Grattan 1998：37-38）。

當然，「犬儒主義的惡性循環」最嚴重的部分，還是呈現在公眾的部分。它使得公眾在面臨任何爭議的公共議題時，甚或是重大弊端或醜聞，儘管認知到問題的嚴重性，知道媒體有在渲染，也清楚知道幕後有公關在掩蓋或包裝，也對一切感到憤怒或憂慮，但卻對怎麼解決完全使不上力，結果就是乾脆選擇忽略、冷漠甚至嘲諷，最後普遍所形成的情緒，就是對政客嫌惡，對政策內涵忽視，對媒體不信任，對參與無能爲力，對一切公共事務都刻意保持距離，甚至漠不關心。

從上述的討論中，不難發現公關所塑造的政治後果，已經對民主政治造成了衝擊，以研究公關歷史起源著名的學者伊溫（Stuart Ewen）在《公關：政治顧問的社會史》（PR!: A Social History of Spin）一書的結論中，曾做出這樣的提問（Ewen 1996：410）：

　‧當公眾變成是被切割的閱聽眾（fractionalized audience），當

公眾根本沒有集體的存在，這還依舊是民主嗎？

• 當公共議程是由「隱形工程師」（unseen engineer）所制定，這還依舊是民主嗎？

• 當民意輿論被化約成只是民調的數據與圖表，這還依舊是民主嗎？

• 當傳播工具既在分配上不民主，也不受到民主的掌握，這還依舊是民主嗎？

• 當媒體內容幾乎普遍都是商業考量決定，這還依舊是民主嗎？

• 當感性訴求凌駕理性，當形象蓋過思考，這還依舊是民主嗎？

或許伊溫的上述提問，是所有思索公關與政治關係的人，都必須要面對的課題。

4 公關影響下的「新政治」

　　在實存政治中，界定政治的範圍可以是國家的活動、政府的制度、政策的制定、權力的行使、操縱或鬥爭的技藝等，公關政治與上述的實存政治都相關，但公關政治本身還是有其自主的範圍。可以這麼說，公關深入政治的結果，不僅改變了政治的面貌，影響了政治運作的方式，某種程度上甚至改寫了政治的界定與內涵。英國東安吉拉大學教授史崔特（John Street）曾在 2005 年第三卷的《政治研究評論》（*Political Studies Review*）中撰寫一篇題為〈消逝的政治、變形的政治、被殖民的

政治？媒體影響的諸般理論〉（Politics Lost, Politics Transformed, Politics Colonized? Theories of the Impact of Mass Media）的論文，梳理相關理論文獻，系統性地檢視了媒體影響政治的各種理論觀點，所有的論點都指出在媒體顯著的影響下，不僅「政治」早已經不復本來的面貌，甚至整個政治運作的邏輯都臣服於媒體的邏輯之下（Street 2005：17-33）。有意思的是，史崔特雖未刻意突出公關的角色，但在他的行文中，不難看出真正隱身幕後而能透過媒體影響政治的角色，正是公關。因而史崔特所指的媒體影響，更確切的說法其實是公關的影響。因而如果在這借用史崔特的說法，公關對政治的影響，就是造成消逝的政治、變形的政治與被殖民的政治。

4.1 消逝的政治

政治消逝的危機，主要是當代民主政治面臨公共領域崩壞（erosion of the public sphere）的威脅，崩壞主要包括了政治訊息被過度包裝、公眾參與的下降與冷漠等。而討論公共領域出現失落危機最著名的，當推德國批判學者哈伯瑪斯（Jurgen Habermas）所著的《公共領域的結構轉型》（*The Structural Transformation of Public Sphere*）。哈伯瑪斯在探討促成公共領域政治功能轉型的因素時，特別提出來討論的，就是「公共關係」。

對哈伯瑪斯而言，「公共領域」是他從十八世紀的特殊歷史情境中所抽離出來的概念，那是一個運作於市民社會中的理性論辯空間，它的歷史可以追溯到十八世紀的沙龍文化，在沙龍中所有的中產階級都可以在不受任何外在壓力下，與他人理性地交換意見、對話與討論，換言之，凡是對所有人開放，可以在其中進行意見交流的公共空間，就是哈

伯瑪斯所謂的公共領域。有趣的是哈伯瑪斯悉心竭力從十八世紀的歷史中提煉出「公共領域」這個概念後，立即在後續進入十九世紀與二十世紀的發展中討論這個「公共領域」如何消逝。哈伯瑪斯認為隨著媒體商業化的發展，加上輿論操控技術的精緻化，尤其是公共關係部門的出現，讓政治領導人在公共利益的偽裝下，利用沒有批判意識的大眾，營造虛假的公共輿論，實際上卻是為了私人的利益，或是為政黨的利益塑造聲望。在這個政治過程中，大眾被當成政黨與政治人物操縱的資源，透過媒體，政黨與政治人物從大眾獲取虛假的共識，以便於正當化其政治綱領，人民則被排除在實際的公共討論與決策過程之外。這種將政治當成營造輿論與獲取聲望之舞台的現象，哈伯瑪斯以「公共領域的再封建化」（refeudalization of the public sphere）來形容（Habermas 2002：187-205）。

　　而在哈伯瑪斯看來，「公關」正是促成公共領域消逝的主要因素之一，哈伯瑪斯認為公關與廣告不同，廣告是針對私人消費者，但公關卻是針對「公眾輿論」或是作為公眾的私人，其對訊息的傳遞是將自己的商業意圖隱藏在一種關切公眾利益的樣貌背後，亦即私人的利益透過公共利益的形式加以包裝，結果公關不僅入侵了公共輿論，也介入了公共輿論的改變，最後則是主導了公共輿論的策畫，這種公共輿論以「普遍利益」的名義加以宣傳，實際服務的卻是個人利益，它最直接的效果就是促成公共領域的消亡（Hebermas 2002：247-252）。用哈伯瑪斯自己的話說：「嚴格說來，這樣人為造成的共識，與公眾輿論以及長期啟蒙而最終形成的共識並不相同，因為『普遍利益』是藉由輿論的理性競爭所達成，而特殊私人利益的自我宣傳，則是將這種『普遍利益』拿來為自己服務，因而所謂的普遍利益已經徹底消失了。」（Habermas 2002：

252）

　　對哈伯瑪斯而言，「公共領域」所代表的是一種「審議式民主」
（deliberative democracy），是假定所有的公民都有相同的機會表達意
見，並藉由一種理性討論的參與獲致共識，然而學者摩遜（Judy
Motion）在透過法國思想家傅柯（Michel Foucault）知識與權力系譜學
的觀點，檢視公關在民主政治中的角色後，卻發現公關與公共領域的關
係其實更爲複雜。在傅柯看來，任何知識要獲致眞理的位置，必須附著
於權力之上，而公關所發揮的角色，正是在於介入這種知識／權力關係
的鞏固、逆轉與顚覆（Motion and Leitch 2007：266），換言之，從傅柯
理論視角看來，哈伯瑪斯的公共領域就算存在，亦不過是某種特定的
「支配論述」（dominant discourse）暫時性地取得合法地位而已，而這種
支配論述之所以會擁有正當性，只不過是在各種論述競逐中，取得權力
結盟的暫時優勢而已。而公關的角色，正在其能藉所擁有的論述生產能
力，介入權力的競逐，進而強化某種支配論述，或是促成論述的改變
（Motion 2005：506）。

　　公關對民主的負面影響絕不只是哈伯瑪斯一個人的焦慮，美國資深
專欄作家克萊（Joe Klein）更是直接將「消逝的政治」當作書名，在他
2006 年所出版的《消逝的政治：那些認爲你很蠢的人們如何將美國民
主弄得零碎瑣細》（*Politics Lost: How American Democracy was
Trivialized by People Who Think You're Stupid*）的著作中，點出了幾項造
成民主政治瀕臨消逝的現象，包括政治中原本存在的彼此可信賴性已經
消失，無所不在的政治顧問已經將民主榨乾並將選民驅離，而電視則藉
由大筆花費的電視廣告，完全改變了我們選擇領袖的方式，政治顧問也
同時促使政治陷溺在無休止的負面政治獵巫的亢奮中，同時快速運轉的

政治也讓我們對資訊的取得、評估與行動嚴重失速，這些現象在克萊看來都是政治顧問藉由公關所驅動出來的，而它最直接的後果就是政治素質的低落，亦就是「政治的消逝」（Klein 2006）。

4.2 變形的政治

公關不僅造成公共領域的失落，更整個改變了原有政治的形貌，政治原始的形貌被隱藏、被稀釋，而被另一組藉由公關包裝所建構的政治取代。這個被媒體所建構的「政治」，與實際政治存有相當的落差，卻成了實際政治的代理。換言之，大多數公眾所認知的「政治」，其實是被建構出來的政治，甚至這個已經變形的「政治」，被多數公眾認定為就是政治的原貌。以下討論幾種經過變形的政治形貌：（1）政治是一種形象（image）；（2）政治是一種表演（performance）；（3）政治是一種商品（product）；（4）政治是一種操縱（manipulation）。

首先，「政治是一種形象」意味政治被轉化成一種藉由符號、圖像、語言加以組合、包裝、設計的視覺客體，進而在觀者心中所形成的主觀感受。在這裡符號與風格的重要性，遠遠超過政治訊息的呈現（Grattan 1998：34）。而政治公關的主要任務即是形象塑造。政治意含在這裡所關注的重點，是務虛勝過實質。學者在研究柯林頓何以在一連串醜聞與彈劾壓力的衝擊下，仍能保持極高的民間聲望，得出的結論之一，就如同網球明星阿格西（Andre Agassi）所說：「形象就是一切。」換言之，今天美國總統的角色，其實就是在媒體上打造一位「形象完美的總統」，這種形象與符號甚至已經鑲嵌在總統角色中了（Waterman at al. 1999：155-160）。

電視的出現更催化了這種「政治」觀。在《誘惑美國：電視如何吸

引現代選民》（*Seducing America: How Television Charms the Modern Voter*）一書中，哈克（Roderick P. Hart）指出電視的出現促成了一場知覺的革命，更精確地說，是場現象學的革命。他認爲電視促使我們以某種方式觀看政治，也促使我們以某種「觀看方式」來觀看。電視向我們呈現的是，政治可以完全化約成圖像，用麥克魯漢的話說，電視不僅在傳遞訊息，電視本身就是訊息（Hart 1999：4）。就因爲電視傳遞的是形象而不是語言，電視所需要的內容也與其它媒體截然不同，如同媒體文化論者波斯曼在其所著的《娛樂至死》一書中就直言：「電視無法表達政治哲學，電視的哲學註定了它與政治哲學是水火不容的。」（Postman 2004：9）當政治被轉化成一種形象，其實也就是被轉化成一種圖像、一組符號、一串光影，不論形式是什麼，政治已化爲一種視覺的客體。

　　其次，「政治是一種表演」意味政治被轉化成是魅力領袖個人化的展演，或是一種竭盡所能討好的技藝。特別是在電子媒體興起之後，身處鏡頭面前的政治人物，彷彿就是置身於舞台上的演員，一舉手一投足可能都經過事先的排練，政治運作仿如劇場（Grattan 1998：38）。而媒體也通常會以劇評家的語言，如現場表現、韻律、節奏等來加以評論。例如《華盛頓郵報》專欄作者謝理（Tom Shales）曾撰文讚揚小布希演講，完全不提其內容，只特別提及在電視前面的表現已比過去更加放鬆與自信；專欄作家索羅門（Norman Solomon）在評論謝理這篇文章時，指出其無疑在暗示小布希總統是勝任、聰明與溫和的，而不是裝模作樣、愚蠢無所事事或流露野心的（Solomon 2001）。

　　這種政治劇場化的現象也被學界所注意，英國倫敦聖母院大學教授許慕爾在 1995 年所出版的《治理能力與表演技藝：講究人格年代的美國政治生活》一書中，即特別將政治上的治理能力與舞台上的表演技藝

兩種技能並置。他認爲在當代政治中，政治人物治理國政的技藝以及其
在舞台上表演的技藝之間，其實已經沒有界限，甚至是根本已經融合在
一起了。政治領袖的治國能力會受到肯定，有很大一部分可能是基於他
政治表演的成功，而雷根正是代表性的人物。許慕爾形容雷根是「站在
舞台中央的政治表演家」，在媒體的聚光效應下，他將總統這個角色扮
演得淋漓盡致。在許慕爾看來，雷根的治理能力與表演技藝之間其實存
有相當的落差，他任內的許多政策，如增加國防支出、削減內政預算、
放寬預算支出上限等都未獲得多數民意的支持，但他的民意支持度卻一
直很高，這個弔詭的現象，許慕爾認爲正是基於他卓越的表演技藝
（Schmuhl 1992：29-50）。

　　當政治被以媒體形式呈現時，媒體的特殊文法也就將政治整個轉化
成了「表演藝術」。媒體文化論者凱爾納（Douglas Kellner）在其所著
的《媒體奇觀：當代美國社會文化透視》（*Media Spectacle*）一書中即
闢有一專章討論「奇觀政治」，他指出：「具體說來，媒體將政治簡約
爲形象、展覽與故事，運用各種娛樂形式，尤其是通俗劇來展現給廣大
觀眾。每天的新聞報導逐漸按照娛樂的要求來構思。紀錄片與新聞雜誌
成爲表現政治最流行的形式，虛構的影視劇把總統政治作爲主要題材之
一，運用戲劇化的手段再現總統任期內發生的重大事件及其日常活動和
私生活。在當今這個訊息和娛樂以不可阻擋的趨勢日漸融合的時代，美
國公眾逐漸將總統視爲一個敘事的奇觀。」（Kellner 2003：183）凱爾
納在這部著作中比較了電視出現後，美國幾位總統在不同的「奇觀政治」
上所呈現的故事與演技，譬如他認爲甘迺迪任期所呈現的即是一部好萊
塢大片，而詹森與尼克森則是兩部大爛片，福特與卡特則是平淡而拙劣
的奇觀，雷根則是最能扮演總統的最佳演員（Kellner 2003）。

評論家李佛斯（William L. Rivers）曾這樣詮釋雷根的政治表演：「雷根帶著四十年演員經驗的保證，走上了政治舞台。即使他的統計數據提示卡、巧言妙語和嘲諷顯得有些陳舊、簡化而且離題，但他的聲音、時間控制能力和個人風格卻在長時間的洗鍊下變得相當出色。不管雷根說了什麼內容，他總是能展現輕鬆的自信與堅定神情，以及相信自己能為民眾謀福利的態度。雷根是一位道地的表演家，他也是第一位入主白宮的專業演員，而這也顯示了媒體與電視已經成為美國政治中最具影響的力量。」（Schramm 1994：429）

再則，「政治是一種商品」意味不論是將政治形象化、舞台化，都需要將政治先予以「商品化」。亦即將政客、政策、政見、選舉、政黨甚至理念等都轉化成一種商品，藉由商業運作的行銷、廣告等包裝手法販賣給民眾。在這裡，政治領域中的政府、政黨、政治人物與民眾之間的關係，已類比於經濟領域中「生產者」與「消費者」之間的交易關係。與商品必須在市場上接受考驗一樣，所有的政治商品也同樣面臨相異品牌（其它黨派）的競爭，行銷策略最佳的，往往能在最後贏得勝利。因而政治行銷在這種經濟邏輯下即成為政治活動的要角，而政黨、政治人物、政見、政策等，都如同陳列於置物架上的商品，由民眾做挑選，選舉即是一種消費。為爭取更多選票或支持，政治行銷即成為必要手段。

將商品概念帶入政治領域最經典的著作，即是傳播學者麥金尼斯在1968 年的成名作《販售總統》。在這本書中麥金尼斯以尼克森為例，討論他在 1968 年競選總統時如何像商品一樣被兜售，特別是尼克森在電視辯論上輸給甘迺迪之後，如何藉由電視媒體重新包裝，塑造出一個全新的尼克森。這本書的封面是一幅印在香菸包裝上的尼克森微笑照片，

隱喻將尼克森包裝得像香菸一樣在販賣。麥金尼斯在這本書中特別集中討論尼克森所倚重的幾個重要顧問，包括演講專家、廣告創意專家、媒體顧問等，如何將尼克森在媒體上打造得看來很親切近人。當然麥金尼斯也不避諱地指出尼克森如何公開向民眾訴求，卻又私下咒罵老百姓，更直指其許多立場的選擇都未經任何深思熟慮，只是著眼於能否有效打擊對手韓福瑞（Hubert Humphrey）。這本著作開始讓許多人意識到競選廣告的威力，甚至可以說傳達了一種看法，即政治廣告所塑造的候選人形象比候選人本身還重要（McGinniss 1968）。這是首度將總統比喻為商品的著作，也成為美國當年的暢銷書之一。

　　當「銷售」的概念進入政治的領域，圍繞於銷售的概念包括行銷、廣告、包裝等當然也隨之進入政治領域，政治人物與政治主張等如何透過廣告來表達也成為一種專門的學問，「政治廣告」也正式進入學術研究的殿堂。例如美國賓州大學傳播學教授詹姆遜在 1994 年所出版的《包裝總統：總統競選廣告的歷史與批判》（*Packaging the Presidency: A History and Criticism of Presidential Campaign Advertising*）一書，即以美國從 1952 年到 1980 年幾位總統的競選廣告為主題，探討他們如何透過廣告塑造他們正面的形象，又如何透過負面廣告扭曲對手的形象，同時也探討這些廣告最後怎麼影響了選舉結果。對詹姆遜而言，政治廣告之於候選人，就如同商業廣告之於產品一樣，候選人藉由廣告企畫發掘自己的優勢與對手的劣勢，進一步發展出選舉訴求；同時廣告也成為候選人向選民傳達訊息最重要的手段，不論是打造知名度、框架議題、塑造形象還是打擊對手，都是藉由廣告這個平台，對詹姆遜而言，一頁美國總統的競選史，其實也就是美國總統的競選廣告史（Jamieson 1994）。

如果廣告能夠成功入侵政治，那麼行銷當然也不例外，一般談到傳統行銷學的四大要素（4P）「價格」、「通路」、「產品」與「促銷」，其實都可以對應到政治上，而政治行銷的四大要素所指的分別是：「價格」，政治人物或政黨的形象與聲望；「通路」，政治人物或政黨的媒體企畫；「產品」，政治人物的個人條件與優勢、政黨的政綱與政見等；「促銷」，形象或議題的訴求策略等。將行銷學整個搬進政治學最具代表的學者是紐曼（Bruce I. Newman），他在 1994 年出版《營銷總統：選戰中的政治營銷》（*The Marketing of the President: Political Marketing as Campaign Strategy*），在這部著作中，紐曼嘗試將行銷原理運用在競選策略中，他發展出一套「環境分析─候選人理念─行銷攻勢─競選過程」的分析模型，用來分析 1992 年美國總統競選的三位候選人老布希、柯林頓與斐洛的行銷戰略，用他自己的話說：「當我們將行銷應用於政治時，會發現交易過程總是圍繞著候選人來進行，候選人透過承諾爲選民提供政治領導而換取後者手中的選票，他所提供的政治商品，就是其競選政見，而這可以透過民調的方式來確定，這個方式同樣也可用來確定候選人形象的定位……」（Newman 2007：7）

紐曼在 1999 年再度出版《政治的大眾行銷：形象生產年代的民主》（*The Mass Marketing of Politics: Democracy in an Age of Manufactured Images*）一書，紐曼在這部著作已經不再將行銷的運用拘限於競選活動中，而是進一步延伸到整個民主體制的運作中，行銷技巧不僅能決定選舉勝負，而且可以主導民意與公共政策。紐曼對柯林頓能在 1998 年有驚無險地渡過他與魯文斯基的緋聞風暴，而且還能在瀕臨國會彈劾的強大壓力下，維持六成以上的民意支持率，印象非常深刻。紐曼即在這部著作中嘗試找尋這個弔詭現象的答案，他發現柯林頓花費了數百萬美

元，運用所有可能的行銷技巧塑造他在電視上的形象，同時也無限制地
透過民調偵測民意動態的變化，紐曼認爲柯林頓最成功的地方，就是他
巧妙地藉由行銷技巧將總統與一般平民兩種角色差異極大的形象融合在
他一個人的身上，紐曼認爲柯林頓的成功，有大半就是歸功他行銷操作
的成功（Newman 1999）。

當政治被視爲商品，也使得原本只存在於經濟領域中的語彙大量進
入政治領域，包括如政治行銷（political marketing）、包裝政治
（packaging politics）、政治管理（political management）、促銷政治
（promotional politics）、政治廣告（political advertising）等，這也使得
許多原本只流行於管理學、行銷學的知識論述大量滲入政治學的領域。

最後，「政治是一種操縱」意味將政治利益視爲目的，操縱則是將
所有事物都轉化成一種可操作的工具，用來達成此一政治目的，這種操
作有時是一種相當精密而專業的技藝。最常見如操作規則、操作語言、
操作宗教、操作歷史、操作情感等，而政治公關最常見的即是將政治轉
化成一種對形象、民意、媒體、議題的操縱。譬如操縱形象最重要的即
是能有效操作情感，惟有情感能撼動心靈，許多形象管理的重點都強調
所謂好的形象公關，不在於操縱資訊，而是操縱情緒與形象。再例如操
縱議題即是將政治視爲一種戰術、一種制勝的技巧，政治運作被比喻成
一場遊戲、一場競技，任何公共政策的重點都不是它的內容如何規畫，
而是它怎麼被操作，選舉的重點也是在怎麼勝選上。

當然，公關所謂的「操縱」，最主要還是針對媒體，政治公關的主
要作爲就是操縱媒體，最常見的如操縱資訊流動，例如尼克森時代以控
制資訊來操縱媒體，而雷根時代則是透過大量新聞發佈來進行操縱。再
就是配合媒體本身的運作邏輯來進行操作，譬如詹姆遜與坎貝爾

（Karlyn Kohrs Campbell）在 2001 年所出版的《影響力互動：新聞、廣告、政治與大眾媒體》（*The Interplay of Influence: News, Advertising, Politics, and Mass Media*）一書中，即有專章討論政治如何藉由媒體本身的習性與常規來進行操縱，如操縱截稿、操縱媒體資訊管道、操縱新聞路線、操縱議程等（Jamieson and Campbell 2001：122-132）。

4.3　被殖民的政治

公關藉由媒體之手伸進政治，還不只是改變政治的面貌而已，它甚至讓政治的邏輯整個屈從媒體公關的邏輯。英國政治學者梅爾（Thomas Meyer）在 2002 年所出版的《媒體民主：媒體如何殖民政治》（*Media Democracy: How the Media Colonize Politics*）一書中指出，媒體已經將傳統的政黨民主轉化成媒體民主，政治菁英完全臣服於媒體的邏輯，期望能藉以展現其公眾形象，媒體也藉此逐漸殖民了政治，政治與媒體結成了夥伴關係，政客依媒體公式獲取自己的政治利益，公眾所接收的政治訊息，都是媒體對政客所塑造種種美學意象。梅爾提出這種論點最有趣的地方，是他用了「殖民」這個動詞，亦即政治放棄它本身的邏輯，直接臣服於媒體的邏輯，最後變成是媒體的邏輯主宰了政治，而這個殖民的過程，就是透過民主機制所完成。梅爾認為，民主政體要獲取政治正當性，主要表現在公民對政治菁英作為與決策的同意，但要表達這種「同意」，又必須依據他們對政治菁英決策的認知，而這種「認知」所根據的來源，除了少部分來自對實際政治部門的參與外，主要都是根據他們對媒體所呈現的內容的反應，而媒體所呈現的，又是刻意選擇出來的內容。因而這種民主正當性的獲致，其實是受到媒體運作所制約的（Meyer 2002：52）。

在討論這種媒體殖民政治的過程時，梅爾所指的媒體，主要指的是「媒體舞台」（media stage），亦即媒體所呈現的內容，主要是媒體刻意選擇出來在舞台上所呈現的；梅爾接著討論「舞台管理」（stage management），認爲在所謂媒體舞台上所呈現的，主要都是經過事先精心策畫的「媒體事件」（Meyer 2002：55）。換言之，原本具有獨立邏輯的政治事件，必須根據媒體運作邏輯，將之轉化成「媒體事件」才能在媒體上呈現。而所謂媒體邏輯，在梅爾看來，一是基於其所謂「新聞性」的標準所刻意挑選出的「新聞」，另一則是怎麼藉由故事性體裁以捕捉閱聽衆的注意力，而爲符合這種邏輯，政治將它自己一步步劇場化與美學化，以符合媒體的需要。而梅爾也花了相當的篇幅討論政治顧問如何主導這種「媒體事件」的策畫與設計，以及這些人如何藉由有效掌控他們對媒體資訊管道的優勢，整個掌握媒體舞台的管理，在這批政治顧問的主導下，政治也就幻化成一種劇場、一種形象與一組符號。政治在媒體的邏輯下被持續不斷地再定義與再詮釋，政治變成一種只在乎外在形式的表演秀（Meyer 2002：55-61）。梅爾也明白點出在政治顧問掌控媒體舞台的同時，也同步提高了公民參與的難度，換言之，這種民主正當性的獲致，其實是被控制下的結果。

有趣的地方也正是在這裡，梅爾所謂「媒體殖民了政治」這個命題，指的是政治揚棄了本身的運作邏輯，完全臣服媒體的邏輯，但他對這種「殖民化過程」的討論，所申論的恰恰好是媒體怎麼被公關殖民的過程。換言之，最熟悉媒體運作邏輯的，最能有效掌控對媒體「資訊管道」的優勢的，最能夠精心設計各種媒體事件，將政治轉化成形象、劇場或符號的角色，正是公關，亦就是那群位居幕後的「政治顧問」。如果說是政治的邏輯向媒體的邏輯臣服，所以媒體殖民了政治，但假如眞

正掌控媒體邏輯的主體，不是媒體而是公關，難道不是「公關殖民了媒體」？或者換種說法，如果政治臣服於媒體的邏輯，而能夠掌控媒體邏輯的又是公關，那麼其實是公關同時殖民了媒體與政治，不是嗎？梅爾的著作中討論不少怎麼操縱媒體的策略，他也提及了「公關顧問」的角色，但他卻沒有放大「公關」的角色。畢竟公關對政治的介入，正是基於他們對媒體邏輯的熟悉與掌握，也是因為他們的介入才使政治自願放棄本身的運作邏輯，臣服媒體運作的邏輯，「殖民」政治的其實不是媒體，而是公關；更直接地說，是公關藉由對媒體的殖民，進一步殖民了政治。

參考書目

中文著作

卜正岷，2002，《公共關係：政府公共議題決策管理》，台北：揚智。

史倩玲，2005，〈不可預言的前途或錢途：解讀 Blog 全球旋風〉，《數位時代雙周刊》，http://news.yam.com/view/mkmnews.php /283512。

朱學勤，2003，《道德理想國的覆滅：從盧騷到羅伯斯庇爾》，上海：三聯。

江鴻，2007，《跟總統較勁》，廣州：南方時尚出版。

吳宜蓁，2005，《危機傳播：公共關係與語藝觀點的理論與實證》，蘇州：蘇州大學。

吳重禮、曹家鳳與蔡宜寧，2002，〈民意調查能否準確預測選舉結果：以 2001 年第五屆區域立法委員選舉為例〉，《理論與政策》，第十六卷第三期，頁 19-35。

吳恕，1992，《激盪與調和：政府、官員與新聞界的關係》，台北：正中。

吳統雄，1998，〈民意調查與選舉新聞〉，金溥聰主編，《總統選舉與新聞報導》，台北，政大新聞系，頁 185-218。

吳統雄，2002，〈民意調查與兩種文化〉，《中國時報》，12 月 4 日，頁 15。

吳齊殷，1996，〈社會贊許度與民意測驗中的民意〉，《科學月刊》，第 320 期。

李隆安，1996，〈選舉期間民意調查的統計解析〉，《科學月刊》，第

320 期。

李濠仲，2003，〈民進黨催眠選民，也催眠自己〉，《新新聞周報》，第 856 期，頁 27-30。

沈國麟，2005，《鏡頭中的國會山：美國國會大眾傳播》，上海：復旦大學出版社。

沈國麟，2007，《控制溝通：美國政府的媒體宣傳》，上海：世紀出版集團。

孫秀蕙，1998，《公共關係：理論、策略與研究實例》，台北：正中。

秦啓文與周永康，2004，《形象學導論》，北京：社會科學文獻。

張石岩，2004，《權力的聲音：美國的媒體與戰爭》，上海：三聯。

張依依，2005，〈公共關係專業倫理初探：「形象論」及其適用情況〉，《廣告學研究》，第二十三期，頁 35-60。

許國賢，2000，〈恐懼感與政治〉，中研院中山社科所《人文及社會科學集刊》，第十二卷第一期，頁 79-101。

陳宏銘，1996，〈競選策略與競選效能：1994 年台北市長選舉三黨候選人競選研究〉，《東吳政治學報》，第一期，頁 103-131。

陳清河，2002，〈民意調查對選舉活動影響之研究〉，《2001 縣市長暨立委選舉研討會論文》。

陳膺強，1994，《應用抽樣調查》，台北：商務。

彭滂沱，2007，《打造美國總統：從羅斯福到柯林頓的決策領導》，台北：時報文化。

曾萬，2000，《選戰勝經：美國總統柯林頓與法國總統席哈克的勝選秘訣》，台北：智庫。

熊易寒，2004，〈總統辯論：在廣場與劇場之間〉，《學術中國》，www.xschina.org.show.php?id:2455。

趙維，2006，《隱私，這道甜點：媒介形象與媒體策略札記》，長沙：湖南教育出版。

劉念夏，2002，〈民意調查與民意產製：一個框架理論的觀點〉，《新聞學研究》，第 72 期，頁 173-205。

賴世培，1995，〈問卷調查及統計分析中常見錯誤之辨正〉，《空大行政學報》，第四期，頁 35-58。

賴世培、丁庭宇等，1996，《民意調查》，台北：空中大學。

外文譯作

佐藤卓己著，諸葛蔚東譯，2004，《現代傳媒史》（現代メデイア史），北京：北京大學。

亞里士多德（Aristotle）著，顏一與秦典華譯，2001，《亞里士多德政治學》（*Aristotle's Politics*），台北：知書房。

布希亞（Baudrillard, Jean）著，洪凌譯，1998，《擬仿物與擬像》（*Simulacres et simulation*），台北：時報文化。

班尼特（Bennctt, W. Lance）著，楊曉紅與工家全譯，2004，《新聞：政治的幻象》（*News: The Politics of Illusion*），北京：當代中國出版社。

布林克利（Brinkley, David）著，尹鴻智譯，1996，《笑看風雲：頂尖主播看媒體與官場百態》（*11 President, 4 Wars, 22 Political Conventions, 1 Moon Landing, 3 Assassinations, 2000 Weeks of News and Other Stuff on Television and 18 Years of Growing Up in North Carolina*），台北：智庫。

布魯斯（Bruce, Brendan）著，游恆山譯，1994，《權力形象：如何塑造領袖魅力》（*Image of Power*），台北：月旦。

柏克（Burke, Peter）著，許綏南譯，1997，《製作路易十四》（*The Fabrication of Louis XIV*），台北：麥田。

克萊爾（Clare, John）著，林江與袁秋偉譯，2005，《媒體操縱：媒體宣傳操作指南》（*John Clare's Guide to Media Handling*），石家莊：河北教育出版。

柯林頓（Clinton, Bill）著，尹德瀚譯，2004，《我的人生：柯林頓回憶錄》（*My Life*），台北：時報文化。

庫姆斯（Coombs, W. Timothy）著，林文益與鄭安鳳譯，2001，《危機傳播與溝通：計畫、管理與回應》（*Ongoing Crisis Communication: Planning, Managing, and Responding*），台北：風雲論壇。

柯特（Cottle, Simon）著，李兆豐與石琳譯，2007，《新聞、公共關係與權力》（*News, Public Relation and Power*），上海：上海復旦大學。

戴揚（Dayan, Daniel）與卡茨（Katz, Elihu）著，麻爭旗譯，1996，《媒介事件：歷史的現場直播》（*Media Events: The Live Broodcasting of History*），北京：北京廣播學院。

狄倫施耐德（Dilenschneider, Robert L.）著，賈士蘅譯，1992，《無限影響力：公關的藝術》（*Power and Influence: Mastering the Art of Persuasion*），台北：天下文化。

唐尼（Downie Jr., Leonard）與凱澤（Kaiser, Robert G.）著，黨生翠等譯，2005，《關於新聞的新聞：美國人和他們的新聞》（*The News About the News: American Journalism in Peril*），台北：五南。

埃默倫（Eemeren, F.H. van）與荷羅頓道斯特（Grootendorst, R.）著，施旭譯，1992，《論辯、交際、謬誤》（*Argumentation, Communication, and Fallacies: A Pragma-Dialectical Perspective*），北京：北

京大學。

法羅斯（Fallows, James）著，林添貴譯，1998，《解讀媒體迷思》（*Breaking the News: How the Media Undermine American Democracy*），台北：正中。

弗萊舍（Fleischer, Ari）著，王翔宇與王蓓譯，2007，《白宮發言人：總統、媒體和我在白宮的日子》（*Taking Heat: The President, the Press, and My Years in the White House*），北京：社會科學文獻出版社。

弗倫德（Freund, Gisele）著，盛繼潤與黃少華譯，1990，《攝影與社會》（*Photography and Society*），台北：攝影家出版社。

高威瑟（Gawiser, Sheldon R.）與惠特（Witt, G. Evans）著，胡幼偉譯，2001，《解讀民調》（*A Jouralist's Guide to Public Opinion Polls*），台北：五南。

葛根（Gergen, David）著，張明敏等譯，2002，《美國總統的七門課》（*Eyewitness to Power: The Essence of Leadership, Nixon to Clinton*），台北：時報文化。

葛根（Gergen, David）著，劉萱譯，2004，《見證權力：從尼克森到克林頓的領導藝術》，（*Eyewitness to Power: The Essence of Leadership, Nixon to Clinton*），瀋陽：萬卷出版。

葛萊姆（Graham, Katharine）著，尹萍譯，1998，《個人歷史：全美最有影響力的女報人葛萊姆》（*Personal History*），台北：天下遠見。

格林（Green, Donald P.）與夏比洛（Shapiro, Ian）著，徐湘林與袁瑞軍譯，2004，《理性選擇理論的病變；政治學應用的批判》（*Pathologies of Rational Theory*），桂林：廣西師範大學。

哈伯瑪斯（Habermas, Jurgen）著，曹衛東等譯，2002，《公共領域的

結構轉型》(*The Structural Transformation of Public Sphere*),台北:聯經。

哈克特(Hackett, Robert A.)與趙月枝(Zhao, Yuezhi)著,沈薈與周雨譯,2005,《維繫民主?西方政治與新聞客觀性》(*Sustaining Democracy? Journalism and the Politics of Objectivity*),北京:清華大學出版社。

哈伯斯坦(Halberstam, David)著,趙心樹與沈佩璐譯,1994,《媒介與權勢》(*The Power That Be*),台北:遠流。

赫爾德(Held, David)著,李少軍與尚新建譯,1995,《民主的模式》(*Models of Democracy*),台北:桂冠。

杭亭頓(Huntington, Samuel P.)著,周端譯,2005,《失衡的承諾》(*American Politics: The Promise of Disharmony*),北京:東方出版社。

艾英戈(Iyengar, Shanto)與金德(Kinder, Donald R.)著,劉海龍譯,2004,《至關重要的新聞:電視與美國民意》(*News that Matters: Television and American Opinion*),北京:新華。

喬維特(Jowett, Garth S.)與歐唐納(O'Donnel, Victor)著,陳彥伯、林嘉玫與張庭譽譯,2003,《宣傳與說服》(*Propaganda and Persuasion*),台北:韋伯。

凱爾納(Kellner, Douglas)著,史安斌譯,2003,《媒體奇觀:當代美國社會文化透視》(*Media Spectacle*),北京:清華大學出版。

基朗(Kieran, Matthew)著,張培倫與鄭佳瑜譯,2002,《媒體倫理》(*Media Ethics*),台北:韋伯。

庫蘭(Kuran, Timur)著,丁振寰與歐陽武譯,2005,《偏好偽裝社會後果》(*Private Truths, Public Lies: The Social Consequences of*

Preference Falsification），長春：長春出版社。

拉斯威爾（Lasswell, D. Harold）著，張洁與田青譯，2003，《世界大戰中的宣傳技巧》（*Propaganda Technique in World War I*），北京：中國人民大學。

拉鐵摩爾（Lattimore, Dan）、巴斯金（Baskin, Otis）、海曼（Heiman, Suzette T.）、托特（Toth, Elizabeth L.）與範・勒文（Van Leuven, James K.）著，朱啓文與馮啓華譯，2006，《公共關係：職業與實踐》（*Public Relations: The Profession and the Practice*），北京：北京大學。

勒龐（Le Bon, Gustave）著，馮克利譯，2005，《烏合之眾：大眾心理研究》（*The Crowd: A Study of the Popular Mind*），北京：中央編譯。

列文森（Levinson, Paul）著，宋偉航譯，2000，《數位麥克魯漢》（*Digital McLuhan: A Guide to the Information*），台北：貓頭鷹。

李普曼（Lippmann, Walter）著，閻克文與江紅譯，2002，《公眾輿論》（*Public Opinion*），上海：世紀。

馬克（Mark, Margaret）與皮爾森（Pearson, Carol S.）著，許福晉等譯，2001，《很久很久以前：以神話原型打造深植人心的品牌》（*The Hero and Outlaw: Building Extraordinary Brands through the Power of Archetypes*），汕頭：汕頭大學。

麥希斯（Mark Mathis）著，吳友富與王英譯，2004，《媒體公關十二法則》（*Feeding the Media Beast: An Easy Recipe for Great Publicity*），廣州；廣東經濟出版社。

邁特拉（Matera, Fran R.）與阿爾提格（Artigue, Ray J.）著，歐陽旭東譯，2005，《公關造勢與技巧：邁向二十一世紀的橋樑》（*Public*

Relations Campaigns and Techniques: Building Bridges into to 21st Century），北京：中國人民大學。

毛瑟（Mauser, Gary A.）著，王淑女譯，1992，《政治行銷》（*Political Marketing*），台北：桂冠。

麥克切斯尼（McChesney, Robert W.）著，羅世宏等譯，2005，《問題媒體：二十一世紀美國傳播政治》（*The Problem of the Media: U. S. Communication Politics in the 21st Centrury*），台北：巨流。

麥克萊（McCullagh, Ciaran）著，曾靜平譯，2005，《傳播社會學》（*Media Power: A Sociological Introduction*），北京：中國傳播大學出版。

梅薩里（Messaris, Paul）著，王波譯，1997，《視覺說服：形象在廣告中的作用》（*Visual Persuasion: The Role of Images in Advertising*），北京：新華。

莫理斯（Morris, Dick）著，林添貴譯，1999，《選戰大謀略：柯林頓二度入主白宮之路》（*Behind the Oval Office: Winning the Presidency in the Nineties*），台北：智庫。

莫理斯（Morris, Dick）著，李振昌譯，2000a，《新君王論》（*The New Prince*），台北：聯經。

莫理斯（Morris, Dick）著，張志偉譯，2000b，《網路民主》（*Vote.Com*），台北：商周。

紐曼（Newman, Bruce I.）著，張哲馨譯，2007，《營銷總統：選戰中的政治營銷》（*The Marketing of the President: Political Marketing as Campaign Strategy*），上海：上海人民出版社。

諾艾爾－紐曼（Noelle-Neumann, Elisabeth）著，翁秀琪譯，1994，《民意：沉默螺旋的發現之旅》（*Offentliche Meinung. Die*

Entdeckung der Schweigespirale），台北：遠流。

波斯曼（Postman, Neil）著，章艷譯，2004，《娛樂至死》（*Amusing Ourselves to Death*），桂林：廣西師範大學。

帕斯楚（Postrel, Virginia）著，閻蕙群與陳俐雯譯，2004，《風格、美感、經濟學》（*The Substance of Style: How the Rise of Aesthetic Value is Remaking Commerce, Culture and Consciousness*），台北：商智文化。

拉瑟（Rather, Dan）著，程之行譯，1995，《現場・開麥拉：CBS 主播丹・拉瑟全球採訪紀行》（*The Camera Never Blinks Twice: The Further Adventures of a Television Journalist*），台北：智庫文化。

洛西可夫（Rushkuff, Douglas）著，蔡承志譯，2002，《誰在操縱我們？：現代社會的商業、文化與政治操控》（*Coercion: Why We Listen to What "They" Say*），台北：貓頭鷹。

斯克爾（Scher, Richard K.）著，張榮建譯，2001，《現代美國政治競選活動：美國政治中的誹謗、大話與活力》（*The Modern Political Campaign: Mudsling, Bombast, and Vitality of American Politics*），重慶：重慶出版社。

史密特（Schmitt, Bernd）與賽門森（Simonson, Alex）著，郭建中譯，1999，《大市場美學》（*Marketing Aesthetics: The Strategic Management of Brands, Identity and Image*），台北：新雨。

宣偉伯（Schramm, Wilbur）著，游梓翔與吳韻儀譯，1994，《人類傳播史》（*The Story of Human Communication*），台北：遠流。

斯科夫羅內克（Skowronek, Stephen）著，黃雪、姚蓉與李憲光譯，2003，《總統政治：從約翰・亞當斯到比爾・克林頓的領導藝術》（*The Politics Presidents Make*），北京：新華。

史密斯（Smith, Hedrick）著，劉丹曦等譯，1991，《權力遊戲》（*The Power Game: How Washington Works*），台北：時報文化。

司徒（Stahl, Lesley）著，徐雅雯譯，2001，《如何成爲傑出電視女記者》（*Reporting Live*），台北：天下遠見出版社。

斯圖爾特（Stewart, Sally）著，朱敏譯，2005，《怎樣和媒體打交道》（*Media Training 101*），北京：中信出版社。

蘇麗文（Sullivan, Marguerite H.），董關鵬譯，2005，《政府的媒體公關與新聞發佈：一個發言人的必備手冊》（*A Responsible Press Office*），北京：清華大學出版社。

沙士堪（Susskind, Lawrence E.）與費爾德（Field, Patrick T.）著，古映芸譯，1997，《群眾公關：「雙贏」的危機處理與媒體溝通》（*Dealing with an Angry Public*），台北：稻田。

梭柏（Thurber, James A.）與納爾遜（Nelson, Candice J.）著，郭岱君譯，1999，《選戰必勝方程式：美式選戰揭祕》（*Campaigns and Elections American Style*），台北：智庫。

泰伊（Tye, Larry）著，劉體中譯，1999，《大處思考：公關教父柏奈斯》（*The Father of Spin: Edward Bernays & the Birth of Public Relations*），台北：時報文化。

外文著作

Allyn, Rob 1999. "The Good That Political Consultants Do" in David D. Perlmutter ed. *The Manship School Guide to Political Communication*, Baton Rouge: Louisiana State University Press, pp. 304-310.

Baker, Lee W. 1993. *The Credibility Factor: Putting Ethics to Work in Public Relation*. Homewood, Illinois: Business on Irwin.

Bavelas, J. B., Black, A., Chovil, N. and Mullett, J. 1990. *Equivocal Communication*. Newbury Park, CA: Sage.

Bennett, W. Lance 2003. *News: The Politics of Illusion*. New York: Addison Wesley Longman, Inc.

Benoit, William L. 1997. "Image repair discourse and crisis communication", *Public Relations Review*, (Summer) Vol. 23, No. 2, pp.177-186.

Benoit, William L. 2001. "Framing Through Temporal Metaphor: The 'Bridges' of Bob Dole and Bill Clinton in Their 1996 Acceptance Addresses", *Communication Studies*, Vol. 52, No.1, pp. 70-84.

Best, Joel 2001. *Damned Lies and Statistics: Untangling Numbers from the Media, Politicians, and Activists*. Berkeley: University of California Press.

Boin, Arjen, Paul't Hart, Eric Stern and Bengt Sundelins 2005. *The Politics of Crisis Management: Public Leadership Under Pressure*. New York: Cambridge University.

Boorstin, Daniel J. 1961. *The Image: Or, What Happened to the American Dream*. New York: Atheneum.

Boorstin, Daniel J. 1977. *The Image: A Guide to Pseudo-Events in America*. New York: Vintage.

Bostdorff, Denise M. 1996. "Clinton's Characteristic Issue Management Style: Caution, Conciliation, and Conflict Avoidance in the Case of Gays in the Military" in Robert E. Denton and Rachel L. Holloway eds. *The Clinton Presidency: Images, Issues, and Communication Strategies*, Westport, C.T.: Praeger.

Boulding, Kenneth 1956. *The Image: Knowledge in Life and Society*. Ann

Arbor, MI: University of Michigan Press.

Brody, Richard 1991. *Assessing the President: The Media, Elite Opinion, and Public Support*. Stanford: Stanford University Press.

Bull, Peter 2003. "Slippery Politician? On the Strategic Use of Evasive Talk in the Corridor of Power", *The Psychologist*, Vol. 16, No. 11, pp. 592-595.

Carville, James and Paul Begala 2002. *Buck Up, Suck Up...and Come Back When You Foul Up*. New York: Simon and Schuster.

Chase, W. Howard 1984. *Issue Management: Origins of the Future*. Stanford, C.T.: Issue Action Publications.

Chomsky, Noam 1991. *Media Control: The Spectacular Achievements of Propaganda*. New York: Seven Stories Press.

Chomsky, Noam 2002. *Media Control: The Spectacular Achievement of Propaganda*. New York: Sevens Stories Press.

Clayman, Steven E. 1993. "Reformulating the Question: A Device for Answering/Not Answering Questions in News Interviews and Press Conference", *Text*, Vol. 13, No. 2, pp. 159-188.

Clayman, Steven E. and John Heritage 2002. "Questioning Presidents: Journalistic Deference and Adversarialness in the Press Conferences of U.S. Presidents Eisenhower and Reagan", *Journal of Communication*, Vol. 52, No. 4, (Dec): 749-775.

Coe, Kevin, David Domke, Erica S. Gaham, Sue Lockett John and Victor W. Pickard 2004. "No Shades of Gray: The Binary Discourse of George W. Bush and Echoing Press", *Journal of Communication*, Vol. 54, No. 2 (June): 234-252.

Cohen, Jeffrey E. 2004. "If the News Is So Bad, Why Are Presidential Polls So High? Presidents, the News Media, and the Mass Public in an Rea of News Media", *Presidential Studies Quarterly*, Vol. 34, No. 3.

Cook, T. E. 1980. "Political Justifications: The Use of Standards in Political Appeals", *Journal of Politics*, 42, pp. 11-24.

Coombs, W. Tmothy and Sherry J. Holladay 2007. *It's Not Just PR: Public Relations in Society*. Malden: Blackwell.

Crawford, Craig 2006. *Attack the Messenger: How Politicians Turn You Against the Media*. Lanham: Rowman and Littlefield.

Daniel M. Shea, 1996. *Campaign Craft: The Strategies, Tactics, and Art of Political Campaign Management*. Westport, Connecticut Landon: Praeger.

Dilenschneider, Robert L. 1990. *Power and Influence: Mastering the Art of Persuasion*. New York: Prentice Hall Press.

Entman, Robert M. 2003. "Cascading Activation: Contesting the White House's Frame After 9/11", *Political Communication*, Vol. 20, No. 4, pp. 415-432.

Erikson, Robert S. and Kent L. Tedin 2001. *American Public Opinion: Its Origins, Content, and Impact*. New York: Longman.

Ewen, Stuart 1996. *PR!: A Social History of Spin*. New York: Basic Books.

Farah, George 2004. *No Debate: How the Republican and Democratic Parties Secretly Control the Presidential Debates*. New York: Seven Stories Press.

Frankovic, Kathleeh A. 1998. "Public Opinion and Polling" in Doris Graber, Denis McQuail and Pippa Norris eds, *The Politics of News*, Washington

D. C.: A Division of Congress Journal Quartly.

Friedenberg, Robert V. 1997. *Communication Consultants in Political Campaigns: Ballot Box Warriors*. London: Praeger.

Gergen, David 2000. *Eyewitness to Power: The Essence of Leadership, Nixon to Clinton*. New York: Simon and Schuster.

Glassman, James K. 1998. "We're Sinking in Synthetic Blather: Leak, Spin, Polls of Lewinsky Affair Stifle Crucial Issues", *The Edmonton Journal*, August 19.

Gold, Vic 1975. *I Don't Need You When I'm Right: The Confessions of a Washington PR Man*. New York: Morrow.

Goldblatt, Joe Jeff 1990. *Special Event: The Art and Science of Celebration*. New York: Van Nostrand Reinhold Company.

Gordon, Ann and Jerry L. Miller 2004. "Value and Persuasion During the First Bush-Gore Presidential Debate", *Political Communication*, Vol. 21, No.1 (Jan-Mar): 71-92.

Graber, Doris, Denis McQuail and Pippa Norris, 1998. *The Politics of News*. Washington, D. C.: A Division of Congressional Quarterly.

Grattan, Michelle 1998. "The Politics of Spin", *Australian Studies in Journalism*, No. 7, pp. 32-45.

Grossman, Michael and Martha Joynt Kumar 1981. *Portraying the President: The White House and the News Media*. Baltimore: The John Hopkins University Press.

Gumbel, Peter 2006. "No More Heroes", *Times*, Jan, 23.

Hacker, Kenneth L. ed. 1995. *Candidate Images in Presidential Elections*. London: Praeger.

Haig, Alexander 1994 *Inner Circles: How America Changed the World*. New York: Warner Books

Halberstam, David 1979. *The Power That Be*. New York: Knopf.

Halloran, James D., Phillip Elliot and Graham Murdock 1970. *Demonstrations and Communication: A Case Study*. London: Penguin Books.

Hart, Roderick P. 1999. *Seducing America: How Television Charms the Modern Voter*. Thousand Oak: Sage.

Hearit, K. M. 1994. "Apologies and Public Relations Crisis at Chrysler, Toshiba, and Volvo", *Public Relations Review*, 20(2): 113-25.

Heath, Robert L. 1997 *Strategic Issue Management: Organizations and Public Policy Challenges*. California: Sage Publications, Inc.

Heith, Diane J. 2000. "Polling for a Defense: The White House Public Opinion Apparatus and the Clinton Impeachment", *Presidential Studies Quarterly*, Vol. 30, No. 4.

Herman, Edward S. and Noam Chomsky 1988. *Manufacturing Consent: The Political Economy of the Mass Media*. New York: Pantheon Books.

Hill, Steven 2002. *Fixing Elections: The Failure of America's Winner Take All Politics*. New York and London: Routledge.

Holtzhausen, Derina R. 2002. "Towards a Postmodern Research Agenda for Public Relations", *Public Relations Review*, No. 28, pp. 251-264.

Hoyle, Leonard H. 2002. *Event Marketing: How to Successfully Promote Events, Festivals, Conventions, and Expositions*. New York: John Wiley Sons.

Hyman, H. E. and P. B. Sheatsley 1947. "Some Reasons Why Information

Campaigns Fall", *Public Opinion Quarterly*, 11(3)7: 412-423.

Ihlen, Oyvind and Betteke Van Ruler 2007. "How Public Relations Work: Theoretical Roots and Public Relations Perspectives", *Public Relations Review*, Vol. 33, No. 3 (September): 243-247.

Jamieson, Kathleen Hall 1992. *Dirty Politics: Deception, Distraction, and Democracy*. Oxford: Oxford University Press.

Jamieson, Kathleen Hall 1996. *Packaging the Presidency: A History and Criticism of Presidential Campaign Advertising*. New York: Oxford University.

Jamieson, Kathleen Hall and Karlyn Kohrs Campbell 2001. *The Interplay of Influence: News, Advertising, Politics and Mass Media*. Belmont: Wadsworth.

Jacobs, Lawrence R. and Robert Y. Shapiro 2002. "Presidential Manipulation of Polls and Public Opinion: The Nixon administration and the Pollsters", *Political Science Quarterly*, Vol.110, No. 4.

Johnson, Dennis W. 2001. *No Place for Amateur: How Political Consultants are Reshaping American Democracy*. New York: Routledge.

Johnson-Cartee, Karen S. and Gary A. Copeland 1997. *Manipulation of the American Voter: Political Campaign Commercials*. London: Praeger.

Kalb, Marvin 2001. *One Scandalous Story: Clinton, Lewinsky, and 13 Days that Tarnished American Journalism*. New York: The Free Press.

Kalpper, Joseph T. 1960. *The Effects of Mass Communication*. New York: Free Press.

Kamber, Victor 1997. *Poison Politics: Are Negative Campaigns Destroying Democracy?* New York: Plenum.

Kernell, Samuel 2007. *Going Public: New Strategies of Presidential Leadership*. Washington D. C.: C Q Press.

Khanna, Parag 2006. "Weapons of Mass Seduction: Want to Discern What Global Leader Really Mean?", *Foreign Policy*, July/August. Reprint in *The Seoul Times*, May 16, 2006.

Kiewe, Amos ed. 1994. *The Modern Presidency and Crisis Rhetoric*. Westport, CT.: Praeger.

King , Elliot and Michael Schudson 1995. "The Press and the Illusion of Public Opinion: The Strange Case of Ronald Regan's Popularity", in Theodore L. Glasser and Charles T. Salmon eds. *Public Opinion and The Communication of Consent*, New York: The Guilford Press, pp. 132-155.

Klein, Joe 2005. "The Perils of the Permanent Campaign", *Times*, Sunday, Oct.30.

Klein, Joe 2006. *Politics Lost: How American Democracy was Trivialized by People Who Think you are Stupid*. New York: Doubleday.

Kress, Gunther and Theo van Leeuwen 1996. *Reading Image: The Grammar of Visual Design*. New York: Routedge.

Kurtz, Howard 1998a. *How the White House and the Media Manipulation the News*. New York: Touchstone.

Kurtz, Howard 1998b. *Spin Cycle: Inside the Clinton Propaganda Machine*. New York: Simon and Schuster.

Lakoff, George 2004. *Don't Think of an Elephant!: Know Your Values and Frame the Debate*. White River Junction, VT: Chelsea Green Publishing Company.

Lanoue, David J. and Peter R. Schrott 1991. *The Joint Press Conference: The History, Impact, and Prospects of American Presidential Debates*. New York: Greenwood Press.

Lesly, Philip ed. 1991. *Lesly's Handbook of Public Relations and Communications*. Chicago: Probus Publishing Company.

Lipari, Lisbeth 1999. "Polling as Ritual", *Journal of Communication*, Vol. 49, No.1, pp. 83-102.

Lois, George 1991. *What's the Big Idea?* New York: Doubleday Press.

MacArthur, John R. 1992. "Remember Nayirah, Witness for Kuwait?", *The New York Times*, (January 6), p. A11.

Mackiewicz, Andrea 1993. *The Economist Intelligence Unit Guide to Building a Global Image*. New York: McGraw-Hill, Inc.

Maltese, John Anthony 1994. *Spin Control: The White House Office of Communications and the Management of Presidential News*. Chapel Hill and London: The University of North Carolina Press.

Marconi, Joe 1996. *Image Marketing: Using Public Perceptions to Attain Business Objective*. Chicago, Illinois: American Marketing Association.

Mayer, Jeremy D. 2004. "The Contemporary Presidency: The Presidency and Image Management: Discipline in Pursuit of Illusion", *Presidential Studies Quarterly*, Vol. 34, No. 3, pp. 620-628.

Medvic, Stephen k. 2003. "Professional Political Consultants: An Operational Definition", *Politicis*, Vol. 23, No.2 (May): 119-127.

Meyer, Thomas and Lew Hinchman 2002. *Media Democracy: How the Media Colonize Politics*. Oxford: Polity.

McGinniss, Joe 1969. *The Selling of the President*. New York: Trident.

Mcnair, Brian 2000. " 'Spin, Whores, Spin': The Demonisation of Political Public Relations" in *Journalism and Democracy: An Evaluation of the Political Public Sphere*, London and New York: Routledge.

Mendelsohn, Harold 1973. "Some Reasons Why Information Campaigns Can Succeed", *Public Opinion Quarterly*, 37(1): 50-61.

Messaris, Paul 1997. *Visual Persuasion: The Role of Images in Advertising*. Thousand Oak: Sage.

Miller, Gerald R. 1989. "Persuasion and Public Relations: Two 'Ps' in a Pod" in Carl H. Botan and Vincent Hazleton Jr. eds. *Public Relations Theory*, Hilladale, NJ.: Lawrence Erlbaum Associates.

Mitchell, Pama and Rob Daves 1999. "Media Polls, Candidates, and Campaigns" in Bruce I. Newman ed. *Handbook of Political Marketing*, Thousand Oak: Sage, pp. 177-196.

McCombs, Maxwell and Shaw Donald 1972. "The Agenda-setting Function of Mass Media", *Public Opinion Quarterly*, Vol. 36, pp. 176-187.

Moore, David W. 1995. *The Superpollsters: How They Measure and Manipulate Public Opinion in America*. New York: Four Walls Eight Windows.

Moore, David W. 2002. "Measuring New Types of Question-Order Effects: Additive and Subtractive", *Public Opinion Quarterly*, Vol. 66, No. 1, pp. 80-91.

Morris, Dick 1999. *The New Prince*. Los Angeles: Renaissance Books.

Morris, Dick 2002. *Power Plays: Win or Lose-How History's Great Political Leaders Play the Game*. New York: Regan Books.

Motion, Judy 2005. "Participative Public Relations: Power to People or

Legitimacy or Government Discourse?", *Public Relations Review* 31, pp. 505-512.

Motion, Judy and Shirley Leitch 2007. "A Toolbox for Public Relations: The Oeuvre of Michel Foucault", *Public Relations Review* 33, pp. 263-268.

Newman, Bruce L. 1999. *The Mass Marketing of Politics: Democracy in an Age of Manufactured Images*. Thousand Oak: Sage.

Nimmo, D. and R. L. Savage 1976. *Candidates and Their Images: Concepts, Methods, and Findings*. Santa Monica, California: Goodyear Publishing Company, Inc.

Norton-Smith, Thomas Michael 1994. "Can the Increasing Use of Opinion Polling be Justified?", *The Midwest Quarterly*, Vol. 36, Issue: 1.

Palmer, Jerry 2002. "Smoke and Mirrors: Is That The Way It Is?--Themes in Political Marketing", *Media, Culture and Society*, Vol. 24, No.3 (May): 345-363.

Parenti, Michael 1993. *Inventing Reality: The Politics of News Media*. New York: St. Martin's Press.

Parry-Giles, Shawn J. 1998. "Image-Based Politics, Feminism and the Consequences of their Convergence", *Review and Criticism*, December, pp. 460-468.

Parry-Giles, Shawn J. and Trevor Parry-Giles 2002. *Constructing Clinton: Hyperreality and Presidential Image-Making in Postmodern Politics*. New York: Peter Lang.

Patterson, Thomas E. 2000. *Doing Well and Doing Good: How Soft News and Critical Journalism are Shrinking the News Audience and Weakening Democracy and What News Outlets Can Do About It*. Joan Shorenstein Center on Press, Politics, and Public Policy, Harvard

University.

Pavlik, John V. 2006. "Disguised as News", *Television Quarterly*, Vol. 36, No. 3-4, Spring/Summer, pp. 17-25.

Perlmutter, David D. (ed.) 1999. *The Manship School Guide to Political Communication*. Baton Rouge: Louisiana State University Press.

Pieczka, Magda 1996. "Public Opinion and Public Relations" in Jacquie L'Etang and Magda Preczka eds. *Critical Perspectives in Public Relations*, London: International Thomson Business Press.

Powrell, Larry and Joseph Cowart 2003. *The Image of the Political Candidate*. An Official UMass Dartmouth Web Page/Publication, The University of Massachusetts. http://www.umassd.edu/cas/polisci/readingl.cfm.

Public Relations Society of America 1982. "Official Statement on Public Relations", PRSA Assembly November 6, http://www.prsa.org/index.html.

Rabinowitz, George and Stuart Elaine Macdonald 1989. "A Directional Theory of Issue Voting", *America Political Science Review*, Vol. 83, No. 1 (March): 93-121.

Rademacher, Eric W. and Alfred J. Tuchfarber 1999. "Preelection Polling and Political Campaigns" in Bruce I. Newman ed. *Handbook of Political Marketing*, Thousand Oak: Sage, pp. 197-222.

Robinson, Matthew 2002. *Mobocracy: How the Media's Obsession with Polling Twists the News. Alters Elections, and Undermines Democracy*. Roseville: Prima.

Rosen, Christine 2005. "The Image Culture", *The New Atlantis*, No. 10, Fall, pp. 27-46.

Rubenstein, Sondra Miller 1995. *Surveying Public Opinion*. Belmont: Wadsworth Publishing Company.

Sabato, Larry J. 2000. *Feeding Frenzy: Attack Journalism and American Politics*. Baltimore: Lanahan Publishers.

Safire, William 1978. *Safire's Political Dictionary*. 3rd edition, New York: Random House.

Salmon, Charles T. and Theodore L. Glasser 1995. "The Politics of Polling and The Limits of Consent" in Theodore L. Glasser and Charles T. Salmon eds. *Public Opinion and the Communication of Consent*. New York and London: The Guilford Press.

Schmuhl, Robert 1992. *Statecraft and Stagecraft: American Political Life in the Age of Personality*. London: University of Notre Dame.

Schudson, Michael 2007. "The Concept of Politics in Cotemporary U.S. Journalism", *Political Communication*, Vol. 24, pp. 131-142.

Shone, Anton and Bryn Parry 2001. *Successful Event Management: A Practical Handbook*. London and New York: Continuum.

Smith, Hedrick 1988. *The Power Game: How Washington Work*. New York: Random House.

Solomon, Norman 2001. "Politics as Performance Art", *AlterNet*, http://www.alternet.org/story/10549/.

Sproule, J. Michael 1997. *Propaganda and Democracy: The American Experience of Media and Mass Persuasion*. Cambridge: Cambridge University Press.

Street, John 2005 "Politics Lost, Politics Transformed, Politics Colonized? Theories of the Impact of Mass Media", *Political Studies Review*, Vol. 3, No. 1, pp. 17-33.

Taylor, Philip M. 2001. "Propaganda and Information Operations", *Taiwan Defense Affairs*, Vol. 2, No. 1 (Autumn), pp. 80-107.

Thurber, James A. and Candice J. Nelson 1995. *Campaigns and Elections American Style*. Colorado: Westview.

Tenpas, Kathryn Dunn 2003. "Words vs. Deeds: President George W. Bush and Polling", *Brooking Review*, Vol. 21, No. 3 (summer).

Tichenor, P., G. Donohue and G. Olien 1970. "Mass Media Flow and Differential Growth in Knowledge", *Public Opinion Quarterly* 34: 159-170.

Trent, Judith S. and Robert V. Friedenberry 1995. *Political Campaign Communication: Principles and Practices*. London: Praeger.

Vallone, R. P., L. Ross and M. R. Lepper 1985. "The Hostile Media Phenomenon: Biased Perception and Perceptions of Media Bias in Coverage of the Beirut Massacre", *Journal of Personality and Social Psychology*, 49(3), 577-588.

Van Ham, Peter 2001. "The Rise of the Brand State", *Foreign Affair*, Vol. 80, No. 5, Sep/Oct.

Waterman Richard W., Robert Wright and Gilbert St. Clair 1999. *The Image-Is-Everything Presidency: Dilemmas in American Leadership*. Colorado: Westview.

Watkins, Michael 2001. "Winning the Frame Game", *The Center for Association Leadership*, http://www.centeronline.org/knowledge.

Whyte, Jamie 2004. *Crime Against Logic: Exposing the Bogus Arguments of Politicians, Priests, Journalists, and Other Serial Offenders*. New York: McGraw-Hill.

國家圖書館出版品預行編目資料

公關政治學：當代媒體與政治操作的理論、實踐與批判／倪炎元著．--初版.--臺北市：
　　商周出版：家庭傳媒城邦分公司發行，2009.03〔民 98〕
　　　　面；　　　公分 ．--（Discourse；32）

參考書目：面
ISBN　978-986-6472-28-2（平裝）

1. 政治公關　2. 政治行銷　3. 媒體

541.831657　　　　　　　　　　　　　　　　　　98002492

Discourse 32

公關政治學：當代媒體與政治操作的理論、實踐與批判

作　　　者／倪炎元
企畫選書人／李尚遠
責 任 編 輯／李尚遠
版　　　權／林心紅
行 銷 業 務／賴曉玲、蘇魯屏
副 總 編 輯／楊如玉
總 經 理／彭之琬

發 行 人／何飛鵬
法 律 顧 問／元禾法律事務所王子文律師
出　　　版／商周出版
　　　　　　台北市 104 民生東路二段 141 號 9 樓
　　　　　　電話：(02)25007008　傳真：(02)25007759
　　　　　　E-mail：bwp.service@cite.com.tw
發　　　行／英屬蓋曼群島商家庭傳媒股份有限公司城邦分公司
　　　　　　台北市中山區民生東路二段141號2樓
　　　　　　書虫客服服務專線：02-25007718；25007719
　　　　　　服務時間：週一至週五上午09:30-12:00；下午13:30-17:00
　　　　　　24小時傳真專線：02-25001990；02-25001991
　　　　　　劃撥帳號：19863813；戶名：書虫股份有限公司
　　　　　　讀者服務信箱：service@readingclub.com.tw
　　　　　　城邦讀書花園：www.cite.com.tw
香港發行所／城邦（香港）出版集團有限公司
　　　　　　香港灣仔駱克道193號東超商業中心1樓
　　　　　　E-mail：hkcite@biznetvigator.com
　　　　　　電話：(852) 25086231　　傳真：(852) 25789337
馬新發行所／城邦（馬新）出版集團【Cite (M) Sdn. Bhd. (458372U)】
　　　　　　41, Jalan Radin Anum, Bandar Baru Sri Petaling,
　　　　　　57000 Kuala Lumpur, Malaysia.
　　　　　　電話：(603) 90578822　傳真：(603) 90576622
　　　　　　Email：cite@cite.com.my

封 面 設 計／黃聖文
電 腦 排 版／新鑫電腦排版工作室
印　　　刷／韋懋印刷事業有限公司
總 經 銷／高見文化行銷股份有限公司　電話：(02)2668-9005
　　　　　　傳真：(02)2668-9790　客服專線：0800-055-365
行政院新聞局北市業字第 913 號

■2009 年 03 月 17 日初版　　　　　　　　Printed in Taiwan.
■2020 年 07 月 31 日初版 2.8 刷

售價／500元